监狱安全防控实务多视角研究丛书
JIANYU ANQUAN FANGKONG SHIWU DUOSHIJIAO YANJIU CONGSHU

中央司法警官学院院级科研项目

监狱安全情报

狱情分析的理论与实务

孙延庆／著

The Safety Intelligence of Prison:
Theory and Practice of Prison's Information

（政法机关　内部发行）

法律出版社
LAW PRESS·CHINA

监狱安全防控实务多视角研究丛书

学 术 顾 问

（按姓氏笔画排名不分先后）

于荣中　王明泉　刘　芳（女）
陈　林　罗长明　张永革
杨成志　杨木泉　房玉国
胡朝林　唐建华　章恩友
蔡培新

丛书总序

俗语说:“安全重于泰山”,离开了安全,所有工作都成了空话。实践中必须把安全放在所有工作的首位。“无危则安,无缺则全”,安全意味着没有危险,没有缺漏,尽善尽美。监狱作为我国的刑罚执行机关,肩负着惩罚与改造罪犯,打击和预防狱内犯罪,确保监管安全稳定,维护执法公平正义的重要任务,是维护社会和谐稳定的重要力量。当前,基于社会安全稳定的需要,司法部及各级政法机关对监狱的安全稳定提出很高的要求,对监狱的安全稳定给予很高的希望,人民群众对监狱安全稳定也极为关注,这些新情况给监狱安全防范工作带来了很大的压力。各监狱都把安全作为工作的重中之重,调动一切力量维护监狱的安全稳定,取得了一定的成绩。特别是近年来,在司法部及省监狱管理局的领导下,各地监狱逐步建立健全安全稳定工作制度和长效机制,开展经常性安全稳定检查和定期安全隐患排查整治活动,深入开展监狱规范化建设,监狱安全稳定工作连创历史最好水平。但也应看到监狱的安全稳定是相对的,罪犯脱逃、狱内伤害等犯罪时有发生,狱内犯罪作为一种社会现象不可避免地要发生,且不可能消灭,只能通过监狱安全防范工作进行有效的控制,把狱内犯罪降到最少,把安全防范工作做到更好。

新时期,监狱安全防范工作面临许多新的情况,特别是刑法和刑事诉讼法的修改,给监狱的行刑安全提出许多新课题。《刑法修正案(八)》贯穿宽严相济的刑事政策,对判处死缓和无期徒刑罪犯的减刑、假释作了严格规范,对数罪并罚执行期限作了调整,加大了对累犯和黑社会性质组织犯罪的惩处力度,对社区矫正作出了规定。这些修改和补充对监狱行刑产生着直接而深远的影响。重刑罪犯实际执行刑期加重延长,使其在押犯中的比重越来越大,特别是因故意杀人、强奸、抢劫、绑架、放火、爆炸、投放危险物质等犯罪的罪犯在监狱中占押犯比例会逐年上升。这意味着更多的高危重刑犯将在高墙中度过漫长的服刑生活,与同监其他罪犯相比,这些罪犯更容易产生绝望心理,自杀、自伤自残、抗拒改造和狱内犯罪案件势必增多。这些绝望罪犯是监管安全潜在的最大隐患,易引发监管安全事故,成为监管安全工作中的最大乱源。2012 年第十一届人大第五次会议,全国人民代表大会通过了关于修改《中华人民共和国刑事诉讼法》的决定,这次刑事诉讼法的修改在短期内增加了监狱短刑犯人数,导致监狱执法、管理成本上升,警力紧张。外部要求高,内部情况变化大,使得当前及今后一段时间,监管防控形势严峻。

基于监狱面临的安全防控形势和对科学防控思路、方法的渴求,法律出版社规划了《监狱安全防控实务多视角研究丛书》。本丛书旨在以国内外相关问题研究的最新观点为指导,立足监狱安全工作实务,为一线同志提供安全防范工作思路和方法指导。《监狱安全防控实务多视角研究丛书》是适应当前监狱安全防范实践工作需要,对监狱安全防范中重点问题或重要防范方法进行的专题性研究,可以说是监狱安全防范对策的专门性研究。丛书在研究类型划分上没有拘泥于单一标准,而是从监狱安全防范实战需要和学术研究视角的选择上进行分类研究,既重视理论研究,又突出监狱安全防范工作的实战性。可以说,这套丛书是监狱学科研人员和监狱实践工作者对监狱安全防范专题研究所取得成果的一次集中展示,总结了我国监狱安全防范工作的历史经验,吸收了国内外监狱安全防范的各种理论精华,着眼未来,深度解析监狱安全防范理论,对监狱安全管理中的重大问题进行了全卷式的研究。《监狱安全防控实务多视角研究丛书》第一辑规划了 5 本专著,分别是《监狱安全情报——狱情分析的理论与实务》、《狱内犯罪防控模式》、《监狱突发事件应对与处置》、《狱内侦查操作规范与实务》、《狱内重大恶性事件防范与控制》。

《监狱安全防控多视角研究丛书》坚持以科学的态度看待监狱安全管理问题,不拘泥于纯粹的理论分析,而是紧密围绕监狱安全工作的实际需要,从实践经验中提炼理论观念,又将其推向实践管理工作中去,实现理论与实践的紧密结合。丛书研究力争视角新颖,见解独特;内容丰富,资料翔实;反映现实,服务实践。本套丛书是开放性丛书,欢迎各研究机构和监狱实务部门同志的优秀成果加入其中,丰富“监狱安全防控”研究,为监狱事业添砖增瓦。

法律出版社

2014 年 1 月 8 日

自　　序

时光荏苒，从《监狱安全情报》课题立项已经有三年的时间，期间从收集材料、实践调研到稿件的写作，几次反复更改，中心目的是想把监狱安全情报这个问题清晰地展示给读者。监狱安全情报通常被称为“狱情分析”，实际上是片面地理解情报工作，笔者也曾经以这个专题向监狱实践部门讲授，直到落笔撰写，才发现这个研究范畴并不大的题目，其实包含着复杂而广泛的内容，梳理并以恰当的方式表述这一内容，着实是一件不轻松的事情。在社会信息化的进程中，情报对人类社会的影响日益广泛、深刻，已成为维系国家安全、促进经济社会发展、提高人们生活质量的命脉所在和各种较量、角逐活动的争夺焦点。监狱作为国家刑罚执行机关，担负着执行绝大部分自由刑的任务，其安全问题历来为世界各国所重视。而对监狱安全工作而言，情报是开展对敌工作的重要依据。目前，监狱安全工作中对情报也相当的重视，各地监狱都进行了相关的情报资料收集和情报分析工作，其中重点是以狱情分析会为载体开展的相关情报工作。但总体而言，对情报工作缺少系统的、模式化的分析与利用，使情报难以发挥确保监狱安全的主导作用。因此，撰写《监狱安全情报——狱情分析的理论与实务》一书是当务之急，亦是首次尝试系统、全面地阐述监狱安全情报问题。希望它能成为监狱系统领导和一线民警学习的参照读本。

本书分为五个部分：

第一部分：主要阐释监狱安全情报和情报工作，重点阐述了三个问题。一是明确情报是什么？清楚情报与信息的关系。笔者认为信息是原始数据，未经评估的信息不能成为决策的依据；情报是整合后的信息，即经过分析的信息，具体讲是专业人员结合背景知识对信息进行分析加工的结果。情报是监狱安全决策的依据，具有客观存在性、复杂性、隐蔽性、时效性、随机性、保密性、共享性等特点。二是明确监狱安全情报工作的属性，该工作是指监狱为维护监管场所的安全与稳定，利用情报信息系统，对通过各种途径获取的零星的、分散的各类与安全管理、预防和打击狱内犯罪有关的人、事、物等信息，进行整理、鉴别、评价、分析、综合等系列化的加工，形成对监狱安全状况、安全形势及在押犯危害监管安全行为倾向的认识和判断，从而服务于监管安全决策和安全预测预警的一项基础业务工作。三是监狱要树立“大情报”观念，建立“情报主导监狱安全”模式。大情报观要求：“大情报”——全警采集信息；“大系统”——建立综合信息系统平台；“大流通”——建立情报信息的共享机制；“大应用”——结合监狱工作实现信息化战略。“情报主导监狱安全”是监狱面对严峻监狱安全形势而提出的一个重要的主导理论和工作模式，即把情报作为监狱安全工作的主线，贯穿打击、防范及控制狱内犯罪的始终，使其对监狱把握监狱安全局势、维护监狱稳定及掌握监狱管教主动权起到关键性的作用。因此，情报工作是整个监狱安全工作的基础。监狱通过有计划、系统的宣传及培训，使决策领导和广大民警转变思想观念，统一认识，充分认识加强情报工作的重要性，统一思想，采取有力措施强力推进情报工作。

第二部分：主要阐述监狱安全情报工作在实践中的表现形式。监狱民警尽管每天都在做着这项工作，但对监狱安全情报的概念并不熟悉。实践中情报工作的形式主要有狱情分析、敌情调研、狱内耳目、安全隐患排查。这部分的内容主要是基于监狱情报工作的实际，从这些工作的形式、内容、运作等方面进行了描述，更多的是对这些工作现实的一种客观事实描述，对这些具体实践工作中暴露出的问题进行分析，提出一些改进措施。这部分内容并没有太多的理论探讨，多数属于工作操作程序和方法阐释，便于监狱民警对每项情报工作从操作的层面进行掌握。

第三部分：主要探讨监狱安全情报的工作流程。实践中，监狱往往只重视情报资料的收集和分析两个环节，实际上，情报工作有自己的运行体系，并且是一个不断循环、螺旋上升的过程。在新情报观下，监狱安全情报工作流程分为七个环节：策划、搜集、核实、分析、利用、储存和管理，这是个螺旋式上升的过程，情报人员需要多次作业才能获得想要的情报。策划环节是关键，它使得监狱安全情报变成了一个有的放矢的过程，监狱真正处于主导地位，整个情报工作围绕监狱安全工作的需要展开。在监狱安全情报工作流程中要重点关注策划、搜集和分析环节，但评估、整理、发布和反馈环节也不容忽视，任一环节的失误都可能导致最后情报的失误。在七个环节之外，还需关注传递问题、传递的渠道、传递的主动性等问题。撰写书中这部分内容时，由于理论阐述较多，使用的专业术语也较多，可能给读者带来阅读的不便，在此表示歉意。

第四部分：主要对监狱中重点安全问题的分析进行阐述。本部分用大量篇幅对监狱安全宏观分析、危险性罪犯的防控分析、重点物品防控分析、重点时空防控分析、重点事件防控分析等展开表述。这部分的内容比较多，和监狱实践工作联系紧密，适合监狱民警仔细阅读，从中把握监狱安全防范的重点和防控的内容与方法。监狱安全情报分析其核心是要找出如下情报，罪犯群体中哪些人或哪个人会在何时何地有什么类型的危害监狱安全的行为，需要哪些前期准备，在侦查和防控的视野下会显露出哪些征兆，针对出现的征兆监狱方应如何有效开展侦查、防控和处置工作。笔者认为，对监狱安全的分析，有宏观和微观两个层面，宏观层面的分析主要是分析监狱安全形势和发展趋势，以及影响监狱安全的诸多要素，这些情报对监狱安全决策制定的领导来讲是必须清晰的，对于基层的监狱民警来讲也是需要了解掌握的。微观层面的情报分析，主要是围绕基于狱内犯罪（或者是危害监狱安全行为）构成要素展开的，从行为人（危险性罪犯）、犯罪时间、犯罪空间、犯罪工具、犯罪对象、犯罪行为等要素层面展开分析。其中的核心是通过情报分析，把握这些犯罪构成要素，借助对犯罪要素的控制，达到预防控制狱内犯罪的目的。

第五部分：主要对监狱安全情报的运用模式进行了阐述。“物尽其用、人尽其才”，监狱开展的信息化平台建设、设立的狱情分析制度、安全隐患排查制度、敌情调研制度以及对民警进行情报方面的专题培训目的都在于应用，让情报在监狱安全防控中发挥更大的作用，使情报的价值得到充分体现。监狱安全情报应用模式是情报主导监狱安全模式，具体包括情报预警、情报导防、情报导侦。这三种情报运用的方式是适合监狱安全的核心工作，即打、防、控狱内犯罪工作而提出来的，通过情报预警、情报导防、情报导侦，努力实现监狱秩序的安全稳定。书中仅对情报各种运用模式展开宏观的阐释，实践中的具体运用有待进一步的研究，具体方式有待实践部门的不断创新。

窗外，乍暖还寒时分，春天的脚步已经到了。当在键盘敲打完书稿，既有完成的喜悦，也有忐忑不安的心情，书中有些观点还有待商榷，有些内容研究得还不够深入、仔细，它出版问世时，希望该问题的研究不是一个结束，而是一个开始，监狱学的学者和实践部门的专家能够给予评述指正。在书稿写作过程中，得到家人和各位同仁朋友的帮助，特别是法律出版社李群编辑的支持，在此一并表示感谢，谢谢你们对我的支持和帮助。

孙延庆

2014年2月16日于保定

目　　录

第一章　监狱安全情报概述

第一节　监狱安全情报

监狱安全情报工作常被监狱以各种不同的活动进行表达，诸如"狱情分析"、"敌情调研"等，这些称谓包含了监狱安全情报的部分工作或指代了部分工作内容，但难以清晰地表述监狱安全防范工作中的情报体系，不能深刻理解监狱安全情报的价值、工作流程和工作思路，影响着监狱安全防范工作的开展，因此，首先要解决这样一个问题：什么是监狱安全情报？什么是监狱安全情报工作？

一、监狱安全情报的解读

虽然概念的问题，常常带有浓郁的学术味道而不被人喜欢，历史经验却表明，概念的理解和使用的错误不仅仅会导致个人事业的失败，工作的失误，更甚者会导致一场战争的失败或国家的灭亡。监狱安全情报概念的解读包含丰富的内容，它不仅是为了理论的完善，更多的是传达一种理念和思想，不同的情报观代表着不同时代条件下情报的不同理解、不同思路和理念。

要弄清监狱安全情报的概念，必须先厘清几个相关的概念，通过这些概念的分析，搞清其本质和工作的重心所在，这些概念包括情报、犯罪情报、侦查情报、监狱安全情报等。

（一）关于"情报"

"情报"是我国情报学中一个核心概念。但什么是情报，学术界看法很不一致，至今没有定论。对情报概念的理解实际上关系到对监狱安全情报的科学认识和定位。

1. 情报渊源

情报，古称"谍报"，是指刺探敌方军事、政治等方面的情况，一般用作动词。我国《辞源》(1915 年 10 月版)的解释:“军中集种种报告,并预见之机兆,定敌情如何,而报于上官者。”我国另一部辞书《辞海》(1939 年 10 月版)也解释为:“战时关于敌情之报告,曰情报。”我国古典情报概念主要指情况、消息的报导和传递,包含“情”与“报”两个基本要素,有“情”不“报”或“报”而无“情”都不能称之为情报。这时期的情报概念反映了情报作为消息传递的社会功能。20 世纪初,中文“情报”一词出现,一般认为最初来源于日语汉字。1876 年,酒井忠恕在翻译一部法国步兵操典时,创造了日语汉字“情报”。19 世纪末,日本留德学者森欧外翻译冯·克劳塞维茨名著《战争论》时,也使用了“情报”一词,含义为“与我国有关的敌人和敌国的全部知识”。[1]

2. 情报的不同表述

一般认为:情报(Information)是被传递的知识或事实。[2] 但在我国的专业文献中,情报的定义林林总总、数以百计。它们都是主观与客观相互交织的产物。研究这些概念,既不能尽数列举,也不能仅凭借其定义来判断孰优孰劣。学者一般是基于不同的视角来表述情报的概念。

(1)基于知识的视角

现代情报学最初产生于科学情报工作的实践,主要研究科学技术文献的收集、加工整理和传播服务等。因此,知识被认为是情报的本质属性,是情报的属概念,学术界提出了基于知识的情报概念,如“情报就是作为人们传递交流对象的知识”[3],“情报,就是通过信息来负载与传递,并准备发挥其效用的知识”[4],并认为,情报、知识、信息三者是三个同心圆的关系,即系统化了的信息成为知识,而知识中特定需要的部分即是情报,客观知识是情报工作存在的物质基础。

(2)基于信息的视角

随着计算机技术的发展和广泛应用,“信息”这一原本只是在计算机科学、信息技术和工程领域中使用的专门术语在我国广为流通,广为社会所接受。信息技术的迅猛发展,使情报工作可以利用各种信息系统和数据库提高工作效率。信息被认为是情报的属概念,学术界多从信息角度定义情报。如“情报是一种社会信息,

---

[1] 彭知辉:“我国情报概念研究述评”,载《情报资料工作》2006 年第 6 期。

[2] 徐跃权、刘晓铭:“我国情报概念的特点及其对学科发展的影响”,载《情报科学》2003 年第 4 期。

[3] 严怡民:《情报学概论》,武汉大学出版社 1983 年版。

[4] 靖继鹏:《情报学概论》,吉林工业大学(内部发行)1984 年版。

是一种传递中的知识”[1]，“情报是对主体活动有参考价值并影响其运动状态的社会信息”[2]等。认为：情报本质就是信息，但又不是一般的信息，而是经过加工处理后的人类社会信息，或曰情报信息；情报与信息在本质上基本相同，二者可以通用。

3. 科学的情报概念

笔者认为情报就是经过分析的信息，即情报 = 信息 + 分析[3]。原因分析如下：

（1）区分情报与信息

我国使用的“情报”这个术语，很可能是20世纪初中国留日军事学员从日本引进的。日文中“情报”仍同时具有英文中 information 和 intelligence 双重含义。1983年8月，日本经济新闻社神尾达夫在谈到报纸新闻情报时认为，“情报”在日文中是作为英文 information 和 intelligence 两个词的译语而使用的，其中 intelligence，是定义为对 information 评价、分析、综合和解释的结果。[4] 在汉语中，我们常常把“情报”与“信息”混同使用，而且常常以情报来表示那些较为重要的信息。而在英文中情报 intelligence 与信息 information 则有明确的界限。Intelligence 在词源上本身就寓含着整合后的信息，也即经过分析的信息的意思。

在日本的概念中，原始的资料、数据和各种其他信息还不完全是“情报”，只有经过了分析加工才能成为支持决策的 intelligence，才成为情报。情报的 intelligence 化从加工层次来看，由浅入深可以分为四个层次：第一层，原始信息的传递、收集、摄取文献和实物信息；第二层，情报初步加工：增添关联情报和经消化的情报，进行部分加工；第三层，情报专门加工：多方面分析加工，积极扩大关联情报，利用外部情报分析能力；第四层，情报深度加工：明确目的进行多面加工，组成项目组，利用外部调查机关和情报分析能力，形成分析报告。

（2）单条信息无法自证其相关性和使用价值

凡是情报都具有有用性，都具有知识的内涵，都能够被人们所利用。一般意义上，情报是决策的直接依据。问题是什么样的信息可以转化为情报作为决策的依

---

〔1〕 邹志仁：《情报学基础》，南京大学出版社1987年版。

〔2〕 勾学海：“再探情报定义”，载《情报学刊》1989年第1期。

〔3〕 崔嵩：《再造公安情报》，中国人民公安大学出版社2008年版，第14页。

〔4〕 缪其浩：“日本‘情报’概念及其对情报工作的影响”，载《情报理论与实践》1992年第5期。

据呢？从认知心理学的角度看，信息是否具有使用价值和相关性，常常是人脑结合已有的背景信息或者其他信息决定的。

2004年某日，某省未管所因生产需要运进一块6米长的木板，没有采取相应的防范措施。当晚三名未成年犯发现木板后，将木板抬到靠近监狱围墙的楼房内，楼房窗户距离围墙5米远，三名罪犯将木板搭在窗户和围墙的顶端，然后沿木板到达围墙，跳墙集体脱逃。

在这起案件中，"6米长的木板"单看这条信息，与监狱安全和脱逃犯罪并不具有相关性，然而，如果结合另一条信息"围墙距离建筑物楼房的距离是5米"，则木板的信息与脱逃犯罪就有了相关性。情报人员如果认为"6米长的木板"具有使用价值，是因为他已经占有了"脱逃犯罪"、"翻越围墙"、"围墙距离建筑物楼房的距离是5米"等背景信息，只有结合这些"其他信息"才能判断"6米长的木板"的信息是否具有使用价值。在监狱安全情报分析过程中，一条看似与犯罪不相关的信息，情报分析人员如果从质疑的角度提出在某种情况下这条信息与监狱安全相关的情景，相信只要具备足够的知识背景和想象力，总能找到信息的使用价值。

因此，单条信息无法自证其相关性和使用价值，一条信息是否具有相关性和使用价值，至少是由另一条信息的存在决定的，只有将两条以上的信息进行比对，才能确定相关性和使用价值。这种将两条以上信息合并处理的过程实际上就是分析过程。缺乏分析，许多信息都无法确定其相关性和使用价值。[1]

也就是说，情报是具有相关性和使用价值的信息。

(3)决策的依据是什么？信息？情报？

在监狱安全防范工作中，成功的防范决策无一例外都是对信息深入细致分析的结果。在总结监狱发生的各类犯罪活动特别是脱逃犯罪时，常常会发现：监狱大部分失败的教训是情报分析不充分，即实践部门总结的"敌情不清、犯情不明"。因此，从情报工作的角度来看，安全防范决策的依据不能是单一的原始信息，必须综合分析多个来源的原始信息，将分析后的结论作为决策依据。当监狱获取有关服刑人员犯罪的时间、动机、工具等信息时，不应简单地仅凭该条信息作出决策，而是应多渠道搜集相关信息，通过多条信息的互相印证、对比，确定该信息的可靠性，然后才能将其作为决策的依据。

---

〔1〕 崔嵩：《再造公安情报》，中国人民公安大学出版社2008年版，第12页。

4. 情报的解读

(1)情报是一种信息

从哲学的角度说,信息是事物运动的存在或表达形式,是一切物质的普遍属性,实际上包括了一切物质运动的表征。情报就其实质而言属于信息。两者具有一些共性,情报属于具有特殊意义的信息,是经过吸收、激活及创新,具有针对性、可以产生效用的信息。情报都是信息,但信息不一定就是情报。从严格意义上讲,情报和信息是两个不同的概念,既不能混同,又不能分割,信息是情报的源泉,是情报加工的原料,没有信息就没有情报。

(2)情报是一种分析后的信息

情报是对信息进行分析的产物和结论。一条信息无论看似具有怎样的相关性和使用价值,但只要尚未经过评估分析,就只是原始信息。这样情报和信息就有了客观的、明确的、可操作的界限。国际警务协会情报分析协会主席利萨·帕米艾丽认为:在当今警察领域的公开论著中,信息和情报是两个经常互换的术语,这种混用不仅是错误的,而且很可能使我们在努力阻止另一次重大恐怖事件时误入歧途。信息是原始的数据;它既可以是一个新闻报道中得到的一条消息,也可以是一个秘密线人的密报,或者是机敏的警务人员观察到的情况。就信息本身而言,基本不可能依据原始的、未经评估的信息作出决策。在某种程度上,必须提供背景信息,必须进行比对印证,必须对原始信息进行增值。转换原始信息的主要环节就是分析,而分析的产品就是情报。[1]

(3)情报是阶段性的产品

情报是经历了分析后的阶段性的产品,也就是说,情报不是一种最终的产品。作为阶段性产品,情报总是处于不断被评估、更新、补充和修改的状态。情报作为阶段性的产品,是上一过程的终止,也是下一过程的起始。

(二)犯罪情报和侦查情报

源于军事领域的情报概念被引入警察领域,从而衍生了诸如“犯罪情报”、“侦查情报”、“公安情报”等,各种论著借助情报学的理论对警察领域的情报概念作了不同的阐释。

犯罪情报,就是指在打击和预防犯罪的领域里,供决策、部署和行动所必需的

〔1〕 崔嵩:《再造公安情报》,中国人民公安大学出版社2008年版,第16页。

犯罪信息以及对其进行加工研究的成果。犯罪情报能够反映犯罪的情况，提供侦查的线索，揭示犯罪的规律特点及内在联系。其根本目的是发现、控制和侦查犯罪活动，预测犯罪活动的发展趋势，为打击犯罪和预防犯罪的科学决策服务。[1]

侦查情报，是通过各种合法及有效的手段和方法获得的，供刑事侦查部门及其他有关部门打击犯罪、预防犯罪使用的包含有一定的犯罪或与犯罪有关的情况的信息。[2]

这两个概念相互联系，在外延上基本重合，它们都是公安机关及其侦查部门实施打击、预防、预测犯罪的重要手段。同时，它们又存在细微的区别：犯罪情报是以犯罪事实或犯罪现象作为主要对象，主体并不局限于侦查部门，获取情报的手段并不完全是专业性的侦查活动；而侦查情报突出侦查部门的主体地位，犯罪情报是其主要对象，但不是唯一对象。

随着对“大情报”观的认识，有的学者提出“公安情报”概念，认为公安情报信息包括两部分：分析公安机关本身的各类情报信息和分析犯罪嫌疑人的情报信息。公安机关本身的情报信息纳入公安情报的范畴。[3] 从当前公安情报工作现状看，公安情报已不再局限于侦查领域，它的范围已经扩展到社会生活各个方面，凡是与公安工作相关的情报信息都可以纳入公安情报的范畴。

在监狱的安全工作中，狱内犯罪防控是核心内容，把握这一概念，要把“监狱安全情报”与“犯罪情报”、“侦查情报”区分开来。犯罪情报或侦查情报是监狱安全情报的核心内容，但它们不能包含监狱安全情报的全部。一方面，监狱安全包含有比防范狱内犯罪更广阔的内容，如罪犯自杀、生产安全等，因此，不能用狱内侦查情报来指代监狱安全情报；另一方面，监狱安全情报除了强调罪犯的犯罪情报之外，监狱自身和民警的执法情况也是影响监狱安全的重要的因素，需要在情报分析研判时重视。公安情报信息的表达范围较为广泛，但由于使用的对象不同，公安情报主要服务于公安工作，与监狱安全防范工作差距较远。

（三）监狱安全情报

在监狱的执法实践中常用“狱情”、“犯情”和“敌情”来表示相应的情报工作。这些概念都表示特定的含义，但难以涵盖监狱安全情报的全部内容，不能准确地反

---

〔1〕 王志华：《犯罪情报学教程》，警官教育出版社 1995 年版，第 5 页。

〔2〕 裘树祥：《侦查情报学》，成都科技大学出版社 1998 年版，第 30 页。

〔3〕 倪德源、龚罡：《公安基层情报信息分析》，中国人民公安大学出版社 2002 年版，第 12 页。

映监狱安全防范工作的全部，因此本书选用“监狱安全情报”来指代监狱为安全防范而开展的情报工作。笔者认为，监狱安全情报是指监狱在安全防范的工作中，为确保监狱的安全稳定，通过公开和秘密方式获取的各种监狱安全的情况信息以及对其分析研判的成果。

1. 监狱安全情报的目的

监狱安全情报的目的是确保监狱安全，使监管场所处于没有危险、不受侵害、不出事故的安全状态。具体来讲就是要达到司法部提出的“无在押犯脱逃、无狱内重大案件、无非正常死亡、无重大生产安全事故、无重大疫情发生”的“五无”目标，确保监狱人员（在押罪犯、监狱警察、职工）的安全、财产安全、监管场所安全和监管秩序的稳定。

2. 监狱安全情报的内涵

监狱安全情报区别于其他情报的本质是其独特的内涵，监狱安全情报是指包含有“各种监狱安全的情况信息以及对其分析研判的成果”，对这一内涵应作广义的理解，即监狱安全情报不仅包括与监狱安全有直接关联的情况信息，也包括与监狱安全有间接关联的情况。具体包括：影响监狱安全的各种宏观因素；监狱在押犯的总体情况；监狱在押犯的个体情况；监狱安全防范的重点环节和范畴；监狱民警的执法工作情况等。

3. 监狱安全情报工作方法

监狱安全情报的工作方法主要指发现、搜集、分析、运用情报的方法。手段是指对情报的工作过程中采取的具体处理方式。方法往往是指情报工作的手段、措施、途径以及谋略的一种综合运用。发现、搜集信息的手段方法很多，监狱安全情报的手段方法总的来讲是公开与秘密结合。

二、监狱安全情报的特点

（一）客观存在性

监狱安全情报是发生在监狱内的一种社会现象。从社会学意义上说，安全情报同样具有和其他社会现象一样的共性：客观存在性。监狱安全情报的客观性，决定了情报的可知性，即情报是可以被认识的。但由于情报本身的隐蔽特点，有些监狱警察认为罪犯是不可知的，情报是难以获取的。主要表现为两种现象：

1. 罪犯思想难以捉摸论

这种观念认为,罪犯的思想太复杂,难以捉摸。因为有的民警对罪犯的认识只是感性的、片面的,判断罪犯的行为是直观的。例如,完成生产指标就是积极改造,未完成生产指标就是好逸恶劳或者是消极怠工;“听话”、“老实”就是服从管教,否则就是抗拒改造,而对罪犯的言行真假、动机、目的不作具体的分析,在这种认识论的指导下,一旦罪犯发生种种恶行与自己的认识形成强烈反差,就觉得罪犯“太复杂”,不可理喻;同时,在管理教育上,由于感性认识所致的各项管理教育内容、方法、措施,不可能成为转化罪犯的外部条件,这又从反面强化了“难以捉摸”的认识。

2. 三防事故难免论

这种观念认为罪犯是“活蹦乱跳”的,思想是“瞬息万变”的,“谁也不能保证不出事”。其实,脱逃、自杀、凶杀都是罪犯个体内部矛盾激化的本质反映,而且这种内部矛盾激化都具有外显特征,只不过民警认识只局限于感觉的范围内,即使看到一些蛛丝马迹,仍然不能意识其隐蔽性、奸诈性和危险性,因此,一旦发生了三防事故,就感到迷茫、沮丧。任何信息都是事物的状态、特征及其变化的客观反映,无论是物质活动,还是精神活动,其状态、特征和变化都是不以人的意志为转移的客观存在。监狱安全情报也不例外,它是监狱内各种情况、资料的总称,是监狱状况的客观反映。但信息的客观存在性不等于真实性。实践中,监狱也常常出现假情报、假消息等。

(二)复杂性

情报复杂性是由监狱安全防范工作的性质决定的:首先,监狱安全防范工作涉及各战线、各个部门、各个监狱和各项监管活动,它所需要的信息是多种多样的,造成了监狱情报的复杂性。其次,在对敌斗争中,罪犯总是要制造假象、伪造信息、毁灭罪证,这样便造成了识别信息真伪的复杂性。这就要求我们获取信息时要以辩证唯物主义和历史唯物生义作指导,善于辨别真伪,取精弃粕。

(三)隐蔽性

所谓情报的隐蔽性,是指信息缺乏透明、不易觉察或没有显现。在现实工作中,罪犯为了逃避打击,在实施违法犯罪活动中,往往用各种手法掩盖非法的秘密活动,以假乱真,转移民警和其他罪犯的视线,当监狱民警发现某个潜在的信息明显化的同时,案件也已经发生了,此情况下获得的信息,往往滞后于案件发生的时间。从狱内发生的恶性案件来看,为使犯罪得逞,逃避再次受到惩罚,犯罪分子常常要经过比较周密的预谋和准备。由于监管设施与监管工作日趋规范化、系统化、科学化，他们的预谋变得更为隐蔽，由过去的盲目动手，转为谨慎的“动脑”，采用各种手段蒙骗民警，有的“假表现”，有的拉拢民警，骗取民警信任使民警失去察觉，从而进行密谋。狱内恶性案件具有隐蔽性与狡诈性的双重特点。所以监狱安防工作中特别强调要善于抓苗头，要有预见性。

(四)时效性

情报时效性是由事物发展变化的速度所决定的。监狱安全情报往往具有极强的时效性，如不及时捕捉，就会丧失战机，贻误工作。狱内侦查的工作方针是“预防为主，防破结合，及时发现，迅速破案”，强调了很强的时效性。监狱安全情报的时效性是与狱内犯罪斗争的需要相一致的，一起狱内预谋案件，侦查人员及时侦破，可以免除一场灾祸；反之，酿成事实，就会造成严重后果。监狱情报的时效性，要求监狱系统常备不懈，保持良好的运转状态。另外，情报的可逝性也决定了监狱安全情报的时效性。任何一个情报都存在一个产生、持续、消亡的过程，情报本身存在消亡和遭到破坏的可能。因此，监狱安全情报在收集、整理、分析、储存、传递、利用等环节都有较强的时效性要求。

(五)随机性

监狱民警获取有关监管安全的情报，多数情况具有很大的随机性，这种随机性，是由社会现象的随机性决定的。例如，狱内犯罪发生的必然性，是由无数随机事件表现出来的，监狱能够根据统计规律做出肯定的判断。然而，某起狱内犯罪的发生往往表现为随机事件。认识监狱安全情报随机性特点，要求我们在制定监狱决策和工作措施时，自觉地从社会统计规律出发，要符合并适应社会的发展变化规律和趋势，而不是从获得个别监狱安全情报出发。只有这样，才能保证监狱决策和工作措施的正确性。

(六)保密性

监狱安全防范工作有相当一部分属于隐蔽性或半隐蔽性斗争，而且大部分安全情报直接涉及国家、社会和广大人民群众的安全利益，无论从对内、对外的工作需要出发，它都要求在一定的时间、范围内保守机密，以保证工作的顺利进行和监狱信息的自身安全运转，充分发挥正常作用。所以监狱信息流通过程和各个环节都需要做到安全保密，防止人为或自然因素的破坏。

(七)共享性

情报的共享性，表现为在一定的时间、空间范围内，有关人员或部门可以同时享用。情报的价值是在共享中发挥出来的。没有情报的共享,情报的价值就无法体现。这就需要合理处理保密和共享的关系,即监狱情报是有条件的共享,是在密级限定范围内的共享。在监狱行刑过程中,罪犯移交、减刑、假释等活动,都需要监狱与公安机关、检察院、法院等机关严格按程序配合进行。传统的工作方法耗费大量的人力、物力、财力,有些信息还不到位。监狱如果能和工作的对口部门联网,实行网上办公,不仅节约工作成本、提高工作效率,而且当对口部门有异议时,可以通过共享信息平台自行查阅相关佐证信息,既便利快捷,又高效可靠。

三、监狱安全情报的种类

将监狱安全情报按照一定的标准分门别类地划分成各种不同的种类是非常必要的,它对于情报的管理、利用等工作具有重要的意义。监狱安全情报的分类使我们对安全情报的认识从感性走向理性,有利于对安全情报的管理,有利于有针对性地搜集相关信息。

监狱安全情报种类划分的依据要具备两个条件:其一是要充分考虑情报自身的特点;其二是要充分考虑监狱安全防范工作的实际需要(要利于对情报的获取、鉴别、利用和管理)。监狱安全情报的分类原则和其他情报的分类原则一样,即有利于实际操作,有利于充分发挥情报的功效,有利于整个安全情报的管理。

(一)按照内容分类

根据监狱安全情报的内容不同,可以分为狱情、犯情、敌情、警情、舆情。

1. 狱情

在监管工作中,狱情是监狱情况的简称,是指监狱在依法对服刑人员执行刑罚过程中所存在的工作情况、环境情况、监狱人民警察及服刑人员的思想活动和行为表现等情况。狱情既包括服刑人员的情况,也包括监狱人民警察及其他有关人员(如监狱周围居民、来监会见的服刑人员家属等)的一些动态,故狱情的范围最广,是一切监狱情况的总称。[1]

2. 犯情

犯情,简单地说就是服刑人员的情况,具体是指监狱在押服刑人员个体和群体中的基本情况、服刑态度、言行表现、思想倾向、行为动态等一系列的动态和静态信

---

〔1〕 孙平:《狱政管理》,中国政法大学出版社 2005 年版,第 296 ~ 297 页。

息所组成的系统情况。犯情的反映形式有思想的和行为的、整体的和局部的、历史的和现实的、主观的和客观的,有积极的,也有消极的。一般而言,犯情的内容主要由服刑人员的基本情况、服刑态度、言行表现、思想倾向和行为动态五部分组成。罪犯个体或群体思想、情绪、活动等情报信息大致包括以下十九类:

- 罪犯身体健康状况异动信息;
- 罪犯饮食规律异动信息;
- 罪犯作息规律异动信息;
- 狱内罪犯非正式群体交往信息;
- 罪犯受到奖励或未能获得奖励后情绪变化信息;
- 罪犯违纪受处理后情绪变化信息;
- 罪犯突然处理个人物品信息;
- 罪犯人际关系信息;
- 罪犯与民警发生管理冲突后动态信息;
- 罪犯间矛盾冲突后动态信息;
- 罪犯违纪信息,特别是藏匿手机、现金、毒品、酒类等违禁物品信息;
- 罪犯暗中打探警戒设施及执勤规律,形迹可疑信息;
- 罪犯隐瞒自身真实情况信息;
- 罪犯参加劳动情况信息;
- 罪犯会见、亲情电话、信件、包裹信息;
- 罪犯家庭发生变故后情绪变化信息;
- 罪犯对狱内外重大事件、突发事件的反应信息;
- 罪犯对法律法规、政策、管理措施、制度的反应信息;
- 罪犯被提审或受到刑事、民事裁定后情绪变化信息。

3. 敌情

敌情是一个习惯性的称谓,它是指在押罪犯抗拒改造和违法犯罪活动的思想动态和行为表现,往往是构成狱内犯罪案件的前兆,是对监管安全构成威胁的情况。敌情是已形成的外部行为情况,罪犯的行为与现行的规定和制度有明显的抵触,出现严重违反规定的行为,其性质十分恶劣。如罪犯预谋脱逃、行凶、破坏、自杀、自伤自残;使用假姓名、假地址、假社会关系;隐瞒余罪;严重打架斗殴;藏匿手机、毒品、现金、酒、凶器等重大违禁品;聚众闹事,扰乱监管秩序;故意、蓄意破坏生产;多次抗拒改造;多次或向多人散布反改造言论和行为;蓄意破坏监管器材设施;聚众赌博、酗酒;恶意辱骂民警、袭警等重大情报信息。

4. 警情

警情,即单位民警基本构成状况及其所反映出的思想情绪及行为表现等情报信息。主要包括四类信息:民警思想情绪状况信息;民警执行制度及履职状况信息;民警气质类型、管理风格对罪犯的影响信息;民警管理和执法不当引发的不良情况信息。

5. 舆情

舆情,即监狱内外与监管安全稳定工作密切相关的情报信息。主要包括四类信息:罪犯家庭变故信息;可能导致罪犯思想波动的国内外重大事件;国家出台的与罪犯服刑改造相关联的法律法规、政策;监狱、监区布局调整或司法部、监狱局、监狱新出台的管理措施、制度。

(二)按使用价值不同,监狱安全情报可分为战略情报和战术情报

战略情报,又称宏观情报,就监狱本身来讲,是指重大的、带全局性的或对全局决策有重大影响的情报,如狱内犯罪活动的规律、特点、变化趋势等情况以及犯罪统计数据等。就某一案件的侦破来说,是决定全案侦查进程的重大线索,即牵一发而动全身的情报。战略情报是进行罪犯违纪、违法犯罪趋势预测和作出安防决策的依据,是制定监狱安防工作的方针、政策、策略、原则和规划,采取重大安防措施、手段的客观依据。

战术情报,亦称微观情报,是相对于战略情报而言的,是指一般的反映监狱局部或某一方面工作人员等的情报。例如,为侦破狱内具体案件而提供的线索。战术情报是战略情报的基础,在一定条件下,战术情报可转化为战略情报。在实践工作中,一线民警随时随地都在获取战术情报信息。

(三)按属性不同,监狱安全情报可分为线索型情报、资料型情报和预测型情报

线索型情报,是指通过各种途径获取的危害监管安全特别是罪犯中各种犯罪线索,属于动态性情报。它是监狱开展安全防范工作的基础和前提,对于侦破狱内预谋案件尤其重要。线索型情报的主要内容是提供有关狱内犯罪的可疑人、事、物的线索。可分为:行为线索、语言线索和物证线索。线索型情报的来源主要有:现场勘查、调查访问、揭发检举、守候监视、耳目工作、情报交流、狱政管理、审讯犯罪嫌疑人等。线索型情报有一定的模糊性和或然性特点,所以,必须进行认真的分

析、判断、鉴别，提高其准确度。

某年10月11日，某省一监狱接到罪犯耳目的汇报：罪犯马某、李某、韩某、宋某和王某涉嫌暴动越狱。监狱立即成立专案组，经查五犯预谋暴动越狱，密谋了三套方案：(1)勾结狱外人员袭击监狱围墙岗楼武警哨兵，将狱内新建监舍楼施工现场的塔吊吊臂调整到监狱围墙外，顺吊臂钢缆脱逃；(2)在狱内纵火、闹事制造事端，趁乱脱逃或劫持人质强行脱逃；(3)杀害警察，夺取警服从监狱狱门脱逃。专案组在获取相关犯罪证据后，采取果断措施，及时制止了五犯的犯罪行为。

资料型情报，是指以各种载体形式如卡表、实物、磁带、磁盘等储存起来的，能为监狱安全防范提供依据的情报，它属于静态档案情报。具体来说，是指将通过各种渠道搜集的情报、资料，按一定的规则和方法进行加工整理，形成各种情报资料体系储存起来为犯罪防控提供支持。资料型情报，可以为监狱安防工作提供比较全面、系统的情报。

预测型情报，亦称决策性情报，是指为预测违法犯罪趋势所必需的情报。例如，各种犯情统计数字、监狱安全形势报告、典型案件分析报告以及各种犯罪预测相关的情报等。预测型情报是制定战略和战术决策的依据。

（四）按地域来源不同，监狱安全情报可分为狱内情报和狱外情报

狱内情报，是指狱内各监区、各部门、各系统、各单位获取和分析的情况信息。

狱外情报，是指狱外直接或间接与监管安全有关的社会情报，特别是社会犯罪的情况趋势，它具有向狱内渗透的特点。监狱是国家机关的重要组成部分，是国家的刑罚执行机关，是社会稳定的有机组成部分。社会治安环境变化影响着监狱执行、改造罪犯；而监狱执行、改造罪犯是司法过程的最后一个环节，也是一个关键环节，是治安环境变化的重要体现，两者相互关联、相互影响、相互渗透、相辅相成。作为监狱关押的罪犯，无论是哪种犯罪类型的罪犯，他们的犯罪都有一定的因果关系，所以监狱要达到监管有针对性，特别是狱内侦查工作有针对性，就必须走出监狱，走向社会，深入家庭，调查、询问、了解每一名重点罪犯被捕前的生活史，具体掌握其在家庭中的生活轨迹、个性特点，把狱外收取的信息与狱内罪犯的改造现实表现有机结合，进行综合分析，最后确定具体的教育方案。采取因人施教、因人施管、因人布控的措施，做到防患于未然。

在总结新疆“7·15”案件的教训时，原司法部监狱管理局杜中兴局长讲：监狱与地方党政部门、政法机关联系不够，不能做到及时交换信息、互通情报，导致了社

会的社情、敌情监狱不知道,但是,犯人对社会上的社情、敌情通过多种渠道,都相当了解,罪犯密切关注、收集社会上的敌情,在狱内进行各种反改造犯罪活动,对监狱的安全和稳定构成了威胁。

(五)按获取的手段和方法不同,监狱安全情报可分为公开情报和秘密情报

公开情报,是指在搜集过程中搜集人员以公开身份直接获取的情报。如通过审讯、巡逻、狱政管理等手段获取的情报。

秘密情报,是指搜集人员在不公开身份和意图的情况下所获取的情报。

(六)按载体形式不同,监狱安全情报可分为文字情报、声像情报和实物情报

文字情报,是指用文字记录下来的情报资料,如罪犯档案、犯罪情报资料卡片等。文字情报有利于储存、传递和交流,是人类情报活动发展到一定阶段的产物。

声像情报,是指用声音及图像进行传递和储存的情报,如录音带、录像带、胶卷等。声像情报形象、真实、便于利用,在监狱活动中具有很高的价值。

实物情报,是指以各种实物作为传递和储存载体的情报,如各种违禁品、危险品、作案工具以及赃物等。实物情报是发现监狱安全隐患的重要途径,也是认定犯罪行为的罪证。实物情报往往受时间或条件限制,储存和传递时有较高的要求,以防止实物被人为地或自然地损坏。

某年11月13日15时30分许,某监狱狱侦科接到10监区副指导员电话报告:在监区车间厂房内发现自制的铁三爪钩1个,怀疑有罪犯企图脱逃。接报后,狱侦科迅速组织人员勘查现场,并展开侦查工作。根据举报并经查实,10监区2分监区罪犯乔某具有重大作案嫌疑,监狱迅速将其禁闭。11月16日,乔某交代了与罪犯崔某某共谋脱逃犯罪的有关事实:10月上旬,乔犯与崔犯纠合在一起,并商定:一是制作脱逃工具,二是选定脱逃时机。二犯商定后各自准备,11月10日崔犯为制作铁梯,从正在进行的暖气施工现场,骗取了8根70厘米的长套扣、六分铁管和7个三通,寻找到约50厘米长度的钢筋并制造成抓钩状。乔犯也制作了两个铁抓钩。事情败露后,崔犯将上述物品扔在厕所下水道、水房等区域。狱侦科随即将崔某关入禁闭室,并搜查、提取了作案工具。

此外,按来源渠道不同,监狱安全情报可分为直接情报和间接情报;按密级范围不同,监狱安全情报可分为秘密情报、机密情报和绝密情报;按形成过程不同,监狱安全情报可分为一次情报、二次情报、三次情报等。

四、监狱安全情报的作用

监狱安全情报在预防和打击狱内犯罪、维护监狱安全稳定中扮演着十分重要的作用。监狱通过对监狱内的警情、犯情、监管设施、安全制度等进行分析，找出阶段性不安全的关键性因素，采取有针对性的防范措施，有效地将事故控制在萌芽状态。对情报的获取、知晓、排查和掌控，是强化监狱民警危机思维的重要举措，对确保监狱持续安全稳定、提高改造质量具有重要意义。实践表明，监狱安全情报在侦破狱内案件、维护监管秩序、预防狱内犯罪等方面都发挥了重要作用。

（一）监狱安全情报能够提供安全预警

安全预警是指在常态下监狱管理者对各类安全事件潜伏阶段所进行的一切有效预防、警示工作，其目的是识警防患，超前预控，防患于未然。具体而言，所谓监狱安全预警，是指监狱通过各种途径和方法，收集可能引发安全事件的苗头性和隐患性信息，并运用逻辑推理和科学预测的方法和技术，对收集到的相关信息、情报和资料，对某些危害监狱安全事件出现的约束性条件、未来发展趋势和演变规律等作出估计与推断，并向有关方面发出确切的警示信号或信息，使监狱各部门以及其他相关部门提前了解事态的发展，以便及时采取有针对性的应对措施，防止不利后果发生的一系列活动。

情报对监狱安全防范工作预警的作用可以分为三个层面：战术层面、战役层面和战略层面。战术层面的预警是指对即将发生的具体的监狱安全事件，特别是服刑人员的狱内犯罪行为进行预警。这种预警具有最强的时效性，预警的对象一般是数天或数小时之后马上会实施的犯罪活动。在这个时间约束内成功地预警就能够挫败狱内犯罪的阴谋。战役层面的预警是对处于前期准备阶段的狱内犯罪活动进行预警，这些人通常被我们列为“危险犯”，处于前期准备的罪犯一般具有犯罪的动机，但没有确定具体的实施方案和行为方式。战略层面的预警是对影响监狱安全防范长期的、全局的、更大范围内存在的安全风险进行的预警。在三种预警中，最难以成功开展的是战术预警。因为战术预警需要在狱内犯罪发生前明确提供：什么人、什么时间、什么地点、怎么实施犯罪？如果没有足够可靠的情报就很难准确回答这些关键性问题。

某市第一看守所内，马某一直想逃出看守所逃避制裁。于是，马某和同监室的周某、常某预谋脱逃，通过多次秘密交谈和传纸条商议，3 人决定于 2008 年 8 月 3

日中午,让马某以检举他人犯罪为由,出监室将两名值班警察掐死,抢到监区大门钥匙,3人从看守所逃走。经过密谋后,马某、周某、常某开始逐步实施越狱计划。2008年7月30日,看守所民警得到线索,监室内有人策划越狱,看守所立即将这一情况向上级反映。当地警方迅速出动,对监室人员进行秘密监控。当晚11时许,马某、周某、常某正在传递预谋杀人越狱的纸条时,被公安人员当场抓获。

情报人员在对狱内犯罪进行预警时,通常会面临一些困境,即成功预警往往难以得到证实,而预警失误可能造成监狱和社会的强烈反响,使情报人员面临巨大压力。实践工作中,当情报人员经过分析研判各类信息得到狱内犯罪的情报并采取相应的防范性行动时,服刑人员可能会放弃预谋犯罪活动或推迟和改变犯罪计划,从而没有发生狱内犯罪活动,人们会质疑情报的预警功能;但另一方面,当出现预警失误,最终导致重大案件的发生时,人们又会严厉地责问监狱。

2009年10月17日13时许,内蒙古第二监狱发生罪犯暴狱事件——4名囚犯在劳动间隙杀害一名直接带领他们劳动并对他们进行日常管理的监狱警察,殴打并捆绑另一名警察,脱下警察制服,连续闯过4道铁门并在最后一道大门与值班民警发生打斗,成功越狱。"10·17"暴力袭警越狱案件,引起中央和自治区领导高度重视,相继作出批示,要求尽快侦破此案。案件立即连续多日占据电视、广播、报刊、互联网头条位置,社会舆论一片哗然,公众对监狱安全的猜测铺天盖地,无一不对监狱予以严厉指责。

(二)监狱安全情报能为监狱制定安全防范决策提供依据

监狱安全防范的宏观决策制定时,必须了解监狱安全的现状和发展状态。由于监狱安全情报工作能够提供狱内违规、犯罪的动向情报及监狱安全的其他相关情报,并据此开展情报研究活动,所以它有利于为监狱科学决策提供依据,这对维护监狱安全稳定、预防狱内犯罪具有非常重要的意义。

监狱安全防范工作的规划和决策是在充分掌握各类情报,进行综合分析研究的基础上,结合管教工作的政策、任务的要求制定的。监狱情报部门掌握的全方位、多层次的安全情报,使监狱的安全防范工作具有针对性、主动性和进攻性,从而制定出符合监狱自身的安全工作规划,以指导监狱各项安全工作的顺利开展。

监狱制定安全防范工作的一个重要任务就是如何优化各类资源的配置,具体讲就是要把重要的资源配置到关键的地方。监狱通过运用情报,开展风险分析和危机管理,判别各类安全事故的风险,并列出各种风险的可能性,查出监狱的安全隐患和安全漏洞，结合监狱的当前情况，有的放矢地配置各类资源。

（三）监狱安全情报为监狱重点防控提供了目标

建立监狱安全防控体系，首先要解决的是控制什么？也就是说哪些对象和问题是应该纳入监狱控制网中的。这就需要通过监狱安全情报，分析控制的重点，排查危险犯和安全隐患。具体工作中强调以“四重点”进行排查分析，对具有不安全行为的重点人物、重点物品、重点事件、重点时空开展分析与防控。狱内安全事件发生的主要原因是人的不安全行为和物的不安全状态，事件的发生、发展都是由小到大、由间接到直接的变化过程，这种变化、演变的过程又为监狱安全情报分析工作提供了可能。通过情报分析网，就有可能及时发现安全隐患的苗子，消除引发隐患的原因，将涉及监管安全的隐患消灭在萌芽状态。

（四）监狱安全情报为狱内犯罪的侦查提供方向和线索

监狱安全情报和狱内侦查工作有联系，但也有区别。监狱安全情报的根本出发点是预防狱内犯罪，维护监狱安全稳定。在狱内犯罪或其他危害监狱安全的事件还没有发生的时候，预见、防范和制止服刑人员的危害行为。而狱内侦查从狭义角度讲，是针对狱内案件，收集线索和情报，力求把狱内犯罪分子绳之以法。尽管如此，鉴于狱内侦查部门预防和打击狱内犯罪职能的定位，监狱安全情报和狱内侦查关系实际上十分紧密。服刑人员的预谋犯罪活动没有被监狱管教机关成功阻止的时候，前期的情报可以为随后的案件侦查提供侦查方向和线索。利用已经收集的安全情报，案件侦查能够比较容易找到突破口。另外，对于已经发生的狱内犯罪的侦查，可以获取更多的犯罪信息，这些具体信息不仅有利于解决当前案件，更可以提供有关服刑人员犯罪的情况和规律，使监狱能够通过对当前案件的侦查，预见未来潜在的风险。

第二节　监狱安全情报工作

监狱安全情报工作是指监狱为维护监管场所的安全与稳定，利用情报信息系统，对通过各种途径获取的零星的、分散的各类与安全管理、预防和打击狱内犯罪有关的人、事、物等信息，进行整理、鉴别、评价、分析、综合等系列化的加工，形成对监狱安全状况、安全形势及在押犯危害监管安全行为倾向的认识和判断，从而服务于监管安全决策和安全预测预警的一项基础业务工作。

一、监狱安全情报工作的地位

(一)监狱安全情报工作是开展安全防范工作的前提

首先,情报工作是监狱安全防范工作的先导。实践证明:情报工作可为安全防范工作提供具体的目标和线索,监狱安全工作的基本要求就是对各类安全事件能够“发现得了,控制得住,处置得下”。所谓“发现得了”,就是要求监狱机关对影响监狱的各类安全情报了如指掌,心中有数。对罪犯秘密策划、阴谋准备的犯罪活动,能够及时获取线索和证据,为下一步的侦查和控制创造条件。所谓“控制得住”,就是将影响监狱安全的因素和防控对象始终纳入视线之内,通过公开和秘密的途径,将其限制在一定范围内。粉碎罪犯的阴谋计划,制止和打击其犯罪活动,防止造成危害,以达到维护监狱安全稳定的目的。所谓“处置得下”,是指对于难以预测而突发的危害监狱安全事件,采取紧急措施控制其蔓延,将突发事件带来的损失尽可能地降到最小。这三个基本要求都离不开及时、准确、有效的情报工作。

其次,情报工作是维护监狱安全稳定的前提。当前我国改革发展正处于一个关键时期,需要一个稳定的社会环境,而监狱作为国家机器,必须着眼于维护社会稳定,切实加强监狱安全稳定工作。监狱罪犯脱逃、暴狱、劫持人质、重大传染疾病、生产安全、自然灾害等事故的发生,将会造成恶劣的社会影响和政治影响,严重影响社会稳定。要及时消除和化解监狱各类不安全因素,将其消灭在萌芽状态,就必须做到先期发现。因此,只有获取了及时准确的内幕性、预警性情报,才能及时向有关部门报警,采取果断措施,妥善处置,从而杜绝或减少事故发生,确保监狱安全稳定。

(二)监狱安全情报工作是监狱安全工作的中心环节

情报工作是监狱基层部门大量的日常的工作,狱政管理、狱内侦查和罪犯教育工作都要建立在及时、准确的情报信息基础上。监狱安全的各项工作,都要充分利用已经掌握的情报,确定工作方向,明确防控重点,作出正确决策,采取适当的安防措施。没有有效的情报工作,就不可能有有效的监狱安全防范工作。

监狱安全防范工作的基本目标是防止各类危害发生,维护监狱安全稳定,这就必须对重点人员、重点物品、重点时段、重点部位进行研究。从目前情况来看,监狱押犯数量不断增多,押犯构成复杂,年轻犯、暴力犯、涉毒犯、涉黑犯、惯累犯、流窜犯、多进宫罪犯所占押犯比例不断加大,有相当一部分押犯反社会、反政府、反改造意识增强，抗改心理加剧，已成为影响狱内安全与稳定的高危人群，监狱的安全稳定面临着严峻的挑战。监狱需要动用各种公开和秘密的手段措施，提前发现和掌握各种影响和危害监狱安全稳定的问题和因素，把工作做在前面，防止和消除危害。通过情报工作，提前发现和掌握影响监狱安全的苗头和迹象，监视控制重点罪犯的活动，及时采取有效措施，将其制止在萌芽状态，制止在预谋阶段。情报工作贯穿于监狱安全工作的始终。

（三）监狱安全情报工作是预防和打击狱内犯罪的重要措施

狱内侦查工作的核心任务是预防和打击狱内犯罪，在完成这项任务时，情报工作可以说是重中之重。常言道："知己知彼、百战不殆。"及时、准确地把准狱内的犯情动态脉搏，切实掌握对敌斗争主动权，既是促进监管安全与稳定的重要"法宝"，更是强化狱侦工作职能的"核心工程"。从目前的实践来看，情报工作都被摆在了狱内侦查的议事日程上，并且在侦破预谋案件、预防狱内犯罪等方面发挥了重要的作用，取得了显著的成就。情报工作是一项为预防和打击犯罪积累创造条件、奠定基础、提供支持的工作。一方面，情报可以直接为狱内侦查提供线索，提高侦查破案的效率和质量；另一方面，情报工作可以使狱侦人员"敌动我知，了如指掌"，可以为侦查决策提供依据和材料，使侦查人员及时有效的采取防范措施，预防狱内犯罪的发生。

二、监狱安全情报工作理念

（一）"大情报"观念

"大情报"是信息化社会发展的必然产物。"大情报"的实质是从信息资源中开发出的一种具有情报价值的针对性强的综合的泛人工情报信息，简称为"大情报"。因此，大情报的本质仍属信息范畴。所谓"大"，主要指范围拓宽，规模扩大，数量增多。大情报观[1]认为：大情报的源泉是信息，大情报的母体是人工信息，大情报的核心是情报信息。大情报的本质是人工信息中的信息精华，是经验、知识、科学、智慧等诸种信息收集、加工、处理、贮存、检索、研究编译的产物，是浓缩、过滤、精炼的结果。把情报简单归结为信息或知识，是不全面的。情报信息动态过程是转化过程（包括收集、加工、处理、贮存等过程）和研究过程（包括检索、编译、咨

---

〔1〕 谢元泰："'大情报'概念浅析"，载《情报学刊》1992年第6期。

询等过程)。

1. 大情报观的特征

(1)“大情报”——全警采集信息

全方位、多渠道地获取信息是实施情报工作的起点。无论信息技术如何发展,再先进的技术设备,也离不开人的操作。因此,当务之急是尽快建立健全信息网络,完善信息的收集机制,努力使基础类信息数据维护及时、线索类信息收集全面。监狱各级机关应当把建立健全信息收集机制放到更加突出的位置,作为一项硬任务来抓,按照“公秘结合、上下联动、全面收集、规范运作”[1]的要求,进行规划设计、组织实施。特别是增强全体民警的情报信息意识,形成全警收集、主动收集的格局。对日常工作内容、工作资料等基础类数据,要及时全面、分门别类地录入相应的信息管理系统,要实现信息共享查询,必须源头信息维护及时、丰富准确。

(2)“大系统”——建立综合信息系统平台

建立监狱综合信息平台是大情报的载体。统一规划、统一标准,是实现监狱信息管理系统规范化建设的根本保障。监狱根据本单位工作实际,参照司法部标准,建立包容各业务特点的数据系统大平台,统一采集、统一录入、统一上报、统一应用标准,实现一个标准、一个综合应用软件、一个大平台。

(3)“大流通”——建立情报的共享机制

实现是情报大流通必须建立情报的共享机制。司法部近年来多次召开全国信息化工作会议,对监狱信息化建设起到了重要的引领导航作用。但全国监狱信息化建设很不平衡,总体落后于国家信息化整体水平,应用层次低,主要问题是对信息化重要性的认识差距大,专业性人才严重不足,投入资金和机制欠缺,应用系统集成程度低,技术标准粗放、不统一、不规范。因此,在推进情报共享的方式上,建议在信息系统相对健全的地区先行试点,在各自已有工作平台的基础上,按照统一标准进行有效的整合,以统一的技术标准作为支持,在此基础上实现“由点到面、全国普及”的目标。同时,情报共享机制的建设必须依赖于一系列配套保障机制的跟进,如相关法律法规的建设、奖惩机制、人员培训机制以及资金保障机制等。

(4)“大应用”——结合监狱工作实现信息化战略

监狱信息化活动的蓬勃开展,展示了监狱情报工作所具有的全局性和基础性

---

〔1〕 黄明:“论情报信息主导警务战略”,载《公安研究》2005 年第 4 期。

的特征，它涉及监狱各个部门的日常警务工作之中，渗透到监狱工作的各个领域，对于保障监狱安全、改造在押罪犯及服务监狱各项决策具有积极的主导作用。情报工作对于掌握对敌斗争的主动权，驾驭监狱安全局势，辅助领导决策具有重要的战略意义，对于提高监狱管理工作的效率也具有积极作用。强调情报的大运用，是把情报信息工作作为当前监狱工作的重要业务，所有业务都围绕信息来开展，把情报信息工作深入监狱业务的各个环节，在实际工作中实现监狱情报工作的“大应用”局面。监狱要鼓励基层民警加强运用，不断创新监狱情报应用的新方法、新领域，通过运用发现问题，进一步完善各类信息系统和情报平台的开发和完善。

2. 大情报观对监狱安全的要求

当前监狱信息化工作发展迅速，已经突破传统的范围。依据大情报观的理念，我们应把情报工作建立在“大范围、大规模、大体系及多功能”的内涵上理解。大情报观对监狱安全工作的几点要求：

（1）情报范围大

监狱工作中，应以大情报观指导安全防范工作，不能把监狱安全情报仅仅集中在服刑人员中的思想动态、行为动向及在押犯的构成等情况，而应把涉及监狱安全稳定和发展的方方面面都纳入情报的视野，既有在押罪犯、监狱民警等相关人员的情况，同时也有监狱自身政策、经济、格局以及周边社区及社会等相关环节和社情的情况。目前，监狱安全情报已经由单纯的犯情分析——罪犯及危险犯进行的危害监管安全的各类活动情报信息，发展为敌情、犯情、狱情、警情等——监狱内部安全管理的各类情报信息，包含警力配置、警务运行、队伍建设、执法活动等内容，以及关联情报——与监狱有密切联系的周边社区、罪犯家庭、政府机关、政法机关等方面的情报信息，三者相结合形成多层次、具有较强辐射力的情报体系。

（2）情报工作系统化

现阶段的监狱安全情报工作主要集中在狱情分析工作上，经过监狱的制度发展，狱情分析工作，已经逐步走上了经常化、制度化和规范化的轨道。然而在传统的狱情分析工作中，对情报只重视收集和分析两个环节，分析多数以单警或会议的方式进行，并且大量的分析都是一线民警和领导者凭经验完成的，这种经验分析以个人禀赋为基础，来自分析者对实践的体会，并没有形成规范的流程，此外，这种分析由各监区、小组，甚至个人完成，是一种自给自足的情报产出过程。大情报观下，情报工作系统化要求情报工作以监狱的情报信息为依托，以策划—收集—评估—

整理—分析—发布—反馈—策划等为过程的循环。这些情报工作环节彼此有机联系在一起,共同组成统一的情报工作流程。另外,大情报观要求打破监狱工作中各自为政的封闭状态,把监狱安全纳入大情报系统中,把情报工作提升为全局性的工作,打破各业务部门的条条限制,优化内部结构,建立一个调控能力强的多层次、全方位的监狱安全情报工作体系。

(3)情报工作多功能化

监狱安全情报基本的功能是实现对狱内各种危害行为"打、防、控"的综合防范,做到以防为主、防破结合、突出重点、克敌制胜、防患未然。实际上,监狱安全情报工作除了以上的功能外,还肩负有对监狱安全环境的监测和预警作用,同时还是监狱安全决策的基础和重要依据,是提高监狱管理水平的重要手段。大情报观,将情报的功能由服务于实战扩展到监狱工作的各个领域,使情报的作用更大,应用面更广。大情报观不仅重视微观层面情报的研究(从具体的信息中提炼预防和打击狱内犯罪的情报),而且也重视宏观层面情报的研究(通过情报的系统分析,创造出服务于监狱安全环境监测、安全预警、安全决策及监狱管理等情报),大大提高监狱安全情报的应用水平。

(二)"情报主导监狱安全"的观念

情报主导警务是21世纪的一项重大的警务运动。"情报主导警务是一个警务模式,一个管理哲学。这一哲学强调,数据分析和犯罪情报是客观的决策机制的关键,这一决策机制通过战略管理,对惯犯和重特大犯罪分子采取有效的执法策略,以降低发案,减少犯罪问题、遏制和预防犯罪。"[1]这种观念引入监狱安全工作中,即情报主导监狱安全工作的警务战略,它是以监狱工作基础信息化为前提,以监狱警情、狱情以及指导监狱行刑的行政生态环境等综合情报研判为手段,以科学效能的监狱警务管理为核心,以务实高效的侦防战略战术为目标,构建的监狱对狱内犯罪的"打、防、控"情报系统。它是监狱从已发的事件、案件信息和各种危险罪犯的心理活动轨迹中深入分析、发现规律特点,对预测监狱可能发生的事件、案件与狱情变化,应用情报对隐藏的犯罪嫌疑人准确、有效打击的情报战略与行动战术。[2]

情报信息主导的监狱安全模式是构建现代监狱安全机制必然选择的路径。监

---

〔1〕[英]杰瑞·莱特克里菲:《情报主导警务》,崔嵩译,中国人民公安大学出版社2010年版,第6页。

〔2〕楚航:"中国监狱情报导侦警务战略构建",载 http://www.cnprison.cn/bornwcms/Html/prison/;徐克林:"监狱情报导侦模式的平台建构",载《中国监狱学科》2012年第2期。

狱情报工作作为一项重要的基础工作，在预防监狱内犯罪和维护监狱安全中具有极其重要的作用。但实践中，监狱的工作人员只注重各种管理和工作经验的运用，忽视情报工作的价值。即使开展狱情分析工作，也往往重表象轻摸底，重印象缺了解，描述多分析少。因此，对情报工作应加强认识。

1. 情报主导监狱安全模式是适应社区现代警务发展趋势的需要

监狱相对于社会来讲是一个特殊的社区，具有社区一般的特点。在现代社区警务中，各国逐渐摸索出一种被认为是继“第四次警务革命”的社区警务战略之后的新型警务模式，即情报主导的社区警务模式。[1] 情报主导战略实际上就是运用新的技术手段，为实现预防和打击犯罪的目标而把警察管理和警察行动建立在动态的收集、分析和测绘犯罪信息基础之上的一种工作模式。该战略自创生以来，在英美国家发展迅速并对警务实践产生了巨大的影响。我国社区警务建设中也正在开展情报主导警务战略。[2] 监狱安全作为监狱这一社区的主要警务工作，在防范监狱危险事故和保障监狱安全的活动中，应吸收社会中先进的警务理念，改革传统的安全模式，建立适应监狱现代化的安全模式，走情报主导的监狱警务战略是确保监狱安全的必然选择。

2. 情报主导监狱安全模式是监狱从传统安全模式向现代安全机制转变的切入点

传统监狱安全模式主要是以人防、物防、技防为主[3]，在向现代警务机制转变过程中，情报起到切入点的关键作用。传统的监狱安全中，防范措施具有被动和静态的缺点，往往在危害监狱安全的事件发生后才进行控制与处置，具有很大的滞后性，并且，人防、物防和技防主要是从静态的角度对可能出现的危机事件进行防范，

---

[1] 欧美国家在20世纪六七十年代开始实行社区警务战略。在一些支持社区警务战略的人士看来，社区警务战略具有一种革命性的意义，被称为“第四次警务革命”。当被称作“第四次警务革命”的社区警务战略方兴未艾的时候，20世纪90年代初期，一种与社区警务战略不同的新战略在英美国家已经悄然兴起。这种战略在英国被称为以情报为导向的警务战略，在美国被称为以犯罪情报的计算机统计分析为基础的警务战略，简称CompStat。参见陈琪：“建设社会治安防控体系应重视情报制导警务战略”，载《上海公安高等专科学校学报》2005年第5期。

[2] 张景华：“走情报信息主导警务之路——浙江警方实施‘情报信息主导警务’战略的探索与实践”，载《公安学刊》（浙江公安高等专科学校学报）2005年第4期。

[3] 有的学者将监狱安全的防范措施归纳为思想防范、制度防范和技术防范，或防范教育、防范制度和技术监控。参见李永主编：《狱内侦查学》，法律出版社1989年版，第98～116页；张公正主编：《狱内侦查学》，西南财经大学出版社1994年版，第35～45页。

缺少灵活性。事实上,传统监狱安全警务的各项日常工作,也都离不开情报。但实施情报主导监狱警务,更加凸显情报在全部监狱安全警务活动中的主导作用。这不仅是一种现代警务理念,更是一种科学工作方法,是现代监狱安全警务区别传统警务的一个重要标志。笔者认为,其关键是要把“主导”二字体现好、落实好。实施情报主导监狱安全模式的总体原则是,各项警务工作都要围绕情报来展开,充分体现情报信息在全部安全警务活动中的主导地位和灵魂作用。一方面要全方位、多层次地收集、研判各种情报,做到见事早、反应快,以增强主动性、预见性;另一方面要制定决策、开展工作都要依据、运用情报,确保决策科学、运行高效,以增强针对性、实效性。

3. 情报主导监狱安全模式是保障监狱安全工作的核心

首先,情报工作是掌握监狱安全工作主动权的关键。“知己知彼,百战不殆”,在监狱安全工作中,情报及时发现、迅速传达和准确使用,是保障监狱掌握安全工作主动权的关键。无论监狱安全的决策和监狱安全的具体工作都必须建立在科学搜集信息、准确分析、恰当运用情报的基础上。没有情报,我们对问题的认识就缺少根据,判断失去科学性,处置失去目标。因此,建立科学的情报体系,才能在监狱安全工作中牢牢把握主动权。其次,情报工作是监狱宏观安全决策的基础。情报首先要为监狱机关认识监狱态势、制定对策进行咨询服务。在监狱信息网中可以提供监狱各方面的信息,既有宏观的也有微观的;既有基础性的信息,又有动态的信息。监狱的领导决策层可以通过情报系统全面深刻的掌握监狱的各种信息,为其制定监狱的宏观安全政策和措施提供材料基础。另外信息系统可将各职能部门对某一问题收集的种种有价值的信息综合成一些可供选择的方案,即建立一个管理知识库“专家系统”,它可以根据占有的信息整理出各种方案供决策者参考,并具有预测未来的功能。另外,情报工作是监狱发现危险因素的前提和监狱控制、处置突发事件的依据。

三、监狱安全情报工作的要求

(一)重视情报,树立“情报主导监狱安全”的理念

监狱各级领导的高度重视,是开展监狱安全情报工作前提和保障。当前,监狱工作正处在改革发展的关键时期,监狱安全稳定工作仍面临着巨大的压力和挑战,各级领导应当充分发挥情报工作在监狱工作实践和宏观安全决策方面的指导、前

瞻作用,积极部署、推动狱情研判工作的开展,保障监狱安全情报功能的实现。情报作为监狱安全工作的主线,贯穿打击、防范及控制的始终,对监狱把握安全局势、维护稳定及掌握管教主动权起着关键性的作用。因此,情报工作是整个监狱安全工作的基础。监狱通过有计划、系统地宣传及培训,使决策领导和广大民警转变思想观念,统一思想认识,充分认识加强情报工作的重要性,采取有力措施强力推进情报工作。"情报主导监狱安全",是监狱面对严峻形势而提出的一个重要的主导理论和工作模式。只有提高对情报工作的认识,树立"情报主导监狱安全"的理念,才有可能建立统一协调、运行畅通、情报共享及集约高效的、综合性、多功能监狱安全情报工作体系。

(二)建立监狱"大情报"工作体系

首先,转变情报信息工作无关紧要的错误观念,树立"情报信息工作就是监狱安全的最基础工作"的正确理念,同时确立"大情报"思想。监狱各级上下都要重视和参与情报信息工作,每一个民警都要积极采集与运用情报信息。依据大情报观的理念,应把情报工作建立在"大范围、大规模、大体系及多功能"的内涵上理解。监狱应建立多种情报来源和类型相结合的多层次的,具有较强辐射力的情报体系。不仅要依靠专门的情报工作,还要依靠广大民警和罪犯,广泛开辟情报来源,疏通、拓宽信息渠道,把触角伸展到监狱各个角落,建立多层次、全方位的情报信息网络。建立一体化的情报工作管理机制,对监狱情报工作统筹管理、统一规范、统一领导、统一管理,整合信息资源,协调情报工作中的"条"、"块"关系以及与社会相关部门的情报信息交流及交换工作,实现监狱跨地区、跨部门情报信息的共享和综合应用。[1]

(三)建立监狱安全情报的运作机制

规范情报工作机制,落实工作责任,建立科学有效的考评机制,是监狱安全情报工作的保障。首先,要规范情报工作机制。情报信息的正常流转,需要经过采集、录入、研判、处理及反馈等环节,任何一个环节出现问题,都将影响情报的利用。同时,监狱情报系统是一个覆盖面广、信息量大的动态性综合网络系统,它的运作要依托各部门的相互支持和配合。因此只有规范情报的业务流程,实行规范化管理,才能确保信息采集的规范化,从而整合、激活和利用各类业务信息资源,发挥情

〔1〕 曹凤、彭志辉、陈亮:《公安学前沿问题研究》,中国人民公安大学出版社 2008 年版,第 109 页。

报的综合效益。其次,要落实工作责任制。要明确各级情报机构职责。实行“周分析、月讲评、季考核、年总结”工作制度。最后,完善考核奖惩机制。为充分调动监狱民警搜集、应用情报信息的积极性、主动性和创造性,监狱应当将情报工作纳入综合考核范围,根据各部门的实际情况,制定详细完备、切实可行的情报工作考核细则,明确考核内容和考核标准,落实激励奖惩措施,使监狱安全情报工作步入良性发展的轨道。

(四)建立全面覆盖情报网络

首先,要建立一支高素质、高水平的情报专职人员队伍。要加大对现有情报专职人员的培训,使之适应监狱信息化的要求,把政治坚定、业务精通、思想敏锐、掌握计算机信息网络技术应用和基层实践经验丰富的民警充实到情报队伍中来。其次,提高一线民警的情报意识和情报工作能力。一线民警既承担源头信息的搜集任务,又是情报服务的主体。因此,要通过开展民警全员培训活动,使民警掌握监狱安全情报工作的内容、方法及程序等,提高他们对情报信息的认知力、辨别力及捕捉力。同时,还可以通过建立健全一线民警情报工作的相关制度,明确一线民警责任。最后,充分发挥以耳目、信息员为主体的罪犯群体的作用。狱内耳目、信息员等是监狱从在押罪犯中建立和使用的秘密侦查力量,是搜集掌握敌情动向和犯罪活动线索、获取罪证,侦查破案的专门手段之一,是狱侦工作的一项重要业务建设。加大对狱侦隐蔽力量的行政奖励和刑事奖励力度,以及提供一定的物质奖励,能够提高狱侦隐蔽力量为我工作的积极性。但是同时也要规范狱侦隐蔽力量的管理和相关制度。

(五)建立监狱安全情报管理机制

要克服监狱情报工作多头管理、分散建设的弊端,就必须打破情报工作条块分割的格局,建立一体化的情报工作管理机制,对情报工作统筹管理,统一领导、统一规范、统一管理,协调情报工作中的条块关系以及与社会相关部门的情报信息交流、交换工作,实现各监狱在全国范围内的跨地区、跨部门情报信息的共享和综合应用。

一是建立情报中心。情报中心的设立有利于整合信息资源,提高监狱情报的共享水平和整体效益,它还有助于加强情报机构之间及情报部门和其他部门的协调与合作。情报中心是情报工作的指导、管理综合部门,负责情报工作的近期、中期及远期规划,提出情报需求,并由各情报机构具体实施。它的具体职责:其一是负责监狱情报工作统筹规划和宏观管理;其二是参与高层管理决策活动;其三是负责情报管理;其四是情报沟通与组织协调。[1] 设立一定级别的情报中心,并赋予对重要情报行动的指导、协调的权力,建立健全情报搜集、整理、查询、比对、分析、反馈、处理、发布、考核评比、奖惩各环节的制度,使情报体系始终处于良性循环的运作状态。构建大情报体系,除全警采集信息之外,情报中心必须要指导和协调各监区拓展第一手动态信息的来源,使情报网络涉及监狱方方面面,触及每个角落,使情报具有较强的方向性、时效性,在主导警务中发挥更大实效性。

二是要加大科技设备投入,配备文字处理设备、数字贮存设备、数据库管理设备、通信设备和数码录音、微型摄录、遥感、测谎仪等器材。这些设备和器材的应用,将极大地提高监狱情报人员的工作效率;以分监区为单位配备心理测试、测量系统,建立健全心理测试题库,便于分监区掌握罪犯即时心态。还要建立和完善信息数据库和信息应用平台,根据工作职责,实现分级管理、分级使用,打破信息壁垒,最大限度地实现信息资源共享,提高监狱安全研判工作的准确性和实用性。

(六)构建高度共享的综合情报系统

建设一个"功能强大,覆盖广泛"的信息综合平台,是实施情报工作的基础。依托一个纵向贯通、横向集成、互联互通及高度共享的信息网络平台。整合和盘活信息资源并形成有效情报,是推行情报战略的普遍做法。信息综合平台特点是:一是实现信息高度整合,二是实现信息充分共享,三是实现信息全面运用。实践中,首先,开发动态情报信息系统,以搜集、管理、运用监狱各类动态情报;其次,将各业务部门、各监区分散的数据库与应用的系统全面进行整合和集成化改造,利用这些现有的情报数据资源和大量的动态信息,按照情报工作的运作规程进行有机的关联,建立系统的数据库;最后,结合监狱监控系统建立具有集成化、关联性、智能串并分析综合情报系统。

[1] 曹凤、彭志辉、陈亮:《公安学前沿问题研究》,中国人民公安大学出版社2008年版,第185页。

第二章　监狱安全情报工作形式

第一节　狱情分析

狱情分析是监狱安全防范的一项基础性、日常性、关键性的工作。所谓狱情分析，就是指监狱管理局及各监狱通过对社情、犯情、敌情、警情等影响监狱安全稳定各种信息的及时搜集和分析研究，准确把握狱情动态和犯情动向，科学预判监狱可能发生的监管安全事故，采取针对性工作措施，及时消除和控制监管安全隐患，确保监所持续安全稳定的一项经常性工作机制。充分发挥狱情分析的作用，创新分析方法，提高分析质量，对于监狱机关更好地履行惩罚与改造罪犯的职能，确保监狱持续安全稳定，具有十分重要的意义。长期以来，对于“狱情”这个概念，从理论界到实践中都没有一个明确的界定。以前普遍、简单地认为狱情就是罪犯的情况，特别是罪犯中出现的不好的现象和问题。司法部《狱内侦查工作规定》取名为“犯情调研”。应该说这是特定历史阶段、监狱体制“二元化”条件下，不得已而形成的一个片面认识和界定。在当前监狱体制改革全面展开、逐步深入，监狱职能进一步纯化的背景下，应该对“狱情”有一个重新或全新的认识或定位。顾名思义，狱情应该解释为“监狱的情况”，就是监狱民警、罪犯、监管设施、社情及其他相关情况的总和。这一概念既包括人（民警、罪犯）的思想状况和行为表现，又包括物（监管设施）的运行情况，还包括事（社情和其他相关情况）中可能影响监狱安全稳定的因素。

一、狱情分析制度的历史沿革

狱情分析制度在不同历史阶段组织形式不同，这是由当时监狱狱情主要矛盾和监狱职能的主要规定决定的，反映了监狱工作要求的发展变化。

1. 20 世纪 80 年代初

20 世纪 80 年代初“严打”斗争开始后,沉寂了多年的劳改队开始接收“严打”新投犯。百废待兴,百业待举,建章立制几乎是一片空白。狱情分析会是力度较大、最早显山露水的一批规章制度之一。当时的狱情分析会叫“敌情分析会”,月例会后形成的文字材料叫“敌情报告”。80 年代初始的,监狱大量收押新投犯,完成好“收得下、管得住、跑不了”是第一要务。监狱主管改造的领导负责召集狱情分析会,机关相关业务部门和基层单位负责人、分管改造的副职参加,监狱主要领导大多数时间都到会,并提出要求。在当时,脱逃与反脱逃矛盾尖锐突出,为保持监狱正常的工作秩序,这种组织形式应运而生,会议形成的决议和达成的共识得以迅速落实,较好地控制和扭转了狱情的严峻局面,推动了监狱工作秩序迅速走向稳定。

2. 20 世纪 80 年代中期

20 世纪 80 年代中期以后,监狱工作进入了一个较长的不断调整完善发展的过程。狱情分析制度一方面随着监狱工作总体思路的变化而变化,另一方面狱情分析制度从管教业务工作的角度出发得出的结论,反过来作用于监狱总体思路的决策和调整。在这一阶段,狱情分析制度大体经历了两个时期:一是狱情分析工作的单打独斗期。由于监狱经费保障的严重不足,监狱忙于找饭吃,加之改造和生产第一、第二的争论喋喋不休,狱情分析会的召集形式发生了变化。只有监狱主管改造领导、管教业务部门、基层主管改造副职是会议的人员构成,出台的措施往往就事论事的多,仅限于局部和某一些侧面,缺乏整体性。二是基层基础工作强化、相关部门协同。狱情分析会的“独角戏”形式,昭示着大面积监管日常工作的孤军作战,势必带来监管改造秩序的混乱和狱情形势的严峻。在各类案件层出不断、此消彼长的高发期,在工作的实践中,改造和生产孰一孰二的争论逐渐被稳定与发展要同步推进的积极探索代替。狱情——监狱范围内的社会现象,一段时间来就案件论案件的孤立静止式思维得到了调整,更多的民警开始树立起社情、警情等相关因素也影响狱情变化的全面的动态思维观念。政工、纪检等部门逐渐比较稳定地参与到狱情分析以及基层基础工作日常考核中来,监管改造的主业地位不断强化和明确,抓稳定、促发展的观念逐步成为了监狱各级领导的共识。

3. 2003 年以来

2003 年监狱体制改革开始实施后,新体制带来了监狱工作思想观念和运行方式的根本转变。监狱作为国家刑罚机关的职能更加纯化,民警的工作职责更加专业,监狱工作的主要内容就是监管教育改造工作。狱情分析制度改革作为监狱长职责专业化体现的标志性措施之一,引起了各级领导的高度重视。现阶段的狱情分析会由监狱长召集,监狱所有领导、机关各业务部门负责人及监区正副职监区长参加,有时还有分监区长代表参加,与会主要负责人汇报狱情。[1]

二、狱情分析的运行机制

我国监狱现行的狱情分析制度是监狱局、监狱、监区、分监区四级狱情分析会议制度,狱情分析会议,主要是根据罪犯的现实改造表现,结合社会形势、改造环境、心理测试、罪犯个体情况等方面的内容,重点排查具有现实危险和潜在危险的罪犯,分析掌握狱情动向、罪犯思想动态和各种不稳定因素,并对影响监管安全的狱情、犯情信息,进行搜集、归类和量化分析,研究具体的防范打击对策等。[2]

(一)载体

1. 情报信息日碰头制度

监区、分监区当日值班领导,在罪犯收工后,召集执勤民警对分管区域内犯情、警情、舆情、监管设施状况的排查情况进行梳理汇总,分类定性,并做专题记载。

2. 定期狱情分析会制度

(1)狱情分析的形式上,有省局、监狱、监区、分监区四级狱情分析会议。狱情分析会议的召集方式、人员构成和规模有一定的规定。分监区级的狱情分析会议,是由分监区长召集,分监区民警、承包的监区领导、挂钩分监区的监区狱侦员和管教员参加;监区级的狱情分析会议,是由监区长召集,监区、分监区领导、监区民警、挂钩科室领导参加;监狱级的狱情分析会议,是由监狱长召集,监狱、公司领导、机关各业务部门负责人及监区正副监区长参加,有时还有分监区长参加,与会主要负责人汇报狱情。省局领导、各监狱监狱长和分管领导、省局处室负责人参加省局季度狱情分析会。

(2)狱情分析研判内容上,监区、分监区狱情分析会应全面分析研判情报信息,主要包括通报上次狱情分析会有关问题的处理落实情况;分类通报各异常信息;排查分析所有押犯思想、行为动向特点;分析研判狱内案件和已经发生的违纪行为;分析研判民警在执法管理过程中出现的问题、矛盾;排查分析危险罪犯、重要罪犯、

---

〔1〕 段晓东:"科学分析狱情之管见",载《中国监狱学刊》2005 年第 1 期。

〔2〕 王金仙:《监狱安全防范》,中国政法大学出版社 2011 年版,第 36 页。

重要部位的动态及管理情况；预测分析下一阶段监区、分监区狱情走势，提出切实可行的工作措施等内容，切忌“简单综合”，就事论事。监狱狱情分析会要体现综合性、专题性、预测预警性，重点研判监狱当月倾向性狱情、突出性狱情、苗头性狱情及成因，预测监狱狱情走势，研究制定应对措施，明确工作责任和要求。省局狱情分析会重在分析研判全省当前狱情和监管安全工作形势，针对突出问题制定相应对策和措施。

(3)狱情分析研判方法上，可以采用归纳法、比较法、归因法、辩证分析法、判断推理法、曲线趋势分析法、量表法等进行研判狱情。

(4)狱情在分析研判形式上，可以采取多种形式充分体现分析研判的直观性与时效性。如利用多媒体、图片、录像、录音等资料，通过看实物、看现场，请当事民警讲狱情、不同岗位的民警轮流参加狱情分析会等形式警示和教育民警，亦可针对不同阶段的狱情特点和管理现状，安排相关单位作正、反面典型发言，使每一次狱情分析会都有一个明确的导向。

3. 重大狱情信息调研制度

对罪犯预谋脱逃、行凶、破坏、自杀、自伤自残，使用假姓名、假地址、假社会关系；隐瞒余罪；严重打架斗殴；藏匿手机、毒品、现金、酒、凶器等重大违禁品；聚众闹事，扰乱监管秩序；故意、蓄意破坏生产；多次抗拒改造；多次或向多人散布反改造言论和行为；蓄意破坏监管器材设施；聚众赌博、酗酒；恶意辱骂民警、袭警等重大狱情，狱侦部门应做到一事一调研，并形成专题报告在监狱月情分析会上通报，以切实起到总结经验、汲取教训的作用。

4. 专题狱情分析研判会制度

专题狱情分析研判会一般应由监狱、省局组织召开。参加分析研判的人员主要是各职能部门负责人、专题狱情涉及的单位负责人、分管领导以及相关研究人员、学者、专家。专题以某一时段出现的突出性、倾向性、潜在性的问题来确定。监区也可根据实际情况召开诸如危险罪犯攻坚会等专题狱情分析研判会，以起到会诊攻坚的效果。专题分析研判会前，研判组织单位要深入调查，掌握充分的数据、案例，形成专题分析研判报告，而且要向参加研判的人员列出分析研判提纲，提出分析研判要求。

(二)模式

狱情分析采取“分监区每周、监区每半月、监狱每月”开展一次狱情分析例会。

有的地方采取分监区每周、监区每半月、监所每月、省(市)局每季度召开一次狱情分析会的四级狱情分析会制度,即省监狱局每季度召开一次狱情分析会,局长主持;监狱每月召开一次狱情分析会,监狱长主持;监区每半月召开一次狱情分析会,监区长主持;分监区每周召开一次狱情分析会,分监区长主持。这种模式的狱情分析会议制度在实践中取得了明显成效:一是从上到下形成了领导重视,主要领导负第一位责任的正确的工作氛围;二是从上到下形成了全员参与,齐抓共管保安全的狱情信息网络;三是从上到下形成了一个内容丰富,相互交流、相互促进,学习提高的有效平台;四是从上到下形成了创新方法,科学分析狱情的理念。

1. 全局研判

由省(区、直辖市)监狱局组织进行,主要针对监狱押犯的构成变化、发案及典型严重违纪事件的特点、思想动态的分类等信息,进行整理分析、科学论证,对掌握的危情落实防范措施,对未来一个时期内、一定范围内狱情发展趋势、规律作出客观预测,部署下一步防范应对措施。

2. 监狱研判

由监狱组织进行,主要围绕当前监管安全重点、难点、焦点和全国、本省(区)监狱发生的重大案件及严重监管安全事件,结合实际,比照分析,“举一反三”,找出自身隐患和存在漏洞,制定应对措施。

3. 监区研判

由监区组织进行,主要通过召开监区、分监区狱情分析会、组织狱情日碰头等形式,对所监测的日常犯情进行准确分析,及时掌握犯情动态,及时处置危险犯情。

4. 个体研判

个体研判由两个方面组成:一是由监区专职狱侦民警进行,主要是通过对监区当天收集到的一些异常情况或一周的犯情进行汇总后,先进行初步的分析、判断,对一些有现实危险或潜在危险犯情的处置和动态管控形成自己的意见或建议;二是由直接管理罪犯的民警对所承包的罪犯一周的情况进行初步分析、判断,对一些有现实危险或潜在危险犯情的处置和动态管控形成自己的意见或建议。

(三)主要内容

狱情分析会召开时,按照“摆问题、定性质、找原因、做预测、订措施”五步骤对收集到的狱情进行集体分析研究。其主要内容包括:通报前次会议有关问题的处理落实情况;对所有押犯思想、行为动向进行排查分析;发生狱内案件和重大违纪行为的调查分析；民警在执法管理过程中呈现出的问题、矛盾的调查分析；重要罪犯、危险罪犯、顽固罪犯的调查分析；重点单位、重要部位的排查分析；狱情走势的预测分析；监管设施的维护使用情况和完好程度；各项监管制度在贯彻落实中存在的问题；监狱民警在执法和保障罪犯合法权益方面的问题；在组织罪犯劳动改造过程中的安全生产和劳动保护问题；即时布置整改、控管措施；研究决定会后应予落实处理的问题，并承诺期限；其他问题的调查分析。

（四）工作机制

在具体业务工作中，狱情分析工作机制涵盖了信息搜集、甄别排查、狱情分析、措施落实四个方面的具体工作。

1. 信息搜集。信息搜集是开展狱情分析的基础，没有深入全面的信息搜集工作，狱情分析就是“无源之水，无本之木”。信息搜集的方式主要包括：通过民警日常观察、个别谈话、信息员反映、清监、监控以及会见监听、邮包信件检查、犯属访谈、侦查实验等方法手段，调查了解、掌握罪犯中的动态性、倾向性、反常性信息；通过对狱政设施、重点要害部位的检查，了解掌握可能被罪犯利用的设施隐患；通过对民警执法、管理罪犯，以及工作责任心和执行力的检查，了解掌握民警在维护安全稳定工作中不相适应的方面；通过与监狱驻地政法等机关联系，了解掌握监所周边的影响安全稳定的各类信息；等等。

2. 甄别排查。甄别排查是将搜集的各类信息转化为情报，将客观存在的各类信息转化为主观判断，并使之成为安全决策依据的重要环节，是狱情分析的关键所在。主要通过对新入监罪犯开展入监甄别，掌握入监前的成长经历、犯罪背景、犯罪性质、犯罪特点、看守所表现等基本情况，评估入狱后可能发生的监管安全事故种类及可能性大小，确定相应的管控、教育措施。对通过信息搜集工作获取的各类信息进行汇总、整理、比对、印证、分析，比照监狱系统狱情分析中可能发生的监管安全事故情形，确定可能发生的监管安全事故类型。

3. 狱情分析。狱情分析是狱情分析工作的决策环节，在狱内侦查部门充分准备的情况下，通常是以各级狱情分析会议的形式进行，贯彻“重点分析、超前防范、主动进攻、先发制敌”的指导思想，运用个别剖析、比较研究、综合归纳等方法对狱情进行分析，排查安全隐患，探查深层次原因，找出主次矛盾，明确监狱近期最有可能发生的监管安全事故类型，导致此类监管安全事故发生的内部诱因、管理隐患和系统缺陷。针对存在的隐患和问题，制定消除或控制危险、要害因素的安全对策和防范措施，指定责任部门或责任人。

4. 措施落实。防范措施的及时落实，安全隐患的及时治理是狱情分析效果的体现，狱情分析的质量关键还要看各项针对性措施的落实情况。将通过狱情分析制定的措施对策进行细化分解，明确防范或整改的具体措施、期限，责任到人，严格落实，并跟踪实效，安排部署针对性地信息搜集工作任务。

这四项具体工作在管理程序上相互链接，在业务开展上形成闭环，在工作效能上持续改进，组成一个有机的整体，保障整个狱情分析系统作用的发挥。

三、狱情分析的功能

（一）通报交流功能

监狱通过定期召开狱情分析会，通报交流各种情况。不同单位之间、不同业务之间的情况是不一样的，需要及时全面的通报交流。比如，现在监狱都坚持了“民警包人”制度，在一个分监区内，某一组罪犯由一名民警承包，如果其中一名罪犯思想上出现问题，而承包民警正好轮休或有其他重要工作，来不及处理，怎么办？这就要求及时通报交流情况，视情况采取针对性措施。不然，监管安全工作就没有保障，提高改造质量更是一句空话。

（二）分析研究功能

狱情分析不能简单地就事论事，而要从整体狱情态势中分析研究一个时期以来，罪犯的思想行为和监狱工作暴露出哪些问题，存在哪些隐患？研究出解决意见和办法。由于监狱关押与反关押、惩罚与反惩罚、改造与反改造矛盾的客观存在，由于人的思想和行为的复杂性，导致监狱和监狱民警不可能及时全面掌握罪犯中间的深层次狱情，即不知道什么时间、什么地方、什么罪犯、发生什么狱情，但是可以也应该采取相应的措施，让这些狱情在控制范围之内发生、发展，从而防止罪犯反关押、反惩罚、反改造行为的发生，或者把这些行为的后果程度降到最低，把这些行为的负面影响范围降到最小。

（三）处置化解功能

经过通报交流、分析研究，掌握了情况，发现了问题，就要采取相应措施及时处置化解。对狱情分析中指出的问题要有完整的机制确保采取有效措施及时处置。现阶段对狱情分析中发现的问题还没有完整的处置机制，有的单位有，有的单位没有；有的问题有，有的问题没有；有的内容不完整，有的要求不明确。建立健全完整的处置机制要做到“四个明确一个通报”，即对发现的问题要明确整改措施，明确整改责任人，明确整改时限，及时反馈整改结果，在下一次狱情分析上进行通报（重大问题要随时通报）。对处置不到位的，要区分情况，按照责任追究办法的规定，严肃处理。

四、监狱狱情分析会

监狱狱情分析会的范围是监狱领导、分监区领导、各科室领导、驻监武警、检察院、市局相关处室或有关部门领导参加。会上通过分析沟通研讨，首先要分析罪犯的整体思想动态，对一些影响监狱安全、制约监狱发展的问题进行专题研讨，制定对策；其次是对一些倾向性、苗头性的问题做出前瞻性的估计，并研究制定防范和教育措施；最后是完善围绕狱情结果各部门衔接联动机制，即针对分析出的狱情结果，协调局属各部门和监狱各科室、分监区共同参与，使隐患和问题能得到及时解决。

（一）监狱狱情分析会的准备

1. 主题的确定。监狱每月召开狱情分析会前，由分管监管改造的监狱领导主持，召开狱侦、狱政、教育、刑罚执行、防暴应急、生活卫生、矫治监区、监管监区负责人参加的碰头会，确定监狱狱情分析会议程、内容。针对不同时期国内外形势的重大变化，主要政策的调整，监狱管理、教育、生活卫生、政策奖励、安全生产和罪犯家庭变故所引发的思想反应，确立分析主题。

2. 时间和内容的确立。分监区每周进行整体分类分析，重点人员分析，每月进行一次逐人分析，监区在分监区周分析基础上，每半月进行一次整体分类分析和重点人员分析；监狱每月进行一次整体分类分析，重点人员分析，监区对民警的思想状态的分析，上次分析会确定的措施是否已落实，是否有效。

3. 信息收集。会议之前监区要采取书面测试、座谈讨论、专题调查、个别谈话、专题汇报等方法，收集罪犯思想动态信息和狱情、犯情信息。

4. 确定参会人员。参加会议的人员为：监狱领导、监管各科室、监区、直属分监区负责人，专兼职侦查民警、内勤等，有些狱情分析会，可以邀请驻监武警部队负责人、驻监检察人员及监狱政工、纪检、监察等科室负责人参加。

（二）监狱狱情分析会的召开

监狱狱情分析会的主要内容：传达上级关于当前狱情的通报以及有关文件和

会议精神、通报监狱狱情、专题狱情分析、对下一阶段狱情变化发展的趋势进行研判预测,研究确立防控重点和管控防范措施等。

1. 传达上级关于当前狱情的通报及相关文件。

2. 通报当前监狱狱情状况:包括在押犯情况:在押人数,各刑期段罪犯人数,涉黑、涉枪、涉暴、团伙首犯、有脱逃史、三次以上犯罪的人数;押犯普遍性、倾向性的问题及原因分析。

3. 听取收集各科室、监区及有关部门关于本单位狱情的汇报。内容包括:在押犯违规违纪问题;危险分子、重点犯情况(人数、改造情况、思想行为、包控落实情况);耳目反映属实的情况、措施及处理结果;监管工作的有关情况;近期狱情预测和控制犯情确保监管安全的对策、措施和建议;监狱民警在管理中存在的问题;需要反映的其他有关情况和问题。

4. 针对当前狱情状况,分析、研究和采取防范措施。

5. 部署其他相关狱内侦查工作。

狱情分析会应指定民警记录,记录人应按《狱情分析会记录簿》的要求,准确记载会议标题、时间、地点、参加人、主持人、议程、内容、防范措施等会议内容,力求情况收集真实客观,分析推断依据充分,措施制定及时有效。监狱出现重大狱情时,由监狱领导召集相关部门和单位,进行专题分析研究,并指定民警记录。监区、分监区出现重大狱情时,监区党支部书记或指导员应召集相关民警,召开专题会议,进行专题分析研究,并指定民警记录。监区和分监区参加狱情分析会的民警不得少于实际民警数的四分之三,民警因故不能参加狱情分析会,应在会议记录本上说明,对其所排查分析的狱情等情况在会议记录本上予以追记。监狱对各押犯单位执行狱情分析会议制度,进行检查考核,对不按规定执行制度的单位,下发《监管安全工作整改通知书》,提出书面纠正建议,并依据监狱相关规定予以处罚。

(三)落实措施

根据会议决定,监区具体落实各项安全措施,组织实施有针对性的管理和教育。要求做到:组织严密、措施得力、责任到人、雷厉风行。

(四)制作书面材料

职能部门及时整理狱情分析会的内容、结果和针对性措施,制作狱情分析报告,上报监狱管理局;通报全监押犯单位,指导今后的监管安全工作。要求:行文格式规范、语句精炼准确、内容全面、措施具体。[1]

五、监区狱情分析会

监区是监狱最基本的管理单位，其能否及时、准确地根据狱情正确地分析和判断并做出快速、有力的反应，事关整个监狱的安全与稳定，因此监区狱情分析会的参加人员和各项程序以及质量一直是关注的重点。监区狱情分析会前有关领导要碰头；民警要全员参加；监区负责管教工作的领导主持，先是狱侦民警先通报一周来通过狱侦手段收集、核实的情报，并据此分析出监区罪犯的主要思想动态，监管、教育工作存在的问题、隐患或不足，责任民警、心理咨询民警、计分考核民警、主管罪犯生产的监区领导依次分析罪犯在劳动、教育、日常生活、心理等方面的表现，在监区民警分析完毕后，由监区领导对本周罪犯的思想动态和犯情动态进行总结，并做出下一步工作部署；最后由挂钩科室领导和挂钩监狱领导点评。

监区狱情分析会的主要内容是：传达上级狱情分析会议精神，对上次狱情分析会布置的管控防范措施落实情况进行点评；承包民警对责任区内所有罪犯进行逐一排查；开展警情分析；通报上次会议以来发生的重要狱情；对下一阶段狱情变化发展的趋势进行预测分析，研判确定防控重点和管控防范措施等。监狱有关业务部门，根据监狱狱情分析会对下一阶段狱情的预测分析，结合各自实际情况，对本部门下一阶段工作进行预测分析，在监狱狱情分析会上布置相应的应对性措施。

（一）会议前的准备

1. 时间的确定。监区狱情分析会每周一次，专题召开。除遇到特殊情况外，不能任意拖延，也不能与研究其它议题的会议合并召开。遇到特别情况，应当召开临时狱情分析会。

2. 确定参会人员。监区狱情分析会由分监区的全体民警、承包监区的监区领导以及狱侦人员参加。因现场执勤或其他正当理由无法参加的，监区管教领导应当单独与他们沟通狱情分析会的情况，并要求他们查阅狱情分析会记录。遇到重要狱情、应当随时召开个案分析会。

3. 信息准备。会议之前直接管理民警和分监区领导通过各种途径收集信息，如深入“三大现场”、个别谈话、日常管理、信息员等方式，收集罪犯思想动态信息和

[1] 王金仙：《监狱安全防范》，中国政法大学出版社2011年版，第41页。

狱情、犯情信息。要求民警要保持有寻找和搜集狱情的强烈欲望，善于随时保持对狱情的敏感和收集联想力及持续注意力，能从罪犯的日常活动中，从人们司空见惯、熟视无睹的事件或行为中，发现异常，看到疑点，捕捉到信息资料，为开好狱情分析会奠定基础。准备的材料包括：

(1)四类罪犯的摸排情况。按照罪犯在改造中的现实表现，划分"好、较好、一般、差"四种类别和管理等级。对第四类罪犯——危险分子，严格按照"两明一暗三夹一"、"四不准五固定"制度，加强重点管理、重点监控和重点教育。

(2)重点控制对象的情况。包括对原重点控制罪犯变化情况的分析，也包括对新摸排出的重点控制罪犯的危险性分析。

(3)重点区域的情况。包括对重点时段、重点场所、关键部位、薄弱环节等区域范围监管安全状况的排查与分析。

(4)犯情动向与犯情动态。摸排和分析狱情动向与犯情动态，应当按照"何时、何地、何人、何事、何因、何法、何果"七要素，逐个收集信息并进行深层次分析，抓住苗头性、普遍性、倾向性的问题，提出预见性、针对性的超前防范措施。具体包括：当月罪犯违规违纪情况分析、对狱内发生重大或突出问题的分析、对全体押犯整体思想状态的分析、对罪犯个体思想动态的分析，以及对狱情、犯情的主要表现、特点和规律的分析等。

(5)其他不安全、不稳定的因素。包括巡查、清监、搜身等日常管理中，发现的危险品、违禁品以及其他不安全、不稳定因素分析，还包括对当前社会上发生重大事件的不良反应，或对敏感时期、敏感问题的不良反应的分析等。

(二)会议的召开

1. 监区领导进行一周来监管工作小结

监区狱情分析会开始后监区领导就自己深入"三大现场"通过检查、调查了解并听取直管民警的反映、罪犯的汇报等方面所掌握的情况，对监区一周来直接管理民警落实监管安全防范制度情况、罪犯的服判服管情况及思想动态、上周制定的对策实施情况等方面进行简要的小结，肯定监管安全防范工作做得好的方面，指出存在的问题，提出下一步整改意见。

2. 直接管理民警汇报和沟通狱情

这是监狱狱情分析会的关键环节，监区民警分别在会上将各自掌握的小组有关材料如监区突出狱情、罪犯的思想动态、危险犯监控情况及表现、管理过程中发现的隐患漏洞等进行汇总;同时还要将本人调查了解所掌握的有关其他小组的狱情和思想动态进行通报。分监区领导和民警互相之间交叉分析,交换意见,对排查情况或现象进行分析、研究,找出深层次的原因,对狱情进行预测。监区领导通过发挥分监区民警集体智慧和作用,把来自各方面的材料进行分析,就其真实性、价值性进行综合判断,提出分析判断和见解,为下一步事态发展趋势预测。

3. 提出针对性的防控措施

监区狱情分析会在预测狱情的基础上,提出有针对性的防范措施。重点把握:一是根据实际情况确定目标,即确立的监管工作预期目标应是民警通过努力能够实现的。二是各种防控措施得当,对"人"、"事"、"物"等的防控,既要有效,又要防止滥用职权。三是方案具有可操作性,即所制订的方案不仅要适合本单位的实际,而且有利于全面贯彻实施,切忌空谈。

4. 制作书面材料

整理狱情分析会的内容、结果和针对性措施,制作狱情分析报告,上报监区。狱情分析报告应当包括:罪犯的基本情况、思想动态、行为动向和监管改造工作存在的隐患漏洞,发生安全事故的原因和教训以及下一步的整改和工作措施。撰写狱情分析会报告应注意:对问题性质的定性要准确;问题发生的时间、地点、人物、情节、后果和原因及处理情况要具体明确;吸取教训、整改措施应当有针对性;重大问题应作专题报告。

(三)会后处理工作

狱情分析会后分监区领导必须明确哪些问题分监区可以解决,哪些问题由监狱解决,并遵循一定的原则及时报告处理,并督促各项防范措施的落实。

1. 预谋案件线索及时上报

狱情分析会上,通过对收集到的犯情、狱情资料和情况进行综合分析,对有脱逃、行凶报复、暴狱等重大嫌疑线索,应采取有效预防措施的同时,及时上报监狱侦查部门,由侦查部门组织力量进行专案侦查。

2. 责任事故妥善处置

罪犯一般违纪或罪犯思想等问题及时通报监区,由监区安排管教相关人员进行调查处理。对违纪受过处理的罪犯,分监区应布置直管民警及时加强个别谈话教育,同时密切注意他们的举动,防止意外事故的发生。

3. 对危险分子进行跟踪监控

对确有潜在危险因素的罪犯即时上报认定为危险分子，并进行跟踪监控。在分析排查过程中，对符合危险犯的认定条件，具有潜在危险因素或正在萌发危险征兆的罪犯，必须依照审批程序上报监狱侦查部门批准，认定为危险分子，纳入民警重点管理控制范围，防止其实施危害监狱安全的行为。

4. 有效落实防控措施

狱情分析会上的防控措施落实是关键，监区和分监区领导会后应加强对制定的防控措施进行检查督促，通过检查督促进一步严密防范措施、堵塞漏洞、排除隐患，使一些预谋犯罪的人无机可乘，使罪犯中的一些矛盾得到及时的解决，促使他们向好的方面转化，从而实现狱内秩序的稳定。

六、狱情分析存在的问题

(一)狱情分析本身存在的问题

各监狱一直坚持狱情的分析制度。通过经常性的、长期不懈地对狱情进行分析，加强了狱政管理工作和教育改造工作的力度，发现和消除了监管上的一些隐患和漏洞，打击了狱内犯罪活动，保障了监狱的安全与稳定。但是，在有效开展此项工作的同时，也存在一些问题：

1. 就事论事，分析缺乏前瞻性

有种观点支配着监区分析会，即“就事论事，无事报平安”，使分析工作仅限于发生问题的小组及罪犯个体，对单位整体情况、狱内外形势、狱情态势、事件的影响、发展走向等缺少充分的估计和认识、提不出超前的防范、控制措施和对策。

2. 举重若轻，分析缺乏深刻性

举重若轻是指一些监狱民警和监区领导对已经暴露和掌握的狱情信息不能以小见大，由浅入深，看不到事情背后的危机，使分析浮于表面，流于形式，最后因分析不到位，处置不彻底而引发更为严重的监管事故，如未成年犯中的“三欺”现象、新犯教育中的“空洞”现象及犯人之间的鸡毛蒜皮，都不能等闲视之，必须高度重视，把事故消除在萌芽状态。

3. 泛泛而谈，分析缺乏针对性

少数民警工作不深不细，会前缺乏调查研究，轮到上场就空话一堆，不着边际。“四排查”、“四知道”、重点人头，自己一概不知。有的只凭印象，靠经验，每次分析都是老一套。“没有调查,就没有发言权”,与会民警在会前必须广泛深入三大现场,通过各种渠道搜集信息、了解情况、汇总整合、综合思考,使分析言简意赅,切中要害。

4. 随心所欲,分析缺乏规范性

分析会缺乏统一的规范和程序,自己想怎么说就怎么说,在狱情分析会上喧宾夺主,讲狱情的少,谈其他内容的多,高兴多讲点,心情不好少讲点。这样的分析会对民警没有压力,更没有多大的指导作用,为此,监狱应当制定和执行狱情分析的制度和规范,做到既按章办事,又灵活运作。

(二)狱情分析中民警存在的问题

监狱既要在广大民警中大力宣传监狱人民警察的光荣感和责任感,又要教育民警时刻不忘监狱职能的实现,全体民警的敬业奉献是至关重要的一环,而民警的忧患意识、专政意识的确定,又是确保监狱自身安全,确保监狱改造秩序稳定的基础和保证。纵观狱情分析时的不足,主要反映为:重表象轻摸底;重印象缺了解;描述多分析少。民警中存在三种错误的思想倾向:

1. 麻痹的思想倾向。总认为监内太平,犯人听话,万事大吉,丧失了应有的警惕。

2. 隐瞒的思想倾向。自以为狱情分析上问题暴露多了,领导会认为自己这里不稳定,宁可打闷包,大事化小,小事化了,能不报告尽量不报告等。

3. 惰性的思想倾向。存在“多一事不如少一事”的想法,只要自己值班时平安无事就行,其他分类改造、心理矫治、监管问题都与自己关系不大。

(三)监狱存在的问题

1. 有的监狱领导对狱情分析工作重视不够,认为是“老一套”,常常由业务科室汇总一下各监区的狱情材料,来代替监狱的狱情分析;实际上情报是监狱安全、稳定的基础。

2. 监狱相关科室对狱情的认识不科学。

3. 监狱中的情报流通渠道不畅通。

4. 监狱对狱情的分析手段落后。

5. 对狱情和危及监管安全的新情况、新问题分析不够深入、透彻,例行公事的、浅层次的、做表面文章的多,从深层次上分析的少。

6. 对分析中发现的问题提出针对性应对措施的少、落实差,有效监督的少、马虎了事的多。

七、狱情分析的完善措施

（一）狱情分析的完善目标

1. 狱情分析程序规范化

监狱应规范犯情分析会的程序和内容。按照精细化管理的理念，制定《监狱犯情分析会程序和内容规定》，对监区犯情排查分析的程序和内容以表格化的形式予以细化。在内容上，以犯情"日收日结"为基础，以"四有"为主线，注重对突出的狱情、犯情和"四个重点"（重点罪犯、重点时段、重点部位、重点物品）管理中存在的安全隐患的情况汇总、原因分析、情况预测，尤其注重针对性整改措施的制定和落实。

基层监区和相关业务部门按要求向监狱提交狱情报告并现场汇报，是监狱狱情分析会的重要核心部分，狱情分析会框架确定后，各个分报告内容质量的好坏、水平的高低将直接影响监狱狱情分析的科学化程度。因此，要求规范狱情汇报的程序：一是监狱召开狱情分析会前，监区和相关业务部门都要先期开好狱情分析会，按照实事求是的要求，携带会议记录；二是各监区和相关业务部门的狱情分析报告必须统一制作成多媒体课件，既要有文字表述，也要有图片、图表印证说明；三是监狱运用先进的科技手段，会上指定由监区长和部门负责人现场操作汇报。[1]

2. 狱情分析的内容真实化

狱情的真实反映是狱情分析的基础，全面、准确、真实地反映各监区的各类狱情，监狱整体的狱情形势才能清晰地展示出来。所以，监区狱情汇报重点应该立足对当月狱情"整合"后的情景再现，突出一个"实"字。真实性要求：

一是狱情报告的内容真实，避免"虚假"情报。监狱监区由于职责多、任务重、压力大，导致在特殊的个别时期不能按时间、按规定的次数召开狱情会议，特别是分监区级的狱情排查会议难以做到坚持每周一次，个别民警感到与罪犯天天见面，无话可说。有的民警发现和归纳狱情的能力较低，狱情汇报泛泛而谈，没有针对性。有的监区为了应付上报材料的要求和上级部门的检查，安排内勤"闭门造车"，制造虚假狱情资料，确保"记录"和"材料"齐全。[2]

---

〔1〕 段晓东："科学分析狱情之管见"，载《中国监狱学》2005 年第 1 期。

〔2〕 曾爱东、童团结："狱情排查与防控的科学体现"，载《中国监狱学刊》2008 年第 1 期。

二是狱情分析的真实性。实践中,狱情分析的功能和作用与实际工作脱节。有的监区的狱情报告质量较低,“材料化”的现象比较普遍,只注重会议材料的堆砌、罗列,缺乏科学的梳理、归类和提炼,致使狱情报告没有较好地发挥为监狱分析罪犯思想动态、有效发现和控制事故苗头、预防罪犯犯罪提供理论指导和实践依据的作用。因此,监区必须对当月所有发生在本监区消极的、积极的、现行的、潜在的各类狱情表现,认真进行细致的分类盘点统计,并与上月或某一个同期相比较,得出狱情在数量、种类、程度等方面是否发生变化或发生了怎样变化,形成数据资料库式的结论。而对于具体的狱情行为表现,只需要选择有代表性的例证,说明其值得关注的细节要点,不必要把某犯如何违纪的过程讲故事式地逐一简单复述。

三是狱情的发生有可能涉及民警或民警管理的,监区不能回避或淡化。狱情分析不是功过是非的评价,目的在于客观地分析判断相关因素对狱情发展走势的影响力,即使民警有问题、有责任,也要打消顾虑、实事求是,毕竟监狱监管工作就是在不断地总结教训中进步的。

3. 狱情分析的全程化

狱情分析实际上是一个包含着狱情信息收集、整理、思辨、决策等过程的闭合的活动周期,参与狱情分析的部门必须开动脑筋、主动工作。狱情分析会议具体的组织者,要善于站在整体的高度,了解、观察、思考如何驾驭狱情的发展,表现出剖析、辨析的能力。一是狱情信息开拓。业务部门在平时就要求各监区建立各类狱情发生的备忘录,明确责任,建立狱情收集的数据库,便于汇总和随时调阅。二是狱情分析会前准备。这是避免漫无边际走形式,提高质量和效率的需要。会议前2~3天,业务部门要根据备忘录大致确定当月主要重点议题,发放提纲,不打无准备之战。三是狱情分析会中分析。业务部门在会议中的作用,就是将散现于各监区的情况,通过宏观的综合,找出共同的、提出重点的、发现容易被忽视的狱情。会议组织者必须在会议小结时对本月的狱情进行综合评述,对各单位狱情分析活动的质量,对监狱罪犯思想动向、行为特点和民警管理共同构成的狱情走势有一个结论性的整体判断和定论。四是狱情分析会后落实。会议做出的判断是否准确,制定的措施是否有效,业务部门必须在会后及时跟踪调查,观察、思考、发现是否有偏差,以便于措施的调整。会议必须针对性地提出下一步有效地控制监管局势、切实强化监管教育改造工作的具体措施,拿出言简意赅、操作性强的决定性结论。

4. 狱情分析重点的新颖化

科学地分析狱情，必须注意全面把握，不可遗漏和偏废。为了适应纯化监狱职能的需要，刑罚执行、劳动改造等职能部门相继成立。狱情分析时，各部门各自站在一个全“新”的独到的角度，观察、分析、预测狱情的现状与发展，必然会丰富对狱情的认识。同时，这些例行的狱情分析任务，客观上也会推动部门工作的深入，切实体现监狱上下齐抓监管教育改造的新格局。为实现狱情分析的新颖性，要做好以下四点转变：

(1)分析应注重从掌握死情况向掌握活情况转变。监狱在分析狱情、犯情时，要跳出静态资料统计和简单的计算百分比的圈子，着重分析罪犯中的动态变化情况，包括改造表现、违纪的原因、经常发生打架的规律等。只有这样，监狱才能及时发现、有效布控，将各类事故苗子消灭在萌芽状态。

(2)从叙说情况向分析问题转变。在狱情分析中，有的民警只注重当前的、表面的、常见的狱情搜集上，分析已表露出来的现象多、就事论事的多、分析短期的多，如打架斗殴、轻生自杀、不服管教、抗拒劳动等表面信息的收集和汇报；缺乏对本质的、综合性的、超前预测性的、深层次性的狱情挖掘和认识，如严重危及监管安全与稳定但未被认识的潜在隐患等，没有得到彻底分析。再如有个三次自杀的罪犯，其主要的自杀原因三次各不相同。第一次是因为外地打工，没有衣锦还乡，却身陷囹圄，觉得无脸面再见家乡父老，而想到了自杀；第二次是在交代余罪过程中，他既怕交代了会进一步加重刑罚，又怕自己不交代而被查出来，在思想陷入极度矛盾的情况下，他想一了百了；第三次是在狱中受到牢头欺压，他认为，自己已经够痛苦的了，到了这步田地竟然还有人不肯放过他，因而他又一次绝望了。所以监狱民警要寻找结果和原因之间的必然联系，只有在消除原因上下工夫，才能最终避免不良结果的发生。

(3)从了解一般情况，仅作普遍分析向抓住重点进行分析解剖转变。狱情分析不能泛泛而谈，简单地作面上比较，要善于捕捉重点，深入剖析。譬如，有一次在收集罪犯对《监狱法》颁布后的反映时，了解到有一名罪犯曾向同组罪犯讲道：“武警也在学习《监狱法》。你们注意没有，今天他们的枪口没有对着我们，而是放到大衣里面去了。”事后，监狱不仅只从学习《监狱法》的角度分析看待此事，而应进一步联系到罪犯的日常改造生活，出于各种原因，对武警哨位、布岗、持枪等关心甚多，从而提醒民警保持高度的警惕性。

(4)从犯人情况的分析向研究一个时期犯人思想动态变化规律转变。事物的发展总有其内在的规律性。对狱情进行深入细致的分析,一方面在于掌握犯情、敌情的动态,以便采取相应的对策;另一方面在于预测今后一个时期狱情、动态的变化趋势,使监狱能够及时掌握斗争的主动权,真正实现防患于未然的目标。从一定意义上说,后者比前者更积极、更有成效。前者是对已发生的结果,采取必要的措施,目的是消除影响、减少损失,防止事态扩大。而后者的种种努力,有助于避免事故的发生,事先化解或消除事故的原因和条件。所以,分析狱情的高级形态是从当前已发生的事态分析向掌握基本规律、准确判断和预测今后一个时期可能发生的情况深化发展。

(二)狱情的科学分析注意的事项

1. 既要分析群体犯情,又要分析个体犯情

群体犯情和个体犯情的关系,即共性和个性的关系。个性体现和反映共性,共性寓于个性之中,共性的分析对于个性的分析有指导意义,但不能代替对个性的分析。共性具有相对稳定性,个性则具变化性。

分析群体犯情,即从罪犯群体上把握犯群的整体面貌、整体动态和整体趋势,从而制定整体监管改造方案。分析整体犯情,要从罪犯群体刑期、余刑、改造分类、案情结构等方面进行。分析群体犯情,尤其要注意全面分析和辩证分析,既要分析其不利于改造反改造的一面,又要分析其有利于改造和接受改造的一面。那种把整个犯群都说成阴森恐怖、都说成“老虎”和“炸药包”的分析是片面的,把整个犯群都说成太平无事的分析同样是片面的。

分析个体犯情,即逐人分析、重点分析,从而制定有针对性的个体改造方案。分析个体犯情,尤其要注意客观和动态的分析个体犯情的发生、变化。既不能夸大,也不能缩小;既不能主观猜测,也不能视而不见。另外,由于个体犯情的相对变化性,对个体犯情认识时,要结合时间、地点、内外环境变化等因素进行动态分析。

2. 既要分析现实狱情,又要预测狱情

所谓现实狱情,即已经发生和存在的狱情,如某罪犯抗劳、某几名罪犯斗殴、某罪犯脱逃。所谓预测狱情,这里包含两层意思:一是预测将要发生的狱情;二是可能发生的狱情。现实狱情与将要发生的狱情构成现实和将来的关系,现实狱情与可能发生的狱情构成现实和可能的关系。

将要发生的狱情是有根据地预测在今后的某一段时间里会发生的狱情。它包

括两种类型:一种是条件一定会成熟,狱情一定会发生,如传统节日的来临,罪犯的思乡、思亲情结的产生。对这种狱情,一定要有超前的思想准备和相应的工作准备。另一种是只有条件成熟狱情才会发生。如根据罪犯报告、信件检查、个体观察等,某罪犯要自杀、某罪犯要行凶、某罪犯要脱逃,如果条件成熟、这些狱情就会发生。如果条件不成熟,这些狱情不一定发生。也就是说,第二种类的狱情不是百分之百的发生,对这一类型的狱情、一定要摸清摸准。在处理这类狱情时,对于行凶、自杀的狱情,要将其坚决扼杀在萌芽状态;对于脱逃狱情,在制定好预案的前提下,可根据情况,或消灭实施者希望的条件使其不能得逞,或守株待兔、撒网等鱼,一网打尽。

可能发生的狱情是民警根据未来形势的发展而作出的预测:如随着劳动强度的加大,气温的升高,罪犯的脱逃、自杀的可能性会加大;随着室内加工的增多,进入劳动现场的师傅尤其是女师傅的人身安全会受到威胁和挑战。对可能发生的狱情作超前分析,对于加强防范,制定相应对策和应急防范措施,都是十分必要的。

对群体狱情,可结合季节变化、劳动工种及变化、敏感点、敏感期、家庭的敏感事件等进行预测。对个体狱情,可结合罪犯的案情、家庭情况、生活经历、现实表现、个体观察等进行预测。

3. 既要分析狱情,又要分析狱情产生的原因

狱情原因和狱情的关系是原因和结果的关系,我们分析了已经发生的狱情还不够。还要分析为什么会发生这些狱情,即找出发生这些狱情的原因。我们分析了将要发生的狱情和即将发生的狱情还不够,还要分析是什么原因导致这些狱情的发生。只有这样,才算既知其然,又知其所以然。

分析产生狱情的原因,可从如下三个方面进行:一是罪犯的主观方面,如主观恶习、生活经历、心理性格、案情等;二是客观方面,如监管设施情况、罪犯家庭情况及其变化、社会上生活圈情况及其变化、服刑环境及其变化、自然条件及其变化;三是民警方面,如执法是否公正、方法是否正确、批评是否得当、关心是否到位。

一个狱情的发生或可能发生,可能是以上三种原因的综合刺激,可能是两种原因所导致,也可能是其中一种原因起作用。只分析了狱情而没有分析产生这些狱情的原因,就等于医生只见病人不查病因。

4. 既要分析狱情,又要提出解决方法

狱情是多种多样的,导致狱情发生的具体原因当然也就是多种多样的。每一

种狱情的发生都极少是由完全相同的原因引起的,要具体问题具体分析。如果既分析了狱情,又找到了产生狱情的原因,而没有提出解决方法,就好比医生对病人只开药方不给药、不打针、不动手术。

5. 既要分析狱情,又要分析警情

监狱民警和罪犯构成监管执法这个矛盾统一体的两个方面:民警是执法主体,罪犯是刑罚执行的对象。只有既分析了狱情,又分析了警情,才和打仗一样,既了解了敌方,又了解了我方,才能做到知己知彼,百战不殆。

警情主要集中在是民警的不良形象、工作态度和执法方式。这些"狱情"来源于:一是民警的言语。如果民警在管理教育罪犯时,言语不文明,无意中伤害了罪犯的自尊心,就很容易使罪犯产生敌对情绪,引发袭警等危险行为的发生。二是民警忽视罪犯的"诉求"。罪犯在改造、生活上提出的一些要求长期得不到回应与解决,使罪犯产生民警不把罪犯当人看的想法,无形中激发罪犯出现抗改行为。三是民警执法简单、粗暴,对罪犯的管理或处理罪犯违规违纪没有做到公正、文明执法,从而使罪犯产生逆反心理。

民警管教方面是狱情产生的原因之一,发生了狱情,从民警方面找原因,这是事后的分析。监狱不仅应在事后从民警方面找原因,更要在事前将警情摸准、摸透。对警情的分析,既要分析整个民警队伍现状,也要分析民警个体状况。对于警情的分析,既要分析优势积极的一面,还要分析薄弱和欠缺的一面,采取相应措施扬长避短。根据每个民警实际状况,知人善用,针对个体民警薄弱和欠缺的一面以及可能发生的问题。采取相应措施提高完善。[1]

第二节 敌情调研

一、敌情调研的科学认识

(一)敌情调研的含义

敌情,就是敌人的情况。狱内敌情主要指监狱内服刑罪犯进行的可能危害监狱安全稳定的违纪和犯罪活动的事实,包括犯罪人、犯罪心理、犯罪苗头指向、犯罪手段、犯罪方式方法等。1997 年司法部颁布的《狱内侦查工作规定》多处用到"敌

[1] 肖登新:"对科学分析狱情的几点认识",载《上海监狱》2001 年。

情”的概念,说明了敌情调研工作在监狱安全防范工作中的重要地位。何为敌人?何为敌情?有的学者认为:监狱内,那些思想反动,坚持与人民为敌、与社会为敌,图谋制造脱逃、行凶、破坏等案件,尤其是图谋制造凶杀、袭警、暴狱等重特大案件的罪犯就是敌人,他们的“图谋”或“图谋”表现出来的征兆就是敌情。[1] 狱内侦查工作的方向就是了解掌握、捕捉敌情。另外,即使有些罪犯企图自伤、自残、自杀等,没有伤害到他人,但也严重破坏了监管秩序,造成了很坏的负面影响,也属于敌情的范围。

敌情动态,是指罪犯实施的脱逃、作案等狱内犯罪的行为表现,是狱内改造与反改造斗争的集中体现,是狱内对敌斗争激化的突出反映,是狱情的重中之重。集中表现狱内犯罪的四种形态,即预谋、中止、未遂、既遂。监狱内的敌情是客观存在的,现在有些监狱民警淡化了敌情意识,认为我国现阶段的主要矛盾已不是阶级斗争,很多罪犯不属于敌我矛盾,因此,没有必要提“敌情”。加上长期没有发生监管安全事故,助长了民警的麻痹松懈思想。客观上,监狱作为刑罚执行的机关,是改造形形色色犯罪分子的场所,一定范围内罪犯与监狱的对抗和反改造的敌我较量是会长期存在的,监狱民警对此必须有清醒的认识。

敌情调研是指狱侦等部门根据维护监狱安全稳定和狱内侦查工作的需要,对狱内实施的危害监狱安全的罪犯、团体及其活动,运用专门手段进行调查研究的工作。敌情调研可从以下几个方面进行理解:

1. 敌情调研是维护监狱安全稳定,开展对敌斗争,同狱内犯罪进行隐蔽斗争的一项专门工作,必须由狱内侦查部门或监管部门进行。

2. 敌情调研必须根据监狱安全防范工作的需要开展。在不同监狱不同时期,调查的内容有不同的侧重点,不同监狱的敌情调研应根据本单位的具体情况来开展。

3. 敌情调研是运用专门手段在监狱开展的特殊调查研究工作。狱内侦查中的敌情调研是一种特殊的调查研究,有两层含义:一是狱内侦查中的调查研究与一般的调查研究具有共同的属性,但它又区别于一般的调查研究,而具有特定的性质和特定的调查对象、范围、内容和手段。它是国家赋予监狱的一种权力,这种特定的属性和内容是一般调查研究所不具备的。二是从调查研究和侦查的关系看,调查研究是侦查的开始和继续,侦查又是调查的进一步发展,调查和侦查是一个不可

〔1〕 于荣中:《监狱安全论》,东南大学出版社 2012 年版,第 125 页。

分割的整体。

(二)敌情调研的作用

在监狱内,敌情调研是狱内侦查的基础。敌情调研是狱内侦查的基本手段和灵魂。从一定意义上说,没有调查研究就没有狱内侦查工作,没有调查研究就不能有效的打击罪犯的狱内犯罪活动。

1. 通过敌情调研能充分掌握罪犯的犯情动向和敌情动态

开展敌情调研,能加强敌情和犯情的搜集和反馈,开拓信息源,能充分掌握罪犯中各种思想动态和敌情动向。通过敌情调研,可以掌握罪犯狱内犯罪的规律,掌握狱内犯罪人员、犯罪手段、犯罪心理、犯罪时空等特点,进而有针对性地制定防范对策,采取有效措施,防患于未然,把狱内犯罪减少到最低限度。

2. 通过敌情调研能及时发现罪犯中的各种阴谋计划、具体目标和方法

通过敌情调研,能及时发现罪犯中的各种阴谋破坏活动,掌握和筛选有用的情报信息,发现线索,采取有效的侦查措施,做到敌动我知,先发制人,查明情况,迅速破案。就狱内侦查而言,要全面、准确地了解敌情,开辟案件线索来源,进行线索查证,耳目建设,搜集核实证据,掌握法律界限等,都必须在调查研究的基础上进行。就一个具体的案件和具体的侦查对象来说,由于案件千差万别,每个案件从立案到结案的各个环节,都需要因案件特点采取不同的侦查措施和斗争策略,这些都需要敌情调研作为基础。

3. 通过敌情调研能为监狱防范、控制、处置工作提供具体的线索和对象

敌情调研以调查危险分子为核心,以调查犯罪线索和犯罪物品为次要目的。通过敌情调研,可以发现潜在的危险因素,发现正在预谋实施的狱内犯罪活动。这些罪犯中进行的阴谋犯罪活动的疑人疑事,是监狱安全防范工作的重点,也是难点,是安全防范工作的核心对象。因此,根据监狱安全防范斗争形势的需要,要有针对性地开展敌情调研工作,能明确安防工作的对象,能及时掌握罪犯的犯罪阴谋,掌握维护监狱安全稳定的主动权。

二、敌情调研的对象

敌情调研的对象十分广泛,严格意义上讲,每个服刑的罪犯都是调查研究的对象。但又必须明确敌情调研的重点对象和主攻方向,才能事半功倍。

敌情调研的对象是以查“人”为中心,与查“事”、查“物”相结合。查“人”,就

是查潜在的犯罪人,犯罪嫌疑人、危险犯;查“事”,就是查与狱内犯罪有关的犯罪事实、犯罪迹象、犯罪线索;查“物”就是发现和搜集狱内犯罪的工具、犯罪证据等。[1]一般认为,敌情调研的对象有以下几个方面:

1. 有预谋逃跑、暴乱、凶杀、闹监、重大破坏或者其他犯罪嫌疑的。这类阴谋一旦得逞,危害极大,是调查、防范的重要目标;

2. 重要案犯、团伙犯罪的主犯、惯犯和累犯。这部分罪犯恶习深,对社会有严重对立情绪,在改适中存在潜在的抗改心理,反改造手段隐蔽,思想复杂,纠合性强,一遇时机,极易再犯罪。对这部分罪犯进行调查,主要是防范他们幕后指挥煽动,拉拢利用新犯中的落后、危险分子进行抗拒改造活动;

3. 经常纠集一起,行为诡秘,或有从事危害国家安全犯罪活动嫌疑的。罪犯中部分新生危害国家安全分子、间谍和少数刑事犯罪分子,极端仇视党的路线、方针、政策,一遇时机就恶性大发。这在新的历史时期,应是调查研究不可忽视的一种对象;

4. 与监狱内部工作人员、家属或监外人员有勾结犯罪嫌疑的。监内外勾结犯罪,一般情况复杂,活动时间较长,涉及面广,社会影响大,危害严重,是开展调查研究的一个重要方面;

5. 生产上屡出事故,有破坏嫌疑的。对生产事故要认真分析、作出结论、分清是非、明确责任,特别是对有破坏嫌疑的事故,要查个水落石出,不要轻易放过,以免放纵狱内犯罪分子;

6. 与境内、外敌对势力或其他犯罪分子有联系的。对这部分罪犯进行调查研究,主要是发现和预防敌对势力对监狱的派遣、渗透和进行情报活动;

7. 要害部位或外宿、零星分散劳动岗位上有可疑的人员。对要害、重点部位人员加强调查研究,及时发现可疑分子,立即调离,以保障要害部位的安全。对零星分散人员进行调查研究,主要是发现和防止内外勾结作案;

8. 监狱认为应当列入调查和防范的其他罪犯或部位。如罪重刑长,有罪不认,多次申诉被驳回的罪犯;有脱逃史,不安心改造,留恋犯罪生涯的罪犯受到加刑处罚,抵触不满的罪犯;家庭突然发生变故,或被亲人遗弃,怨恨和绝望的罪犯;性情乖戾、心胸狭窄、疑心重、嫉妒心强、报复心理重、思想变化无常、容易铤而走险的

[1] 李永:《狱内侦查学》,法律出版社1989年版,第120页。

罪犯等。[1]

三、敌情调研的基本方法

（一）调查的基本方法

1. 一般调查与重点调查相结合

一般调查，一是指调查的面是普遍的，二是指调查的时间是持久的、经常的。重点调查，一是对有一定嫌疑的对象、线索集中力量进行调查，二是根据监狱安全防范工作的形势和罪犯敌情的变化，对某些方面的罪犯进行突击性的调查。一般来讲，当还没有掌握发现犯罪的具体活动时，应坚持经常性的、普遍的调查研究、摸底排队工作，掌握狱情动向。在普遍调查的基础上，层层筛选，发现线索，确定重点，深查细挖，查明情况，做好防范工作。当出现了新的情况和变化时，要进行重点调查，在进行重点调查时，也不能忽视一般性调查。只有使一般调查与重点调查互相结合起来，才能全面、深入、准确地掌握敌犯情，发现线索，主动进攻，取得监管改造工作的主动权。

2. 专门调查与狱政管理、教育改造相结合

专门调查，是指狱内侦查人员进行的专门调查工作。如利用耳目和其他监控力量完成某些特殊的调查任务，或者与公安机关配合使用某些侦查技术手段进行的专门调查。专门调查要与罪犯的年终评审、通信、接见、清监、禁闭、保外就医、申诉控告、“四知道”、出入监教育及内勤管理等工作相结合，充分发挥工作效率。

3. 公开调查与秘密调查相合

公开调查就是以监狱民警的公开身份直接地向有关人员进行调查。如通过直接询问罪犯，现场查访；向民警、职工调查；向社会有关部门和人员调查等。秘密调查是有所隐蔽的，在秘密情况下开展的调查活动，如利用狱内耳目、电子监控技术、侧面调查、秘密提讯等。应该注意的是公开调查也需要讲究策略方法，不要把调查的目的和意图都暴露在被调查对象面前。公开调查和秘密调查相结合是同狱内犯罪作斗争的客观规律所决定的，二者相辅相成，不可偏废。

4. 内部调查与外部调查相结合

在狱内向民警、职工、家属、罪犯进行调查，狱外向公检法部门，有关国家机关、

---

〔1〕 林青云、戴楠：“对加强监狱敌犯情分析工作的几点认识”，载《云南监狱通讯》2000 年第 1 期。

人民团体、企业、事业单位,基层组织、人民群众(包括罪犯亲属)进行调查。

5. 向罪犯积极分子调查与向落后层调查相结合

在向罪犯进行调查中,既要向罪犯积极分子和表现一般的罪犯搜集情况,听取汇报,又要注意向罪犯中的落后层,甚至是狱内犯罪成员中的动摇分子了解情况,可以从中获得重要信息。罪犯中的积极分子往往掌握表面现象较多,深层次的情况知道的较少,无法提供重要的信息和线索。而罪犯中的落后层,一般接触罪犯中的阴暗面较多,有的甚至就是犯罪的边缘人物和知情者,是犯罪分子拉拢利用的对象。认真做好他们的工作,从中进行调查研究,往往能够获取较为重要的材料和证据。

(二)研究的基本方法

调查是了解情况,获得丰富的第一手材料,属于认识论的感性阶段。研究就是用科学的方法将调查的材料加以对照、推理和判断,探求事实真相、性质、规律等,属于认识论的概念、判断、推理阶段。调查与研究,是认识客观事物,掌握事物发展规律的完整过程,是不可分割的整体,必须结合,不能脱节。调查是研究的基础和前提,研究又为调查的深入指明方向。

1. 个案研究与综合研究相结合

对调查材料的研究,既需要对个别的人员和事物的材料作个别的具体的研究,又需要对众多的各类材料作综合研究,概括分析。无论是对犯情、敌情的分析研究,或是对一个案件、线索的研究,以及对证据材料的审查判断,都需要个别研究与整体研究相结合。两者相互贯通,互相补充。

2. 个体研究和集体研究相结合

调查研究中,要发挥监狱民警个人独立思考,分析判断,勤于动脑的能力。对每件材料、每个信息、每个证据都要有自己的分析判断和见解。同时也要发挥集体的智慧和作用。如召开必要的会议进行集体研究。参加研究的人员可以是狱侦人员,还要有狱政、教育、生产、生活卫生等各方面的民警参加,必要时可以与社会上的有关政法机关、部门共同研究,交换情报,沟通看法。

3. 分析研究材料与综合整理材料相结合

将调查得来的材料和研究的意见,随时记录并加以综合整理。记录和综合整理材料的过程是精细加工的过程,是调查材料进一步条理、深化和提高的过程,也是系统的过程。无论是一个时期、一个单位、一个监区的敌情动向,一个调查、侦查对象的材料，或者一件线索，一起案件的材料，都应随时加以记录、分析、综合整理。这样，有利于将零星分散的材料加以集中、筛选和抽象概括，发现矛盾并解决矛盾。

四、敌情调研的内容

（一）当前监狱的犯情动向和敌情动态

犯情动向和敌情动态是实施教育改造工作的基础，同样也是做好“三防”工作的前提，许多狱内敌情都是从罪犯的思想动态分析中获取的。但是，从当前的实际情况来看，罪犯的思想动态越来越难以掌握，这给监管工作留下了许多隐患，成为狱情日趋严峻的重要原因。通过敌情调研，来掌握深层次的敌情，服务于监狱安全防范工作。做好敌情动态的调研，要抓普遍、抓重点、抓苗头。

抓普遍，一方面是指密切关注罪犯中带有共性的问题和具有普遍性的动向。如对社会上重大事件的反应、对形势、政策的看法，随着外部客观条件的变化，罪犯所产生的相应的心理、思想变化等。另一方面是指广泛收集每个罪犯的言行表现，取得共性把握个性。

抓重点，一是对新入监罪犯落实民警逐一进行谈话，掌握思想状况；二是重点罪犯、危险犯落实谈话教育制度，把握其思想状况；三是对家庭变故、发现有漏罪、违纪受罚等情况的罪犯，通过布建耳目、个别教育等方式，掌握其思想动向。

抓苗头，是指密切关注罪犯中出现的异常现象、可疑迹象，从罪犯的反常言行和情绪中，分析其思想动向，做好超前防范。

（二）重点监控的对象调研

重点监控对象的调研是做好安全防范工作的第一步。在狱内侦查工作中要实现对重点人员的有效控制与防范，首先就要通过调查把隐藏在服刑罪犯当中具有危险倾向的人员显现出来。只有摸排出危险分子，才能具体落实控制与转化措施。这里所指的“重点监控对象”不是可能实施的或者正在实施的一般的违反监规纪律的罪犯，而是可能实施重大违纪或犯罪行为的罪犯。在监狱内重点监控的行为有脱逃、自残、隐瞒真实身份及余罪、行凶、自杀、破坏、盗窃、信仰邪教、闹监、暴乱、劫持人质等行为。

对重控对象的调研和摸排，一是要做到准确，一方面要把具有危险性的罪犯无一遗漏地排查出来，列入监狱民警的视线；另一方面也要力求避免将没有危险性的罪犯当成危险分子加以控制，否则会造成人力、物力等方面的浪费。二是要及时，在罪犯实施危险行为之前，就要将其列为重点监控对象。有的狱内案件有一个长期的准备过程，容易被事前识破；也有的案件，准备时间可能很短，加上行为较为隐蔽，致使在其实施犯罪之前，监狱民警没有丝毫察觉，在案件发生后，将其列为"突发事件"。在实际工作作中，确实有一些案件是突发的，特别是一些"激情案件"是不容易事前控制的。但是必须看到，大部分案件有一个发展过程，从案动机的形成、作案工具的准备、作案机会的寻找，直到案件的发生，都有一定的时间过程，其间也会露出各种蛛丝马迹，如果这些因素能够及时发现，及时调研和排查出危险分子，并及时将其纳入监控视线，对于有效预防和减少狱内突发案件有着重要意义。

（三）罪犯嫌疑线索调查

线索，即事物发展的脉络或探索问题的门径头绪。敌情调研中的线索主要指罪犯中进行阴谋犯罪活动的疑人疑事，即可疑的人物和可疑的迹象。线索是在敌情调研的基础上筛选出来的。最初获取的线索，往往是比较粗糙、零星片断、残缺不全的，有的有人无事，有的有事无人，有的只是些表面现象，不能说明问题的本质，并包含着真假两种可能性，所涉及的对象可能犯罪也可能没有犯罪。因此，对任何一件有意义的线索材料，都必须严肃、认真地进行查证核实。

查证核实线索，有的需要从查人开始，有的需要从查事开始，有的需要对线索来源的可靠程度进行核实查证，有的需要对证据进行初步的收集、审查、判断。每个线索的查证步骤和方法，应视线索的具体情况而定。在查证过程中，不能时断时续，应积极主动，抓住不放，一查到底。特别是对一些重要疑难线索，要知难而进，找出调查方向，寻根究底，务求弄个水落石出。

（四）其他专题性敌情调研

有的监狱组织民警开展专门的监管安全隐患调研，对监管安全隐患进行预测，并在此基础上对罪犯可能发生脱逃、自杀、凶杀行为的，从生理、心理、家庭、社会、监管工作五个方面提出各种行为鉴别标准，提高民警的预防、识别能力。在监狱警戒设施严密的情况下，制止罪犯自杀行为是监管安全的突出问题，有的监狱组织人员研究罪犯自杀行为的识别及预防，提出识别标准和预防措施，并建立了与此相应的二级预防网络和工作任务。有的监狱对监管安全中存在的问题进行专门性调查，并对存在的问题进行统计分析，调研报告为当年制订监管安全工作计划提供了依据和整改目标，取得了良好的效果。

五、敌情调研资料的分析运用

（一）敌情调研资料的分析

在敌情调研的基础上，对调研资料要认真分析、科学预测、把握规律、超前防范。敌情调研资料的分析必须做到：一是有事实，分析记载有时间、地点、具体的人和事，有发生过程，力戒空洞抽象，主观臆断；二是有数据，对罪犯的表现，各占的比例进行准确的统计，对重点罪犯可能发生的危险进行预测，对可能发生某类危险的罪犯人数进行统计，对罪犯中各类违纪行为进行分类统计，对具有某类思想、行为倾向的罪犯进行排查，提供尽可能切合实际的数据；三是在全面掌握敌情的基础上，找到敌情的特点，弄清敌情发生的因果关系；四是有预测，即根据狱情现状以及下阶段改造、劳动等客观的变化，对今后敌情的趋势提出预见；五是有措施，即针对现实狱情的特点及预测趋势，为避免事故、案件发生，所采取的相应的措施。

（二）敌情调研资料的运用

敌情调研材料经过仔细研究后，应根据不同情况，不同性质，区别对待，及时地加以合理的使用和处理。

1. 对于问题性质比较明确肯定的材料，如重大脱逃、组织越狱、阴谋暴动及其他重大嫌疑线索等，应报请上级批准，组织专案进行侦查。

2. 对于虽有犯罪嫌疑，但材料还不充分，不能肯定又不能否定的；或者尚无明显犯罪行为的危险分子，应深入进行调查、控制和观察。

3. 对于已肯定为自然事故、责任事故，或属于罪犯的一般思想问题、改造态度和违犯监规纪律等材料，可转给相关部门去处理，澄清了问题，消除了嫌疑的，要及时撤销。

4. 对于罪犯与社会上的犯罪分子联系勾结，或发现社会上的嫌疑线索，应与有关地区、单位的公安机关协同调查处理。

5. 经查明确属于检举人捏造诬告、蓄意陷害的，应按有关政策法规处理。

6. 调查的各种材料，特别是对一切有价值的材料，要分门别类建卷、归档、立卡，妥善保管，汇编参考资料，做到科学管理，查找方便，充分发挥它在对敌斗争和改造工作中的作用。

六、敌情调研注意的问题

(一)要有强烈的敌情意识

在敌情调研中,侦查人员要有高度的警惕性,敏锐的反应能力,良好的情报意识。要善于审时度势,在不同的情况下,留心观察犯情动态和敌情动向,随时保持对敌情的敏感和收集、联想力及持续注意力。要有寻找、搜集敌情信息的强烈欲望。对敌情信息予以足够的关注与敏锐的反应,这样,就能从罪犯的日常活动中,从人们司空见惯、熟视无睹的事物中,发现异常,看到疑点。在支离破碎的点滴情况之中,捕捉到敌情信息,看到犯罪的蛛丝马迹。进而做到月晕知风,见微而知著,及时迅速地发现有价值的线索。一定要反对那种麻木不仁的态度,明明是可疑的线索,是有用的情况,却视而不见,听而不闻,既不报告反映,也不分析研究,不组织查证,搁置不问。

(二)要有勤劳的作风

敌情调研要做到“五勤”。一是勤观察:要善于观察问题,发现问题,增加灵敏度;二是勤走动:经常深入罪犯劳动、学习和生活的现场,掌握第一手材料;三是勤提讯:多找犯人个别谈话,直接正面调查和观察情况,掌握动向;四是勤记录:凡是调查所获得的有价值的材料,都要随时记录,积累资料;五是勤分析:对调查的材料要多思索,善于从纷繁复杂的现象和杂乱的材料中厘清脉络,抓住本质,促进调查研究的深入。

(三)要注意科学的方法

对调查的材料应认真分析,对需要进一步查证的线索,要认真核实,并进行综合分析判断,做到精、广、细、深、准。“精”就是反复核实情况,把握重点、难点问题,忠实于事实真相。“广”就是开展调查活动的面要广,触角要广,既有多方信息来源,又能相互印证。“细”就是要细致,要有“监管工作无小事”的思想,善于“见微知著”,抓苗头,观“趋向”,从细微处发现问题。“深”就是在普遍调查的基础上,层层筛选,确定重点,深挖细查。除了从公开的管理、教育、改造等渠道和手段获取材料外,还应采用必要的隐蔽手段,实行“潜水作业”,认真深入下去。“准”就是各项调查程序要合法,要坚持实事求是,一切从实际出发。对了解、掌握的第一手资料不夸大、不缩小、不偏听偏信,同时经过正确的分析研究,作出符合客观实际的判断。对各类材料和信息要进行去伪存真、去粗取精、由此及彼、由表及里,全面分析，透过现象抓住本质，用以指导工作。

第三节　狱 内 耳 目

当今世界各国的刑事警察机构都建立了自己的秘密情报人员网络，耳目历来是侦查部门不可缺少的重要手段，有着其他侦查措施不可代替代的作用。根据狱内侦查工作的需要，我国监狱也都广泛开展了狱内耳目工作。狱内耳目作为狱内侦查工作中的一项基础业务，是监狱了解犯情、掌握敌情，防控危险分子和要害部位、重要场所，侦破狱内案件的重要手段，在打击和防控狱内犯罪中发挥出了重要作用。

狱内耳目是监狱从在押罪犯中建立和使用的，由狱内侦查部门领导和指挥的，用于侦查狱内刑事案件、搜集犯罪情报、发现和控制狱内犯罪活动的隐蔽力量。

一、狱内耳目的作用

（一）狱内耳目能为防控、打击狱内犯罪提供深层次的情报

防控、打击狱内犯罪需要及时、可靠、准确的情报，若无狱内耳目为我工作，就难以获取深层次情报，而没有深层次情报，防控、打击犯罪就难以实现目有所向、剑有所指。由于狱内耳目以罪犯这种特殊身份为掩护，可以真正深入不同罪犯群体层面，收集狱情，或贴靠危险分子，取信于敌，套取情报，或渗透到犯罪组织内部，开展内线侦查，掌握内幕情报，从而为狱情分析、危险分子的排查与控制以及狱内重要场所控制提供依据。

2012 年 5 月 18 日下午 6 时许，某监狱狱侦科长接到耳目汇报：罪犯龙某私藏刀具，形迹可疑。狱侦科立即组织对龙犯监舍进行清查，在其个人物品箱内查获长约 38cm 的废角钢 1 根，刀具 1 把。狱侦科当即对龙犯隔离突审，并查实龙犯预谋杀害该狱四监区监区长，抢夺警服脱逃，脱逃后潜入该狱三监区警察林某家中杀害林某的犯罪事实。

（二）控制狱内危险分子和要害部位、重要场所，防止危害发生

为了及时遏制和制止在押犯中危险分子的违法、犯罪行为，必须做到主动进攻，先发制敌，加强对狱内危险分子和要害部位、重要场所的控制，要将狱内耳目安插在危险分子身边，布建于要害部位、重要场所，及时地揭露和制止破坏活动的发

生,将影响监内安全的各种苗头和隐患消灭在萌芽状态,保证监狱的安全与稳定。

(三)在狱侦部门的领导下,侦破狱内案件

当发现犯罪线索后,狱侦部门指挥耳目主动贴靠犯罪嫌疑人或打入犯罪团伙内部,查明案情,收集证据,配合其他措施破获案件。实践证明耳目在侦破狱内已发案件和预谋案件中都发挥了重要作用,已成为发现线索、获取证据、揭露与证实狱内犯罪的重要侦查手段,特别是在狱内犯罪活动越来越隐蔽狡猾、现场取证比较困难的情况下,利用狱内耳目查明案情获取证据已成为侦破狱内案件的重要途径。

二、狱内耳目的分类

根据不同的标准,狱内耳目有不同的分类。通常按其任务的不同,将狱内耳目分为专案耳目和控制耳目。

(一)专案耳目

专案耳目是用于侦查狱内具体案件或犯罪嫌疑人的耳目。这类耳目因案而建,主要用于狱内案件中对犯罪团伙的内线侦查和对犯罪嫌疑人的贴靠,其任务是调查和了解侦查对象的犯罪活动情况,获取侦查线索和犯罪证据,同时,监视和控制侦查对象的活动。

(二)控制耳目

控制耳目是对危险分子、要害部位和重要场所进行控制的耳目。其任务是在罪犯的落后层和不思悔改的累犯、惯犯和其他危险分子当中,在监狱的要害部位,犯人活动场所和易发案而又不被人注意的地方,搜集信息,掌握敌情,发现犯罪线索,发现、获取罪证,监视、控制危险分子的活动,控制破坏,保障安全。

三、狱内耳目的工作原则

狱内耳目工作的基本原则是狱内耳目建设中必须遵守的基本准则,它是由狱内耳目工作的特点所决定的,贯穿于狱内耳目的选择、领导、教育、保护和使用的全过程。

(一)需要与可能的原则

需要与可能的原则,是狱内耳目建设的总原则。所谓需要,就是指开展狱内耳目工作是狱内隐蔽斗争的需要,是调查狱内敌情动态的需要,是防控和打击狱内犯罪活动的需要,从这个意义上而言,需要大力发展狱内耳目。所谓可能,是指开展狱内耳目建设的主、客观条件是否成熟。主观条件是指狱侦人员的政策水平、素质、能力方面能否适应领导和管理使用狱内耳目的需要；客观条件是指在押犯中有无符合选建条件的对象。在开展狱内耳目工作中，坚持需要与可能的原则，既不能因强调需要而盲目乱建，也不能只考虑可能而不顾需要，无所作为。因此，要综合考虑同狱内犯罪作斗争的实际需要并结合开展狱内耳目建设的主、客观条件认真抓好狱侦人员的培养，抓好狱内耳目队伍建设，耳目就能真正发挥作用，成为狱侦部门打击犯罪的强有力武器。

（二）积极稳妥，隐蔽精干的原则

积极稳妥是指在狱内耳目工作中，既要解除思想束缚，放下包袱，大胆放手地建立和使用狱内耳目，又要谨慎、认真地进行调查研究，严格掌握法律与政策，讲求质量，注重实效，慎重从事。隐蔽精干是指在狱内耳目工作中，不能暴露耳目的身份，建立的耳目要精明强干。所谓隐蔽，就是要求狱内耳目要有合适的掩护身份和掩护方式，工作方法得当，对有关耳目工作的情况能守口如瓶。所谓精干，就是要求狱内耳目遇事要沉着，机敏果敢，具有随机应变和适应复杂情况的能力。要做到隐蔽精干，一方面要保守耳目工作的秘密，使耳目的活动在秘密的状态下进行；另一方面要注意质量，严格把握好耳目的条件，不断加强教育培养，不断提高耳目的质量，从而建立一支能够战斗、能发挥作用的耳目队伍。

（三）统一规划，合理布局的原则

统一规划、合理布局是指监狱要在调查研究的基础上，通盘考虑各监区的实际情况，既要考虑重危犯和要害部位的控制，又要考虑不同罪犯群体层面的控制，进行合理的布局；既要守口把关，又要成网成线，充分、有效地调动已选建的狱内耳目使其形成发现和控制犯罪活动的网络。狱内耳目作为狱内侦查工作中的一项基础业务，在建设中要树立长期经营的思想，做好统一规划、合理布局，既要保证质量，又要有足够的数量，其数量一般可占在押犯人数的3% ~5%，没有足够的数量难以形成网络进行有效控制。

（四）保守秘密的原则

确保身份的秘密和工作的秘密，是保持狱内耳目隐蔽性和发挥其作用的根本条件。在狱内耳目建设中，应建立严格的保密制度，在耳目的选建、领导、使用、联络、保护、教育、奖惩等各个工作环节都必须在隐蔽的状态下进行。耳目的名称只能在狱侦部门内部使用，不得向耳目本人宣称。对耳目实行个别吸收，单线领导，不准让耳目发展耳目、耳目领导耳目,也不让耳目之间发生横向联系,负责耳目工作的狱侦人员不能向无关人员谈论耳目工作情况,狱侦人员之间不准随便谈论自己所领导的耳目,与耳目进行工作联系,一般用代号、编号或化名等,这都是隐蔽斗争的需要。

四、狱内耳目的选建

狱侦耳目的选建是狱内耳目工作的第一道程序,它是指狱侦人员根据狱内耳目工作要求和狱内耳目的条件,选择一定的人员,进行培养、考察进而正式吸收为狱内耳目的一系列工作。狱内耳目的选建工作关系到狱内耳目其他工作能否顺利进行,因此,有着特别重要的意义。

(一)狱内耳目的条件

为了保证狱内耳目的质量,将在押罪犯吸收为狱内耳目,必须有一定的标准,这些标准就是狱内耳目应具备的条件。根据司法部颁发的《狱内侦查工作规定》,狱内耳目应当具备四个条件:

1. 能发现敌情,或能够接近侦查对象

这是狱内耳目应当具备的首要条件,亦称之为接敌条件。能发现敌情是指狱内耳目应当熟悉和了解狱内犯罪活动的规律和特点,善于观察发现疑人、疑事,发现狱内犯罪分子及其犯罪活动。能够接近侦查对象是指狱内耳目应当具有靠近犯罪分子和打入犯罪团伙、集团内部开展调查取证的途径和方法。监狱建立狱内耳目的目的,就是为了发现、控制和揭露狱内犯罪。要达到这一目的,首先就要了解罪犯,而要了解罪犯,就必须接近罪犯。如果不具备发现敌情的能力和经验,不具备同侦查对象接触和交往的条件,就无法取得其信任,无法获取犯罪线索和犯罪证据。在狱内这一特定环境中,具备这一条件的犯人,主要是从犯罪团伙、集团中"拉出来"的犯罪成员,犯罪分子正在争取或可能争取的罪犯,具备犯罪活动所需要的某些特长的犯人,以及和侦查对象原有某种交往关系的罪犯。

2. 有一定活动能力和观察识别能力

这是狱内耳目应当具备的基本条件,亦称智能条件,主要包括识别能力、控制能力、随机应变的能力和交往能力等。狱内耳目活动能力强,就能主动进攻,在内线侦查中进得去、出得来,遇到紧急情况能巧妙周旋、灵活处置。如果狱内耳目具备一定的文化知识、社会经验、观察能力、判断能力、应变能力和较强的记忆能力、思维能力、社交能力以及一定的自制能力，并在犯人的落后层中树立一定的威信，就容易接近侦查对象，取得其信任，套取情报，或打入犯罪团伙、集团内部，弄清内幕，获取罪证。

3. 基本认罪，愿为我工作

基本认罪是指在押罪犯对原判决有意见或提出过申诉，但承认主要犯罪事实。所谓能为我所用，主要表现在两个方面：一是自愿为我所用。耳目对自己所犯罪行彻底认罪伏法，认为自己的罪行危害了社会，危害了人民，有强烈的立功赎罪愿望，愿为我工作弥补自己的罪行；二是强制为我所用。就是利用其违纪行为、违法行为、犯罪行为以及犯罪团伙、集团中不能公开的隐私等作为"把柄"，强制其为我所用。

4. 能保守秘密

保守秘密即罪犯对为我工作的身份和工作情况能够守口如瓶，严格保守秘密。这是完成狱内耳目任务的必要条件。狱内耳目必须遵守纪律，严格保守秘密，这不仅有利于我们的工作，更有利于狱内耳目自身的安全。

上述条件是紧密联系、缺一不可的。每个耳目对象的确定，必须要求同时具备以上四个条件。在选择建立耳目时必须全面考虑，尤其是接敌条件和智能条件，它们是耳目自身客观条件，关系到耳目的质量和能否发挥作用的问题。

（二）狱内耳目的选择

选择狱内耳目时，要根据本单位狱情、犯情、敌情和侦查的意图、狱内耳目的个人情况以及侦控对象的特点等因素综合考虑进行选择。

专案耳目需具有更好的接敌条件和智能条件。一般而言，专案耳目主要从以下人员中选择：共同犯罪人、在同监室犯、侦查对象的关系人、能够接近和取信于侦查对象的人控制耳目的选择从有立功赎罪愿望和要求的罪犯中物色；从秘密向我检举、报告真实情况，又不公开显露的罪犯中物色；对确有悔改表现的顽固犯、危险犯或受过行政处分的罪犯中物色；从嫌疑犯、危险犯及重点犯周围愿意靠拢政府的罪犯中物色；从其他单位转来，曾经是狱内耳目的罪犯中物色；在要害部位、复杂场所劳动的罪犯中物色；从罪犯的各个层次，特别是犯群的落后层中物色。

（三）狱内耳目选建的程序

1. 全面调查

对选建对象进行全面调查，包括家庭情况、社会关系、掌握个人历史、性格爱好及特长，思想状况、犯罪性质、认罪态度、现实表现、活动能力等，在此基础上对照狱内耳目的条件，逐个进行分析研究，从吸收的目的性、对象的可靠性、完成任务的可能性和适应性等方面进行审查，从中选定基本符合条件，适合隐蔽斗争需要的耳目培养对象。调查了解选建的方法是多种多样的，可以通过监区、分监区的管教民警了解，也可查阅档案和与其面对面地交流。

2. 初步接触

初步接触是指狱侦人员与选建对象进行面对面的交流，了解其是否愿意为狱侦部门工作或能否为狱侦部门控制。初步接触的方法应根据具体对象的身份、经历采取不同的策略和方法，注意不要直接揭示主题，而要采取迂回的方式，并留有余地。一般可先从家庭、狱内劳动、对同组犯人改造表现的看法谈起，观察对方的反应，确认他是否具备耳目的条件，然后再循循善诱，进行启发教育，使耳目对象逐渐认识到积极靠拢政府和同狱内反改造分子作斗争是自身改恶从善的积极表现，并迫切要求立功赎罪愿意为我工作时，方可考虑将其发展建立为狱内耳目。如果在谈话过程中，发现他有不适合做狱内耳目的因素，应转移话题，并尽快结束谈话。

3. 考察试用

狱侦人员对选建对象进行各方面的了解后，往往尚不能完全确定选建对象是否具有狱内耳目应具有的基本条件，因此，对选建对象需要有一个考察试用的过程，认为基本符合条件，才能正式建为狱内耳目。

对选建对象的考察试用包括两个方面的内容：一是考察选建对象的工作能力，如接敌能力如何，情报能力如何，随机应变能力如何等。二是考察选建对象忠诚程度，也就是说是否忠实可靠。考察的办法主要是通过布置一定的任务，让其去完成，然后听取汇报，根据其汇报的情况再查证核实。布置的第一次任务要具体、简单、无关重要，可先布置其了解犯人的一般动态或某一具体对象的一般问题，如罪犯对原犯罪行为的认识，对改造前途，对形势和政策的看法等。此后可加大任务的复杂程度来进一步考察选建对象，如让其完成某一专项调查任务，试用考察的时间一般以不少于一个季度为宜。经过多次的考察试用，如果证明其基本符合条件，可正式建为耳目。

4. 履行手续

对经过调查了解、考察试用并符合狱内耳目条件的选建对象，狱侦人员要填写《狱内耳目建立、使用审批表》呈报主管领导审查批准。专案耳目经狱侦部门审核后，报请批准立案的领导审批，控制耳目由狱侦部门主管领导审批。凡被批准正式吸收为狱内耳目的人员，狱侦部门应为其建立个人档案。

5. 正式谈话

凡是被狱侦部门正式吸收为狱内耳目的人员，狱内侦查部门的领导或狱侦人员在其正式开展工作前要与其进行正式的谈话，内容包括：明确接受谁的领导，宣布规定的化名、联络暗号和联络方法，尤其是在紧急情况下与狱侦人员的联络方式，宣布工作纪律等。工作纪律的内容主要是：服从命令，严守秘密，不准向任何人暴露为我工作的身份和意图；如实反映情况，不得伪造、谎报事实情况，不准挟嫌报复诬陷；除因特殊需要，经领导批准，可参与一些辅助性的活动外，耳目不准参与作案，更不能引诱、教唆别人犯罪；不准利用身份在狱内称王称霸。

五、狱内耳目的使用

（一）狱内耳目使用的基本策略

领导使用狱内耳目是一项极为复杂的工作，需要较高的领导指挥艺术。因此，狱侦人员必须学会使用狱内耳目的基本方法和策略，以充分发挥狱内耳目在狱侦工作中的作用。

1. 专人负责，单线领导

所谓专人负责、单线领导，是指每个狱内耳目只能由一名狱侦人员负责，从选择、建立、领导和使用实行纵向领导。耳目也只允许与领导和使用他的狱侦人员联络，这是由狱内耳目的性质、特点决定的。不允许搞多头领导，否则极易暴露耳目的身份；不允许由耳目发展和领导耳目；不允许耳目之间发生横向联系。监区应知道所属分监区的耳目情况，但不宜直接使用分监区所建立的耳目。狱侦科要全面掌握各监区、分监区的耳目情况，对全监耳目要统一规划，合理布局。

2. 精心指挥，量力使用

所谓精心指挥，是指负责狱内耳目工作的狱侦人员，从对狱内耳目布置交代任务开始到完成任务时止的全过程都要精心给予帮助和指导，在布置任务时认真分析和预测在执行任务过程中可能遇到的实际问题，精心设计好每一个环节，每一步工作应怎么做，都要尽可能交代清楚，并帮助狱内耳目做好应付突发事件提供充分的对策准备。在听取狱内耳目汇报时，要充分肯定取得的成绩，同时指出存在的问题，讲明改正的方法。对狱内耳目主动提出的意见和建议，认为可行的则表示认可,也可和狱内耳目一起研究,这样研究的结果一般是比较切实可行的。对狱内耳目反映的情况,要认真分析研究反复核对,切不可当面随便表态或作结论。

所谓量力使用,是指狱侦人员在使用狱内耳目时,应根据耳目的自身条件,知人善任,有针对性地发挥其特长,布置其力所能及的任务。狱侦人员要避免因任务布置不当,而造成耳目的暴露,切不可要求过高,否则导致耳目为完成任务而不择手段,暴露我方的意图,也可能为应付差事捏造假情报欺骗我们,有时甚至因害怕完不成任务而不愿为我工作。

3. 经常教育,严格监督

经常教育是指对耳目的教育必须是经常性的,一是因为耳目本身就是在押罪犯,需要改造和教育;二是因为耳目常处阴暗面,接触的消极、落后因素多,存在随时随地有被传染、被拉拢的可能;三是因为这种教育不等同于一般性的教育,要根据耳目的具体情况、所担任的具体任务以及有可能出现的思想问题,有针对性地进行教育。

严格监督是指耳目本身来自罪犯这一特殊群体,思想状况比较复杂,不可否认的是个别耳目消极因素较多,甚至还善于耍两面派,表面上向我,暗地里通风报信、陷害他人、搞破坏活动等,因此,要把他们的活动置于我方监督之下,对耳目汇报的材料,不可偏信,亦不可不信,要多方面查证核实。

4. 掩护耳目,保守秘密

掩护耳目是指从选择、建立到使用甚至撤销,都要把耳目的身份掩护好,耳目在接近侦查对象时,在取信于敌打入犯罪团伙、集团内部时,在实施破案及案件的诉讼过程中等,都要制定周密的掩护耳目的方法。

保守秘密是指狱内耳目工作要保守秘密,不仅耳目要遵守,领导和使用耳目的狱侦人员也要遵守。狱侦部门内部也应注意保密,耳目只限有关人员知道,无关人员不得过问。

5. 赏罚严明,适时整顿

赏罚严明是指在使用耳目的过程中,根据狱内耳目的不同表现,对其功过是非要赏罚分明,才能充分调动耳目的工作积极性。

适时整顿是指为了保证耳目队伍的质量,对耳目必须适时加以整顿,根据不同情况,进行恰当处理:对不起作用的耳目,要坚决予以撤换;对于有价值但本人有思想包袱的,要进行耐心教育,消除顾虑,丢掉包袱,争取为我所用;对有工作能力,因领导、使用不力而没有发挥作用的，要加强领导或更换使用耳目的狱侦人员；对因工作方法不当或其他原因而暴露身份的狱内耳目如仍有使用价值，可调到其他单位或部门继续使用；对于停止使用的耳目，必须向其宣布纪律，不许乱讲，否则，追究其责任。

（二）各类狱内耳目的使用方法

1. 专案耳目的指挥和使用

首先，让狱内耳目尽量取信于侦查对象。取信于侦查对象，是狱内耳目顺利工作的前提。狱侦人员要给狱内耳目创造与侦查对象顺其自然的接触条件，及时为狱内耳目提供侦查对象的有关情况，如侦查对象有什么困难、需要、爱好、活动规律和犯罪手法等。狱侦人员要善于指挥狱内耳目应付侦查对象的各种考验，要重视指导狱内耳目博取侦查对象的信任、尊重和感激。其次，使狱内耳目能有效地获取证据，套取情报。使用狱内耳目的根本任务是套取情报和获取证据，这是狱侦人员使用狱内耳目的核心和关键，常见的策略方法有：刺其所痛、佯顺其意、求计献策、利用矛盾，挑拨离间、引导规劝。最后，妥善安排狱内耳目的撤离。狱内耳目完成侦查任务后，应找一种合理的借口或理由安排狱内耳目离开犯罪团伙、集团，退出侦查。这种合情合理的理由可以是在打入前就战略部署好的，也可以是狱内耳目人员自己创造机遇，总的要求是不引起侦查对象的怀疑。

专案耳目开展侦查的几种方式：打入法、逆用法、贴靠法、复线侦查。

2. 控制耳目的指挥使用

由于控制耳目是对危险分子、要害部位和犯人活动的公共场所进行的控制，既要考虑重危犯和要害部位的控制，又要考虑不同罪犯群体层面的控制，进行合理的布局，既要守口把关，又要成网成线，使信息搜集、人头控制方面不留空白点，在狱内形成一个严密的、纵横交错的发现和控制犯罪活动的网络。首先是控制监管场所的重点要害部位；其次是控制狱内犯罪嫌疑分子和危险、重点分子，尤要注意发现有脱逃、自杀、行凶等反常征兆、苗头，及时报告，尽力防止此类事件的发生。

（1）收集、了解顽危犯、重控犯、惯累犯、新犯、外籍犯、重要案犯、因受审待查处和家庭变故等情况引起情绪不稳的罪犯，以及经常纠缠在一起的犯人的思想和活动情况，并实施监控（如“十五种人”，即有精神障碍犯人、有家庭变故等犯人、有漏罪的犯人、邪教或有关国家利益犯罪的犯人、性格异常的犯人、受处罚的犯人、顽危犯人、惯累犯人、重刑犯人、“三假”犯人、“三无”犯人、病残犯人、老年犯人、新犯人、特殊工种犯人)。

(2)收集、了解罪犯的思想动态和敌情动向,对重要时段内的动态注视并汇报(如节假日、敏感时期和日常作息上管理薄弱时段及罪犯的“七个后”,即处罚后、提审后、生病后、来信后、会见后、休息后、熄灯后),对有重新犯罪迹象的罪犯千方百计贴近,掌握第一手资料(如“三多”,即多流一滴泪、多藏一利器、多带一条绳;“四少”,即少吃一餐饭、少睡一夜觉、少干一份活、少了一丝神;“五好”,即吃不好、睡不好、不要好、特要好、突然好)。

(3)对监内公共活动场所(如教学楼、活动室、球场、餐厅、厕所等),重要部位(如“六室六房”,即医务室、教研室、储藏室、统计室、报道室、图书阅览室和燃料房、机修房、锅炉房、库房、药房、病房),危险物品(如伙房刀具、卫生用具、劳动工具和有关药品、易燃易爆物品等)进行监控。

(三)对狱内耳目的保护

狱内耳目的保护工作是指在物建和领导使用狱内耳目的全过程中,为掩护耳目身份及安全所采取的一切措施。狱侦人员在给狱内耳目布置任务时,要充分考虑耳目的工作方式和活动范围,并要求在耳目执行工作任务时,必须按照狱侦人员的布置进行,按照既定的侦查意图、确定的活动范围和交代的工作方法进行,在应付侦查对象考验时,交代清楚处置原则,允许从事一些“辅助性”犯罪活动的范围、方式等。

1. 与狱内耳目联系时应注意隐蔽

在与狱内耳目接头联系时注意隐蔽,采取必要的伪装方式,可采取的方法有以下几种:

(1)书面汇报。狱内耳目可利用写思想汇报、学习体会、生产计划、家信及申诉材料等形式将情况直接交给狱侦人员或投入指定的控告、举报箱里,要求所有材料的署名一律使用代号、编号或化名。

(2)利用就诊看病名义接头。这种方法应视狱内耳目的身体状况灵活掌握。在接头的过程中,应象征性作一些检查或发给一些药品,防止引起他人的怀疑。

(3)利用与罪犯个别谈话接头。以与罪犯谈心、了解思想动态或布置学习、生产任务等名义,分别找多个罪犯谈话,把狱内耳目安排在其中。注意:找耳目谈话的时间应与其他罪犯谈话的时间大致相同。

(4)利用亲属接见、社会帮教的名义接头。使用这种方法时要注意上次接见的间隔时间,不能过于频繁。接见时间不能过长。

(5)利用公开提审的方式接头。利用公开提审的方式与狱内耳目接头,听取汇报、布置工作是一个比较可靠的方法。尤其是对那些在罪犯眼里表现不好的狱内耳目显得比较安全。但这种方法不易过多使用。

(6)利用外调人员的身份接头。可借外调人员的身份,如公安局、检察院、法院等机关工作人员提审罪犯的名义与狱内耳目接头,了解情况布置任务。

2. 查证狱内耳目提供的犯罪嫌疑线索要掌握时机,另寻借口

一般由谁领导,谁去查证线索,表示对其提供线索的重视,对某些线索的查证不能让狱内耳目知道,以免引起狱内耳目的误会。查证时应另寻借口,特别是查证只有狱内耳目和侦查对象知道的犯罪线索。不是需要立即查证的,也可以暂缓查证,以免引起侦查对象的怀疑。

3. 狱内耳目有暴露危险时,要及时采取补救措施

狱内耳目暴露以后,应立即采取必要的补救措施,消除侦查对象的疑虑和保护耳目的安全。常见的补救措施有:一是利用矛盾,制造混乱,通过一定的方式,将"泄密"的责任有意转嫁给其他成员;二是故意让耳目受到惩罚,以迷惑侦查对象;三是转移阵地,即将狱内耳目从一个阵地转移到另一个阵地。

4. 及时与检察机关和法院沟通,做好在起诉和审判过程中对狱内耳目的保护工作

监狱机关要主动地向检察机关和法院介绍狱内案件侦查的有关情况,尤其是耳目在侦查中的作用,共同商讨对耳目的保护工作。耳目应尽量避免公开出庭作证,必须出庭作证时,要经监狱主管狱侦工作的领导批准,并做好耳目的思想工作,争得本人同意,让其以检举人或共同犯罪人等身份出庭作证。狱侦办案人员要做好证据的转化工作,将耳目提供的情况转化为能够在刑事诉讼中公开使用的证据形式。

六、狱内耳目的管理

狱内耳目的管理是有效地开展狱内耳目工作的重要保证,其内容主要包括狱内耳目的教育、考核和奖惩以及狱内耳目经费管理和档案管理。

(一)狱内耳目的教育

对狱内耳目的教育,是领导狱内耳目的一项重要任务,它应当贯穿在整个使用

狱内耳目的过程中。通过教育使狱内耳目更好地对我忠诚、保守秘密和消除思想上的消极因素,老老实实为我工作。

1. 思想教育

对狱内耳目的思想教育要经常进行。通过教育,提高他们对狱内耳目工作的认识,弄清狱内耳目工作与自身利害关系,真正领悟同狱内犯罪作斗争是光明正大的行为,不仅有利于维护狱内正常的秩序,而且有利于加快自身改造的步伐。对狱内耳目的思想教育应着重于澄清狱内耳目的一些错误认识,打消其思想上的不纯动机和消极因素,使其明白任何投机和动摇,都是不能维持长期的,对人民是不利的。

2. 保密守纪教育

狱内耳目在各种复杂的环境中接触罪犯中的阴暗面,很容易"倒戈",所以要不断进行保密守纪的教育,提高法制观念和抗腐蚀的能力。要求耳目在日常改造和日常工作中,保守秘密、遵守纪律。通过保密守纪教育,使其自觉地听从指挥、保守秘密、忠实政府,更好地发挥作用。保密守纪教育要明确具体,要具体指出耳目在工作中应遵守哪些纪律,保守哪些秘密,为什么要遵守这些纪律,保守这些秘密,在工作中应掌握哪些方法,注意哪些问题才能保守机密。在领导和使用耳目的过程中,要经常地对其保密守纪的情况进行检查,发现漏洞,及时补救。

3. 工作态度教育

在领导和使用狱内耳目工作中,有些狱内耳目自视特殊,在改造中提出一些非份的要求,特别是在提供过一些有价值的情报后,讨价还价,以致影响其自身的改造,有些耳目急于"立功赎罪",唯恐无事可做,或把一些鸡毛蒜皮的小事故作神秘汇报,或制造一些假情况来邀功请赏,甚至一面策划他犯搞不法活动,一面向狱侦人员报告,因此,要经常地进行工作态度教育,使其忠诚老实、态度端正、严肃认真地为政府工作。在教育时,要求耳目不能只报喜不报忧,汇报时不能参有主观猜测,或故弄玄虚,特别是要求其不能隐瞒在执行任务时留下的漏洞,以免酿成大祸。

4. 业务教育

业务教育是提高狱内耳目素质的重要措施。主要是教育耳目如何贴靠侦查对象,取信于敌?如何打进犯罪团伙获取证据?如何在犯群的日常表现中分辨反常情况,抓准敌情动态?如何控制侦查对象,使其不至于逃跑或进行现行破坏活动?如何避开他犯传递情况?如何应付突发事件?业务教育主要是通过对耳目执行任务中的工作指导进行的，在布置任务时，交代清楚完成任务的方法。在听取汇报时，指出其工作中的优缺点，以及发扬优点，克服、改正缺点的方法等。业务教育要掌握分寸，要根据耳目的不同特点和不同任务，与其进行的工作无关的方法不能传授。业务教育要在耳目工作中不断进行，循序渐进，切忌急于求成，否则，可能造成对耳目失去控制，给侦查工作带来不必要的甚至是无法挽回的损失。

（二）狱内耳目的考核

为了全面掌握耳目的思想和工作情况，纯洁耳目队伍，对狱内耳目必须边使用边考核，发现问题及时处理。通过定期或不定期的考核，发现表现好的耳目，加强培养教育，更好地发挥其作用；发现表现不好的耳目，及时教育、整顿或清洗；发现可疑的耳目，及时进行整顿审查。

1. 考核的内容

考核的内容主要包括改造表现、认罪态度、保密守纪情况、工作积极性、活动能力、反映情况的可靠程度和情报价值以及耳目的工作贡献等方面。重点是考核其工作能力和提供情况的可靠程度。因此，对狱内耳目进行考核的重点就是对其提供情况进行核查、验证。

2. 考核方法

实践中，对狱内耳目常用的考核方法有：

（1）接头汇报。通过与耳目的秘密接头，听取耳目汇报，研究布置任务，检查耳目完成任务的情况和效果，来考核其思想动态、忠实可靠程度、活动能力、守纪情况。

（2）侧面调查。以监管工作形式，向监区民警、积极改造的罪犯和组长，了解耳目的平时改造表现，有无违法乱纪，重新犯罪的迹象，分析掌握耳目的思想动态。

（3）突击清监。就是采取改变工作规律，突然袭击，对耳目的工作地点进行清理检查。

（4）情报印证。这种方法是把狱侦部门已掌握的情报布置耳目去查证，或把耳目各自提供的情报，进行对照印证，鉴别真伪，以了解其工作能力和可靠程度。

（5）复线内查。复线内查时，不可向派出考察的耳目暴露被考察耳目的身份和派出的真实意图，以防相互自我暴露，串通一气，共同作案。

（6）审讯对证。通过对案犯的审讯，进一步核实耳目所反映的情况，这也是考核耳目的一种方法。

（7）技术监控。运用监听、监视等技术设备，监视耳目的活动，随时掌握其平时的改造表现和执行任务的情况。

对狱内耳目的考核有明、暗两条线。明线即公开考核,耳目要和其他罪犯一样,按照《百分考核细则》的规定进行日考核、周记载、月评议活动。暗线是由负责对耳目管理使用的民警对其具体表现单独考核。

对狱内耳目的考核不仅是对其进行奖惩的依据,而且对于狱侦人员控制耳目活动,掌握耳目的各种动向,甄别耳目所提供情况的真伪和效能都有非常重要的作用。对这么一项严肃的执法活动,狱侦人员要经常进行,又要严格依法办事,考虑到狱内耳目工作的特殊性,在具体考核中也不能脱离实际,而应具体问题具体解决。

(三)狱内耳目的奖惩

根据考核的情况,及时进行奖惩,做到赏罚分明。对耳目的奖励以奖分、记功、减刑等行政或刑事奖励为主,以经济奖励为辅。奖励的程度应与贡献大小相当,同时要把物质奖励和精神奖励有机结合起来。狱内耳目行政奖惩,包括监狱表扬、记功;行政惩处,包括警告、记过和禁闭。适用对象为各监狱按规定正在使用的狱内耳目,包括试用的耳目和外借社会政法部门使用的耳目。对狱内耳目的奖惩工作,贯彻依法、规范、准确、保密和实事求是的原则,实行以事论奖、直接奖惩与年终综合评审相结合,秘密奖惩与公开奖惩双轨并行、互不交叉和重叠的办法。同时耳目获得的行政奖励,作为评选改造积极分子以及提请减刑、假释的重要依据。

1. 奖励的条件

凡是具有下列情形之一的耳目,应分别给予表扬、记功、物质奖励或依法减刑、假释:

打入犯罪团伙内部,积极开展侦查,摸清犯罪团伙的情况,获得犯罪证据,对破案有功的;在贴靠侦查对象过程中,套取了真实情报,获得犯罪证据的;积极主动工作,发现重大线索,查获重要罪犯的;遇有罪犯行凶、逃跑、纵火,或罪犯强制耳目共同犯罪等紧急情况时,能机智灵活,采取有效措施,处理得当,防止后果发生,较好完成任务的;一贯积极工作,服从指挥,遵守纪律,有一定成绩的。

2. 惩罚的条件

凡具有下列情形之一的耳目,应视情节轻重,分别给予批评、警告、记过、清洗或依法惩处:阳奉阴违,谎报情况,欺骗政府的;假公济私,招摇撞骗的;背我向敌,包庇罪犯或违法犯罪的;捏造事实,陷害他人,打击报复,称王称霸的;违反纪律,擅自行动,暴露秘密,对侦查工作造成损失的;诱人犯罪或策划犯罪的;勾结犯罪分子，制造假象，企图将侦查工作引入歧途的。

3. 狱内耳目的撤销

对那些身份暴露，不能继续做耳目工作或长期失去作用，不适合做耳目工作的，应予以撤销。被撤销的狱内耳目仅仅因为不再适合耳目工作，所以撤销工作要慎重，合情合理，要讲究方式方法，以免产生其他副作用。

（1）对那些长期失去作用，其自己也深感无能为力的耳目，可讲明情况，断绝耳目工作关系；

（2）对那些过去曾起到作用，但现在失去工作条件，起不到作用的耳目，可减少接头次数，逐渐疏远，断绝关系；

（3）对愿意为政府工作，但由于领导和使用不当而暴露身份的耳目，尽可能不撤销，在加强教育，改进教育方法，适当调整后，一般可继续使用。

对被撤销的对象，要做好善后工作，加强保密教育和采取保密措施，防止其在以后的改造中起反作用。狱内耳目的撤销，由负责建立、领导和使用的狱侦人员，填写报告表，报请领导批准。撤销耳目的批准权限与建立耳目的批准权限相同。

（四）狱内耳目档案与经费管理

1. 狱内耳目档案管理

狱内耳目档案是狱内耳目建设中的一项重要工作，加强这方面的管理工作，对提高狱侦人员建立、领导和使用耳目的水平有重要作用。狱内耳目要逐人建立档案，一人一卷，耳目档案分为两种：

（1）个人档案。个人档案的内容包括：原案判决或判决书抄件；耳目的改造表现、功过记录、奖惩决定；建立、撤销耳目的审批手续；耳目立功赎罪，自愿为政府工作的申请书或保证书；耳目的化名、代号、编号；考核耳目的记录等。

（2）工作档案。耳目工作档案内容包括：耳目送交的书面情况、报告及狱侦人员对这些材料的考核结论、处理意见；耳目口头报告的记录；狱侦人员对耳目所作指示的记录等。

2. 狱内耳目经费管理

狱内耳目经费是开展狱内耳目工作的物质保证。狱内耳目专项经费开支包括奖励费、活动费、生活补助费和抚恤医疗费等。

七、狱内耳目使用的问题及对策

当前的监管环境不断改善，但监管安全形势依然严峻。掌握好耳目的使用方法,能够尽最大的潜能激发耳目在维护监管安全中的作用。由于狱内耳目本身是罪犯,属于被改造对象,在使用的过程中,有其固有的局限性。在实践中曾经存在耳目给犯罪分子通风报信的、提供虚假狱情的、不尽心履职的、做“双面”耳目、成为牢头狱霸等情况。这就要求监狱不断探索和创新耳目的使用方法,才能使其在维护监管安全工作起到更大的作用。

(一)当前耳目工作存在的问题

按照“预防为主,防破结合、及时发现、迅速破案”的狱内侦查工作方针,狱侦工作大体分为预防和打击两大内容。预防是主要的,是狱侦工作的重头戏。而预防的主要途径又是通过狱内耳目获取情报进而予以防范来完成的。由于对耳目工作的内容、业务知识、操作规程和作用了解不够,大多数民警包括一些领导在认识上出现偏差,错误地认为耳目工作用途不大、可有可无,严重影响和制约了狱内耳目工作的发展。

1. 对耳目工作的认识不科学

目前,有的监狱领导和民警对耳目工作在认识上存在两种错误倾向。

(1)耳目“无用论”。这种观念认为:耳目工作作用不大,可有可无,甚至认为在监狱实行封闭式管理的条件下,再强调耳目工作已无必要。主要表现:一是对狱侦民警的选配上,不讲狱侦民警应当具备的基本条件和能力,把刚参加工作,不熟悉监狱管理,更不懂狱侦业务的新录用民警安排到狱侦工作岗位上。二是在狱侦民警的调整上,各行其是,变动频繁,想撤就撤,想换就换,个别监区狱侦民警甚至一年内就调整了两次,耳目工作无法保持连续性。三是狱侦民警兼职太多,工作压力大,顾此失彼,无法抓好耳目工作。专职的大多数兼有其他工作,兼职的多数为基层监区(分监区)分管领导或管教民警,一人身兼数职,需要同时应付狱政、教育、刑罚执行、狱侦几个部门的各种业务和文字工作,时间、精力不足,狱侦民警并未将主要精力放在耳目建设上。四是监狱领导口头重视多,职能部门指导督促少,基层监区(分监区)搞形式主义应付检查多,真抓实干注重实效少。包括耳目建设在内的各项管教基础业务在基层并没有真正落到实处,为应付检查考核编造资料报表,汇报材料的现象普遍存在。有的管教民警(兼职狱侦民警)甚至被戏称为监区应付上级五个管教职能部门检查考核的“造假办主任”。

(2)耳目“万能论”。持这种观点的人对耳目的性质、地位缺乏理性的认识,片面夸大耳目工作的作用,对耳目工作的期望值过高。主要表现:一是对狱内情报信息的搜集工作应当包括公开和秘密两种手段缺乏基本的认识。实际上,对狱内情报信息的搜集掌握源于"公秘结合"两种手段,源于全体监狱民警和管教部门的合力,源于对通过各种渠道收集得来的各种信息的综合分析研究。二是认为耳目工作是万能的。认为建立耳目后,什么情况都能收集起来,忽视依靠全体监狱民警利用公开手段收集各种狱情敌情的工作,导致相当一部分的单位狱情分析流于形式。三是认为耳目情报没有直接反映预谋脱逃、行凶等重大案件线索,就是没有反映"深层次的狱情、敌情",就是情报质量不高。实际上,狱内耳目只是监狱搜集、掌握罪犯思想动态和重新犯罪活动线索的侦查手段之一,主要任务是搜集、掌握通过公开的管理手段难以发现的各种情况,从而预防和控制狱内犯罪。四是出了问题不客观分析产生问题的原因,一律归咎于耳目不起作用,狱侦民警情况没有掌握。狱内耳目是监狱搜集罪犯中的情况信息的一个重要手段,但不是唯一的、万能的手段。耳目本人也要受到方方面面、主客观因素的制约和限制,不可能什么情况信息都知晓。实际上,只有将公开的狱情敌情的收集分析与隐蔽的狱情敌情的收集分析结合起来,才能真正达到"敌动我知,敌谋我晓"的目标。

2. 管理使用耳目的狱侦民警队伍存在问题

狱侦民警对耳目的物建、使用、教育、管理、考核等工作都必须在隐蔽状态下秘密进行。耳目质量高低、是否起作用、能否达到预期的效果,管理耳目的民警的敬业精神和业务素质起着至关重要的作用。目前,狱侦民警兼职过多,队伍不稳,素质不高严重制约了狱侦工作的深入开展。

(1)狱侦民警兼职过多。由于基层狱侦民警工作范围和职责不清,"专职"的专不起来,"兼职"的兼职工作量大,事情繁杂。狱侦民警为了保守秘密默默无闻地工作,还常常遭到一些同志的误解。监管安全没有出问题,工作成效难以被认可,出了问题则不客观分析发生问题的原因,一律归咎于耳目不起作用,狱侦民警情况没有掌握,导致一部分监狱民警不愿意从事狱内侦查工作,多数狱侦民警想"跳槽",调换工作岗位。

(2)狱侦民警队伍不稳。虽然司法部《狱内侦查工作规定》对狱侦民警的基本条件和调动调整有明确规定,但是长期以来基层单位在狱侦民警的选配和调整上各行其是,狱侦民警不按规定的条件选配和调整频繁的问题一直没有得到纠正。

(3)部分狱侦民警业务素质不高。由于狱内侦查包括耳目工作的专业性、技术性很强,除了必要的专业培训外,主要依靠狱侦民警在实践中逐步积累工作经验和提高业务能力。狱侦工作风险大,难度大,责任重,愿意从事狱侦工作的民警本来就不多,肯干肯钻的就更少,加之调动调整频繁,队伍极不稳定,未经培训上岗的情况普遍存在,整体业务素质自然难以提高。

(4)部分狱侦民警责任意识不强。部分狱侦民警敬业精神差,工作敷衍塞责,应付了事。在物建上不讲质量,盲目滥建;在指挥使用上放任自流,布置任务千篇一律;在教育培养上流于形势,不注意提高耳目搜集信息的业务能力;在考核上关心帮助不够,不注意提高耳目为我工作的积极性;只知道每月向耳目要材料应付业务部门。

(5)部分狱侦民警业务不熟,经验不足,对敌情敏感性较差。由于种种原因,许多耳目管理者离开了狱侦战线。有的因为身兼数职无暇顾及而想多一事不如少一事;有的因为做了事情看不到明显的成绩而不愿从事这项工作;有的因为做出了成绩得不到认可而气馁;等等,反正各单位的狱侦民警都在不断地换人,导致大多狱侦民警都存在业务知识不足、业务能力不强、工作经验欠缺、对敌情缺乏敏感性等缺陷。因此也就只能学会应付检查,工作无法深入开展。工作开展不深入,成效就不明显,就又开始换人。如此周而复始,形成恶性循环。

(6)过分强调形式,工作烦琐。由于耳目工作的开展情况大都是软指标,不好考核。但又要考核,怎么办?于是就出了这样那样的规定,耳目的比例、耳目情报的数量、民警教育耳目的次数等,这些数字就成了民警耳目工作的全部,要去完成这些指标又要通过一定的载体把它反映出来,工作就变成了形式,变得烦琐,变得枯燥乏味,也就更没有人愿意从事这项工作了。

3. 耳目使用过程中的问题

(1)耳目物建困难。目前罪犯在服刑改造中的功利主义倾向十分突出,得罪人、担风险的事,无利可图的事基本上没人愿意干。特别是近年来,随着狱务公开的推行和罪犯行政、刑事奖励面的扩大,大多数罪犯只要能完成生产任务,不违反监规纪律,都能获得相应的行政、刑事奖励。单纯依靠行政、刑事奖励来提高耳目为我工作积极性的传统手段的作用有所减弱,基层狱侦民警普遍反映目前物建耳目对象十分困难。

(2)耳目素质不高。耳目质量高低,主要应从耳目对我的忠诚度、情报的真实性、活动能力三个方面来考察。现行的耳目布建指标对集中封闭型监区来说执行困难;狱侦民警物建领导使用既不利于保密,精力也确实顾不过来;而兼职狱侦民警兼职过多,顾此失彼,主要精力不可能放在狱侦工作上,导致部分狱侦民警为完成布建任务指标,在物建耳目时滥竽充数;加之狱侦民警调动调整频繁,换茬狱侦民警换一批耳目。一些单位狱侦职能部门从单位利益出发，放宽耳目条件，把关不严，甚至搞批量发展，以应付考核，导致现有耳目质量较低。

(3)耳目收集的情况质量不高。耳目情况质量的高低，主要取决于狱侦民警的业务素质和耳目质量高低，同时又受方方面面的条件制约。在监狱内开展耳目工作，具有很多有利条件，但也存在众多的不利因素。其一，耳目是服刑罪犯，其活动能力本身就受到很大程度的限制；其二，在封闭管理的条件下，耳目自由的活动范围相对狭小，所能控制的部位是有限的；其三，在半军事化管理下，耳目在罪犯中的接触面是有限的，获取情况的面也是有限的；其四，在长期的监禁生活中，耳目的心理压力很大；其五，狱侦民警与耳目的接头联系方式方法又受限制，传递情况和保密工作的难度较大。正确分析研究在监狱内开展耳目工作的有利条件和不利因素，在物建时坚持耳目条件，保证耳目质量，在使用中精心指挥设计，加强教育引导和保密工作，在考核中坚持实事求是，适时清理整顿，只有在提高耳目队伍质量的基础上才能达到提高耳目情报质量的目的。而耳目质量的提高，是一个循序渐进的过程，不可能一概而论。

(4)对耳目的奖励力度不够，不能充分调动耳目为我工作的积极性。对耳目的奖励主要是靠行政、刑事奖励。由于对耳目的刑事奖励不得突破法律有关减刑幅度和间隔期的限制，行政奖励过多对兑现耳目的刑事奖励并无实际意义。而对耳目的经济奖励、物质奖励或其他奖励又无具体规定和办法。造成对耳目奖励的手段单一，力度不够，不能充分调动耳目为我工作的积极性。

(二)耳目工作的改进方法

1. 树立科学的耳目作用观

监狱民警应了解耳目工作性质，充分认识到耳目工作在监狱安全稳定工作中的重要作用。耳目工作是狱侦工作的重要组成部分，是维护监狱安全稳定的重要手段，是每个监狱民警都应当了解和掌握的业务工作，是同狱政管理、教育改造、劳动改造一样应被监狱民警得心应手进行操作的日常工作。其他任何工作都不能取代耳目工作，否则，监狱要切实掌握深层次的狱情动态，做到“敌动我知、敌谋我晓”就成了一句空话。因此，在全体民警中广泛宣传耳目工作重要性和必要性，全面传授经管耳目的知识和技能，真正把耳目工作从最基层抓起。当然，保密工作必不可少。

同时，要认识到耳目作用的有限性，要坚持依靠全体监狱民警运用隐蔽斗争与公开控制相结合的手段，开展狱内情报信息的收集分析工作。同时把公开和隐蔽的信息搜集工作有机地结合起来,加强综合分析研究,提高基层监区的情报收集和分析研究的质量,保障情报信息渠道畅通、快速传递。

2. 加强狱侦民警队伍建设

(1)加强狱侦民警的专业技能培训

建设一支过硬的狱侦民警队伍是搞好耳目工作,提升耳目工作质量的治本之策。因此,监狱任何时候都不能放松队伍建设,应坚持把努力提高终端执行者的素质,作为提升耳目工作终端执行质量的根本之策常抓不懈。当前,狱内发生的一些重大案件往往具有较高智能性、突发性和暴发性的特点,这就要求狱侦民警应具备敏锐的搜集信息能力、快速的反应能力,处理突发事件的应变能力和对复杂情况的判断能力。因而更新知识结构,多层次、多途径抓好狱侦民警的培训,提高狱侦民警的专业技能十分迫切。一是抓学历培训,注重文化学习的高度;二是抓专业技能培训,讲求内容的精度;三是鼓励民警自学,扩大教育培训的广度;四是鼓励多种形式的岗位成才,增强教育培训的活度;五是组织狱侦骨干参加本单位、全省甚至全国范围内的经验交流、理论研讨活动,拓展教育培训的深度。

管理耳目的狱侦民警需要具备的素质包括:①务本求实的精神:防止浮夸和浮躁。②政策纪律的观念:不能松懈和马虎,杜绝随意性和盲目性,加强保密、保护工作。③驾驭指挥的能力:一是掌握情况和心理的能力。要使用好耳目,要花精力了解耳目的思想、心理、习惯、活动、表现情况、心理分析、活动能力和个性气质。二是指挥控制的能力。具体包括六个方面,即设计能力:扮演角色、接近目标的方式等;物色能力:对象的选择、观察与考察的方法等;培训能力:信息收集技能、技巧的训练等;使用能力:岗位安排、任务布置、指挥控制等;洞察能力:心理动态和情绪变化的掌控等;管理能力:面上表现与工作表现的考核、奖惩措施与手段等。[1]

(2)确保狱侦民警队伍的稳定性

狱侦民警在基层做了大量细致的工作,为监狱的安全稳定付出了比其他民警更多的心血。监狱要坚持以人为本,必须加强狱侦民警队伍专业化建设,规范狱侦工作民警的任用和调动程序,建立狱侦民警岗前培训制度;必须加强狱侦民警的政治业务培训,提高狱侦民警的政治业务素质,为狱侦工作提供可靠的组织保障。

---

〔1〕 张炜:"狱内耳目建设",载《狱内侦查辅导读本》,法律出版社2012年版,第90页。

(3)明确职责,避免兼职太多

基层监区狱侦民警的工作重点是按照《狱内侦查工作规定》的要求,依靠全体监狱民警运用隐蔽斗争与公开监管控制相结合的手段,开展犯情调研,了解搜集罪犯思想动态和行为动向,排查重点人头和危险罪犯;布建耳目搜集掌握敌情动态,控制危险罪犯和重点部位;开展情报信息的收集、汇总、分析工作,及时发现各种事故苗头和案件线索;预测狱情、敌情动向,确保情报信息的及时处理和上报。工作目标是确保情报信息的收集达到"快、准、深、高"的要求,做到"敌动我知,敌谋我晓"。基层狱侦民警原则上不应再承担查处罪犯一般违规和其他职能部门的文字性工作。

3. 科学使用耳目,注重实效

(1)慎"物建"

把好耳目物建、使用关是耳目工作有效开展的前提和基础。首先,要选择好耳目。选择耳目的好坏是确保耳目质量的前提和基础,是狱内侦查工作业务建设的重要内容,是耳目建设的重要环节。选择耳目时,要注意方式、态度,精心选择,积极稳妥、适当。必须严格耳目条件,认真选择,在全面调查研究、全面衡量的基础上,结合本单位罪犯构成特点,从以下几个方面选择:一是从罪犯的各个层次中选择。耳目选择与布建既要考虑到点,也要考虑到面。根据罪犯的改造表现,把罪犯群体划分为改造表现较好、一般、较差三个层次,分层设立耳目,可全面地掌握不同层次罪犯群体的犯情动态,对防止事件的发生有重要作用。二是根据罪犯构成情况,有针对性地选择。如罪犯相对刑期较短,可选择部分刑期相对较长的罪犯;外省籍罪犯较多,可以从外省籍罪犯中选择适当的使用,掌握和了解外省籍犯情动态。三是从判刑两次以上的罪犯或狱内严重违纪的罪犯中选择。从侧面了解"多进宫"和顽危犯罪犯的心态,因为是属同类罪犯,较容易掌握同犯的心态,把握住同类罪犯的动向。四是从重点、要害部位劳动的罪犯中选择。在重点、要害部位设立耳目,是为了更好地确保监管安全,全方位的监控、防范犯罪。

(2)重"使用"

把好使用关,做到有的放矢。"知己知彼"才能"百战不殆"。在耳目的使用中,也应依照耳目的能力布置任务,这就是说在使用耳目时要根据耳目的不同情况和活动能力有区别地提出不同的工作要求和分配相应的任务。这里需注意的是,不但对不同特点、不同能力的耳目要求因人而异,就是对同一耳目在工作开展的不同阶段,工作要求也要有所不同,切勿急于求成。对耳目的使用不能等待他来反映情况，而应该是适时地、经常性地布置他力所能及的任务，并且要对完成任务的方式及注意事项进行指导，做到任务明确，方法具体。

(3)严“管理”

管理教育工作是一项长期的持续性的工作，必须常抓不懈，尽管这项工作的难度大，但开展好了，其就能体现耳目的精锐，有效提高耳目工作的质量。在教育过程中，其一，要使其明确自己所处位置的重要性。其二，要加强身份教育，切不可使他们产生是某民警的耳目，便有某民警撑腰的感觉，特别是个别耳目出于“功利主义”，在提供情况后，会提出一些非份的要求，更有甚者，一面煽动他犯搞不法活动，一面向我汇报以图得赏。其三，加强对耳目的考察，失去作用的应及时撤换，违规的要及时处理。其四，加强对耳目心理的引导和教育，狱内耳目在罪犯群体中尽管人数不多，所占比例甚小，但其担负工作性质决定他们容易出现一些消极的心理变化，如自傲自信心理、急功近利心理、敷衍了事心理、挫折意冷心理、阳奉阴违心理。如果狱侦民警不能及时掌握耳目的心理，加以正确引导与教育，就必定会给耳目工作带来不必要的损失和麻烦。为了防止耳目出现这种心理，就需要狱侦民警在对耳目物色时，必须坚持“少而精”的原则。对建立之耳目加强必要的心理素质训练，树立正确的立功动机。同时也要求狱侦民警在耳目使用上，应严格按照规定使用，严格遵守保密原则，不该讲的，绝不能对耳目讲。对耳目也要经常进行保密纪律的教育。结合工作实际，为了便于对耳目加强管理与教育，可以加强复线耳目的建设，以提高耳目的建立质量。

(三)完善奖惩激励

目前，对狱内耳目的奖励就没有出台统一的标准，各监狱的考核则是依据自己的标准进行的，因此就暴露出一些问题。一是监狱根据自己单位的情况制作奖励办法，造成各单位耳目受奖的比例不一样；二是个别单位由于没有统一的蓝本，所制作的考核办法操作性不强；三是由于奖励的比例不一致，导致耳目的工作积极性以及情报的利用价值等方面参差不齐；四是在操作程序上出现违规操作，错误操作。奖励也是如此，对耳目犯了错误如何惩处同样也没有相应的规定。因此，必须出台全系统统一的耳目考核奖惩办法，以便在操作程序和标准上实现规范运行，也有利于耳目工作积极性的提高。

(四)力求实效

耳目工作本身就是保密工作，既要能获取深层次的情报，又不暴露耳目，民警是要做很多大量细致的工作的，再加上这些工作要用一定的形式、一定的载体体现出来，为耳目的奖惩提供依据或者存档备查，工作量就更大。所以有些形式化的东西最好取消，如耳目的教育布置任务每月要求两次以上就大可不必，这项工作的次数是根据耳目的素质、能力和监管安全形式的不同而不同的。耳目自身素质较高，能力较强，监管形式相对稳定时，这项工作就可以少几次，反之就应多几次，不宜用具体的数字来要求，也不一定非要形成记录。只要工作做了，收到了实实在在的效果就行。

第四节 安全隐患排查

监狱安全隐患排查即监狱通过安全排查，及时发现监管安全事故隐患、生产安全事故隐患、公共卫生事件隐患以及其他事故隐患，防止罪犯脱逃、行凶、骚乱、自杀以及安全生产事故、公共卫生事故的发生。

当前监狱安全稳定工作形势依然严峻，维护监狱安全稳定的任务十分艰巨。据某次司法部安全隐患大排查中统计发现：检查共查出各类安全隐患主要有四大类：一是硬件设施问题。全国监狱中存在的监管硬件设施隐患占隐患总数的49.3%，主要表现为：监所大门、值班室、围墙、会见室、劳动现场、生活现场、罪犯监舍、监控中心、食堂、库房等部位的警戒安全设施不符合标准；警察单警装备落后；狱内手机信号屏蔽装置、监狱视频监控装置、具有人体特征识别功能的门禁系统、雷达、红外线、触发式报警器、泄露电缆等技防设施缺失或不达标。二是内部管理问题。主要是警察直接管理、违禁品查禁、大门管理、劳动工具管理、外协人员管理等制度不落实或执行不严格，占隐患总数的41.2%。三是一线警力严重不足。警察管理能力亟待提升，部分地区警察队伍中存在不敢管、不会管、不愿管的现象。四是武警看押问题。截至2010年，全国仍有63所省属监狱无武警看押。[1]

一、安全隐患排查工作的原则

（一）安全排查与安全防控相结合的原则

安全排查是为了及时发现可能导致各类安全事故隐患而进行的分析排查。监狱应当通过安全排查及时发现各类安全事故隐患，对排查结果进行综合分析，及时

〔1〕 司法部关于进一步深入推进全国监狱劳教所安全稳定隐患专项排查整治活动的意见（2010年2月23日 司发通[2010]25号）。

制订整改计划，采取切实有效的防控措施，防止罪犯逃跑、行凶、骚乱、自杀以及安全生产、公共卫生事件等事故发生。

（二）全面排查与重点排查相结合的原则

监狱应对狱内设施设备的管理和使用情况，罪犯行为表现及物品管理情况，民警落实安全制度和履行职责情况及各部位和环节进行全方位的安全检查。在此基础上，重点对罪犯中的危险、难改、新入监、“三假”、“三涉”等重点罪犯，监狱重点要害部位、重点时段、重点环节进行安全排查。

（三）日常排查与集中排查相结合的原则

监狱在日常工作中对安全隐患随时进行分析和检查，同时针对狱内异动情况应定期和不定期组织力量开展集中安全大检查和隐患大排查，监狱每月集中开展安全排查不少于1次，监区不少于2次，安全排查情况要认真进行分析研究并做好记录。

（四）重大节日与重点时段必须排查的原则

逢重大节日、重大活动、重要敏感时期和开展专项活动期间，监狱必须进行事前和事中全面排查，当罪犯家庭发生变故、发生矛盾等特殊情况时必须及时进行排查。

（五）经常性与时效性相结合的原则

监狱开展安全排查必须做到经常性与时效性相结合，开展经常性安全排查应做到监狱每月、监区每半月、值班民警每日对相应工作区域进行安全排查。同时应注重安全排查的时效性，遇有可能引发安全事故的苗头或隐患情况要立即进行相应的安全排查，绝不可拖延时机，造成事故。

二、安全隐患排查的种类

（一）监管安全隐患

监管安全隐患即监管改造事故隐患，是指可导致监管改造事故发生的物的危险状态、人的不安全行为及其制度缺陷或管理漏洞。在监狱安全防范中，监管安全隐患排查主要是以消除各种监管改造事故和安全防范漏洞为目的，依据国家的法律、法规、政策、监狱管理的规章制度，通过现场检查、实地巡视、数据分析、收集意见等方式方法，及时发现和消除各种安全风险、事故隐患、管理漏洞，并采取针对性防御对策和整改措施的总称。[1]

---

〔1〕 王金仙：《监狱安全防范》，中国政法大学出版社2011年版，第62页。

一般情况下,监管安全隐患排查,应当包括以下三方面的基本范畴:

1. 物的危险状态的排查。主要是排查监管安全物防设施、技防设备存在的安全漏洞或危险因素。包括监狱的物防设施、技防设施、照明设施、通讯设施、监控系统等存在的缺陷或漏洞等。

2. 人的不安全行为的排查。既要排查监狱押犯中存在的各种不安全、不稳定的潜在危险因素和现实危害行为,也要排查监狱民警中存在的思想麻痹、失职渎职、违章违纪、冒险蛮干等不安全行为。

3. 制度缺陷或管理漏洞的排查。如制度不健全、不完善,执行制度不严格;管理不规范、不到位,责任不落实;领导失职,检查、督促不力;关键、薄弱环节失控等。另外,缺乏应对突发性自然灾害事故的具体措施及其应急预案,也属于监管安全隐患的范围。

监狱上级机关或监狱安全职能部门,对各单位存在的监管安全隐患,一般采取突查的方式,并对发现的问题,下发消除隐患通知书,责令限期整改。

(二)监狱生产安全隐患排查

监狱生产安全隐患排查的主要内容包括:安全生产责任制是否健全,分工和责任是否明确;安全生产管理制度是否健全,安全教育与培训制度、安全操作规程、安全检查制度、事故调查和责任追查制度等是否落实;监狱生产现场安全管理的规章制度,诸如急救、事故应急处理、消防管理等制度是否健全;监狱安全生产监督管理是否到位。

(三)公共卫生事件隐患排查

公共卫生事件隐患排查包括以下几个方面的内容:狱内公共卫生安全制度的执行情况;狱内传染病预防与疫情控制情况。

三、安全隐患排查的方法

排查工作主要采取日常排查、集中排查、直接排查、了解分析、观察、询问和考核等方法。日常工作中也可根据实际,灵活多样地运用其他方法开展排查工作。

1. 日常排查法,是指日常工作中对安全工作随时进行检查和分析。

2. 集中排查法,是指定期或不定期组织力量在一定范围内开展的安全大检查。

3. 直接排查法,是指民警直接对罪犯和场所的重点部位、设施进行排查,也包括对民警值班值宿、在岗在位情况的检查。如平时开展的安全大检查、突击检查、夜查和对监狱的巡查等。

4. 了解分析法,通过召开狱情动态分析会,综合分析罪犯反映的情况和民警平时掌握的情况,对罪犯的思想动态进行分析判断,注意发现倾向性、苗头性、危险性问题,排查出安全稳定工作方面存在的隐患漏洞。

5 现场观察法,通过三大现场直接观察罪犯的言行、举止、服饰、情绪等,注意细微变化,分析其心理动因,从而发现可能出现的安全事故苗头。同时,要检查民警在三大现场直接管理、在岗在位、履行职责、执行规章制度等情况,及时找出异常消除影响工作的不利因素,防止可能出现的工作漏洞。

6. 谈话法。通过与罪犯谈话,了解其思想动态,发现其思想变化,制定针对性教育和防范措施。

7. 考核法。主要是对民警业务知识、应知应会能力、警体技能、应急反应能力等进行考核,切实提高民警的基本业务素质,为安全稳定工作提供队伍保障。

四、安全隐患排查的内容

(一)安全警戒设施方面

1. 排查监狱围墙、大门、隔离网墙等是否达标,监狱大门、围墙、会见室、禁闭室、警察值班室、劳动现场、学习生活现场、监舍走廊等所需要监控的部位是否已经安装使用视频监控装置,是否有盲区,警察值班执勤部位是否已经安装触发式报警装置。

2. 排查监狱电网是否存在间隙过大现象,特别是电网在恶劣气候条件下是否会断电、短路。

3. 排查监狱大门是否按要求分设行车通道和行人通道并安装相关警戒、安检设施。监狱大门是否设置 AB 门且功能完备。

4. 排查是否按照《监狱人民警察单警装备配备标准》要求,为执勤警察配备单警装备,执勤警察是否都配备了无线报警器。

5. 排查罪犯接触、使用的电脑是否接入互联网或者安装无线上网设备,防止罪犯通过网络与外界联系。

6. 排查防洪排涝设施是否通畅、坚固,防汛预案、防汛物资准备情况。

(二)监管安全制度方面

1. 排查监狱大门管理制度落实情况,特别是警察值班、安检、车辆检查、人员及物品检查等制度是否落实到位，监狱 AB 门是否由监狱警察值守，是否按要求查验出入人员、车辆。

2. 排查警察直接管理制度落实情况，检查是否存在警察将监管罪犯职权交于他人行使现象，是否存在警察使用罪犯代行管理职权、代办管理事务现象。罪犯会见前谈话、会见监听、录音制度是否落实到位。

3. 排查狱内侦查制度落实情况，检查监狱是否设立专门狱内侦查机构，配备专职侦查员，落实专项经费，配备狱侦技术装备，是否按规定建立和使用耳目，是否落实对有功耳目的奖励，对狱内犯罪活动线索是否能够及时掌握并迅速破案。

4. 排查违禁品清查制度落实情况，检查监区是否坚持对罪犯实行日常搜身检查，是否对学习、劳动、生活现场定期进行清查，是否有罪犯私藏手机、毒品、现金、便服、绳索、假发、军警制服、具有无线通讯和存储功能的电子产品等违禁品。

5. 排查监区危险物品管理制度落实情况，重点清查对攀高物、绝缘物、麻醉品、生产原材料、锐器、钝器等可能作为脱逃工具、凶器或可能造成安全事故的危险物品是否设立专库，由警察或工人直接管理，并严格执行相关领用、回收、清点、登记制度。

6. 排查监区是否科学安排夜间值班备勤警力并集中住宿，夜间警察三人值班制度是否落实到位，监狱值班领导是否对各值班岗位进行巡查。

7. 排查罪犯出监就医制度落实情况，检查罪犯出监就医是否按照省局有关规定进行严格审批，诊疗场所是否配备监控、报警等设施。承担住院罪犯监管任务的警察是否在岗履职，警力是否符合要求。

8. 排查监狱依法、严格、文明执法制度情况，办理减刑、释放、假释、暂予监外执行是否符合法定条件和程序；刑满释放是否做到“无缝对接”，假释、暂予监外执行罪犯移交是否到位，是否存在脱管漏管现象；在安排劳动工种时，是否存在违法违规情况；排查监区是否存在滥用戒具，打骂体罚虐待罪犯，唆使罪犯殴打虐待其他罪犯，民警职工是否非法收受罪犯及其亲属钱物等侵犯罪犯合法权益现象。

9. 排查狱情分析研判制度和管教例会制度落实情况，是否做到监狱每月召开 1～2 次狱情分析会，每周召开一次管教例会，对分析研判出的问题是否落实相应的整改措施。

10. 排查教育改造制度落实情况，检查警察是否落实个别教育规定，是否掌握分管的罪犯身体健康状况、犯罪情况、改造表现、家庭情况等。检查监狱是否开展形式多样的文化、体育活动，使罪犯在有益于身心健康的氛围中得到改造。

（三）重点人员管理方面

1. 监区对顽危犯、被限制或没有机会减刑的罪犯是否严格落实重点包夹和管控措施，对职务犯罪罪犯、黑社会性质组织犯罪主犯和首要分子以及在本地具有一定社会影响的罪犯是否严格按照规定进行排查认定、严格管控。

2. 对排查出具有以下情形之一的罪犯是否落实了相应的防范措施：

（1）入监前有军队、警察等特殊经历和特殊技能的；

（2）具有暴力倾向、严重心理疾病和精神异常的；

（3）顽固坚持犯罪立场，散布抗劳、抗改议论的；

（4）曾有脱逃、行凶、袭警、自杀等倾向和行为的；

（5）"三假"人员；

（6）因家庭情况、改造环境、健康状况发生变化或受到各种处理（如加刑、禁闭或警告处分）后情绪反常的；

（7）因对日常考核、减刑、假释、暂予监外执行等不满而产生思想、行为变化的；

（8）有意打听监狱周边地形、交通及监狱内监控报警情况的；

（9）私藏违禁品、危险品的。

（四）安全生产管理方面

1. 排查生产劳动项目管理隐患，检查监狱是否存在不适宜罪犯改造、不具备安全生产条件、对罪犯身心危害严重等生产项目。

2. 排查整治监狱是否存在组织罪犯超时超体力劳动现象，是否落实罪犯加班劳动逐级审批规定。

3. 排查整治劳动现场管理隐患，检查监狱是否组织罪犯在规定区域和指定岗位劳动并设置相应标识，劳动现场是否存在违章指挥、违章作业和违反劳动纪律行为。

4. 排查整治职业防护和劳动保护方面的隐患，重点检查对职业危害风险较大的岗位是否采取了安全防护措施，是否按规定为罪犯提供劳动防护用品并监督教育他们按要求佩戴使用。

5. 排查整治消防隐患，对照《消防法》等法律法规检查监狱是否按规定配备消防器材并定期检测，消防设施是否完好有效，消防通道是否畅通，生产劳动结束时是否能够做到及时断电、清理现场，并做到"半小时回头看"。

6. 排查是否积极开展“打非治违”专项行动，是否存在违法生产经营建设和违规违章行为（包括监狱对外出租、承包车间、土地、生产项目等）。

7. 排查特殊劳动岗位罪犯是否持证上岗。

（五）生活卫生工作方面

1. 排查监狱是否严格落实罪犯伙食、被服实物量标准，是否建立了生活费动态增长机制。

2. 排查监狱食品采购责任制、食品留样备检制、伙房罪犯持证上岗和定期体检制等食品安全管理制度是否落实到位。

3. 检查监狱是否严格落实罪犯卫生保健、防暑降温和疾病预防控制、卫生防疫等相关制度，是否建立罪犯健康档案，患病罪犯是否得到及时治疗。

4. 排查对患有特殊疾病的罪犯是否采取了相应管理和治疗措施。

（六）队伍管理方面

1. 排查民警职工对安全稳定工作形势是否有清醒认识，是否存在松懈麻痹思想和侥幸心理，是否存在敷衍塞责、有令不行现象，监狱是否在民警职工队伍中开展了警示教育。

2. 排查监狱、监区领导班子履职情况，了解主要负责人是否把安全稳定工作摆上重要位置，班子是否有凝聚力、战斗力，对民警队伍是否能做到严格管理、严格监督。

3. 排查监狱警力配备情况，检查监区一线警囚比例是否达到要求。监狱是否将直接承担执法、管理和教育改造职能的科室设置在监管区内，监狱值班、备勤警力安排是否科学合理。

4. 排查民警职工是否在值班时脱岗、睡觉，值班执勤时间饮酒，带手机及其他违禁品进监狱等问题。

5. 排查民警职工思想政治工作情况，了解在民警职工中是否存在矛盾问题，是否有非正常上访苗头，对重点人员是否落实了教育管理措施。

6. 排查信访制度落实情况，是否积极开展矛盾纠纷分析研判和排查化解工作，是否落实领导承包制度、是否开展领导民警接访工作、是否严格落实信息报告制度。

（七）应急管理及舆情处置方面

1. 排查监狱是否制定完备的应对脱逃、暴力冲监、劫持人质、袭击民警、安全生产事故、火灾、重大疫情和重大自然灾害的预案，是否通过开展演练检验预案的可操作性和有效性，对应急预案存在的问题和薄弱环节是否进行修订完善。应急物资储备（包括救灾物资，米、面、油、蔬菜、衣被等罪犯生活物资）是否充足。

2. 排查民警职工应急教育和实战训练情况，检查应急队伍、物资和装备保障建设情况，与武警、公安等部门建立防范和处置突发事件联动机制情况。

3. 排查监狱是否建立健全舆情监控工作机制和网络信息管理机制，对涉狱舆情能否快速反应、快速消除影响。

五、安全隐患排查后的整改对策

监狱应对排查结果进行综合分析，深入研究出现安全隐患的原因，及时采取有针对性的防控措施。安全排查出的事故隐患整改实行“谁造成，谁负责”和“谁主管，谁负责”的原则。

（一）现场解决

对排查中发现的问题，能够在现场解决的，要立即研究制定解决措施，落实解决问题的责任人，现场予以解决。要记录清楚排查出的问题和解决问题的责任人，必要时在一定范围就排查出的问题进行通报，汲取教训、警示他人。

（二）召开排查结果分析会

对现场不能立即解决的问题，应根据问题的性质，组织监管场所的有关领导和部门召开排查结果分析会，研究解决问题的办法，明确具体责任人，制发限期整改通知书。暂不具备整改条件的，应制定整改计划，采取相应的补救措施，防止事故发生。

（三）跟踪督查

对限期整改的问题，要有具体的部门和具体督办人负责跟踪督查。督办人要随时掌握问题整改的进展情况，并随时向有关领导汇报整改情况，提出整改建议。对不能认真落实整改任务或整改过程中又出现新问题的，要立即向有关监狱领导报告，有关监狱领导应立即报告监狱主要领导，并组织有关人员研究解决问题的办法，防止因整改工作不落实而造成安全事故。

（四）分级整改

安全排查出来的事故隐患按程度、解决的难易分为A、B、C三级。A级：难度大，监狱解决不了，须有省监狱局解决的隐患；B级：难度较大，监区解决不了，须由监狱解决的隐患;C 级:其他由监区、业务部门解决的隐患。监狱或监区在日常安全排查的基础上,监狱每月、监区每周组织一次安全检查和事故隐患的确认。按级别与类别每月 10 日以前逐级上报。A、B 类事故隐患报省监狱局。事故隐患在未整改完成前,必须每次都报,直至事故隐患整改完成。经确认存在事故隐患的单位,监狱应编写安全事故排查报告,抄送被检查单位的主要领导和分管领导。报告应包括以下内容:事故隐患类别,事故隐患等级,影响范围,影响程度,整改措施,防范措施,整改资金来源及其保障措施,整改目标。

事故隐患单位应当及时对事故隐患采取相应的整改措施和有效的防范、监控措施,严防事故发生。对事故隐患整改不力的单位,省监狱局下达《纠偏通知书》,责令限期改正。

(五)整改责任

安全排查工作是做好监狱安全稳定工作的重要环节,实行谁排查谁负责。对排查工作开展得力,及时发现重大隐患或漏洞,成功阻止重大安全事故发生的单位要通报表扬,民警个人要给予精神或物质奖励。对排查工作开展不力,效果较差,甚至由于未及时排查出隐患或漏洞的单位要予以通报批评,并对相关责任人给予处罚。对在排查工作中不负责任,疏忽大意,未能及时发现隐患或漏洞,造成安全事故的民警,要追究责任。监狱应指定一名领导负责安全排查工作,督促、指导、组织力量开展安全排查。领导因不履行安全排查职责,或发现重大隐患不采取防控措施,从而造成重大事故的,给予党纪、政纪处分,构成犯罪的,移交司法部门依法处理。

第三章 监狱安全情报工作流程

依照情报主导监狱安全模式的需求，监狱安全情报的工作流程分为七个环节：策划—收集—评估—整理—分析—发布—反馈。这个流程是循环的，情报人员需要经过多轮的情报作业才能获取想要的情报。这一情报工作流程是情报人员必须遵守的标准程序，是一种科学的思维方式，是最佳的实践总结和归纳，所有的成功都可归结为对这一流程的遵守，大部分的情报失误也可归结为流程中某些环节的失误。虽然严格遵守这一程序不一定使你百分百的产生高质量的情报，但是却可以帮助你少犯低级的常识性的错误。[1]

第一节 策 划

凡事预则立，不预则废，策划是情报工作的出发点和归宿，其基本目的是明确情报工作的目的和任务。策划既可以形成一个书面正式的情报方案，也可以是情报人员及相关民警头脑中的一个计划和设想。

一、情报策划遵循的原则

情报工作能否顺利进行并达到预期的效果，策划是关键所在。通常，情报人员应考虑监狱安全工作的特殊性，按照情报工作流程，本着可行性、科学性、指导性和便于操作性的原则，结合监狱的实际情况予以策划。

（一）政策性原则

政策是国家政府部门在一定时期内为解决客观存在的问题而制定的活动方向

---

〔1〕 崔嵩：《再造公安情报》，中国人民公安大学出版社 2008 年版，第 56 页。

和行为准则,是国民经济和社会发展各领域总的规划和指南。监狱安全情报是为监狱管理和安全防范服务的,其策划应首先当以国家和监狱政策为依据,避免“假、大、空”。政策具有明显的方向性和前瞻性,因此,监狱安全情报的策划也必须具有方向性、前瞻性和预测性。情报人员策划情报工作时,要领会国家和监狱的政策,把握监狱工作大局和实际需要,使策划方案不与政策相悖。

(二)针对性原则

所谓针对性是指情报的策划目的要明确,要具有较大的现实意义。情报工作要从本单位、本部门的需要出发,结合监狱安全防范工作实践中已经出现的问题和可能出现的问题来考虑。做好情报策划工作,就必须深入实际,开展相关调研工作,从实践中寻找问题,策划情报方案。针对性还要和策划方案的预见性相结合,要善于把握监狱安全工作新苗头和新动向,善于预测其发展趋势。

(三)必要性原则

情报工作的策划方案,应该是必要的,一般来讲,只要与监狱的安防工作需要相吻合,与用户需求相一致的情报工作就是必要的。情报策划要正确处理好战略需要与战术需要之间、长远需要与当前需要之间及现实需要和潜在需要之间的关系。一般来讲,监狱实战急需的战术性的情报,情报用户现实需要的情报,要抓紧时间及时安排。同时,也要确保战略性、长远性的、具有重大潜在价值的情报方案能及时被策划。

(四)可行性原则

监狱安全情报策划不仅要根据用户的客观需要,还应该根据情报机构自身条件来考虑方案的可行性,即从人力、财力、物力及时间等方面考虑是否能够顺利完成。监狱情报部门一方面要正确认识和评价自身所具有的条件,另一方面要科学评估情报方案完成需要具备的条件,只有满足后者,才能保证如期完成课题。

二、情报策划需要考虑的因素

(一)情报用户

首先,要明确情报任务是为哪些情报用户服务的,是监区、监狱领导还是监狱行政部门。其次,要清楚用户背景知识,即情报用户的已知情报是什么?对监狱监管业务及狱内违纪违法情况的了解如何,能否理解对专业术语、违法犯罪的一般规律。最后,要了解情报用户接收信息的偏好:偏好听取口头汇报、通报,书面文字表述还是图表展示，对图表和数字的理解能力如何。

（二）情报需求

情报需求是指用户对情报的要求，了解用户的情报需求清单，情报成品具体包含的数据项，情报需求清单中从当前成果到最终成果之间的阶段产品，交付情报成品的最迟时间。

（三）信息收集的方案

信息收集方案包含以下内容：分析所需要信息项清单；这些信息项可能的信息来源；可能用到的收集信息的手段。

（四）分析方案

分析方案包括：分析过程可能的参与者，包括情报分析员、相关民警和有关专家；分析的方法和工具。

（五）进度安排和成本

进度安排指在情报活动中必须投入的时间。成本预算包括在情报活动中必须投入的人工、资金资源。

三、情报策划方案的制定

情报收集能否顺利进行并达到预期的效果，情报收集方案的制定是关键所在。

（一）确定情报工作的对象和内容

在情报策划方案制定的过程中，情报人员首先要明确本次情报工作的意义，情报搜集和分析的对象、情报分析的原因和目的，从而在宏观上把握调查的方向。其次要明确情报调查的内容，需要明确调查对象的存在状态、主观倾向和实际行为，为情报工作的实施做好前期准备工作。最后要明确情报人员数量、经费、资料、相关部门的配合和支持情况。

（二）编写方案大纲

这一程序是情报方案内容条理化、具体化过程，是情报策划方案成为可操作性的必备环节。编写方案大纲时应当注意围绕中心问题进行，力求全面真实地反映情报工作的各个环节和方面。策划方案应当包括工作项目和对这些项目进行科学界定。

（三）确定情报工作的方式方法

形式是为内容和目标服务的，依据情报工作的内容和目标，情报人员应选择合适、恰当的收集和分析方式方法。如情报收集的基本方法包括公开和秘密、正面和侧面等，其中，公开方法包括访谈法、问卷法、观察法和文献法，等等。

（四）确定情报工作的组织安排

完善的计划需要强有力的组织安排予以落实、完成，制定情报方案时，应当就相关方面的联系，情报工作的组织者、具体实施者以及纪律要求等作出具体安排，特别对实施者要进行必要的培训。

（五）制定应急预案

在情报工作中，可能会遇到各种各样的情况变化，或许是事态发展，或许由于调查者自身原因所致，针对一些能够预见的紧急情况，应当制定相应的应急预案。

四、情报策划需要注意的问题

（一）立足基层

监狱安全情报工作的目的是科学的指导具体的实践工作，基层基础工作既是监狱安全情报工作的立足点，也是情报工作的最终目的。因此，监狱基层工作是监狱安全情报工作的根基。如果缺乏实践经验，没有深入基层的情报工作，就无法占有最直接、最真实及最广泛的基础资料，情报分析的结果必然是闭门造车。

（二）贴近实战

监狱安全情报工作是为现实斗争服务的。在当前监狱安全新情况不断变化，新任务不断增加的历史条件下，监狱安全影响因素在增多，情报的时效性增强，安全风险增加，这就要求监狱安全情报工作要密切联系实际，贴近实战需求，体现情报工作的战斗力。

（三）抓准问题

监狱安全情报工作始终要坚持服务中心、服务大局的指导思想，紧紧围绕监狱安全防范工作的要求，力求生产出适应监狱要求的信息产品，实现监狱情报应有的功能。一是抓领导的关注点。司法部、监狱的领导，特别是影响监狱安全稳定的大局性的领导决策，往往是监狱安全情报工作的重点和中心。二是抓安全矛盾点。切实把影响监狱安全中表现的热点、难点和焦点作为情报工作的重点，及时研究捕捉信息，主动思考解决问题的办法，推动工作深入。三是抓问题的前瞻点。要加强对监狱各类信息的综合汇总和分析研判，从中发现规律性、苗头性及前瞻性的内容，及时准确预测后期的走势，提出针对性意见措施，供领导决策参考。

第二节 信息搜集

一、信息搜集的意义

信息搜集是情报工作的起点和基础，它贯穿于整个情报工作的始终。没有系统、连贯的信息搜集活动就不可能有其他情报工作的正常运转。信息搜集也不是一次性完成的，而要在不同阶段进行必要的补充和完善。在信息化、网络化的时代背景下，监狱必须建构覆盖广、触角深及反应快的信息搜集网络，多渠道广泛获取各类信息，从而掌握监狱安全防范工作的主动权。

(一)信息搜集的含义

信息搜集是指监狱侦查等部门运用公开和秘密方法，通过各种途径发现和获取与监狱安全防范活动有关的情况、线索和信息的过程。

1. 搜集信息的主体，是以监狱侦查部门为主的监狱安全防范工作的各部门。目前监狱信息搜集的力量主要包括：侦查人员、监区民警、情报人员、秘密力量、监狱行政部门及其他可以借助的力量。

侦查人员和情报人员是信息搜集的主要力量，同时也是其他信息搜集力量的指挥核心。监区民警是监狱安全信息搜集最广泛、力量最强的搜集力量，这些民警具有一线执法工作实践，直接接触罪犯，线多面广，能收集到监狱管理中各个方面的信息。秘密力量是监狱侦查部门收集秘密信息、深层次信息依靠的主要力量，也是搜集敌情的主要渠道。监狱行政部门在各自的业务范围和角度，接触和了解监狱各方面的情况，能够搜集一些影响监狱安全的苗头、线索和迹象。各个部门密切合作，能发挥监狱机关的整体优势，有效地获取信息。其他力量如公安机关、检察机关、法院、地方行政、社区等，监狱要积极与有关部门和有关方面联系协作，扩大信息视野和获取渠道。

2. 搜集的具体表现是依法采取各种公开和秘密的方法获取所需的信息。公开搜集是监狱民警以公开身份和权力进行的搜集活动，如调查、谈话、搜查、审讯等。秘密搜集以秘密力量为主，力求及时、准确的发现和掌握监狱内幕性和预警性信息。信息搜集中不能依靠单一手段和方法搜集，要运用多种方法和手段，做到公开和秘密结合，专门工作和依靠群众相结合，狱内搜集和狱外调查相结合，多渠道搜集相关信息。

3. 信息搜集是一个过程。它包括发现信息、获取信息和信息吸收三个环节。[1]

发现信息，是指找到和查寻到了信息的来源。这是获取信息的前提条件。只有发现了信息的来源，才能根据需要采取相应的手段把它搜集到。获取信息就是把发现的信息，不失时机的采取相应的手段方法，加以记录和提取。信息吸收是指当获取了信息，经过分析研究，强化了对该信息内容的认识程度。也就是说，获取的信息转化为监狱安全防范工作需要的情报，是分析研究的结果。

（二）监狱安全信息搜集的意义

1. 搜集信息是利用情报的前提条件

情报在现在社会发挥着重要的作用，如认为："情报是决策的依据"、"情报是现在社会三大支柱之一"、"情报是维系侦查工作成败的生命线"。然而，要发挥情报的作用，首先要搜集到信息，否则，只是纸上谈兵。在监狱安全工作中，无论是防范各类违规和犯罪行为，还是侦破各类预谋案件，其先决条件是获取到有价值的信息，只有吸收有关的信息才能根据情报采取相应的措施手段，有的放矢的开展防范和打击狱内犯罪活动，做到有备而发，动而不迷，行而不乱，始终把握斗争的主动权。如果搜集不到信息，自然没有情报可以利用，安全防范决策就失去了依据，工作陷入被动。

2. 信息搜集是监狱安全情报工作的重要环节和基础工作

信息的搜集是整个监狱安全情报工作第一阶段重要工序，是为其他环节输送铺垫物质基础的，因为后期的评估、分析研判、传递利用等环节的对象是信息资料，没有信息资料，整个情报工作就会停止。同时，信息搜集不仅是情报工作的起点，而且贯穿于整个监狱安全工作的始终。在后期的整理、评估过程中，如果发现信息不全面、不准确，还要进行补充搜集。当在情报管理使用中，发现信息不能满足特定情报用户的需求，也需要进一步搜集。

3. 信息搜集的质量和数量直接影响和制约监狱安全防范工作的效能

信息质量是指所搜集的各类信息的内容的真实可靠；数量是指所搜集的信息资料的数目的多少。通常情况下，数量与质量是相辅相成的，只有拥有足够数量和高质量的信息才能满足监狱安全工作各方面的需求。反之，搜集的信息量少质差，

---

〔1〕 于凤玲：《刑事侦查情报学》，中国人民公安大学出版社2004年版，第35页。

就难以满足和适应广泛复杂的监狱安全工作需要。

二、信息搜集的原则

信息的收集、传输、加工均涉及复杂的社会现象，脱离不了人的参与，这就难免由于人事利害关系和人的认识水平的局限性，造成了客观与主观的不一致，出现信息的失真。信息收集的数量和质量状况，直接影响到监狱管理决策的成败。因此，信息必须具有高度的真实性、准确性、时效性和价值性。真实性是信息的生命，是信息的本质要求。只有信息收集的真实性，进而达到传递的无误性和推理的合理性，才是决策获得正确结论的可靠保证。为确保情报质量，信息搜集与获取应遵循以下原则：

（一）遵循完整原则，注重全面性

监狱安全信息分布范围广，复杂程度高。凡是与监狱行刑有关的信息，在某种特定的条件下都可能与监管安全工作发生联系，成为打击和防范狱内违规犯罪的有用的情报。因此，搜集信息一定要有全局观念，全面搜集，防止重要信息的遗漏。全面地搜集是从信息搜集的广度和深度方面提出的要求，广度方面，要求把所有属于监狱安全情报搜集的对象（如罪犯、线索、案件等）和应搜集的内容都搜集齐全，以保证种类齐全，内容全面、准确并能各自形成体系；深度方面，要求把每一份信息项目中的内容无一遗漏地搜集齐全，做到每一项的内容真实可靠并能完整地反映出事物之间的有机联系。全面搜集要求民警在信息搜集过程中坚持严肃认真的工作作风，实事求是的科学态度，科学严谨的搜集方法。既应有敏锐的眼光、明智的头脑，做到眼勤、脑勤、多观察、勤思考；还应有吃苦耐劳的精神，做到腿勤、手勤、多跑路、勤记忆；更要有高度的政治责任感和敬业精神及娴熟的业务技能，全面、完整地搜集各种信息，防止被各种各样的假象所迷惑。

（二）遵循真实原则，注重准确性

准确性是情报的生命，不准确的情报可能会导致决策的失误，预防和打击狱内犯罪工作的失败，会造成严重的损失。因此，在信息搜集的过程中，民警要自始至终地贯彻实事求是的原则。搜集信息时，要尽可能地排除各种非客观的因素，以求得到真实可靠的资料；分析情报，要对情报进行评价，判断它们是否与实际情况相符。如果所得到的信息不真实，那么整个情报也就失去了意义。监狱民警收集信息必须实事求是，必须要有坚持真理、刚直不阿的品德，反映真实情况，对得来的一切信息，不听风是雨，不夸大缩小，更不允许主观臆断，任意歪曲，这就要求每个监狱民警必须高度负责的精神，坚持深入监狱进行调查研究。由于信息往往牵涉到人的利害得失，又常常会出现假象掩盖真相的情况。因此，要注意进行辩证分析和具体分析。为了保证信息搜集的真实性，要特别强调把好第一关，即把握原始信息不走形变样。

（三）遵循即时原则，注重及时性

及时，是对搜集信息在时间上的要求。信息本身就有很强的时间性，特别是敌情时间性极强，如果是重要敌情如预谋严重暴力犯罪敌情，不能及时了解掌握，就不能先发制敌，一旦其阴谋得逞，后果不堪设想。所以，搜集信息一定要及时。及时性要求搜集信息时应尽可能以最短的时间、最快的速度完成，为保证信息的时效性，监狱民警尽可能快速的搜集、整理、传递，保证情报及时有效地得到利用。同时，监区一线民警要增强对信息的灵敏度，设法获取具有先兆性、预警性的信息，增强警务工作的主动性和预见性。

（四）遵循针对性原则，注重实效性

信息的搜集要有针对性、适用性。监狱行刑执法过程中产生大量的信息，而监狱安全情报需要总是特定的，有层次、类型、范围和目标。要根据监狱安防工作的实际需要有目的，有重点并有选择的搜集利用价值大的信息，做到有的放矢。监狱警务工作涉及面广、情况复杂，随机性大。因此，信息搜集必须树立全局观念，注重全局，抓住重点，要从多侧面、多层次、多渠道获取和采集信息，然后作出综合的分析研究，要善于抓那些能够反映事物本质的信息，学会抓住重点。要分清轻重缓急，把握重点。抓不住本质，获得的信息再多也不能认为是注重全局的。信息内容繁多，在一定时间内要求面面俱到是不可能的。因此，要学会注重全局，把握方向，抓住重点。

（五）遵循主动性原则，注重敏感性

监狱内信息是时时处于动态当中的，时时刻刻都在发生变化。监狱民警对此感受最深，"一天不转，十变百变"。而且许多问题恰恰出在变化当中。为此，要求经常、持久地开展信息的搜集，时时处处留心，积极搜集信息，并形成一种制度和习惯。对信息搜集工作，监狱民警必须增强政治上的敏感性，具有敏锐的观察力和深刻的洞察力，练就一种特殊的职业敏感，这样，才能保证信息的质量。许多能够说明问题的信息，往往隐蔽于事物的内部，有些也只是显露出一点点苗头。这些信息不及时发现,就会稍纵即逝。因此必须学会抓苗头、找本质、看趋势,做到见微知著,窥一斑见全豹。监狱警务工作要求每个民警具有掌握和运用情报信息的能力。情报信息掌握和运用的能力与监狱民警的素质、知识是否丰富有着密切的关系。人总是从已有的知识出发去接受外界的信息。如果对一个事情不知何物,即使获得它的一种信息,也无法理解它,更不能从中受到启发,孕育出创造性的意见,用以指导现实。因此,监狱民警要不断开拓自己的知识面,借助于现代化的科学知识来获取和采集狱情信息。

(六)遵循前瞻性原则,注重预警性

信息的搜集和获取要结合和配合监狱阶段性工作的重心,注重搜集深层次、苗头性及倾向性的信息。信息搜集既要立足于现实需要,满足当前需求,又要有一定的超前性,考虑到未来的发展。为此,监管部门应随时掌握监狱监管安全发展动向态势,制订信息搜集计划,确定适当的搜集方针和搜集任务。一方面,要持之以恒做好信息资料的日常积累工作,把信息搜集当作一项长期的、连续不断的工作;另一方面,要注意广辟信息来源,灵活、有计划及有侧重地搜集那些对监狱安全工作发展有重要指导意义的预测性信息。

(七)遵循合法性原则,注重保密性

情报信息作为监狱警务的一项重要工作,其搜集活动必须严格遵守宪法、有关法律和按照法律程序进行,遵守司法部的有关规定,履行法律手续,依法进行。不得侵犯公民人身权利、民主权利,不得违背法制原则。同时,对有些需要保密的资料,要切实保守秘密。搜集信息工作,相当一部分是属于隐蔽或半隐蔽斗争,而且直接涉及监狱、社会及人民群众的安全、利益,无论对内、对外,它都要求在一定时间、范围内保守机密,不准将收集、掌握的信息特别是敌情向外泄露。

三、信息搜集的方法

(一)观察法

观察法,是指信息搜集者通过自身的感觉器官或借助于科学仪器有计划、有目的地感知被搜集对象(人、物、特定的空间等)所发出的信息的过程。观察是认识事物的起点,也是智力活动的源泉。在监狱安全防范实践中,无论是来自罪犯的形象信息,还是来自物的形象信息,都是通过观察获得的。一旦离开观察,不仅那些稍纵即逝的信息就会一闪而过,从自己眼前"溜走",就是那些明摆着的行为迹象、危险物品也会视而不见，失之交臂，无法搜集到第一手感性材料，更无法通过现象去认识事物的本质。所以，观察法在搜集信息的诸种方法中占首席地位。

1. 观察方法

(1)肉眼观察法。它是在自然条件下，通过自身的视觉器官有目的、有计划感知被搜集对象的形状、颜色、大小、位置、数量、种类等外部特征的观察方法。如监狱民警在生产、学习、生活"三大现场"对罪犯进行管理过程中，要认真观察、及时发现、仔细思考罪犯的一言一行、一举一动，广泛收集各种信息和资料。应该说每个监狱民警在接触罪犯时都有观察、发现、掌握、分析罪犯思想动态的义务，正如警察负有同犯罪行为作斗争的义务一样。监狱民警现场观察是掌握狱情的主渠道。又如，对列入搜集范围内的具体罪犯的观察，可直接获取其行为、交往、活动规律等信息，掌握第一手感性材料等。

(2)借助科学仪器观察法。它是借助于某种科学仪器对目的物观察的方法。运用科学仪器进行观察延长了人的视角，从广度和深度上扩大了观察的范围并使观察对象的图像更加清晰。在搜集情报资料过程中，常用的观察仪器，主要有：望远镜、放大镜、紫外线灯等。这些仪器可以帮助发现那些肉眼难以发现的、微小的、微量的物质和水洗过的、擦拭过的血迹、精斑等，还可以帮助观察视力所不及的远距离的目的物的外部特征等。秘密观察时，还可以利用窥视器材对"目标"暗中观察。这也是信息搜集活动中经常使用的手段之一。

(3)具体操作方法。观察法可分为：有意观察、反复观察、连续观察、系统观察、比较观察、追踪观察、隐蔽观察、公开观察等方法。一般来说，这些具体观察方法是综合运用的。

(4)注意把握的主要环节。

一是观察与思考结合，无论是凭肉眼观察，还是借助于仪器观察，都要同时配合以积极的思维活动，"察看"与"思考"互动、互用，相互配合，同时并用，才能保证观察结果的客观性、全面性、准确性。

二是观察必须目的明确，即通过观察要解决那些问题，搜集什么信息、情报，必须心中有数。只有目的明确，才能注意力集中，达到预期观察的效果。

三是观察事物时，要全面、细致。全面、细致是相辅相成的。全面是细致的前提，而细致则是全面的基础，只有把两个方面有机地联系起来才能取得最佳效果。因此，观察时，要精心、仔细，要全面扫描，不丢三落四，不走马观花。

四是观察主体要充分发挥主观能动性。这是保证取得良好观察效果的首要因素。无论采取何种方式、方法的观察都是由信息搜集者来实施的,如果其主动性充分发挥出来的,在观察事物过程中,其思维是活跃的,会"纵向"、"逆向"、"横向"思维联动。[1]

2. 对罪犯观察法

(1)注意观察罪犯的言语

如果罪犯违背常理,突然喜欢表露自己,言语激进,则很可能在麻痹民警,使之对其放松警惕,掩盖不可告人的目的;如果一言不发,紧绷着脸,则表明内心有抗拒之意;如果讲话断断续续,前言不搭后语,加之呼吸急促,则表明内心紧张、恐惧,如果声音变高,情绪激动,则很可能有过激举动;如果声音变慢、变低,再伴随冷笑、奸笑,则很可能会孤注一掷,铤而走险;如果过去内敛少语,现在突然变得兴奋话多,或者过去活泼好讲,现在突然变得沉默寡言,则很有可能得了精神疾病。

(2)要注意观察罪犯的眼神

五官之神,当属眼睛。"眼睛是心灵的窗户"。观其人,先观其眸。罪犯矛盾、复杂的心理会在眼神中有所流露。民警可以通过观察罪犯的眼神尤其是在与罪犯目光的对接中发现问题。就一般情况而言,正常的人目光正视,炯炯有神,显得坦然自在,而心存异想和图谋不轨的人,往往是"贼眉鼠眼","偷窥斜看",眼神飘忽不定,躲躲闪闪。如果罪犯眉头紧锁,眼神专注,表明正在思考问题;如果眉毛直竖,加之双拳紧握,则很可能会动粗斗殴;如果眼神中充满敌意、暗藏杀机,则有行凶、袭警的可能;如果眼神飘忽不定、游移偷窥,则很可能有脱逃的企图;如果目光呆滞,眼中噙着泪花,或偷偷拭泪,则很可能有自杀的危险;如果眼神暗淡无光,不敢与民警正视,则有可能隐瞒事实真相,问题或罪行没有交代清楚。

(3)要注意观察罪犯的面部表情

人在作出决策,或调动自己的注意力思考问题时,面部会发生变化,出现皱纹或抿嘴等动作。就一般情况而言,如果罪犯的表情轻松愉快,面带笑容,则不会有邪念、恶意;如果紧绷着脸,嘴唇上翘,再加上嘴中发出"哼"、"哼"声,则表明有不服、抗管之意;如果面色严肃、冷峻,脸色发青,再伴随咬牙切齿,则很可能要在"沉默中爆发";如果罪犯在民警问话或注意他时,面色泛红或苍白,嘴角或嘴唇发生抖

[1] 于凤玲:《刑事侦查情报学》,中国人民公安大学出版社2004年版,第69页。

动，则表明其“心虚”或被民警的话语击中要害。

(4)要注意观察罪犯行走的步态

人的行走步态受大脑皮层的控制。当罪犯内心活动矛盾复杂，产生不良动机，尤其是作案动机时，其行走步态与平时会有所不同。如步伐变慢、步子变小，则说明罪犯心中正在盘算、计划，若再加上步履拖滞、停留，则有自杀的可能；如行走时东张西望，或步伐突然加快，则有脱逃的可能；在队列行进时，如步调明显不合拍或动作明显不到位，则说明其注意力不集中，预示有不良的企图或行凶的可能。

(5)要注意观察罪犯的着装

要注意着装的季节性。对违反季节着装的罪犯，夏天要防逃，冬天要注意自伤、自残或抗拒改造。要注意观察着装的数量，对夏天着两套服装的罪犯，要防止其夹带违禁物品或准备脱逃。冬天穿衬衫，夏天穿棉袄，则有可能得了精神疾病，要及时对其进行诊断，防止自杀或伤害他人。

察言观色只是民警获取信息尤其是捕捉敌情的一种方法，“言”、“色”的变化，只能提醒民警要注意分析、研究，而不能作为定性的判断。[1]

3. 观察法的延伸

在监狱工作中，民警的精力和时间都是有限的，为了更好地对罪犯群体展开观察，把握其思想动向和行为异常，有的监狱尝试建立了延伸民警观察的能力的相关观察员制度。如有的监狱为进一步拓宽犯情、敌情信息搜集渠道，全面掌握和控制犯情、敌情，确保监狱安全稳定，危险、违禁物品监督员和异常情况观察员。监区原则上在监区勤杂组各设一名危险、违禁物品监督员、每个小组各设一名异常情况观察员，特殊情况可根据需要设置。

(1)危险违禁物品监督员。罪犯中的危险物品，是指能够用来作为犯罪工具的物品。这些物品，除了犯人自制的匕首、绳索、软梯外，还包括劳动工具，如电工刀、切菜刀、铁锤、扳手等；也包括犯属给罪犯送的人民币，甚至垃圾堆里的砖块。这些东西都可以成为罪犯的犯罪工具。在罪犯中设立专门的危险违禁物品监督员，一方面可以对上述物品实行有效控制，另一方面也可以从持有上述物品的人员中，发现案件线索。危险、违禁物品监督员的任务是：在生产、生活、学习三大现场发现罪犯私自持有绳索、刀具、药品、现金、淫秽物品、移动通讯工具等危险、违禁品的情况

---

[1] 于荣中：《监狱安全论》，东南大学出版社2012年版，第128～129页。

后,报告监区处理。

(2)异常情况观察员。在罪犯中设立异常情况观察员,就是指定具体的罪犯,让其专门从事观察犯群中的反常情况,并把观察到的情况定期不定期的报告给民警或固定的人员。“春江水暖鸭先知”,罪犯观察员生活在犯群中,与他犯朝夕相处,犯群与个别罪犯的异常变化,都逃不过他们的眼睛。设立异常情况观察员,会使民警迅速获得各种信息,及时地掌握敌情动态。

例一,某监狱观察员,突然发现一个罪犯一反常态,向其他罪犯整盒地散发香烟,又把其平常节省下来的钱买成罐头,请别人吃喝,改造表现也突然积极起来。该观察员把这一异常情况报告给监狱民警后,立即引起了民警的注意。该民警根据经验和防逃理论判断,觉得那个一反常态的罪犯是在想脱逃,其散烟和买罐头的行为,正是其脱逃前的征兆,心理活动的物化。这个民警马上采取了措施,经教育后,那个犯人果然吐露出了近几天就准备逃跑的实情,避免了一场脱逃案件的发生。

例二,某监狱异常情况观察员接连几夜发现一名罪犯被噩梦惊醒。继续观察的结果,该犯白天也无精打采,饭量大减。这个观察员较为聪明,判断那个做恶梦的罪犯可能有自杀的危险。他把这个情况报告给民警后,民警肯定了他的看法,并立即采取了对策。那个罪犯原来是因刑期压力,丧失了生活的信心,欲上吊自杀。由于观察员对异常情况的及时报告,从而避免了一场悲剧的发生。

(二)现场勘验法

犯罪现场是罪犯在监狱内实施犯罪行为的地方和遗留与犯罪有关的痕迹、物证的场所。它储存着大量与狱内犯罪有关的人、事、物的信息。这些犯罪信息的发现与获取是通过现场勘验来获得的。现场勘验法,是侦查部门运用科学技术方法对实施犯罪行为的有关场所、物品、痕迹、人身、尸体等进行的观察、检验、记录和分析研究活动。现场勘验的记录方法有:现场照相法、测绘制图法、文字记录法、录像法等。通过运用这些方法来搜集与犯罪有关的人、事、物的情报和证据。因此,通过现场勘验可以搜集到缩微型、视听型、文字型、实物型情报资料。

(三)调查访问法

调查访问法,是指信息搜集者用口头的方式向有关人员调查了解与刑事犯罪有关的人、事、物等方面的情况、线索的一种方法。这种方法灵活、方便,信息来源广泛,可以获得有关人员、案件、线索等方面的信息,是搜集信息基本的常用的方法之一。调查访问采取面对面直接接触的方式，因此，所搜集的信息较为广泛、真实、直接、完整，并且具有一定的针对性，容易把握问题的本质。另外，这种方法的形式较为灵活、简便，有利于从多方面进行深入调查。

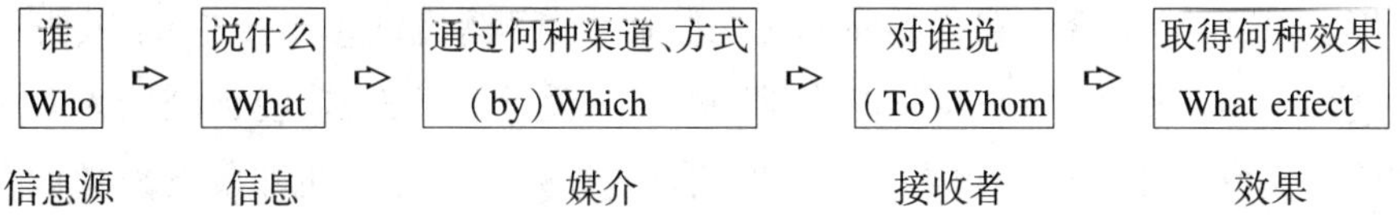

调查访问获取案件信息方式示意图

从信息源——谁（什么人、与案件的关系如何、性格因素等）到信息——说什么（表达能力、说的是真话还是假话抑或真假并存）到媒介——传达信息的渠道、方式（道听途说、知情、推测、臆断、信息载体等）到接收者——谁（主观意图、理解能力、注意力、生活阅历、职务级别）等每一个环节，信息都不同程度地发生着畸变，并影响调查访问的效果。[1]

调查访问的目的是通过民警和罪犯的沟通进行信息交流，从而发现问题，解决矛盾。民警要善于听取罪犯的合理诉求和思想反映，掌握罪犯关心的热点、焦点、难点问题，了解罪犯在生活、学习、就医、家庭婚姻、子女就学等方面影响改造的实际问题和困难，化解各种矛盾，调处各种纠纷，获取各种信息。根据获取信息的方式，可分为公开调查访问和秘密调查访问两种。

1. 公开调查。它是指监狱民警身份公开地向有关人员调查了解所需要的信息，如向罪犯、工人、群众、被害人等询问发生、发现的情况和犯罪嫌疑人的情况等。通过公开的调查访问不仅可以获得新的揭露、证实狱内犯罪的有关情况和线索，还可以验证已搜集到的信息资料的准确性。

2. 秘密调查。它是在监狱民警不暴露其身份和意图的情况下进行的。这种方式，通常是在向罪犯或与罪犯关系密切的人进行调查访问时采用的。其他不宜公开调查访问的人和事也往往采取这种方式。秘密调查访问的方法有两种：一种是民警以某种身份，或借某种名义作掩护，直接与罪犯接触，通过有目的、有策略的谈话和发问，来获得所需要的信息。另一种是在有关单位的配合下，物色可靠并具有接近罪犯条件的人去了解所要调查的问题。采取此种方法，事先要向其交代方

〔1〕 王君亭："刑事情报信息分析模式研究"，载《中国人民公安大学学报》（社会科学版）2007 年第 2 期。

法,明确任务,并教育其保守秘密。

3. 狱外调查。狱外调查又分为网上调查、发函调查和实地调查。为节约成本尽量以网上调查和发函调查为主。这需要打破部门之间设置的信息壁垒,尤其是公安等政法部门,实现信息资源共享。如监狱为了甄别罪犯身份,查出“三假”(假姓名、假地址、假社会关系)、“三逃”(脱逃罪犯、脱逃劳教人员、脱逃嫌疑人)人员,就需要公安机关和监狱密切配合。实地调查主要是到罪犯原犯罪的案发地的公检法机关,原居住地的村、镇、派出所,曾经就读过的学校,以及亲友、邻居,了解罪犯家庭背景、社会关系,了解其成长史、犯罪史、交友圈、社交圈,了解罪犯性格特征等。

(四)情况汇报搜集法

情况汇报法是指在监狱管理中,建立一套情况汇报制度,从各方面的情况汇报中获取犯情、狱情的方法。汇报人包括监狱警察,在押罪犯,职工家属,原单位领导及监狱外围有关人员。这一方法需要通过建立一套完善的报告制度,多方面、多层次地实施,从各级、各方面的汇报资料中掌握情况。通过耳目汇报、事务犯或其他罪犯的汇报,及时发现异常情况。监狱民警在整个管理过程中同样能发现异常的情况,若发现情况或收到有关人员汇报情况时,能独立处理解决的,应尽快解决;不能处理的,应及时向上级主管部门汇报,请求处理。监狱还可以与外部人员建立联系,包括职工家属、原单位领导、监狱内及周围商店、餐馆的人员、监狱外围出租车司机、群众,等等,通过他们获得其他信息,包括个别罪犯的生活习惯,来监接见的家属情况以及其他异常人员的出现等信息。由于监狱外部的人员与服刑人员没有直接的利益关系,所以他们反映的情况会更客观一些。监狱应主动与他们取得联系,并确定联系的方法,以便及时获得信息。

对于汇报情况的人,应做好保密的措施,以保护其安全。另外,汇报人所汇报的信息,也应该对其真实性进行核对,不能偏听偏信。在物色狱内耳目或狱外联系人时,应考察其表现、品行能力,以确保其工作的责任心和信息真实可靠。

(五)技术手段获取法

技术手段是指运用现代化的技术设施、设备和器材,侦查、监视、了解罪犯的活动情况,尤其是危险分子的隐蔽活动情况。虽然技术手段的运用受到时空条件的限制,但由于是监狱民警直接获取的,一般来说无须验证,比间接听罪犯的汇报来得更客观、更直接、更真切。

1. 视频监控

通过它可以长期跟踪观察罪犯的日常活动情况,了解掌握罪犯在一段时期的活动规律,如季节变化或发生重大事件、重大变故后对罪犯的情绪产生的影响。

2. 数码录音

通过它可以对罪犯的会见、通话实时同步监听和事后复听,从中过滤、筛选、捕捉对我有价值的线索和信息,了解掌握重点人头尤其是危险分子的思想状况,特别是了解和掌握极个别“不安分”罪犯的动机和企图,为侦破预谋案件提供依据和方向。

3. 微型摄录

通过它可以对易于罪犯隐蔽活动的场所,如厕所、晒衣场、统计室、仓库及其他零星劳作的小间小室等随机进行监视监听,在罪犯没有防备的情况下,暗中观察罪犯的言行举止、面部的表情变化,以发现和捕捉重大狱情、敌情以及违法犯罪的证据和线索,尤其是准备作案工具、预谋结伙犯罪的证据和线索,了解罪犯中帮派团伙的活动情况。

4. 无线侦听(窃听器)

通过它可以跟踪监听侦查对象或重点危险分子的谈话内容,分析、了解、掌握其思想及心理活动情况;可以在易于罪犯隐蔽活动的场所,监听帮派团伙的活动情况,获取预谋结伙作案的证言、证据和线索;还可以对某个监舍、某个部位随机进行监听,了解罪犯在没有防备的情况下谈话的内容,从中过滤、筛选、捕捉对我有价值的线索和信息,了解罪犯的思想动态、性格特点,发现罪犯中的苗头性、倾向性、普遍性的问题,为做好面上的疏通引导、管理教育提供依据。

5. 无线跟踪

通过它可以了解重点人头所在方位和行动轨迹,掌握其活动规律,及时发现反常迹象。

6. 监控对讲

这是一种很重要的获取情报的手段和方法。虽然技术含量并不高,但却具有窃听器的功能,只不过没有它精密、灵敏罢了。如每晚熄灯后,民警可以通过它有选择有重点地监听某个或某几个监房罪犯的卧谈情况(带有录音设备的可以事后复听),在他们完全放松、没有防备的情况下,了解掌握不同罪犯的性格特点,验证心理测试的结果,给罪犯准确“画像”,特别是找出那些惯于躲在背后使坏主意,具有煽动性和一定反改造能量的“暗鬼”、教唆犯，做好重点防控工作。[1]

(六)清查搜查法

清查搜查是监管安全检查的一项重要内容，也是监狱安全信息搜集的一种重要方法。对于监狱内违禁品、危险物品的相关信息的搜集，清查和搜查是必不可少的方法。清查主要指对整个监狱或某个监区进行的彻底检查。搜查的对象主要是指罪犯人身及随身所带物品。清查搜查能够直接查获监内和罪犯随身携带的违禁物品，发现违法犯罪线索，及时了解掌握犯情敌情。监狱清查工作主要包括：日常检查、定期清监和不定期突查等，在清查工作中，为了确保清查质量和效率，一般采取监狱和监狱之间，监区与监区之间互查的方式；监狱职能部门督查或突查的方式；必要时可会同驻监武警实施违禁品的清查工作。清查时，一般采取地毯式搜查，对罪犯人身、物品，监舍内各种生活设施、设备、器具与物品，学习、活动场所、劳动场所内各种设施、设备、物品进行搜查。搜查的重点除了危险犯之外，应该把重点放在自由度较大的骨干犯、特岗犯、零星劳动犯身上，如组长、监督岗、教员、卫生员、统计员、仓库保管员等。搜查罪犯要着重把握两个环节：一是入监出监环节，二是会见前后环节。对新入监和会见结束的罪犯，都必须对其人身和随身物品进行严格检查，防止将现金、假发、手机、毒品等藏入其中。对会见、出监前的罪犯不能放松警惕，同样要严格搜身，防止其将“情报”带出监外，泄露监狱秘密，或者密谋里应外合劫狱暴狱。

(七)侦查讯问法

讯问法，是指狱内侦查人员依法对犯罪嫌疑人采取审问的方式获取所需信息的重要方法。在侦破预谋案件或查证案件线索时，讯问是获取信息的一种重要方法。通过讯问获得的各种狱内犯罪事实和各种犯罪线索等是人员、案件、犯罪组织、实物型、线索型等情报所需要的内容。讯问是获取各种信息的一条重要的途径和方法。在审讯过程中，必须认真听取罪犯的供述，对有价值的细节问题应反复讯问，并与所掌握的初始材料相对照印证，从中寻找并发现疑点，便于抓住破绽，重点突破，打破僵局。讯问法获取信息时，要注意假口供的排除，因为在讯问中由于种种因素的影响，获得的情况不一定准确，甚至是假口供。因此，要认真进行甄别并与其他渠道所获得的信息，加以印证，确凿无误后，方可使用。

---

[1] 于荣中：《监狱安全论》，东南大学出版社 2012 年版，第 135 页。

监狱的司法实践中，讯问法是在发现漏罪、狱内犯罪的前提下运用的，不能无故的对罪犯进行审讯。审讯过程应依法进行，严禁刑讯逼供。要利用审讯的有关方法和技巧，深挖犯罪根源，全面掌握相关的信息，有效控制犯罪造成的影响。

（八）信息交流法

信息交流法是指用自己单位拥有的信息资料与其他有关单位进行交换，双方互通有无，是情报单位广泛搜集信息的重要方法。监狱的信息交流，主要是指监狱机关上下级之间，各级监狱机关之间按照有关规章制度所进行的纵向和横向的信息交流，以及与有关机关进行的信息交流。监狱与有关机关，如公安机关、人民法院、人民检察院、国家安全部等部门进行信息交流，也要按有关规章制度进行。监狱作好狱内信息的收集、分析处理外，还要注重对狱外信息的收集和处理。某年某监狱收到一封市看守所的检举信，检举监狱一名押犯金某使用假名，此信引起监狱的警觉，当即对该犯进行了隔离审查，经过一场审讯，终于突破该犯的心理防线，迫使其交代了事实真相，其真名许某，是某市某监狱的押犯，2003 年 12 月脱逃，2004 年在义乌再次作案时被捕，为逃避前罪的刑罚而隐姓埋名，并骗过市公安机关。

2013 年 9 月 25 日 15 时，宁夏监狱管理局五所监狱与宁夏公安厅刑侦总队及监狱所在地市公安局，在石嘴山监狱会务中心共同签署了相关工作协作机制，正式启动了两警刑事侦查工作协作长效机制，掀开了两警密切协作关系的新篇章。五市公安局主管刑侦工作的副局长、刑侦支队支队长，监狱局管教口业务处负责人，五所监狱监狱长、主管狱内侦查工作的副监狱长及狱内侦查科科长参加了签字仪式。两警协作机制主要包括在押三假罪犯身份协作甄别，情报信息资源互通共享，脱逃、历年在逃罪犯协作抓捕、罪犯坦检、余漏罪深挖工作，监狱安全联动联防，侦查业务学习交流，重大刑事案件侦查协同侦破，涉恐、涉黑等严重暴力犯罪罪犯的调控，重大突发事件互援共处等九项内容。建立监狱、公安长效协作机制，是监狱局与公安机关双方多年来相互支持配合成果的拓展和深化，也是在加强和创新社会管理的大背景下，监狱和公安两警着眼维护地区稳定，创造性开展工作的一次积极探索和实践行动。[1]

---

〔1〕 法制网："宁夏两警协作机制涵盖九大内容"，载 http://www.legaldaily.com.cn/locality/content/2013-09/27/content_4889690.htm? node=31476。

四、信息搜集的途径

(一)通过罪犯的坦白、检举揭发和思想汇报进行搜集

从罪犯的坦白检举和思想汇报材料中搜集狱情和敌情是改造实践中最常见的一种途径。尽管当前监狱押犯的构成日益复杂,罪犯价值观发生重大变化,多数罪犯在服刑期间会明哲保身,有的罪犯害怕打击报复,不愿向民警提供信息,不敢检举揭发。但从司法实践来看,狱内大量的违规违纪、违法犯罪行为及预谋案件线索仍然是由罪犯检举揭发而被发现、破获的。

罪犯的阴谋不轨活动既然是在狱内罪犯群体中进行的,就不可避免地会被他犯发现,这是任何犯罪分子想避免而永远无法避免的客观现实。而在犯群中多数经教育改造愿意改恶从善,加之罪犯之间存在争取前途和个人得失的矛盾,为了立功减刑而必然会检举揭发他犯的不轨活动和反常迹象。实践中,罪犯检举揭发的动机复杂多样如想立功、报复对方或迫于压力等,不管是出自何种动机,只有检举揭发事实存在,监狱都应加以肯定和鼓励,建立激励机制,号召罪犯弘扬正气,积极汇报思想,大胆揭发违规、违法犯罪事件。

促使罪犯交代、检举不是一蹴而就的过程,由于身负要案的押犯顾虑重重、忧心忡忡,势必在日常生活中无意流露出异常的言语,民警则可以通过各种有效的工作手段和渠道广泛收集信息,从中分析归纳出足以证实疑点的有力证据。如某监狱民警通过秘密渠道了解到罪犯闻某在监内不时表露出莫名的烦躁情绪和流露出怕打击报复等种种言语,以及通过观察发现其在日常改造生活中往往走神,心不在焉,恍恍惚惚,更加坚定了民警对其身有案情线索的怀疑,从而抓住契机,反复交锋,为攻破该犯心理防线、揭发他人违法犯罪活动奠定了基础。

狱内侦查人员应对罪犯的检举揭发和思想汇报材料进行认真的分析研究,以便从中发现有价值的侦查线索。特别是对落后层和危险分子所反映的情况更要慎重研究。俗话说"物以类聚,人以群分"。他们与犯罪分子比较接近,是其争取和发展的主要对象,多能发现犯罪分子的不轨行为和阴谋企图。所以,在实际工作中,应当高度重视这些人的揭发交代,从中发现案件线索。当然,另外亦应警惕危险分子编造谎话,诬陷他人,以求别图的可能性。如罪犯葛某某主动交代自己在原服刑单位参与了一起杀人案。在侦讯过程中,侦查人员发现其供词经不起严密的逻辑推敲,试图天衣无缝,但又漏洞百出,虚假程度很大,后经教育,晓以利害,该犯终于

承认案件子虚乌有，纯系编造，想以此“立功受奖”。在审查可疑罪犯时，要善于抓住和利用罪犯趋奖避罚的心理，对存在的种种疑虑、戒心要及时予以答疑解惑，以人为本，攻心为上，晓以利弊，促其抛弃幻想，放下包袱。如在审讯罪犯曾某某过程中，曾犯多次询问使用假姓名是否会被加刑，与同伙关系密切是否会被加重处罚等，从而断定其定有隐姓埋名的难言之处和畏惧受到法律严惩的心理，此时侦查人员运用正反两方面的案例，对其进行引导，帮其分析对比，言明法律是罪责自负、罪刑相当、立功受奖等。通过耐心细致地反复教育，该犯打消疑虑，供出全部犯罪事实和真相。如在罪犯闻某检举案中，侦查人员针对其多次谈及担心家庭受到加害等思想疑虑和惧怕心理，反复向其阐明法律对证人、检举人的保护及对打击报复者的严厉制裁等有关规定，最终促使该犯检举他人违法犯罪活动。

为做好罪犯的检举揭发和坦白交代工作，可从以下几方面入手：

1. 建立信息员制度，公开搜集。信息员是特指在监狱民警直接布置和管理下，从事狱情信息、罪犯思想动态信息和违法违纪行为信息搜集、汇报工作的在押罪犯，是监狱基层民警和狱侦部门发现、掌握狱情动向、敌情动态的一种手段。信息员是对狱内耳目工作的必要补充，在当前监狱结构调整的背景下，狱内耳目活动范围逐渐缩小，隐蔽精干原则使得耳目也难以接触到监狱的各个层面。为全面掌握狱情信息，信息员应运而生。信息员由直接管理罪犯的民警在自己管理的罪犯中物色使用，其管理使用相对耳目要灵活得多。民警根据监区情况和信息员条件量才使用，布置与他们能力相适应的任务。要经常或定期听取信息员的汇报，随时详细了解、掌握信息员的工作情况，对做得好的及时给予肯定和鼓励，使他们真心真意为我工作，从而准确、及时、全面地掌握罪犯的思想动态。

2. 通过互监组搜集信息。互监组一般是3～5人一组，好、中、差搭配，这种组织管理形式，一是可以控制罪犯的活动自由，不给任何罪犯单独活动的机会；二是可以用来包夹危险犯，实现主动防范，促进规范管理；三是可以在罪犯互相监督和制约条件下，及时发现和采集到有价值的信息。

3. 在新入监罪犯中开展检举活动。

4. 配置检举箱，鼓励检举揭发。要大力推进“110信箱”、“民警信箱”、“心理信箱”、“一警一箱”、“监狱长信箱”，畅通检举揭发渠道。要注意在厕所、晒衣场等较为隐蔽的公共场所设置举报箱，尽可能保护信息来源。

5. 罪犯定期、不定期进行思想汇报。对待罪犯的汇报材料、检举揭发材料也要持慎重认真的态度,作为汇报人,检举人也是一名罪犯,本来思想境界不高,又都出于不同的目的,其所反映的情况有可能被拔高或缩小,所以在阅读和处理这类材料时要把握好两方面问题:一是要认真对待材料,不能三心二意,一看了之,没有处理意见和结果。二是要善于培养、教育和保护汇报人、检举人,制定有关政策,及时兑现各种奖励,树立改造正气,营造良好氛围。

(二)通过耳目搜集隐蔽信息

使用狱内耳目是搜集信息的一种秘密手段。耳目的作用就是为民警搜集、获取信息,是监狱了解、掌握深层次狱情、敌情不可或缺、不可替代的一支重要力量。罪犯之间在日常生活中相互接触,利用罪犯了解罪犯要比民警更直接更容易得多。即使监狱的信息化程度越来越高,视频监控实现全覆盖、智能化,利用狱内耳目这种人力搜集信息的方法仍然不可或缺、不可替代。

监狱工作实践证明,在关键、要害部位和犯人群聚的地方设立耳目,对及时发现掌握敌情是行之有效的。近年来,这一成功经验面临严峻挑战。从实践看,耳目的布建存在严重的质弱、不发挥作用的问题。一些罪犯集体脱逃案件,案犯事前均有预谋和明显的迹象,而案犯身边的耳目却麻木不仁,视而不见。针对这一局面,应当适时调整工作思路和对策。一是布建耳目要遵循数量服从需要,重在精干高效的原则。要加大从落后罪犯中布建耳目的力度,因为落后层面罪犯最易看到反改造分子的真正动向。在实际运用中要因势利导,利用落后犯人的这一特点,抓住时机了解情况;二是对耳目要实行奖励与惩处的制度。对有功的耳目奖励,对应发现"情况"而没有发现的予以处罚。除此之外,可在罪犯中开展悬赏制度。凡举报、揭发重大安全事故或破案线索的,都予以重奖,根据立功罪犯的不同情况,可兑现记功、减刑、奖金;三是对布建的耳目要加强管理教育,重点是完成任务的方法、策略、政策、纪律,以提高其完成任务的能力。

(三)通过与罪犯进行个别谈话进行搜集

个别谈话是监狱常见的一种公开搜集信息的途径,通过对罪犯广泛和有重点的进行谈话,了解掌握罪犯心理,灵活进行,把握罪犯心理,寻找到有价值的深层次的信息。通过个别谈话,一是可以了解掌握罪犯的思想动态和现实表现,如计分考核情况,改造中困难和问题情况,家庭亲属情况,婚姻情况、与他犯关系、有无特别矛盾等;二是可以了解掌握罪犯群体的普遍心态和罪犯中苗头性、倾向性、普遍性的问题。要注意搜集罪犯与罪犯、罪犯与民警之间存在的矛盾情况以及矛盾的程度，防止发生报复行凶、袭警等重特大案件，特别要注意通过了解掌握是否因伙食不好、劳动强度太大及时间太长、有病得不到及时治疗、牢头狱霸欺压、计分考核不合理、民警执法不公或粗暴执法引起罪犯“众怒”、“公愤”等情况，为做好矛盾的疏通引导、防范控制提供依据，防止罪犯中发生大面积的哄监、绝食、骚乱、暴狱等突发事件。[1] 在实际工作中，对于不同的对象个别谈话的内容和方式不同，根据具体情况强调不同的侧面。

1. 对重点罪犯要重点谈。重点罪犯是监区具有的危险性的罪犯，可能直接影响监区的改造秩序。对重点罪犯应重点进行谈话，为监狱改造秩序的稳定奠定基础，能把危险消灭在萌芽状态。

2. 对事务犯、组长、监督岗等要细谈。他们是监狱的积极力量，要充分地调动了他们的积极性，提高他们的自觉性和管理水平。对他们的谈话要细致深入，严格要求他们以身作则，诚实改造，积极提供信息，与违纪违法行为作斗争。

3. 对反改造罪犯要反复谈。改造反改造尖子是一件非常艰巨的工作。但多数罪犯还是可以改造好的。他们的改造表现时好时坏，反复性很大，这是一个特点，也是一个规律。民警要利用这个规律，在教育中注意反复，在反复中加强教育。对这类服刑人员进行教育，绝对不能厌其烦而随其为。

4. 对处理后的罪犯要深谈。处理后的罪犯往往有大的情绪反应和思想波动，处理后不闻不问，任其波动情绪自然发展，会成为很大的隐患。必须找每一名处理的罪犯进行一次深刻的谈话，了解处理后的思想反映，解决罪犯的思想问题。这对罪犯减轻思想压力，消除顾虑，振作精神有很大的帮助。

5. 对新入监的罪犯要普遍谈。新入监的罪犯对监狱情况不了解，为使他们安心改造和搜集信息，要进行普遍性谈话。在个别谈话时，要根据罪犯的案情及刑期长短确定谈话的主题，在对其开展教育的同时，搜集其生活史、犯罪史，了解新入监犯的生活实际困难，帮助解决。

6. 发现问题及时谈。监狱是人员密集的地方，罪犯和罪犯之间、罪犯与民警之间总会发生这样或那样的问题和矛盾，如果发现问题不及时开展个别谈话，可能形成安全隐患。要通过对暴露的问题及时开展个别谈话，了解掌握矛盾的来龙去脉，搜集罪犯的思想动态，为消除隐患和改造罪犯做好铺垫。

---

[1] 于荣中：《监狱安全论》，东南大学出版社 2012 年版，第 128 ~ 133 页。

（四）通过开展专题调研工作进行搜集

开展专题调研活动，就是针对某一阶段改造工作中存在的突出问题，如打架斗殴、脱逃、自杀、私藏手机、私藏现金等，开展专题研讨调研，达到提出问题、分析问题、制定对策、解决问题的目的。专题调研工作是搜集监狱某方面专门性问题信息的重要途径，具有针对性强，问题研究深入的特点。专题调研中要采取科学的方法，针对调研中所接触的被调研对象采取不同的调研方法。其一，对于罪犯：第一种是可采取问卷法：要求被问卷人必须独立完成被问卷的内容；被问卷人答卷时，所在单位民警必须回避；被问卷人可以签名或不签名。第二种可以采取分别谈话法：这种谈话应该注重谈话的地点、方式和被选择人的层次。谈话地点应该隐蔽或回避单位民警，方式可以谈心、拉家常、论改造表现等多种方式，被选择人的一般是好、中、差三种类型的罪犯。第三种方法是观察法：就是在利用调研时与罪犯群体、个体的接触，观察了解罪犯的活动表现，寻找线索。其二，对于民警主要是采取谈心和检查民警对日常制度的管理执行情况加深了解。

（五）通过深入三大现场直接发现搜集

监狱民警通过深入罪犯劳动、学习、生活三大现场，把罪犯的活动控制在自己的视线内。在三大现场的管理中，民警时时留意，处处细致观察，事事认真分析，从罪犯暴露的蛛丝马迹、可疑迹象、反常行为中搜集和发现狱情。如有的罪犯平时沉默寡言，突然间言辞激烈；或平时热心主动，而此时却出口伤人；有的平时心神不宁，悲观失望，而今情绪激昂；有的爱无理取闹，制造事端，或者是避人耳目，诡秘行动；或者是在罪犯间拨弄是非，制造矛盾；有的平时较为活跃，在接见、收到家信后，或违规违纪受到批评后，情绪低落等。种种迹象表明这些罪犯不同程度存在潜在的思想问题或危险因素，作为管理者必须引起高度重视，多留意并作出深入的分析，预测可能发生的后果，切忌视而不见，听而不闻，不分析研究，不进行查证核实，甚至搁置不问，给监狱工作造成不应用的损失。

（六）通过检查罪犯信件、邮包、探视物品来进行搜集

狱内罪犯与狱外相关人员的联系多以通讯、接见和邮送衣物、书刊和食品等合法方式为掩护进行。如在通信中使用“模棱两可、词意含蓄”逆写正读、顺写反读的词句，或在书信、书刊、字典的文字下边或上方用针扎洞或笔加点等暗示方法进行犯罪活动联络；在接见时候使用隐语、外语、黑话、方言，土语等民警听不懂的话或者使用暗号动作进行联络；在邮寄和送来的物品中夹藏联络密信、现金和其他违禁

品。因此，侦查人员必须配合其他民警认真侦查，从这些方面发现情报线索，发现侦查对象。

罪犯与家庭成员或直系亲戚进行通信、接见或者进行亲情会餐时，罪犯留在心底，平时一般不会或者根本不会向民警或者与服刑人员交流的话或事情，此刻他们会想尽一切办法要把它们表达出来，说给自己的亲人听或者让自己的亲人去打听一些以前在社会上熟悉的人的情况，让家人帮助其做事情。这是监狱机关获取深层次狱情信息，取得有价值线索、了解罪犯深层次思想动态和内心世界的一条重要线索，发现罪犯是否具有行凶、自杀、脱逃及其他危险的可能。因此，此时负责罪犯分级处遇措施的民警要高度的警惕，认真、仔细地检查罪犯给亲人的物品、信件或者亲人给罪犯的物品信件。有问题的信笺坚决扣留，对容易引起罪犯情绪波动的信笺，一定要慎重处理，没有把握的宁肯不交给罪犯本人，对罪犯的信件检查不仅要查信笺的内容，其他如信笺的背面，信封内壁，邮票等处都要仔细检查，因为罪犯各种心态的变化不一，会见时，碍于民警在旁边，不敢与家人说的内容，想通过信笺的传递。有民警曾发现罪犯在邮票背面写字，让家中下次会见时在物品中夹带现金，由于邮票背面有胶，微微遇湿可粘与信封上，但其黏性又恰到好处，一般接下不会粘坏上面的字；有的罪犯用汤在信纸的背面写字，为防止民警怀疑，又故意在信纸的正面滴几滴清水，让人看似写信时泪水打湿了信纸。

2010 年英国一所监狱，一名 67 岁的英国囚犯布里安·劳伦斯策划了一个堪比热门美剧《越狱》情节的逃跑行动，他用柠檬汁制作隐形墨水给监狱外的同党传递信息，但狱警的细心让他的逃跑计划功亏一篑。67 岁的布里安·劳伦斯本是英国波克夏郡赫密塔基市的一名教科学的老师。2003 年，他与女友克里斯汀关系破裂，一怒之下杀死了与女友关系暧昧的三名男子，被判处至少 21 年监禁，关押在戒备森严的英国怀特岛的帕克赫斯特监狱。怀特岛要举行一个明星云集的大型音乐节，布里安看到机会。他推测，狱警或许也会因为观看音乐节而放松警戒。同时，音乐节期间必然会有许多直升机出现在岛上，负责明星们的安全。布里安决定趁机策划一个直升机越狱计划。布里安在其“越狱计划”中展现了高智商——曾任科学课老师的布里安首先运用化学知识，用柠檬汁制作成一种“隐形墨水”。用钢笔蘸着“隐形墨水”给监狱外的同党写了多封含有越狱计划的信件，在每封信里，他也用普通墨水写一些无关紧要的话来掩饰。“隐形墨水”所写的文字在常温下无法显示，但只要按信中提示用火将纸张稍微加热，就会让已经干燥的柠檬汁产生化学反应并显示颜色，从而显示密信中的隐藏内容。在一封密信中，布里安绘制了一份他花了好几个月时间完成的监狱详细地图。他还告诉同党，自己将在音乐节最高潮的那天越狱，并指示同党在那天将直升机降落在监狱中少数几个没有铁丝网保护的地方。由于担心收到信件的同党不知道“密信”中的猫腻，布里安特意在其中一封信里写了隐晦的提示：“多点热，少点光”，暗示收信人应该在温度较高、光线较暗的地方看信。然而他没有料到，这一画蛇添足的“友情提示”令计划功亏一篑。监狱规定，所有犯人寄出的信件必须接受狱警审查。一名细心的狱警对布里安的密信进行查看，看到“多点热，少点光”，顿时起了疑心。狱警按照提示将纸张加热，令隐形文字现形。事发后，监狱和警方联手展开调查。调查人员发现，和电视剧《越狱》中情节如出一辙的是，布里安为行动做足了准备——他不久前以50万英镑的价格卖掉了他名下的一个采石场，希望越狱后逃到西班牙，更换一个新身份，靠那50万英镑过上衣食无忧的生活。[1]

（七）通过监听监视技术手段进行搜集

这种途径是监狱利用自然科学技术手段开展公开或秘密的监听、监控措施，对罪犯的言行进行全程监控，发现民警日常管理中难以发现的深层次的思想动态信息。比如会见监听，其目的一是了解罪犯家庭的情况，特别是罪犯家庭近期有无重要的变故，罪犯对所发生的变故有何反应；二是了解掌握罪犯在与亲属的交谈中流露出的真实想法，主要是罪犯是否能安心服刑，影响其情绪波动的原因等；三是通过监听，发现并当场制止会见双方违反规定的交谈内容，如会见中使用隐语，罪犯向亲属泄露监狱的工作秘密或监狱管理人员的个人家庭情况等。负责监听的民警要做好监听记录，并将监听所得到的有价值的信息及时传给罪犯所在基层押犯单位和有关部门，以便对罪犯进行针对性的管教。在监听中，要注意监听他们通过方言、暗语、隐语、哑语传递交流不良信息的情况，会见现场监视他们通过肢体语言交换传递“信息”。这种监听工作对及时了解掌握罪犯的现实思想状况，尤其是婚姻家庭问题引起的思想波动，防止罪犯自杀、脱逃，尤其是内外勾结劫狱暴狱，具有十分重要的意义。目前，监狱监听工作很多情况下流于形式，信息流失非常严重。

2003年7月，某监狱某监区罪犯赵某（盗窃5年），有吸毒史，该监民警在接见

---

〔1〕 新京报：“英国囚犯策划堪比《越狱》情节逃跑行动被识破”，载 http://news.hsw.cn，2010－06－21。

监听中，听其家人讲你要买的东西带来了，你的东西千万不要给其他人用。因该犯有吸毒史，加之家人的一句话，民警在检查其接见物品时格外小心，在其所带的牙膏中发现一小包粉状物品，经当地公安机关技术部门鉴定为海洛因。2005年9月，某分监区罪犯陈某(诈骗，4年)，在接见中，因民警通过录音监控系统监控其与妻子的谈话，不便交流违规事情，就趁民警监听不注意而通过在隔音玻璃上书写，要求妻子为其购一台手机传入监内供其使用，后来民警疏于检查致该犯得以在监内使用。

(八)通过查阅罪犯档案、改造资料等进行搜集

罪犯的档案材料，一般都记载有罪犯的基本情况，包括其家庭成员、社会关系、同案犯和犯罪情节以及各个时期的改造表现、罪犯互相检举揭发与坦白交代材料等。从研究这些材料中可能发现罪犯亲属和社会关系中的可疑分子以及可能隐瞒的重大漏罪及其原案漏网案犯，有时还能发现很有价值的其他侦查线索和重大嫌疑对象。研究罪犯档案的重点是危害国家安全罪犯和犯罪历史长、恶习深、罪重刑长的罪犯、惯犯尤其应以杀人犯、抢劫犯、惯盗惯窃犯、黑社会集团犯和重大诈骗犯为主要研究对象。这些罪犯应当始终是狱内侦查部门工作的重点对象和主攻目标。对罪犯的档案、资料的查阅，一定要认真仔细，并善于从中发现问题和疑点，谈话摸底排查要深入、透彻并要善于多问几个“为什么”。直接负责改造工作的分监区长、指导员、内勤干事，应对本监区每一名罪犯的档案材料进行逐个地认真审阅，从中掌握每一名罪犯的基本情况、犯罪恶习的深浅、现实改造表现等，以供分析和预测罪犯的发展趋势，准确地把握狱情动态、动向时参考。如某一罪犯在某一阶段现实表现较好，能主动找民警汇报思想改造，争取立功受奖。但在罪犯的档案上清楚地记载着罪犯在看守所曾几次脱逃未遂的历史，对待这样一名罪犯，分监区民警一方面要积极鼓励该犯积极改造；另一方面又不能排除其可能反改造的一面，被其假象所迷惑，放松对其包夹控制，要切实加强防范，防止脱逃、凶杀等事件的发生。

如某监在审查罪犯方某档案中，发现有方犯常与脱逃犯王某密谈的揭发材料。狱侦人员根据方、王档案得知二犯系流窜盗窃惯犯，又均系河南同乡并都有预谋逃跑的情况记载，推断他俩密谈必有共谋不轨之可能。经过使用侦查手段，结果破获了以王犯为首的预谋杀害看守民警、企图越狱逃跑的大案。

(九)通过狱外力量进行搜集

对罪犯外部关系的掌握也是搜集信息的一个重要层面。罪犯入狱前，其身处

于一个复杂的社会关系环境中，一般而言，其犯罪行为也与这一环境有所联系；罪犯入狱后，通过通信、会见等，与特定社会关系仍存在紧密联系。因此，通过对罪犯的外部社会关系开展调查，也能掌握罪犯的历史成长背景和现实心理环境，对于开展有针对性的罪犯教育工作和制定应急防控措施均有重要的现实意义。实际工作中，对罪犯开展外部关系调查需要通过狱外力量，是一项庞大复杂的工作，受人力、物力条件的限制，只能针对个别有必要的罪犯付诸实施。同时，在未来工作模式改进的情况下，也可能借助社会力量开展对罪犯的外部关系调查，以促进监管改造工作。

1. 通过在狱外刑释人员中建立"特情"进行搜集。这些特情主要是在原监狱服过刑的刑满释放人员、假释和保外就医人员中物建。主要任务是搜集、掌握罪犯脱逃线索，了解假释人员考验期内表现，保外就医罪犯的病情（身体状况）和表现等。监狱可以建立刑释人员回访制，罪犯写一份回访证单，根据这一准确地址，监狱定期不定期地进行回访，通过回访一方面了解刑释人员情况和监外执行罪犯的情况，另一方面刑释人员因脱离监管场所，不存在罪犯报复的顾虑，敢于跟民警反映狱内情况，从中获取狱内敌情线索。

2. 通过与罪犯有劳动关系的老板、技术员、司机等社会人员获取信息。监狱生产项目的增多，使罪犯和外来人员接触机会越来越多，时间越来越长。罪犯的言行多不背着这些厂方人员，对他们没有防范心理。因此，车间的技术员比民警更了解"敌情动态"。所以民警可以利用这种劳动关系，从厂方人员口中获取领信息，掌握敌情。

3. 通过与罪犯家属、朋友的接触中获取信息。罪犯的很多想法，很多"秘密"都不可能直接告诉民警，但多数能向自己的亲人、朋友流露。只要抓住时机及时与罪犯的家属沟通，一方面可以加强帮教，另一方面还可能尽快地获取信息。

4. 定期或不定期与外看人员联系获取信息。监狱许多案件中，尤其是脱逃案件，均发现事前跟外看人员有过接触，有的说好话、套近乎，有的送吃、送喝等。另外，监墙周围岗楼上的警戒人员，因其视野开阔，常年驻守，罪犯中的很多情况能够被他们发现，所以定期找外看人员了解情况及时发现敌情线索，很有帮助。

5. 主动与公检法等政法机关联系获取信息。一方面，罪犯在入狱前，要经历公检法机关的诉讼过程，罪犯在每个诉讼环节和看守所的表现是判决书难以反映的，监狱要主动与这些部门加强联系，详细了解罪犯的情况，获取有价值的信息。

另一方面,在投改后,罪犯实施的内外勾结犯罪如劫狱、勾结外逃、遥控贩毒等犯罪活动,都需要监狱外的社会人员的支持和帮助,通过与当地政法部门及时的信息沟通和交换,可以更好的掌握这些情况。

(十)通过心理测试搜集信息

心理测试法是依据犯罪心理形成和犯罪行为发生原理和机制,选择若干因素进行预测。实践中,运用心理测试法主要有三种情况:一是测试罪犯是否具有异常心理,为民警排查和控管危险犯提供依据,准确把握隐蔽性较强的危险犯;二是对已经具有危险性的罪犯定期进行心理测试,可以掌握其每个阶段的危险程度,必要时实施心理危机干预;三是通过阶段性的测试,帮助民警对危险犯的教育程度予以评价。

罪犯心理测试是搜集狱情信息的必备素材,也是建立预警防范机制的可靠参考。任何犯罪行为都有其背景心理环境,对于服刑环境中罪犯的改造行为也不例外。因此,罪犯入狱后,监狱依据现代心理科学,及时从罪犯年龄、刑期、前科、家庭背景、家族病史、案情认识、作案手段及同案犯情况等方面,对罪犯进行心理测试和会诊甄别,收集罪犯的心理状况信息,这种信息对以后分析判断罪犯潜在危险性的大小和制定正确的个体改造对策很有帮助,而且也是开展重点控制、防范危险可能性的重要依据。为此,监狱应建立良好的服刑罪犯心理状况评估体系。一方面它可以帮助民警预测和避免罪犯因心理不良导致行为失当而产生突发行为,另一方面也可以通过引导或心理辅导,帮助罪犯拓展个体心理承受能力,从容应对突发事件。

(十一)通过民警搜集信息

1. 通过狱情分析会获取信息。狱情分析会是一项对综合信息进行分析和处理的一个较好的形式。监狱一般坚持每月一次敌犯情分析会,监区每半月一次,分监区每周一次。监狱对各类问题的反映,通过敌犯情分析会加以解决。对突出问题,采用专题分析会解决。遇有重要敌情,应随时研究,并根据敌情变化,及时采取相应的对策。敌犯情分析会的人员结构要合理,应做到领导民警与一般民警相结合,专职民警与其他民警相结合,优秀民警与个别吸收锻炼新手相结合,一般指导和重点培养相结合,达到整体素质提高,推动监狱狱情分析会和监区狱情分析会的正常有效开展,并提高分析会的水平和质量。会议上,侦查人员要注意听取监区、分监区民警的分析,要特别留心听取罪犯中有脱逃、自杀、行凶言行的动态、动向,以及重危分子、反改造尖子反常表现的分析和汇报,对待罪犯中有拉帮结伙、私藏巨额现金、私藏手机、私藏凶器、劳动工具等行为要迅速调查,一查到底,掌握事情发展的来龙去脉、前后经过、发展态势。

2. 通过辅助管理民警搜集信息。监狱除了直接管理的民警之外,还有相当多的辅助性的管理岗位民警,如负责罪犯会见管理的民警、负责罪犯亲情会餐管理的民警、负责处理罪犯信件或通讯管理的民警,负责接待外来公检法机关提审的民警等,这些岗位的民警在履行岗位职责过程中,往往会搜集到罪犯这样和那样的问题信息。如有的罪犯漏罪被发现、有的罪犯妻子提出离婚、有的罪犯子女无人抚养等,这些情况易引起罪犯的思想波动。狱侦人员和监区领导必须积极主动的向负责接见、通信、留监、就餐岗位的民警了解本监区罪犯有无异常的言行、情绪,或流露出有碍罪犯改造的思想等,以增加狱情信息量,为狱情分析提供基础。

3. 通过其他监区搜集信息。在现在监管条件下,监区间的罪犯也有相互交流的可能,他们在同一场所劳动、学习、就餐、娱乐,通过观察和语言交流,往往发现其他监区罪犯突出的狱情或思想动态。有的同案犯押于一个监区或监狱;有的投改前羁押在看守所,虽不同时期送达监狱,但会主动找其他罪犯交流;有的经过调整或违纪违规后调至同一监区改造,互相知道底细。因此,鉴于狱情信息的交叉性,监区之间可以把罪犯的思想通报有关监区,同时向其他监区了解本监区突出的狱情和罪犯的思想动态,使监狱所掌握的狱情信息更全面。

第三节　信息核实

信息核实是在以往的经验分析中常常被忽视的环节。由于信息来源的不同和信息内容确定性的不同,不同的信息在可靠性方面存在一定的差异。原始信息也很难做到百分百的准确。耳目的汇报和罪犯的检举可能是蓄意提供错误信息误导监狱民警,信息可能在搜集和传递过程中误传、误译、误听。依据同样内容但可靠程度不同的信息完全有可能得出相反的情报结论。

一、信息核实的任务

(一)鉴别真伪

通过核实,要确定信息是客观真实的,还是子虚乌有的;是有意夸大的,还是纯属编造的。在此基础上,确定其价值以及可信和可靠程度。通过核实,要确定用来证实狱内犯罪活动嫌疑或者排除其嫌疑的证据是真实可靠的，还是虚假伪造的，以便监狱准确地开展对违法犯罪活动的打防控工作。

（二）澄清事实

通过核实，要弄清涉及监狱安全的信息和所涉及的事件或活动的来龙去脉，查明事实本来的面目，以确定已掌握的信息是否全面，是否真实可靠。通过信息核实，要明确核实的对象本身是真是假、价值大小、属性如何等。如果存在矛盾，要明确提出解决矛盾的方法。

（三）扩大信息线索

在信息核实过程中，不能就事论事，就案办案，要不放过工作中发现的任何蛛丝马迹，努力发现核实信息和对象的有价值的新情况，推动侦查工作的进一步深化。

二、信息核实的意义

信息核实是指监狱在获取各种涉及监狱安全信息之后，对这些信息的真伪及其程度进行分析与鉴别的专门工作。监狱安全防范工作中，信息核实的质量直接关系到整个情报工作的成效，关系到狱侦部门能否主动开展工作，切实履行监狱安全防范的职能。因此，信息的核实，能减少情报工作中的误报数量，提高情报的可靠性和准确性。

（一）信息核实是情报工作的重要任务之一

信息核实工作是监狱安全情报工作流程的一个十分重要的环节，也是当前情报工作中最薄弱的一个环节。信息的核实为情报真实性研判服务，信息可靠性是判断情报真实性的依据之一，是情报重要性、准确性、时效性研判[1]的必要前提条件，如果信息不真实，一般不需要启动情报重要性、准确性、时效性的研判。当然，

[1] 情报的可靠性研判主要是分析判断情报来源的可靠程度，一般分非常可靠、可靠、比较可靠、不可靠和有待证实五个等级。情报的真实性研判主要是分析研判情报的真伪及其程度，一般分为完全可能、可能、比较可能、不可能和无法判断五个等级。情报的重要性研判主要是分析研判情报对国家安全和社会稳定的影响（危害）程度，一般分为非常重要、重要、比较重要、一般、没有危害五个等级。情报的准确性研判主要是分析研判情报要素的准确程度，一般分为非常准确、准确、比较准确、一般、不准确五个等级。情报的时效性研判主要是分析研判情报内容是否过时以及情报所述案件或事件发生的时间紧迫程度，一般分为非常紧迫、紧迫、比较紧迫、一般、不紧迫五个等级。参见吴远亮："侦查情报真实性研判的意义和方法"，载《公安研究》2007 年第 5 期。

情报的重要性、准确性、时效性有时也能反映出信息的真实性。

(二)信息核实是发挥情报主导监狱安全工作的前提和条件

情报主导监狱安全工作,是指情报对监狱安全工作的指引和导向作用,主要体现在情报的决策功能、预防功能、打击功能和警示功能等方面。充分发挥情报对监狱安全工作的指引和导向作用,是信息社会背景下监狱安全工作的基本模式和必然选择。情报引导监狱安全是以真实情报为前提的,虚假情报不但不能引导侦查工作,反而会误导侦查工作。但是,由于监狱安全情报工作的特殊复杂性,使侦查部门搜集到的信息,经常是不真实的或者真假混淆的,如果侦查部门在搜集到信息之后,不对其真实性进行分析鉴别,势必误导侦查工作。假信息产生的原因:一方面,狱内实施各种违法犯罪的罪犯,为了隐蔽自己的活动,逃避打击,本能地制造和散布假信息,迷惑侦查部门和侦查人员。另一方面,耳目等秘密力量,对我不忠、背我向敌,或出于别的目的,向侦查部门提供虚假信息。罪犯出于不同的动机和目的,其检举揭发和坦白,也是有真有假,真假混杂的。最后,侦查部门在信息搜集、传递等工作环节,或是技术问题(如技术故障),或是认识问题(如认识错误),或是方式方法问题(如惊动对象),都有可能获取到虚假信息。监狱侦查人员在情报信息工作中,必须树立牢固的信息核实意识,凡信息都必须进行真实性的分析,未经核实的信息不能轻信和使用。对那些通过秘密渠道、使用秘密方法获取的预警性、内幕性、深层次的信息,真实性核实尤为必要。[1]

三、信息核实的内容

为了确保监狱情报的质量,必须把信息核实作为情报分析中一个必经程序,对每一条纳入视线的信息均作出正式或非正式的评估,并严禁未经过核实的信息进入下一个环节。

信息核实主要是对信息或线索的真实程度的评估,信息的真实程度取决于两个方面:一是信源可靠性,即信息来源的可靠程度;二是内容的确实性,即信息内容是否得到佐证。根据这一思路,如果可靠性的定量指标被称为可靠性指数,则可靠指数的计算公式可以表示为:

可靠性 = 信源可靠性 × 内容确定性[2]

---

[1] 吴远亮:“侦查情报真实性研判的意义和方法”,载《公安研究》2007 年第 5 期。

[2] 崔嵩:《再造公安情报》,中国人民公安大学出版社 2008 年版,第 65 页。

依据这一公式，监狱应分别对信源可靠性和内容确定性进行定量评估，再将两个数值相乘，就得到了可靠性指数。

信源可靠性可分为四个等级，分别对应不同的取值。

（1）可靠：绝对可靠，经过确凿证据的证实。（对应分值 1.414，即$\sqrt{2}$）

（2）通常可靠：通常符合实际情况，大部分信息是可靠的。（对应的分值为 1）

（3）不可靠：以往的经验表明不可靠。（对应值为 0.707，即 $\sqrt{1/2}$）

（4）未知：无法判断，没有以往的经验。（对应的分值为 0）

内容确定性分为四个等级。

（1）确实：经过调查或另一个独立信源的信息证实。（对应分值 1.414，即$\sqrt{2}$）

（2）可能：与现已掌握的背景信息吻合。（对应的分值为 1）

（3）可疑：与背景信息不一致，有出入。（对应值为 0.707，即 $\sqrt{1/2}$）

（4）未知：无经验或调查证明是否确定。（对应的分值为 0）

信息可靠性评估换算表

可靠性 = 信源可靠性 × 内容确定性		信源可靠性			
		可靠 1.414	通常可靠 1	不可靠 0.707	未知 0
内容确定性	确实 1.414	2	1.414	1	0
	可能 1	1.414	1	0.707	0
	可疑 0.707	1	0.707	0.5	0
	未知 0	0	0	0	0

依据上述取值，获得的可靠性分为六个等级，分别对应可靠性指数 2、1.414、1、0.707、0.5、0。

各个地区和国家对信息评估的模式不一，但也有共同的特点。

香港警方使用的信息评估模式是一种可靠性、准确性评价模式。即以信息来源的可靠程度和准确程度将信息分为“可靠、可能准确、不详、无从判断”四个等级，是运用归纳、推理、假设等逻辑方法对情报进行加工处理的定性评估模式。

广东珠海市公安局对经济犯罪信息的评估，基本上沿用了香港警方的可靠性、准确性评价模式。即按照信息提供人的可靠程度，将信息分为“可靠、通常可靠、不可靠、难以判断”四个等级。同时在信息评价表中增加了对信息来源渠道的评价，即按照信息提供人参与事件的程度将情报来源渠道分为“参与、亲眼目睹、直接耳闻、间接耳闻”四个层次。

情报评价表

信息提供人的可靠程度	信息来源渠道
可　靠——(　　) 通常可靠——(　　) 不 可 靠——(　　) 难以判断——(　　)	参　加——(　　) 亲眼目睹——(　　) 直接耳闻——(　　) 间接耳闻——(　　)
是否采取行动	
领导意见	签名　　年　　月　　日
备注	
接报人	日期

欧美各国目前普遍采用的信息评估模式是一套称之为“4×4 体系”的评估等级表。该评估模式由信息来源可靠性评估等级表和信息有效性评估等级表两部分构成。信息评估等级是判断信息是否具有情报价值的重要标准，只有依据表中被综合评定为 A1，A2，B1，B2 等级的信息得出的结论才是准确有效的。[1]

[1] 李亦农：“论犯罪情报的分析”，载《公安研究》2006 年第 7 期。

信息综合评估

信息来源可靠等级 信息真实性等级		信息来源真实性、可靠性确信无疑	历史记录显示多数情况下其信息是可靠的	历史记录显示多数情况下其信息是不可靠的	可靠性无法判断或以前未经使用验证过的来源
		A	B	C	D
信息内容毫无疑问是真实的	1	A1	B1	C1	D1
提供信息者本人所掌握的信息而非相关负责官员本人掌握的信息	2	A2	B2	C2	D2
信息不是提供消息者本人所掌握的但已被其他已知信息所印证	3	A3	B3	C3	D3
不是提供消息本人所掌握的信息,该信息也未被已知信息印证,或信息真实与否难以判断	4	A4	B4	C4	D4

四、信息核实的方式

(一)公开核实

公开核实是指狱侦人员以公开身份向有关单位、部门和人员进行调查核实的方法。可以通过监区领导和罪犯进行核实,或查阅研究档案材料,了解涉及的调查对象的历史和现实情况,发现线索、证实问题,或是通过审查嫌疑对象证实情况,扩大线索,获取证据。这种方法简单易行,有利于保证信息核实的广度。

(二)秘密核实

秘密核实是指狱侦人员在有关方面配合和支持下,借用其他身份或名义进行调查核实,或者利用秘密力量、秘密手段或秘密渠道进行调查核实。也可以选择侦查人员,以掩护身份参与一些部门组织的专项工作,在此过程中有计划、有目标的进行所需情况的核实。采用秘密核实的方式,主要因为有些问题如果用公开的名义去调查,往往达不到核实的目的,或者容易暴露意图,给监狱安全工作造成损失。采用秘密核实的方式有利于核实工作的深化和质量。

(三)正面核实

针对需要核实的信息,直接找当事人、参与人、见证人或检举人等依法直接进行调查核实,或者直接触及所核实的情况、问题本身,单刀直入地开展调查和核实,以取得直接证言或旁证。

(四)侧面核实

围绕核实信息指向的目标,不触及对象本身,采取间接或迂回的方法,由外向内包抄,取得足够的旁证,以查明证实有关情况或问题。在不暴露意图的情况下,有时也可以委托有关部门以合适的名义协助侦查部门核实有关情况。

五、信息核实的方法

(一)来源核实法

来源核实法,是指侦查部门根据信息来源的可靠程度,分析判断信息真实性程度的一种信息核实方法。监狱安全信息的来源比较广泛,其中秘密渠道的来源主要有:秘密力量提供、专案侦查获取、技术手段获取、秘密调查获取、狱外调研获取、上级业务部门通报、信息交换、查阅业务档案发现等。公开渠道的来源主要有:公开传媒、罪犯检举揭发、狱政管理发现等。信息的来源不同,它的可靠性程度也不一样。司法实践表明,秘密渠道来源信息通常要比公开渠道来源信息的可靠性大。在秘密渠道或者公开渠道中,不同具体来源的信息可靠性也有差别,如耳目提供的信息通常要比罪犯监控力量提供的信息更可靠。信息来源与信息真实性的一般关系是:信息来源越可靠,信息真实性程度就越大。

不同来源的信息核实的内容也有差别,要根据不同来源途径选用不同的核实方法。其一,对秘密力量提供的信息,要综合分析秘密力量的忠诚程度,工作能力与工作条件,与主要侦查信息对象的关系,以往的工作表现,获取信息的过程、方法、手段等因素;其二,对技术侦查手段获取的信息,要综合分析技术侦查手段的使用有否暴露,侦查信息对象是否具有反侦查的能力和行为,技术侦查使用的条件,侦查人员的经验和能力等因素;其三,对罪犯自首或口供材料,要综合分析其自首或供述的原因及动机,在什么情况下自首或供述,涉及个人情况的多少、轻重,涉及其他人情况的多少、轻重,其在犯罪组织或团伙内的地位等因素;其四,对罪犯检举揭发的材料,要对检举揭发人的动机或目的,检举揭发人与被检举揭发人之间的关系,检举揭发人获取检举揭发材料的途径与方法等因素进行综合分析,才能对检举揭发材料的真实性作出判断。

(二)要素分析核实法

一份完整的信息应包括的基本要素有:对象、时间、地点、行为、原因、方法和手段等。要素分析核实法，是指监狱民警对获得的信息进行要素完整性和具体性分析，以把握其真实性程度的一种信息分析方法。但需要注意的是，信息要素与信息真实性之间没有必然的关系，不能简单地认为信息要素越完整、越具体，信息真实性就一定越大。一方面，如果罪犯存心要欺骗监狱民警，信息要素是可以编造的；另一方面，在信息产生的初始阶段，信息要素往往是不完整、不具体的。

（三）矛盾分析核实法

矛盾分析法，又称比较分析法，它是通过比较反映同一对象的同一信息或者不同信息之间的异同来鉴别信息真实性的一种信息分析方法。通过比较，如果发现反映同一对象的同一信息前后内容之间相互矛盾，说明这份信息的真实性存在疑问。如果发现反映同一信息对象的同一来源的不同信息内容之间相互矛盾，或者反映同一对象的不同来源的信息内容之间相互矛盾，那么，这些信息之中至少有一份内容是假的，甚至全部是假的。

实际工作中，矛盾分析法主要有三种应用途径：一是比较同一信息的前后内容之间是否相互矛盾。这主要适用于没有其他信息来源的单一性信息。二是比较反映同一信息对象的同一来源的不同信息内容之间是否相互矛盾。三是比较反映同一信息对象的不同来源的信息内容之间是否相互矛盾。在信息真实性分析中，如果出现信息内容相互矛盾的情况，对这些相互矛盾信息的真实性一定要存疑，然后通过后续信息以及进一步的分析研判，再确定它的真实程度。反之，如果通过比较分析，发现反映同一对象的不同来源的信息之间，反映同一对象的同一来源的不同信息之间，以及同一信息的前后内容之间都是一致或比较一致的，那么，这些信息的真实性程度就比较大。

（四）内容分析核实法

内容分析法，是通过对信息的内容进行合理性分析，以鉴别其真实性的一种信息分析方法。判断信息的内容是否合理，主要从以下几个方面进行：一是分析信息内容是否符合罪犯的活动特点、规律；二是分析信息内容是否符合科学常识或科学真理；三是分析信息内容是否符合客观事实；四是分析信息内容是否符合现行制度，以及社会文化、心理、习俗等。一份信息，有时即使它的要素完整、具体，来源比较可靠，人员值得信赖，内容之间也没有矛盾，也不一定就是真实可信的，还要进一步考查它的内容是否合情合理,如果不合情理,它的真实性就值得怀疑。[1]

在监狱信息核实中,还可以综合运用来源分析法、人员分析法、内容分析法、关系分析法进行。

第四节 信息传递

信息的传递是指信息传递者借助共同的符号系统和信号,通过一定的载体或媒介把信息传递给信息接受者的过程。一切信息只有通过传递,才能实现其使用价值。在监狱安全工作中,从收集各种犯罪线索、制定侦查对策到采取侦查措施,无不依赖信息传递的各个过程。信息传递的方式有:人力传递、书面传递、电信传递、信号传递、胶片传递、实物传递和视听资料传递等。信息传递的要求是:做到及时、保真、保密。信息传递,是监狱信息工作的重要环节,没有这一环节,搜集或调研所得到的信息有可能失去应有的意义。

一、信息传递的要求

(一)及时

由于狱内的特殊环境和条件,对狱内犯罪的反应必须迅速、果断,这就要求信息的传递首先要及时,发现蛛丝马迹或可疑动态都要有所反应,狱内侦查是以预防为主的工作,一定要把事件防止在萌芽状态。通过侦查或调研获得的信息迅速地、快捷地传递到使用者的手里,对于科学的、及时的预防决策和侦查破案都有着重要的作用。有时候这对于狱内侦查部门争得预防和侦破工作的主动权,有着至关重要的作用。

(二)保真

由于情报可以直接影响到监狱安全工作的决策,影响到当事罪犯的合法权益,影响到监狱的安全稳定,所以要求有关信息在传递过程中必须要注意保真。保真首先要做到准确,信息应当什么时候传递,怎样传递,传递给谁,都必须准确有序地进行,在传递过程中要力求排除人为的失误,力求减少搜集和调研环节的失误,力求信息的准确性。保真还要做到传递过程中的不失真,一方面要防止放大效应,一

〔1〕 吴远亮:"侦查情报真实性研判的意义和方法",载《公安研究》2007年第5期。

件较小的事，越传越神，越传越大，造成不必要的紧张；另一方面也要防止耗散效应，本来是一件重大事件的或重大事故的信息或线索，由于各种主观因素或其他原因在作怪，越传越小，越传越轻，到决策人那里已经微不足道，导致战机的贻误。

（三）保密

在狱内严格监控的条件下，犯罪分子往往以狡猾、隐蔽的手段进行违法活动，这就决定了情报工作必须具有机密性和隐蔽性。情报必须安全，这才能有效地为预防和侦破案件提供有效的作用，同时也是保护当事人合法权益和人身安全的重要措施。通过严格的保密措施，保护信息的安全，保护当事罪犯的安全，保护信息传递渠道的安全，同时也保护了监狱民警的安全。因此，作为监狱工作人员，一定要树立正确的信息观念，强化保密意识，遵守工作纪律，确保信息传递中的机密、安全，使信息实现其最大价值。

二、信息传递的方式

（一）直接传递

信息的直接传递，主要是指通过人与人之间的直接见面、接头来实现信息传递过程的方式。通过人自身的力量，将信息载体传送给信息的使用者。这是一种最传统、最原始的传递方式，由于其保密性好，机动灵活，所以仍然广泛采用。它的缺点是有一定的危险性、易被监视性，传递速度较慢。具体方式常见的有：暗示传递、口头传递、秘密接头传递等。

（二）中介传递

中介传递也可称之为间接传递，主要是指通过一定的中介方法，如通过邮递、物品夹带、秘密交接点、秘密交通员等方法进行的信息传递方式。这种传递方式往往要对信息进行保密加工，如密写、密码、暗语、符号等。这种方式有利于保护隐蔽信息人员，但是增加了可能失密的环节。

（三）技术传递

技术传递，主要是指有效利用狱内的现代通信联络技术手段，如各种电子技术，进行信息传递的方式。

（四）工作传递

工作传递，主要是指对于机密性不是很强的或公开获得的信息资料。例如各种统计报表、档案卡片、总结汇报材料、谈话会议记录等，通过正常的工作渠道进行传递的方式。

三、信息传递的方法

（一）人力传递

人力传递是指通过人力将信息传递到狱内侦查机关或特定的地点。这里仅指侦查人员或秘密力量亲自传递信息的方式，包括口头汇报、文字、实物等信息的传递。人力传递速度慢，易暴露，但保密性较好，而且传递方式灵活直接，所以一直是信息传递惯用的方法之一。

1. 口头汇报

口头汇报是信息搜集者直接利用口头的方式进行信息传递的一种方式，是监狱内部运用最为广泛的信息传递方式之一。口头汇报具有安全、迅速、直接的优点。在口头汇报时要注意汇报的内容应抓住重点、客观真实、简明扼要、层次分明、条理清晰。

2. 暗示联络

暗示联络是指情报人员按照事先约定的、为双方所理解的信号或暗号进行联系的一种传递方法。暗示联络是信息联络双方进行信息传递的常用方式，在情报工作中运用广泛，常用于传递一些简单的、易于理解的信息。

3. 秘密接头

秘密接头是狱内侦查人员和耳目秘密接触，传递犯罪信息，下达指令等信息活动的一种方式。运用秘密接头传递犯罪信息，关键是接头时间、接头地点、接头方式等的选择。秘密接头点有固定的，也有临时的，选择如何秘密接头，应根据当时的具体情况而定。

（二）书面传递

书面传递，也称为文字传递，指将与监狱安全有关的信息，运用文字形式，传递为信息接收者的一种传递方式。

1. 书面报告

书面报告浓缩了原始文本文件的相关内容，使之集中化、系统化。

2. 密函密写

密函是按照约定的书写规则，利用明文信件掩护真实信息内容，秘密传递信息的一种文字传递方式。密函必须有破译的规则和方法。密写是指利用特定的方法书写或打印文字,“潜隐”信息内容,秘密传递信息的一种文字传递方法。这种传递方法的文字被“潜隐”在质层里,在日光下肉眼无法看见,必须经过物理、化学技术的处理才能显现。

(三)通信技术传递

通信技术传递是利用电话、手机、多媒体、网络等技术手段传递信息的方式。

1. 电话传递

电话是传递信息的主要方式之一,它具有直接、快捷、简单的优点。采用电话传递信息的主要方法有:利用监狱内部业务电话系统传递,利用电话系统传真传递,利用移动通讯传递。

2. 计算机网络传递

计算机网络是计算机技术和通信技术相结合的产物,是信息传递中应用最为广泛的手段之一。随着计算机技术的普及和广泛运用,目前,监狱系统正初步建设一个覆盖范围广,涉及领域大的信息网络系统。计算机网络可以传递声音、文字、图像、视频等形式多样的信息,是监狱安全信息传递中发展潜力最大的一种传递方式。

(四)实物传递

实物传递,是指将含有信息内容的实物直接传递的方式。这种方式也是传递信息惯用的方式之一。不过在传递过程中要注意对实物的保全。因为有些实物本身就是犯罪证据,可能附有犯罪嫌疑人遗留的痕迹和其他可供技术鉴定的物质。因此,要根据实物的形态加以包装,并分别贴标签,记明案件名称、发案时间、地点、物品名称、数量等详情。

第五节 情报分析

监狱安全情报分析(以下简称情报分析),是一项高层次的情报服务工作,是为了服务于监狱安全防范工作,打击、防范狱内犯罪的需要,在广泛搜集、积累信息资料及必要的实地调查所获得的材料基础上,运用科学的分析研究方法和必要的数据处理,对情报进行分析研究并取得新的情报成果的一项专门工作。

情报分析不是对单份情报的分析研究,而是一种情报资料的重组和开发工作。它是根据解决特定问题的需要把分散在各种情报资料上的相关信息进行定向选择和科学抽象的分析研究活动,其分析研究成果是情报工作和科技工作相结合的产物。所谓定向选择，就是根据特定需要，收集与之相关的情报、资料（包括相关的统计数据）进行深层次的加工整理使之知识密集化、综合化、系统化、准确化。所谓科学抽象，就是对定向选择的情报、资料进行分析、比较、综合、归纳、推理、判断，揭示其本质、规律和联系的思维过程。通过定向选择和科学抽象的结果必然会形成新的情报或情报集合，即情报分析研究成果。

一、情报分析的主体

任何形式的情报分析活动，都离不开高素质分析主体的参与。情报分析的主体是指从事监狱安全情报分析活动的监狱民警。它既包括监狱专门机构（侦查部门、情报中心等）中的分析人员、也包括基层民警和其他情报人员。在监狱实际工作中，基层分析人员的分析报告及各类情报产品，都要上报更高一级的监狱机关，由监狱领导层进行决策、评估，从这个意义上讲，监狱高层决策者也是分析的主体。情报分析要求情报分析人员在众多的信息中进行筛选，根据各种蛛丝马迹找出有用的信息和线索，进行汇总、分析，从大量的客观信息中提炼出认知性的结论，从而为业务部门提供情报服务，为领导提供情报参考。因此，要求情报分析主体具有很强的分析能力，包括以下内容：

（一）敏锐的情报意识

情报意识是指情报人员对与监狱安全有关联的人、事、物、案件、线索等的敏锐观察和甄别能力，表现为对情报的敏感力、洞察力、鉴别力和联想力。情报人员应具有敏锐的触角，对监狱安全形势高度敏感，能够从小处、细微处发现事态的苗头和问题的根源，从而做到防微杜渐。情报意识的强弱是衡量情报人员情报能力的重要标准，情报意识的高低取决于他能否从各种信息源中精确、快速、完整地搜集到他所期望的信息；取决于他是否能从杂乱无章的信息中快速识别有潜在价值的情报。[1] 一个缺乏情报意识的人，即使情报出现在他面前，他也可能视而不见，充耳不闻，因而贻误战机。在监狱安全情报中，很多有价值的情报是动态信息，这些信息稍纵即逝，若不能及时发现和利用，就可能永远失去机会，成为没有价值的信息垃圾。

1996年10月7日凌晨2点30分许，某监狱四大队的小煲房内，五名罪犯秘密

---

〔1〕 李广仓：《公安情报分析原理》，中国人民公安大学出版社2007年版，第50页。

挖掘地道通往狱外。五个人依次通过该地道从“小煲房”成功逃到狱外。10 月 7 日上午 8 时，值班民警对罪犯进行集队点名，发现这 5 名罪犯均不在现场，问其他罪犯都说没看见他们，均不知去向。值班民警立即组织其他民警和罪犯进行搜索。经过搜索，未发现 5 名罪犯的身影，值班民警随即报告了大队和监狱。监狱在接报后经过分析，估计 5 名罪犯已经逃出监狱。于是，一方面立即组织全监民警、驻队武警对监狱现场进行详细勘察，了解具体情况；另一方面在监狱周边布置警力，进行追捕。该起案件的教训之一是：监狱民警异常犯情观念不强，安全思想麻痹，没能及时收集和处置异常犯情，维护监管安全。在“10・7”脱逃案件的调查中暴露出当时一些民警对出现的一些异常犯情的分析和防范处置意识极其淡薄。在脱逃案件发生前的策划阶段，5 名罪犯经常在中队小煲房内聚集。当时虽有其他罪犯向中队反映此狱情，但中队有关领导和民警毫不重视。特别是在案件发生前 10 来个小时，有罪犯再次向中队分管管教工作的副中队长反映武某、张某、杨某 3 犯在小煲房内进行异常活动并要求其调查核实，该中队长仅是到小煲房看了一下，随便询问武犯几句就马虎了事，毫无警惕之意。罪犯脱逃当日早晨出工时，分队带班的民警只管把罪犯带出，后来发现少了 2 名罪犯也不及时进行追查，没有意识到罪犯是否脱逃，从而延误了早发现、早追捕的时机。

（二）合理的知识结构

所谓的知识结构，主要指情报分析人员的知识背景及主要专长的合理搭配。

情报分析人员的知识结构主要有两个向度：一是与情报人员的专业知识——情报学知识；二是与情报人员从事的工作密切相关的专门知识、方法论知识。一方面，情报分析人员应具有比较扎实的情报学理论知识、基本技能，掌握情报运用的基本规律；还要熟悉狱情分析、敌情调研等专业情报学知识和技能。另一方面，情报人员还应掌握与监狱安全防范工作相关的各类知识，包括犯罪学、侦查学、犯罪预防学、社会学、法学、监狱学等，这些知识可以帮助情报人员深入了解一些安全防范方面的问题，避免对一些常识性、敏感性的问题出现误判；情报人员不要求像一线民警那样对监狱管教工作的熟悉和把握程度，但对于监狱安全防范方面的知识：如罪犯管理、狱内侦查、狱政管理、心理矫治、监狱法规、安防实务等要有一定的了解和掌握，避免在情报分析过程中出现一些低级错误。

（三）专业的工作经验

具有监狱安全防范工作的专业经验和情报分析研判的工作经验是情报分析人

员必须具备的基本要求，情报分析人员只有具备了专业经验，才能迅速地将问题定性，对情报的价值做出评估，从而得出结论。随着计算机网络技术的飞速发展，监狱信息化建设的不断深入，一个信息化、网络化、智能化的情报时代给监狱安全情报工作带来了新的革命性的变化。情报分析人员的分析活动逐渐从传统的头脑加纸质笔记本向专门的网络和信息技术协同作战转变，多功能的监狱信息平台初步建立，各类数据库、应用软件陆续开发，使情报分析活动有向自动化、智能化发展的倾向，要求未来情报分析人员在实战中具有情报分析能力、安防实战能力、情报技术能力三位一体，成为懂业务、懂技术、懂实战的复合型人才。

（四）深入的研究能力

情报分析研究从本质上讲，是对各种零星信息、表面互不关联的信息深度加工与整理的思维过程。情报人员的情报研究能力，是情报人员对搜集来的原始信息，经过加工整理生产出满足监狱安全需要的增值情报所具备主观条件和个性心理特征。情报分析研究是情报人员以特定的需求为依托和出发点，以定性和定量分析的研究方法为手段，对情报信息的搜集、整理、鉴别、评价、分析、综合的系列过程。这个过程中，情报人员的分析研究能力是一个综合素质，也是一个能力系统，它至少包括三个要素：观察分析能力、逻辑推理能力和创造分析能力。[1]

（五）创造性思维能力

创造性思维能力是情报人员在表面看似互不相干的单个信息之间搭起桥梁使之发生情报增值的能力。监狱安全情报不是信息的叠加，而是信息与信息之间的"相互关系"，因此，情报的创造主要是着眼于发现信息客体之间的相互关系，使孤立的信息相互碰撞，发生增值。监狱安全情报创造活动就是一种情报增值性研究活动。美国中央情报局寻找的情报分析员就是能够进行线性思维和模式思维的人，他们不必一步一步地思考，他们能在必要时进行跳跃式思维。他们能够将其在直接调查中了解的知识和信息同相差很远的事情联系起来，并能将外部的信息同相关内部情况联系起来。[2]

第二次世界大战期间，一个英国人叫雅各布。他对德军的军事秘密了如指掌。当时他编写了一本小册子，详尽地公开德军的编制结构、160多名部队指挥官的姓名简历，甚至对德军新成立的装甲师的步兵小分队也做了介绍。希特勒为军事泄

---

〔1〕 张蕾华："侦查人员的情报分析能力研究"，载《云南警官学院学报》2012年第5期。

〔2〕 马忠红：《情报主导侦查》，中国人民公安大学出版社2006年版，第185页。

密勃然大怒,下令追查。原来,雅各布是个有心人,长期搜集、剪贴、摘抄德国报纸上发表的涉及军事情况的报道,积累了大量资料和卡片,经过综合研究,整理出了大量的军事秘密。同样事情在世界闻名的珍珠港事件前也发生过。据说1941年日本为了确保袭击珍珠港的成功,派吉川猛夫潜伏珍珠港搜集情况。一天,他从一家报纸中发现了一条有趣的消息:×××小姐将于×月×日与战列舰"西弗吉尼亚"号上的一位军官在×地举行婚礼。吉川猛夫根据这一消息,当即跑到珍珠港观察,果然有一艘军舰停泊在那里。他断定那就是"西弗吉尼亚"号战列舰。通过这一线索,吉川猛夫很快就摸清了停泊在珍珠港的所有美国舰艇及其活动规律,为日本偷袭珍珠港提供了准确情报。

二、情报分析的特点

(一)针对性

情报分析的主要目的,是为监狱安全防范即打击与防范狱内犯罪进行决策时提供依据和论证,是一种有明确目的的应用性分析工作。情报分析研究工作都是针对特定情报用户的需求进行的,走在决策行动的前面,才能实现它的功能,发挥它的参谋作用。

(二)综合性

情报分析的综合性特点,主要表现在两方面:一方面,是由情报分析自身的性质所决定的。因为情报分析的目的是为监狱安全工作的科学决策提供依据和论证,而一个科学决策的作出,既要考虑决策的先进性,还要考虑经济上的合理性和实践上的可行性。因此,情报分析时,必须把先进性、适用性、可行性等有机地结合起来。同时,情报在分析过程中,还要将宏观与微观,主观与客观,理论与实践有机地结合起来。以上几个方面的有机结合,使情报分析具有很强的综合性。另一方面,情报分析的综合性还在于情报分析的目的性,就是要使有关分析研究课题的信息资料系统化。情报分析要将分散在各种大量文献上的零星、片面、无序和不完整的有关信息资料,汇集起来进行加工整理,使之系统、有序、完整。

(三)预测性

情报分析是在研究现在和过去的信息资料的基础上,对事物发展趋势和未来情景进行合乎逻辑的推测。诸如监狱安全的现状及未来发展趋势和工作规划的制定,都涉及一个预测问题。在每一重大决策作出之前,必须进行深入的情报分析,不仅从当时、当地的条件和执行这一决策所产生的影响和效果来判断其是否正确,是否切实可行,还必须预测未来的效果、发展和可能产生的影响。所以,预测性是为决策服务的情报分析工作的又一特点。

(四)科学性

情报分析的科学性主要表现在:情报分析活动必须坚持一切从调查客观事实出发,在鉴别信息真伪的前提下,采取定性与定量分析的方法,进行对比分析、逻辑推理、数据运算,辨明现象的本质,掌握客观事实的内在规律,形成科学的、正确的判断。监狱安全情报分析是在占有监狱的数据和事实,以及监狱同犯罪作斗争经验的大量信息资料的基础上,进行科学分析研究的,这就极大地制约和避免主观片面性,使分析研究成果既反映客观事实的准确性,又展现分析研究过程的科学性。

(五)服务性

情报分析研究,是围绕着监狱打击和防范狱内犯罪而展开的,其基本任务就是:在占有大量情报和资料的基础上,分析研究狱内违规犯罪活动的发展变化情况;预测将来发展趋势或者特定课题的历史和现状并作出评价;总结监狱同狱内违规犯罪作斗争的正反两面的经验,从而提出有参考意义的和使用价值的情报分析研究成果,为监狱安全决策提供良好的服务。

三、情报分析的种类

(一)战略情报分析和战术情报分析

根据情报分析的作用,监狱安全情报分析可分为战略情报分析和战术情报分析。从目前监狱安全情报实战看,大致可以把监狱安全情报分析分为三个层次:(1)运行层:基层监狱民警全员进行情报信息的收集、整理、分析与运用;(2)战术层:主管部门(如情报信息中心)、侦查部门的情报分析、研判与运用;(3)战略层:监狱决策层情报分析、研判与运用三个层级互为支撑构成一个金字塔结构。

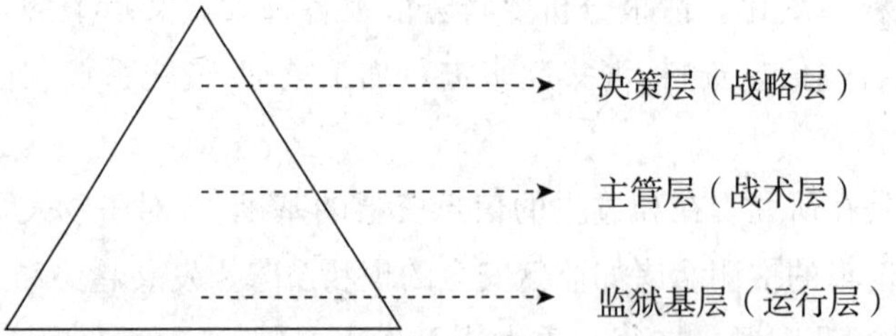

1. 战略情报分析

监狱安全战略情报分析,又称为宏观情报分析,是情报人员针对某个较为宏观的、重大的、带有全局性的或对全局决策有重大影响的情报所进行的分析研判。其分析的结论指向一种长期的行动目标,效果的产生有一个较长的过程。监狱安全战略情报分析主要对关乎监狱安全工作全局的重大问题进行分析与研究,它不是对某一起事件、案件的微观研究,而是对诸多事件的全面分析,不但是对已知情报内容的分析,同时也是对诸种未知因素的综合分析与预测。安全战略情报分析通过对监狱总体安全状况和安全发展趋势的分析,为领导在进行狱内违规犯罪的积极防范和有效控制的决策上提供情报支持。

2. 战术情报分析

监狱安全战术情报分析又称为微观情报分析,是相对于战略情报分析而言的,是对监狱安全中一般的反映局部情况或某一方面情况的安全情报所进行的分析研判。其分析结论直接指向一种短期的行动目标,并且会较快的产生成效。如监狱某一起预谋犯罪案件侦查过程中的案情分析工作。战术情报分析多贴近监狱安全实战,解决具体问题,监狱基层部门时时进行这类情报分析。战术情报分析的优劣,直接影响到基层安防工作的效率,是衡量基层工作业绩的重要依据。

监狱安全战略情报与战术情报的比较

	监狱安全战略情报	监狱安全战术情报
分析方法	综合分析	解构分析
分析原则	理论分析	个案分析
分析手段	预测分析	实证分析
分析层次	深层分析	表层分析
分析指向	所指广泛	所指单一

(二)专题性情报分析、综合性情报分析和预测性情报分析

根据监狱安全情报分析的性质,情报分析可分为专题性情报分析、综合性情报分析和预测性情报分析。

1. 专题性情报分析

专题性情报分析是对监狱某一类或某一方面的安全工作情况进行专门的分析研究。这类分析,涉及领域十分宽广,但命题单一、目标集中,要求把问题的本质、内在联系、发展变化等情况充分揭示出来,作为解决矛盾的依据,专题性分析特别强调深度、高度和新意,具有较强的针对性和鲜明的灵活性。比如某监狱开展对罪

犯道德人格评定的专题性情报分析，分析的目标是测定罪犯主观恶习深浅，衡量人身危险性大小，施以警戒处遇和等级管理的高低，为有效改进罪犯、预防狱内事故发生提供科学方法。经过近一年的分析研究，从量表的修订，制定测评规程、测评人员培训，分别对359名罪犯进行初评，84名罪犯复评，以及43名累惯犯、41名初偶犯的测评，并运用计算机进行相互对比、统计分析，继而又组织21名民警对359名罪犯进行印象评定，并从中抽出主观恶习深浅两头的71对罪犯为样本，进行信度、效果统计分析，基本上确定了14项测评项目，为量表的确定奠定了基础。

2. 综合性情报分析

综合性情报分析是把监狱安全作为分析研究的整体，对影响监狱安全的各种要素及相互联系和规律进行综合分析，以正确的衡量监狱安全形势和准确把握监狱安全工作。综合性情报分析要求说明监狱安全工作的整体情况，探讨狱内违规犯罪活动产生的原因，发现其影响因素，揭露突出矛盾和薄弱环节，提出解决问题的对策和方法，以便监狱领导以此作为指导监狱安全工作的依据。

3. 预测性情报分析

预测性情报分析是以分析监狱安全发展趋势的特点、规律为目标，研究狱内犯罪活动的未来发展情况，为预防犯罪、控制犯罪和打击犯罪活动提供依据。预测性情报分析特别强调苗头性、倾向性，具有较强的超前性和预警性。

(三)防范性情报分析、控制性情报分析和打击性情报分析

以监狱安全情报分析的工作目标为标准，可将情报分析分为防范性、控制性和打击性情报分析。防范性情报分析的目标是预防罪犯在监狱内实施违规犯罪行为而进行的情报分析活动。控制性情报分析则是研究分析如何对狱内犯罪进行有效控制的一类分析工作。打击性情报分析的目标是打击狱内犯罪行为而开展的情报分析工作。

另外，根据情报分析的周期，监狱安全情报分析可分为定期情报分析和不定期情报分析。定期情报分析是监狱固定周期对监狱安全情报开展的分析活动，可以是一周、一个月、半年情报分析。不定期情报分析主要是针对一个时期出现的突出情况，如监狱发生有影响、有苗头性和倾向性的安全问题，应及时进行专题分析，提出有效的打击和防控对策。

(四)个人分析和团队分析

依照分析主体的数量进行分类，情报分析可以分为个人分析和团队分析。传

统意义上，个人分析是最主要的分析方式，基层一线民警在搜集和分析情报时，常常是个人分析为主。而在正式的情报分析中，团队分析比较普遍，如监狱的狱情分析会。团体分析是由多个情报人员组成团队以集体方式按照各自的岗位分工和情报分析的流程各负其责，协同参与分析的方式。团队分析主要有三种方式：

1. 流水线分析。流水线分析是多个情报人员按流水线配置，分别负责同一个问题的分析过程的不同环节和步骤，一个岗位得出的阶段性情报半成品交由下一个岗位进一步加工处理。如综合性狱情分析中，从基层民警分析——监区狱情分析会——监狱狱情分析会。在流水线中，简单的重复劳动、数据整理等分析环节通常交给初级分析人员，而最核心的分析过程则由资深的高级情报人员进行。

2. 集体会议。集体会议也称为摸底排队会议或者排查会议，监狱一般称为狱情分析会议。集体会议一般由摸底和排队两个阶段组成。摸底阶段由与会者提出和记录各种问题，排队阶段由与会者依据信息对每一个问题进行评估，并按其重要程度进行排序，对问题进行定性分析，找出原因，作出预测，制定对策。

3. 同行审查。在许多国家的情报机构中，同行审查是一个非常普遍的程序和制度，是情报人员得出结论后，由未参与分析过程的另一部门的情报人员对情报产品进行审阅。这样可以保证情报分析的可靠性，客观评价分析过程。

四、情报分析的要求

（一）选题准确，实事求是

情报分析人员必须结合监狱安全工作的实际情况选取目标，才能做到有的放矢，使分析出来的结论具有实用性，才是有意义的。情报分析要关注监狱的重点、热点、难点问题。重点包括长期重点和短期重点。长期重点表现为较长一个时期的战略方针和工作重心，如建立监狱长效安全管理机制问题。短期重点是指当前一个阶段监狱安全的中心任务，如防逃、防自杀等。热点是指具有影响性的，监狱领导和民警所关心和关注的问题。难点是指监狱长期存在的、不好解决的问题。如危险犯管理、违禁品查处等。监狱安全情报的选题，无论是从战略情报的角度，还是战术情报的角度；无论是从狱内犯罪防范的角度，还是从狱内侦查的角度进行分析，都要考虑分析的目的是为监狱安全工作服务，而不是其他。

实事求是是指情报分析要尽量全面准确真实地反映各监区的各类狱情，监狱整体的安全形势才能清晰地展示出来。对于基层民警来讲，他们对于监区狱情认识的特点是亲历性,重点应该立足对当月监狱安全形势的分析,监区必须对当月所有发生在本监区消极的、积极的、现行的、潜在的各类狱情,认真进行细致的分类盘点统计,并与上月或某一个同期相比较,得出狱情在数量、种类、程度等方面是否发生变化或发生了怎样的变化,形成数据资料库式的结论。而对于具体的狱情行为表现,只需要选择有代表性的例证,说明其值得关注的细节要点,不必要把某犯如何违纪的过程讲故事式地逐一简单复述。同时,狱情的发生有可能涉及民警或民警管理的,监区不能回避或淡化。狱情分析不是功过是非的评价,目的在于客观地分析判断相关因素对监狱发展走势的影响力,即使民警有问题、有责任,也要打消顾虑,实事求是,毕竟监狱安全工作就是在不断地总结教训中进步的。[1]

(二)动态分析,内容新颖

狱内外各种因素对罪犯改造的影响导致罪犯思想和行为发生的短期变化,如政策法规变化、家庭变故、刑罚变化等,因此,监狱安全情报具有动态性。无论是罪犯团伙的形成发展,还是罪犯主观恶性的变化,还是犯罪手段的升级,都是在动态中发展的。而且,监狱监管的环境不同,侵害的目标不同等也会引起犯罪手段的变化。情报分析人员要具备在动态中把握实质的本领,才能对犯罪的状况作出准确的分析判断。

内容新颖指监狱安全情报分析要体现监狱的新情况、新举措、新经验和新问题。当前我国处于转型期,监狱工作面临各种新问题和新矛盾,一些热点和难点问题层出不穷,情报人员搜集信息时,要摒弃那些陈旧的材料和那些被反复论述过的观念和多次反映过的情况,注意发现有价值的信息,挖掘新材料、新内容、新措施。

(三)系统研究,深入透彻

情报分析人员必须把监狱安全情报看作是一个完整的系统,并辩证地对待它的整体与部分、部分与部分、系统与环境等的相互作用和相互联系,以求达到对问题作出最佳处理。这就要求情报分析人员不仅需要全面看问题,而且要通过外化信息看透内储信息,并弄清其内在关系,作出的结论才是准确的、切实可行的。比如狱情分析会议中,狱政狱侦部门作为具体的组织者,要善于站在整体系统的高度,把了解、观察、思考如何驾驭狱情的发展为己任,表现出剖析、辨析的能力。监狱安全情报分析实际上是一个包含着信息收集、整理、思辨、决策等过程的闭合的

〔1〕 段晓东:"科学分析狱情之管见",载《中国监狱学刊》2005 年第 1 期。

活动周期，狱政狱侦部门必须开动脑筋、主动工作：一是狱情信息源头思考。业务部门在平时就要求各监区建立各类狱情发生的备忘录（流水账），明确责任，在微机上设立专门的文件夹，便于汇总和随时调阅。二是狱情分析会前思考。这是避免漫无边际走形式，提高质量和效率的必需。会议前2～3天，业务部门要根据备忘录大致确定当月重点议题，散发提纲，不打无准备之战。三是狱情分析会中思考。业务部门在会议上的作用，就是将散现于各监区的情况，通过宏观的综合，找出共同的、提出重点的、发现容易被忽视的狱情。四是狱情分析会后思考。会议做出的判断是否准确，制定的措施是否有效，业务部门必须在会后及时跟踪调查，观察、思考、发现是否有偏差，以便于措施的调整。[1]

（四）及时分析，决策前瞻

在信息社会，情况千变万化，信息稍纵即逝。时效是情报的生命，能否准确、及时的获取信息，决定监狱在安防工作中能否占得先机和赢得战斗的主动权。一个信息在特定的时间内可能具有很高的价值，一旦错过这个时间，该信息可能没有任何价值。情报分析的不及时，可能导致狱内犯罪得逞，可能给监狱造成不可挽回的损失，尤其是脱逃犯罪、袭警犯罪、严重暴力犯罪和严重的预谋犯罪，其损失更是难以估量的。情报分析人员一定要牢固树立监狱安全情报分析的及时性原则，力争将重大狱内犯罪消除在萌芽状态，确实起到"事先"预防作用。总之，情报分析越科学、准确、及时，情报的使用价值就越高，主导安全防范的功能就发挥的越充分；反之，采而不研、研而不判或者研之无据、判之无向，不仅会造成工作消耗和警务资源浪费，而且会导致决策失误，影响监狱安全工作的顺利开展。

所谓前瞻性，包含两层意思：一是组织策划的前瞻性；二是所确定的目标选题具有前瞻性。情报分析就是使情报被运用到监狱安全工作实践中。不同的时期，不同的监管背景下，监狱安全形势表现出的特点不同。情报分析人员必须在把握监狱发展脉络的基础上，对未来一个阶段甚至较长的一个历史时期的监狱安全走势作出预测，指导宏观决策，监狱才能及时采取有效的对策，以保证监狱的安全稳定。如在实际的狱情分析会工作中，作为狱情分析会的召集人、主持人，监狱长必须发挥决定性的作用。监狱长要在会议小结时对本月的狱情进行综合评述，对各单位狱情分析活动的质量，对监狱罪犯思想动向、行为特点和民警管理共同构成的

---

〔1〕 段晓东："科学分析狱情之管见"，载《中国监狱学刊》2005年第1期。

狱情走势有一个结论性的整体判断和定论。并针对性地提出下一步有效地控制监管局势、切实强化监管教育改造工作的具体措施,拿出言简意赅、操作性强的决定性结论。

五、情报分析的方法

情报分析方法是指那些通过抽象总结出来、经由实践检验被认为是行之有效、适合各类型情报研究的一系列方法。[1] 监狱安全情报分析一般方法主要分为定性分析法和定量分析法。定性分析是为了确立认识对象的性质或类型,解决认识对象的实质是什么的问题。定量分析是为了确定认识对象的规模、速度、范围、程度等数量关系,解决认识对象"是多大"、"有多少"等问题。定性分析和定量分析是情报分析的两个方面。由于在指导思想和操作手段上存在差异,情报定量分析和定性分析所关注的焦点各有不同,使用方法不同、角度不同,对事物侧面进行探究的程度也不同。总的来说,定量分析方法依靠对事物可以量化的部分及其相关关系进行测量、计算、分析,以达到对事物"本质"的一定把握,而定性分析则是通过研究者和被研究者之间的互动,对事物进行深入、细致、长期的体验,然后对事物的本质得到一个比较全面的解释性理解。

定量分析和定性分析各有优势和弱点。一般来说,定量分析方法比较适合在宏观层面对事物进行大规模的调查和预测;而定性分析方法比较适合在微观层而对个别事物进行细致、动态的描述和分析。定量分析往往是平均情况,因而要求抽样总体具有代表性。而定性分析擅长对于特殊现象进行探讨,以求发现问题或提出新的视角。定量分析将事物在某一时刻凝固起来,然后进行数量上的计算;而定性分析使用语言和图像作为表达手段,在时间流动过程中追踪事件变化过程。定量分析从研究者事先设定出发,收集数据对其进行验证。而定性分析强调从当事人的角度了解他们的看法,注意他们心理状态和意义建构。定量分析极力排除研究者本人对研究的影响,尽量做到价值中立;而定性分析十分重视研究者对研究过程和结果的影响,要求研究者对自己的行为进行不断反思。[2]

(一)定性分析法

定性分析是一种剖析事物性质的研究方法。该方法的主要特点是通过对事物

〔1〕 李广仓:《公安情报分析原理》,中国人民公安大学出版社 2007 年版,第 119 页。

〔2〕 高庆德、程英:"情报定量分析和定性分析对比研究",载《现代情报》2008 年第 11 期。

表象进行全面、深入、细致的考察分析，进一步揭示出决定这一事物发展变化的内在规律。定性分析是对社会现象进行“质”方面的分析，包括运用归纳和演绎、分析与综合、抽象与概括等方法，对获取的各种信息进行创造性思维加工，从而达到去伪存真、去粗取精、由此及彼、由表及里的认识目的，揭示事物的内在本质和规律。比较法、因果法、综合法、分析法、归纳法、演绎法等是定性分析的代表方法。

1. 比较法

比较法是确定事物之间的差异点和共同点的逻辑方法，是根据一定的标准，把彼此有某种联系的事物加以对照，以便揭示其相同点和不同点的方法。比较法从不同角度可以作不同的划分，具体可分为：同类比较和异类比较；动态比较和静态比较；横向比较和纵向比较；全面比较和局部比较；宏观比较和微观比较等。其中横向比较和纵向比较在监狱安全情报中比较常用。纵向比较是对同一事物在不同时期的状况进行对比，从而认识事物的过程、现状以及发展趋势，是同一事物在时间上的对比。横向比较是对监狱不同监区、不同犯罪进行比对，判明罪犯违规违纪、狱内犯罪的分布情况和所占比例情况，是同一事物在空间上的比较。比较法在监狱工作实践中应用广泛，狱情分析中，狱侦人员经常对每月、每季度等狱情进行对比，对监狱罪犯违规违纪情况进行比较等。通过比较法分析的结果，可以使用数字、曲线图或文字描述的形式表达，分别称为数字比较、图示比较和描述比较。

（1）数字比较。通过数字比较事物的各种特征或属性，根据特征数值或属性数值的大小，对比较事物进行比较研究。

（2）图示比较。用图示比较法通过图示的方法显示比较的具体项目和数字，能形象生动、简明地反映对比事物的状况、水平和差距，并能清楚地反映事物发展的趋势。

（3）描述比较。情报分析中，有些情况分析对象比较复杂或抽象，难以用数字指标来反映，为了对研究对象进行全面的比较，增强比较的说服力，可以用文字描述进行比较分析，并辅助必要的数字表述。描述比较虽然不够鲜明、量化，但说理透彻，对比全面，逻辑性强，多适用于事物的定性对比。

2. 分析法

分析法是将一个复杂的事物拆开，把整体拆解为部分，经过抽象、提炼等环节，发现事物有代表性的质的规定性，从而把握事物本质的一种分析方法。分析法具有“解构”的特点，是把事物分为若干部分，深入事物内部，厘清事物各部分之间的关系、功能、性质等，实现从现象到本质、从表层到深层逐步深入认识的目的。

分析法常常与个案分析相结合，通过“解剖麻雀”式的典型案例分析，实现对事物的深刻认识。比如对罪犯脱逃的研究，分析人员可以从时间上把脱逃案件分为不同部分：动机产生阶段、预谋准备阶段、脱逃时机选择阶段、脱逃实施阶段、脱逃后逃跑阶段、脱逃后藏匿阶段，等等。不同的阶段，又有不同的细节，对这些细节的分析，又可以分为更细的细节，形成一个分析框架。

分析法可分为四个步骤实施：第一，把整体拆解为部分或大的构成单位，这些部分必须代表事物的本质方面；第二，对各构成单位进行分类研究，考察各构成单位之间的结构关系；第三，对得到的各种结构关系、功能关系，在更高认知层面上进行重新解读，洞晓事物各部分之间的联系规律和形成规则，从“知其然”到“知其所以然”；第四，在“知其所以然”的基础上走向综合分析，完成分析过程。[1]

（1）表象与本质

任何事物都存在矛盾，事物的性质是由其主要矛盾的主要方面决定的，而矛盾的运动必然会在事物的表面得到反映，构成事物的表象。由于矛盾的运动和矛盾的性质之间存在联系，造成了事物的表象和本质之间存在内在联系。根据这种联系性，运用分析方法，就可以由事物的表象掌握事物的本质。

（2）内容与层次

内容与层次分析是对分析对象从内容到结构进行细致层次划分，将分析对象进行彻底分解，研究分解部分的每一个细枝末节，以获取增值情报。分析中必须抓住分析对象的各种典型细节、典型情景，打破常规，分析其中隐含的情报。

（3）要素与特征

要素与特征分析是通过对研究对象的提炼与简化，得出对象的典型特征、要素，然后对各个特征、要素进行各种形式的关联对比分析，从中发现隐含的增值情报。

3. 综合法

综合法是在分析的基础上，将研究对象的各个部分、方面、层次、功能、要素、特征等连接起来加以考察，从内部结构、系统上把握事物本质与整体特征的研究方法。综合法具有建构性和创造性特点，其大致可分为简单综合、分析综合和系统综

[1] 李广仓：《公安情报分析原理》，中国人民公安大学出版社 2007 年版，第 143 页。

合三类。

(1)简单综合。简单综合就是对与监狱安全有关的情况、数据、观念等进行汇集、归纳和整理,把分散在各种文本文件、数据库中的特定信息、素材加以整理归纳,形成系统性、完整性的资料。比如,把一个时期监狱安全各方面的情况集中在一起,进行整理,综合出比较完整地、准确的、有层次和深度的情况。

(2)分析综合

分析综合就是对收集到的监狱安全方面有关的情况、观念、数据、素材,在对比、分析的基础上综合,以认识事物的本质、全貌和动向,并得出一些新的认识或结论。

(3)系统综合

系统综合就是从系统的观点出发,对课题进行大范围的综合研究,既从纵的方面综合与之有关的历史、现状和未来趋势,又从横的方面对课题有关的各个方面进行综合。

分析与综合是互相依存,互为前提的。没有分析就没有综合,反之,任何综合都必须在分析的基础上进行;在一些复杂事物的分析中,分析和综合互相渗透,互相交叉,互相转换。因此,综合法的使用前提是已经对要研究的对象进行了细致的分析,熟悉了对象之间的各种关系。再通过综合的方法,找出结构性、功能性、规律性东西,然后再将它们运用到事物的分析中,来弥补认识不全面的地方,从而在整体上认识研究对象。

4. 因果法

原因和结果是客观事物普遍联系和相互作用的一种重要表现形式。原因指的是引起另一个事物或现象发生的事物或现象,它是产生某种结果的缘由。结果指的是原因所造成的事物或现象,它是一定条件下事物发展所达到的状态或表现的形态。因果关系分析法就是利用事物间所固有的因果关系,由原因推导结果,或由结果探究原因的情报研究方法。因果分析法在监狱安全情报中被广泛运用,如在罪犯预谋案件侦查时,案件初期阶段,分析人员得到的是获取的案件线索或其他零星的信息片段,要想真正把握案件发生的真相,情报分析人员首先必须把整个案件当做一个系统去分析,在这个系统中,从犯罪嫌疑人最初的犯罪诱因、犯罪动机、到后来的犯罪准备活动,再到其他的行为,如掩盖事实真相、选择作案时机等,整体构成一个从原因到结果的前后相继的信息链。因果关系分析法遵循三个原则,即原因居先原则、共变原则（原因的变化对应结果的变化）和接触原则（原因和结果在时空上必须接触，或由一系列中介事物衔接起来）。

某年3月8日晚23时10分，某监狱二监区罪犯邹某以吞食异物引起腹部剧烈疼痛为由，向监区值班民警温某请求到分局中心医院治病。温某根据邹犯一贯表现怀疑其另有图谋。在与另一名值班民警韩某对邹犯搜身检查时发现邹犯身上私藏一把用锯条磨制的刀具，询问邹犯为何半夜随身藏匿刀具时，邹犯不能自圆其说。经过突审，邹犯供述了准备与另一名同犯赵某（因吞食异物已先期住院治疗）借看病之机寻机劫持民警、抢夺车辆脱逃的图谋。二犯商议了两套脱逃方案并已事先通知家中把3000元现金以及便衣存放到指定地点，以备脱逃后使用。由于值班民警责任心强，及时发现并快速审结，避免了一起脱逃案件的发生。

因果法应注意的问题：其一，原因和结果并不是简单的转化关系，在实战中由于各种要素的参与，情况要复杂得多；其二，防止通过简单的因果联系就作出定性判断，要仔细研究狱内案件的经过，考察因果形式的复杂性，特别是对一果多因、同果异因、多果多因，要严加注意。

5. 归纳和演绎法

归纳法是从个别经验事实出发而概括出一般性原则的思维方法。按照归纳前提是否包括某一类事物中所有的对象，可分为完全归纳法和不完全归纳法。完全归纳法是根据某一类事物中每一种事物都具有某种属性，推出该类全部事物都具有该属性。不完全归纳法是根据某类事物中有代表性的部分对象具有某种属性，而作出的该类事物都具有某种属性的一般性结论的归纳推理。归纳法在监狱安全情报中有一定的应用，如在危险犯身份分析中，军警身份可能是实施脱逃的潜在身份，就是归纳法的运用。

与其他分析方法一样，归纳法也具有其局限性，由于归纳是以人的直观性经验为基础，有时不能完全揭示事物的本质规律。世界上的事物极其复杂多变，归纳法也只是在一定前提下反映事物某一方面的本质属性，因此，需要与其他方法配合使用，才能达到理想效果。

演绎法是由事物一般性的规律推广认识具体个别事物的方法。演绎法主要形式是演绎推理，演绎推理的主要形式是著名的三段论，即大前提—小前提—结论。在监狱安全情报分析中常用的是假说演绎法和定律演绎法。

归纳法与演绎法是一种辩证关系，其一是归纳与演绎相互联系，前后相继。演绎所依据的理由,来自归纳,归纳是演绎的基础,没有归纳的一般性结论的出现,就不会有演绎;而归纳也不是无条件的,也需要一般原理来指导,演绎为归纳确定研究的目的和方向;其二,归纳和演绎相互渗透,你中有我,我中有你;其三,归纳与演绎在一定条件下互相转化。

(二)定量分析法

定量分析是通过数学等各种方法的计算,达到对事物量的准确把握,进而达到对事物性质的认识。定量分析的着眼点在于用数量关系揭示事物的根本特征,通过精确的测定数据、图表、模型,反映事物的现状、规模、类属、结构关系等,从而使不确定的现象变得相对明确与清晰。

定量分析具有以下特点:其一,量化的特点,无论是研究资料,还是操作过程,都有严格的量化标准,其结论也具有量化特征;其二,具有完整地分析框架,运用数字模型、图表等方法;其三,采用精准、确定的实证分析方法;其四,分析过程的抽象性,减少了人为因素的干预;其五,结论的具体性,其获得的概率具有普遍性、共识性和可判定性。

1. 统计分析法

统计法是情报分析人员通过对研究事物进行数据搜集、整理和分析,形成一系列统计数字资料的方法。统计分析法是定量分析中最常用的一种方法,它是通过统计的方式将监狱安全情报以一天、一周、一月、一季节、半年、一年甚至更长时间为单位,用文、图表等形式,持续不断的将搜集到的信息数据进行归纳整理,并加以综合判断推理,以便从零散、分散的大量偶然现象中寻找事物发展规律,作出符合或接近客观实际的结论。统计分析法可分为以下几个步骤:

(1)统计设计。统计设计是统计工作的首要环节,是根据统计客体的特点和研究目标,对统计工作各个方面和各个环节的全盘考虑和安排。如确定对象范围、设计统计指标和指标体系,确定数据整理和分析的方法及步骤等。

(2)统计数据的搜集。统计设计完成后,情报分析人员按照事先确定的数据收集计划去收集关于统计客体数量方面的原始资料。这些资料是统计工作的认识起点,如果原始数据不及时、不准确、不系统,那么,就会影响统计资料的整理和分析的质量,甚至还会导致错误的情报结论。

(3)统计数据的整理。统计数据整理是将搜集到的原始数据资料加以科学的分组、归纳、综合,使原始统计资料条理化、系统化,从而获得比较简单的监狱情报,即增值情报。它是从现象的描述过渡到对现象规律性的认识,进而做出判断评价。

(4)统计资料的分析。统计资料的分析是利用加工、汇总的统计资料进行多方面的分析研究,发现问题,揭示矛盾,寻找被研究对象的特征和规律,得出结论的过程。这个阶段是统计认识过程中的核心环节,不仅要对历史和现状作出分析,还应预测未来,最后提出决策方案,为监狱领导的决策提供参考依据。

2. 图表法

在监狱安全情报分析中,为了对监狱安全形势进行总体分析,分析人员常常借助各种各样的数据表、统计表、坐标图等,用以说明所要分析的事物、现象之间的各种数量关系。列表统计将各种数据同时显示在划定的表格中,具有直观、形象、清晰、简洁的特点,避免了大量数字的罗列,通俗易懂,便于操作,因此,深受基础分析人员的喜爱。

(1)表格法。在情报分析中,表格起到"矩形分析框架"的作用,一个表格体系就是一个简单的分析框架。运用表格进行统计分析,分析人员不需要统计学知识就可以熟练地掌握。比如,随机抽取的罪犯自杀的事件,将其放置于一个简单的表格内,设置好各种考察点,便可从各种共时性关系中发现增值的情报。如某监狱统计自 1990 年以来 50 起自杀事件的表格:

罪犯自杀与方式选择

自杀方式	自缢	跳楼	割脉	服药	切颈	拍针	其他
既遂 29 例	18	3	3	2	1	1	1
未遂 21 例	9	2	4	1		1	4

(2)统计图法。统计图表就是用几何图形和具体形象表现统计数据的大小和变动的图形。有条形图、圆形图、曲线图等。如下图是浙江省狱内案件变化趋势图。[1]

[1] 黄兴瑞、孔一、曾赞:"浙江省狱内案件的实证分析",载《犯罪与改造研究》2005 年第 6 期。

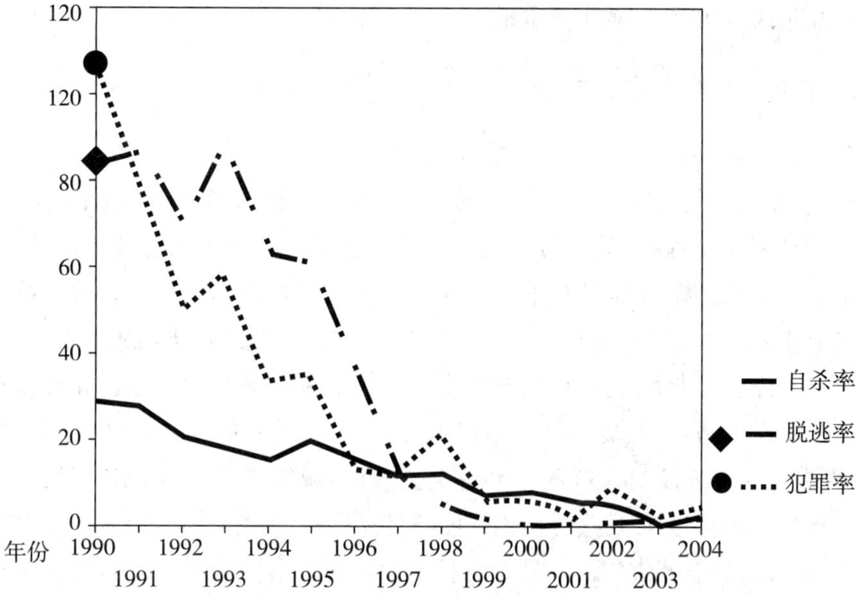

图 1　浙江省 1990～2004 年 6 月的狱内案件变化趋势

3. 趋势外推法

趋势外推法，是定量预测方法的一种。它是根据过去和现在的发展变化趋势推断未来的一类方法的总称。[1] 例如，滑动平均法、指数滑动平均法（即指数法）、线性外推法等。趋势外推法是基于如下前提：决定过去的发展因素，在很大程度上也决定未来发展，条件是不变的或变化不大；其结构和影响具有稳定性的趋势，且继续影响和决定事物（事件）的未来发展趋势。如果在推断时期内，上述前提发生了变化，预测就失去了依据。由于趋势预测法是一种定量预测法，一般是在时间数列分析的基础上进行的。所谓时间数列，又称动态数列，是把反映某一事物和现象在时间上发生变化的数列指标（即统计指标的数值），按时间先后次序排起来而形成的数列，一般用图表的形式表示，如历年狱内刑事案件发案数统计表。例如，用滑动平均法来预测脱逃案件发案的趋势。滑动平均法，是以过去的资料数据为基础，假定未来较近时期的状况，将按过去的趋势基本保证不变的发展。因而只要利

〔1〕 于凤玲：《刑事侦查情报学》，中国人民公安大学出版社 1998 年版，第 255 页。

用过去几年的时间数列,采用算术平均值,即可预测。

六、情报分析的思维方式

(一)假设分析

假设,亦称假说,指科学研究上对客观事物的假定说明,假设要根据事实提出,经过实践证明是正确的,就成为理论。[1] 人们要研究客观事物的规律性,要预测事物未来的发展趋势,都需要以假设作为科学研究的逻辑起点。假设的重要性反过来又促使人们从大量的实践中总结出众多有关假设的经验、技巧和原则,并把其中的精华部分上升为方法,用以指导实践,并在实践中对其加以修正。在监狱安全情报分析工作中,分析人员不仅要描述有关监狱安全的基本状况,分析其现实能力,更要预测它未来发展的趋势,所以它需要假设的解释与预测功能来帮助实现分析评估报告。同时,为使情报分析工作能够目标集中、重点突出地沿着一个较为固定的方向前进,就需要借用假设来为分析指引方向。情报分析工作的顺利展开是通过一系列假设得以实现的。只有通过证实和证伪假设,才能逐步缩小情报分析工作的范围,才能使情报分析工作进一步深化和发展。

1. 科学认识假设分析

(1)假设是分析的前提

没有假设,就没有分析,如果说信息是情报之父,那么假设就是情报之母。任何成功的情报分析均出自正确的假设。在信息残缺、时间紧迫、资源匮乏的情况下,出色的假设分析往往会打破决策者面临的僵局。[2] 从认知心理学的角度来看,假设不仅是信息不充分条件下的猜测和推理,而且是这些猜测和推理的依据。在监狱安全情报分析中,分析人员是简单的整理信息、收发信息,还是分析得出新的结论,这主要是看他头脑中掌握了多少假设,这些假设的集合事实上构成了分析人员的入选方法、背景知识和思维定式。美国情报分析专家约翰休尔认为:如果人们不能提出正确的假设,就不可能找到正确的答案。

某月某日,某监狱中队罪犯王某向监狱值班民警报告:八大队罪犯蔺某多次向他打听狱墙的厚度和监狱周围的地形。出工后,经常在生产工地窥视监狱情况,曾向他犯索要浓硫酸。在一个偶尔的机会,发现蔺某用浓硫酸作腐蚀砖头的实验。

---

〔1〕 梁陶、王谦:“论假设方法在情报分析中的应用”,载《情报探索》2008年第1期。

〔2〕 崔嵩:《再造公安情报》,中国人民公安大学出版社2008年版,第92页。

监狱中队民警反映,蔺某经常找王某,行动十分可疑。根据这一线索及平时掌握的情况。狱侦科提出假设:蔺某有脱逃嫌疑。于是一方面对蔺犯采取控制措施,另一方面及时将情况报告监狱领导。监狱领导听取汇报后十分重视,立即召开狱情分析会。侦查科当即投入紧张侦查工作,对与蔺犯交往密切的罪犯采取控制措施的同时,突审罪犯蔺某。经审讯,蔺某交代了伙同其他三名罪犯预谋脱逃的犯罪事实。

(2)假设是分析的半成品

尽管情报分析人员可能面临大量的信息,但真正能为分析所用的信息常常是残缺不全的,分析人员往往很难从已经占据的信息中直接产生出情报成品,因此,假设常常是分析的半成品。但假设是对残缺信息的补充,是补充信息残缺部分并推进分析过程的支撑点。当信息不充分但又必须作出选择和决策时,分析人员需要通过假设支持他们的选择和判断。情报人员可以依据分析员的假设搜集那些最重要的、最有可能导出情报的信息。从这种意义上讲,情报分析知识体系中所有的分析工具都可以归结为先找假设,后获得情报的过程。

(3)假设需要证实

由于假设的前提多为信息的不充分,这就造成了假设固有的不确定性,这种不确定性要求分析人员不断地寻找证据去证实或证否假设。一方面,假设仅仅是一种未经证实的可能,从概率的角度看,所有的假设概率均小于100%。可能性和概率大小的不同,决定了假设的强弱,概率高的假设被称为强假设,概率低的被称为弱假设。另一方面,任何假设都是可证的,既包括证实,也包括证否。假设是根据不充分的信息作出的,具有不确定性,因此迫切需要各方面的证据来证实或者排除。

2. 假设分析的基本步骤

(1)界定对象

假设是对特定对象的假定,是对特定疑问的回答。清晰地界定假设的对象是有效开展假设分析的前提和基础,分析人员提出假设时,首先需要明确是对什么对象作出的假设,对什么疑问作出的回答。在监狱安全情报分析中,犯罪构成要素可能成为分析对象,如某名罪犯是潜在的脱逃者,某名罪犯有脱逃的动机等;重要的犯罪信息的来源、可靠性、内容也可能成为假设的对象;另外,情报人员归纳犯罪规律特点时,提出的分析模式也可能成为假设对象,如有脱逃史的罪犯脱逃的概率高。

(2)提出假设群

当假设对象界定之后,就需要针对对象提出各种可能的猜想,即假设群。在这一过程中,情报人员可以根据已有的信息提出某一项假设,在此基础上提出其他可能的假设,形成假设群。假设的提出有的是根据情报人员的经验和直觉完成,有的是根据类推、理论推导等方式完成。假设群的提出可以是一个情报分析人员单独完成,也可以召开会议,由团队集体完成。会议讨论可以激发分析人员的想象力,产生个人无法想到的假设,确保了假设群的全面性。

(3)确定假设

确定假设,列出支持和反对每种假设的重要证据和论据。心理学实验表明,人们推想事物可能性的能力其实很差。因此,要找出那些值得仔细调查的所有假设。在此假设生成阶段,应该召集一群具有不同背景、持不同观点的分析人员进行集体讨论,集体讨论能够激发大家的想象力,从而提出个人没有考虑到的可能性。开始讨论时应该列举出全部可能性,进而筛选出那些应当仔细加以核查的假设。

(4)制作矩阵图

制作矩阵图,考察证据的诊断价值,识别哪些证据最有用。如下图中所列举的只是为了说明假设的程序,并不代表真实情况,“+”表示假设与证据一致,“-”表示假设与证据不一致。

矩阵范例表

	假设一	假设二	假设三
证据一	+	+	-
证据二	+	+	-
证据三	-	+	+
证据四	-	+	+
证据五	-	+	+
证据六	-	+	+

考察矩阵图时,察看其中的“-”或任何用来表示与假设不一致的符号。“-”最少的假设其可能最大,“-”最多的假设的可能性最小。但根据“-”的多少只能得出初步的结论,因为证据的不同,其重要性也不同,所以对假设的影响程度也不同。矩阵图有助于情报人员权衡各种证据的诊断价值,这同时也是假设分析有别

于传统分析法的关键所在。证据只有对假设的可能性产生重大影响时才具诊断性。如果一个证据与所有假设都一致,它实际上没有诊断价值。

(5)完善矩阵图

完善知阵图,重新考虑以前的假设,删除无诊断价值的证据和论据,对每种假设的可能性做出临时结论,继续否定每一种假设而非证实它继续完善假设条件的准确性,考虑是否需要添加新的假设,是否需要重新界定重要假设之间的区别,剔除没有诊断价值的证据。每个假设的措辞关系到最后结论的准确性,因此务必字斟句酌,还要考虑是否需要添加新的假设,是否遗漏某些关键证据,剔除那些到现在为止没有诊断价值的证据。

(6)分析初步结论

分析初步结论对于少数重要证据的依赖程度,阐述所有假设的可能性,而不只是可能性最大的假定。上面已经确定了最有诊断价值的证据,到此需重新审视那些对我们的分析判断影响最大的证据:对它们的分析理解是否正确?是否还可能有其他解释?证据是否完整?会不会是敌方的误导?如果真的存在欺骗的话就要迅速追查关键证据的来源是否可靠?如此等等不言而喻,分析人员应该识别并怀疑提出的假设,但这常常是说起来容易做起来难,问题在于我们不知道该质疑哪种假设。假设分析告诉我们应该对何种证据进行重新审视,如果报告被当做决策的依据,那么让决策者知道各种可能性及其相对概率大有裨益。分析结论永远不可能绝对,其失误的可能性很大。决策者要根据各种可能发生的事情,而不只是可能性最大的事情做出断定。这样即使可能性不大的事件发生时,也好有应急手段和回旋余地。与此同时,不应将分析结论视为一成不变的。要么可能情况改变了,要么是情况没有变化而我们却获得了新信息而改变了原来的评估。对于持续观察事态发展的情报用户而言,这一点十分重要。[1]

3. 假设分析注意的问题

(1)要避免适可而止的假设

假设分析中,分析人员往往根据直觉和经验选择他们认为最有可能的一两个假设,然后搜寻信息,寻找证据支持其中的假设,如果有证据看起来支持了这一假设,分析人员就会停止分析过程,这就是假设中的适可而止思维方式。在许多情况

---

〔1〕 崔华华、林涛:“论军事情报分析中竞争性假设分析法的应用”,载《情报杂志》2006年第12期。

下,这种适可而止的原则可以让分析人员很快找到问题的答案,但是应当注意的是这种思维方式仅仅对常规的简单的问题有效,但面对复杂的问题时,适可而止的思维方式就表现出明显的局限性。适可而止的原则很容易使人们因为表面上可能,但实际上不可能的假设,而把所有的精力都投放在最初的单个假设上,直到这个假设被彻底证否后,才回过头来,提出新的假设。这种经验性的分析往往会浪费大量的调查分析资源,并导致战机的丧失和情报的失误。[1]

(2)要充分考虑各种可能的假设摸底

在监狱安全情报分析过程中,分析人员切不可找到一个令人满意的假设就止步不前,而是必须对所有可能的假设进行摸底。这时,假设不是单一出现,而是成组出现的、穷尽各种可能的一系列命题,这些命题组成一个全面而完整地假设集合,即假设群。比如,在监狱危险犯摸排中,侦查人员对监狱潜在的或有现实危险性的罪犯进行排查,所获得的罪犯名单就是一个典型的假设群。再如,在分析罪犯从监狱脱逃的途径时,仅仅假设罪犯可能从围墙、大门脱逃是远远不够的,而是要穷尽各种假设:围墙、大门、地下、管道、空中、其他等,形成假设群。

假设群必须符合四个条件[2]:其一,完整性。即假设群必须穷尽关于问题所有可能的假设,包括那些不太可能的假设。不完整的假设群往往会造成情报失误。从概率论的角度来看,一个完整地假设群的所有假设的概率总和为100%;其二,相互排斥。群内的所有假设之间是相互排斥、非此即彼的,其中有一个假设为真,则其他假设均为假;其三,肯定表述。因为假设群的完整性和互斥性,某一假设与其他假设构成了互相否定的关系,为防止逻辑混乱,在假设分析中各个假设都采用肯定的表达方式;其四,数量适中。假设群的数量应当适中,通常假设群不超过7个假设,因为7个以上假设在人的短期记忆中常常难以管理,7个以上的假设,分析人员可以对其中部分假设合并。

(二)连线分析

在情报分析知识体系中,通常把关于人、物、资料、事件的信息片段看作节点,把信息片段之间的联系看作连线,因此将多个信息片段联系起来的过程也就是一个在“点”间连线的过程,即连线分析。连线分析的目的就是找到所需的信息节点,

[1] 崔嵩:《再造公安情报》,中国人民公安大学出版社2008年版,第99页。
[2] 崔嵩:《再造公安情报》,中国人民公安大学出版社2008年版,第101页。

并挖掘出节点之间暗藏的连线关系。[1] 在监狱安全情报分析中,连线分析被广泛运用,如罪犯实施预谋犯罪,总会以这样或那样的行为表现出来,将这些看似不相关的可疑事件进行连线,就可以发现这些事件背后暗藏的犯罪预谋。在一定程度上,连线分析可以将狱内犯罪活动中的有关线索联系起来形成一条完整的链条,在理论上为监狱防范和打击狱内犯罪活动提供指导。

"找点"和"连线"构成了连线分析的两项基本任务。它的主要目的就是找到情报分析所需的信息点,并挖掘出这些点之间暗藏的连线关系。狱内犯罪案件侦破过程也就是找出案件相关的各类节点并通过各种手段找出将这些点连接起来的连线过程。在监狱安全情报分析中,把信息中关于人、物、事件、材料的信息片段联系起来的过程就是一个在"点"间连"线"的过程,这个过程可称之为监狱安全中情报分析的"连线问题"。与连线问题相对应的,已知一部分节点(信息片段),寻找与之联系的另一个节点(信息片段)的过程称为"找点",从情报流程的角度来看,找点也就是信息收集的问题。所有的连线都是通过节点实现的,所有的节点也都是通过连线找到的,寻找案件中的未知节点,也就是在已知节点和未知节点之间建立连线,因此连线分析的"找点"和"连线"本身就是同一过程。[2]

1. 找点

节点是构成连线分析的基本要素,信息节点既是连线分析的开始,也是连线分析的桥梁和归宿。在监狱安全防范工作中,分析员要想发现隐藏的与狱内违规犯罪有关的信息,首先,要找到与狱内犯罪有关的可疑迹象,然后再以此为起始节点开始发现更多的节点,最终发现狱内犯罪预谋的活动。监狱安全情报中的节点类型主要有以下几种:

(1)实体节点:指与监狱安全有关的人、物、资料的信息。包括人员节点、物品节点、资料节点、事件节点等。人员节点包括危险犯、犯罪嫌疑人、被害人、目击者、警察的身份信息以及其他犯罪参与人员等。物品节点:包括作案工具、赃物、赃款、违禁品以及其他物品的名称和标志方面的信息。资料节点:票务证据、文件、电子媒体中承载的数据信息。

(2)事件节点:包括所有可能与监狱安全有关的事件信息,既包括犯罪事件信

〔1〕 崔嵩:《再造公安情报》,中国人民公安大学出版社2008年版,第153页。

〔2〕 杨振旭、李浩然:"浅谈运用连线分析方法打击人口拐卖犯罪",载《甘肃警察职业学院学报》2012年第2期。

息,也包括违规违纪事件、可疑事件和其他相关事件。事件是特定人、物、资料在特定时间、地点的运动变化,因此,事件节点可以看做是特定实体节点在特定时空要素中发生的临时性连线。

(3)模式节点:模式节点是某几类节点之间反复出现的具有相对稳定性的连线。常见的模式节点有:行为模式节点、心理模式节点、身份模式节点、迹象模式节点、环境模式节点、剧情模式节点、时空模式节点。

(4)数据库节点:它是对海量的节点连线关系进行记录,并支持快速检索的庞大数据源。如警方建立的指纹库、DNA 库、罪犯身份信息库、在逃人员信息库等。在如今这个信息化时代,监狱要想掌握罪犯相关数据,防范和打击狱内违规犯罪活动,是离不开这些数据库支撑的。

2. 连线

连线分析在监狱安全情报分析中有着相当的灵活性,任何一起预谋案件或者违规违纪事件都是由多个节点组成。情报分析人员根据任务的需要和各个部门掌握信息的不同,依托各种分析节点,应用不同的连线方法展开连线分析。但是无论分析的节点有多少、连线的方法有多少种,整个的连线分析过程有着自己的一套完整的分析体系和过程,那就是以已掌握的初始节点为分析起点,交叉开展找点、定线的持续循环过程。

如服刑人员心理危机分析:

异常迹象—心理危机—背后的服刑事件(连线分析)。

根据连线的确定性和距离,可将不同的连线方法分为一级连线、次级连线和模糊连线三大类。一级连线即确定性较高,连线距离较短的连线,其各节点之间往往存在密切的联系。次级连线是经由两个以上的节点连接而成的,其连线距离通常在 3 步以上,而模糊连线则具有一定的或然性,是一种尚未得到证实的假设性连线关系。它不是连线分析的最终目的,而仅仅是一个假设和前提,在此基础上,分析员必须进一步收集证据对模糊连线求证,从而明确节点之间的精确连线关系。[1]监狱安全情报分析在初始阶段并没有过多的相关信息,大多是通过模糊连线关系寻找与之有一定联系的相关人员,进而以这些相关人员作为突破点进行深入的调查,以发现危害监狱安全的情报。如罪犯预谋脱逃预警分析,这种连线分析中,民

〔1〕 杨振旭、李浩然:“浅谈运用连线分析方法打击人口拐卖犯罪”,载《甘肃警察职业学院学报》2012 年第 2 期。

警依据罪犯可疑迹象,发现暗藏的脱逃阴谋。连线过程中,以罪犯预谋脱逃活动的有关疑似事件和反常事件为初始节点,以暗藏的脱逃阴谋为目标节点,以各类管理信息、数据库、可疑事件等为中间节点,通过模糊连线和一级连线找出答案。以下以一起罪犯预谋案件为例演示连线分析的操作过程。

步骤一:启动预谋犯罪预警分析。监狱民警依据疑点识别分析发现疑似迹象和反常事件,以这些疑似事件和反常事件作为起点,启动预警分析。

犯罪嫌疑人周某系某镇政府一名民警。4月18日上午,周某在当地派出所了解到其弟周某某(因涉嫌抢劫罪上网在册逃犯,羁押在某市看守所)准备当天下午被另一地警方押走,便来市看守所要求电视监控会见其弟。在会见时,周某多次向其弟暗示:晚上盖好被,小心着凉。此举引起了在场监视民警的注意,监视民警马上中止了会见。

步骤二:通过模糊连线查找其他可疑事件。监狱依托信息网络,根据初始的可疑事件节点确定连线分析的范围,搜寻可能存在的其他类似可疑事件或互补的可疑事件。

监狱立即对周某送来的生活物品进行入监前检查。经检查发现,其送来的一床崭新军被棉絮里藏匿有一把手铐钥匙和一封书信。

步骤三:建立可疑事件详细列表,对狱内犯罪活动进行假设分析。针对纳入视线的各个实体和事件开展调查,收集与现有事件中各个事件有关的人员、物品、资料,收集关于可疑事件的相关要素,形成可疑事件列表。对已知节点以及节点之间的连线进行分析,提出关于狱内犯罪活动的假设,并收集相关信息对这一假设进行实证。

民警发现书信内容要其弟周某在被外地警方押解途中寻机逃走。市看守所民警缴获物件后,立即成立由局副政委牵头的专门班子,并组织警力对此案展开侦查。

步骤四:发布狱内犯罪预警,进一步调查分析。当假设分析进行到一定程度,情报人员有足够的理由相信狱内犯罪活动假设成立,需要正式立案侦查的,可将有关分析发布有关用户,监狱根据情报预警进行下一步的分析和调查工作。

经查,犯罪嫌疑人周某为帮助弟弟逃避法律制裁,同家人合谋,将几年前镇政府配合严打行动时,自己领取而未上交的一把手铐钥匙及一封让其弟寻机脱逃的书信藏匿于被套内缝好,由家人将被子送进看守所准备转交给其弟,再利用自己电视监控会见时向其弟进行暗示告之。机关算尽的周某,没想到在看守所民警的严密监视下会露出马脚，帮弟脱逃未成，自己反而因涉嫌教唆脱逃罪锒铛入狱。

（三）模式分析

模式是一定阶段监狱内罪犯违规违纪和犯罪活动所呈现出来的规律特点。模式是两个以上要素的共同变化形成的，不同要素之间形成相对稳定的、具有一定代表性的、服从某种统计规律的、可预测的共变关系。如关于罪犯身份与脱逃行为的模式中，有两个要素，即罪犯身份与脱逃犯罪，罪犯身份不同时，所对应的脱逃嫌疑也发生变化。从连线分析的角度看，模式是几个节点之间反复出现的具有相对稳定性的连线。模式具有关联性、稳定性、动态性、或然性和可估测性五个基本特征。

1. 身份—行为模式

在身份—行为模式分析过程中，监狱情报人员从狱内犯罪人员的身份特点和作案特点入手，定期对违法犯罪的罪犯身份、手段信息开展查询统计和分析研判，掌握行为手段和罪犯身份特征之间的相关关系。依照这一模式，情报人员可以根据身份特征预测罪犯可能实施的犯罪行为，实现对特定犯罪的预测和对特定身份罪犯的防控。

2. 心理—行为模式分析

心理模式分析的假设是罪犯的心理特征会影响罪犯的行为方式，而行为方式又反映作案者的心理特征。监狱情报人员发现罪犯某一心理特征出现时，根据已经掌握的心理模式就能推断出与这一心理特征相对应的行为特征，从而开展相应的罪犯行为的预测和控制工作。

罪犯的心理特征需要专门的分析机构来进行，监狱应建立科学的罪犯心理评估体系。对罪犯各个改造时期的心理评估，目的是掌握罪犯心理健康的基本情况，对心理问题严重的罪犯及时发出预警，明确重点矫治、监控对象，掌握心理防控的主动权。而对申请心理咨询罪犯的单独心理评估，对开展团体心理辅导的某一类罪犯进行的专门评估，对列为重点防控对象的评估等，为对症矫治提供直接依据，防止罪犯心理问题恶化。

在评估的基础上进行分类：将心理健康、心理不健康（包括心理问题、严重心理问题、含部分可疑神经症）、异常心理（含变态人格、确诊的神经症、其他各类精神障碍）罪犯分别划分出来，对有心理问题或心理障碍罪犯要动员他们及时心理咨询和心理治疗，对精神病罪犯要尽快进行精神病鉴定和保外就医等。对于焦虑（主要是新入监罪犯）、抑郁（主要是服刑初期罪犯）、躯体化症状（主要是服刑中期罪犯）、人格障碍、神经症、精神病罪犯等，开展有针对性的矫治或处置。

根据对广东省某监狱2004～2006年新收罪犯心理测试档案的抽样调查，结果是：2004年4月28日新收押的119名犯人中，经《症状90心理测试》显示心理不健康的（总分大于160分，下同）37人，占31.10%；2005年7月21日新收押的100名犯人中心理不健康的51人，占51%；2006年6月8日新收押的125名犯人中心理不健康的42人，占33.60%；3次平均为37.79%，约每3名新犯中就有1人心理不健康，罪犯心理健康问题突出。在改造过程中，一些罪犯心理疾病发作，行为失控，以致撞墙、伤人、砸物，特别是有抑郁症的罪犯，疾病发展到一定程度后有的会以自杀作为解除痛苦的方式。罪犯陈某，有过癫痫性精神病史，因犯抢劫罪被判刑3年，入监后经常发作，根据记录，仅仅从2007年3月1日到2007年11月15日这段时间，就先后发作143次之多。陈犯病情具有突发性，有时是早上，有时是晚上，有时在监舍，有时在工地。发作时撞墙、砸物，一旦同犯上前劝阻，就转而对同犯大打出手，发作时力大无比，理智全失，几名罪犯都难以制止，多次伤及他犯。2007年6月21日发作时还殴打上前制止的民警，如果防范不当，会酿成严重后果。[1]

3. 迹象模式分析

根据历史法则的假定：在以往一定时段内的违法犯罪属性、特征将在未来一段时间内保持稳定，因此，情报人员可根据以往发生的犯罪活动的迹象特征来察觉和预测未来的犯罪。根据历史法则，分析人员会依据某一事件是否具有以往犯罪活动的迹象，来判断该事件是否需要列为疑点开展调查，这种迹象被称为疑似迹象。疑似迹象是对罪犯违法犯罪等问题的历史数据进行经验归纳和统计归纳的结果。比如罪犯自杀迹象，通常情况下，罪犯因种种原因而决意自杀前，会自觉或不自觉地表现出以下一些心理、行为迹象，即自杀先兆或自杀危象。监狱民警在发现罪犯存在某些可能引起自杀的因素后，通过各种渠道和方式，及时观察、了解和掌握罪犯企图自杀的种种征兆和危象，果断采取有效的防范措施，制止罪犯的自杀行为，有效挽救罪犯的生命。罪犯自杀的疑似迹象有：[2]

（1）罪犯自杀前，多数表现为情感异常

罪犯出现心理危机时，在选择以自杀来结束自己生命之前，思想斗争往往十分激烈，既会留恋亲人和往事，也会顾虑身后未了事宜，有的还会想到死后的影响和

〔1〕 叶杨："狱内突发事件心理防控研究"，载《犯罪与改造研究》2008年第2期。

〔2〕 上海市青浦监狱课题组："狱内罪犯自杀行为调查及警示防范研究"，载《上海警苑》。

不幸,内心思想极端混乱,难以掩饰个人情感上的种种异常表现。诸如:①较长时间的郁郁寡欢,沉默少语,心事重重,神情痛苦,最近突然无缘无故地表现为异常开心,有可能预示罪犯已经下定自杀的决心。②罪犯一向表现尚正常,最近突然发现其行为明显异于平常,举止木讷,动作显得十分迟钝。③在学习、劳动、生活过程中,发现罪犯频繁出现走神、呆滞,自言自语,或无故出现惊慌失措迹象。④发现罪犯近期情绪特别焦虑、紧张、烦躁,有时为一点小事,就一反常态,感情冲动,无法控制。⑤发现罪犯私下偷偷流泪,长吁短叹,甚至吃不下饭,睡不着觉。

(2)罪犯自杀前,会隐晦地作出各种意向表露

罪犯选择自杀以结束自己的生命,是一件十分痛苦的事情。人在求生本能的支配下,往往自觉和不自觉地希望得到别人的救助。因此,自杀前,在与他人,特别是与相处感情比较好的人接触中,会自觉或不自觉地以各种婉转的形式或隐晦的语言,暗示自己的自杀意向。诸如:①表情伤感,唉声叹气,流露出对人生的绝望。如"活着真累,还是走了好","人生真没意思,不如一了百了","下辈子再重来吧"等。②主动与他人攀谈一些关于自杀的话题。如"夜里,如果有死人在你身边怕不怕","人怎样死既方便又不痛苦","你有没有看到过有人自杀"等。③对相处关系对立的民警或犯人呈明显敌视。流露出"横竖一条命","我死了你也不会好"等意思表示。④对平时相处关系较好的民警或犯人,有时会作一些暗示性的告别、留恋或道歉等。

(3)罪犯决意自杀,会提前悄悄地处理个人后事

狱内罪犯因为身处逆境,环境特殊而又远离亲人,一旦决意自杀,总有一些牵挂在心的事情需要处理。诸如:①私下整理个人物品,将自己的衣服、用品处理掉或分送他人。②暗地里悄悄地写好遗书或绝命书。③含蓄地向可以信得过的罪犯托付后事。④痛苦哀伤地反复注视亲人的照片、有关信件等。⑤有的还偷偷地将平时珍藏的新衣服穿在囚服内等。

(4)罪犯自杀前,会随时留心观察适合自杀的场所,或准备自杀的工具

决意自杀的罪犯,在自杀前,大多比较留心寻找比较适合自杀的方式、场所、工具等。调查表明,一些罪犯自杀,的确是经过反复多次深思熟虑才做出决定的,因此,自杀的死亡率也相对较高。诸如:①留心察看周围环境,特别是一些很少有人经过或逗留的地方。②留意寻找有利于高坠的楼台、高架等。③私藏刀具、利器、锐器、有毒药品等。④私下准备、制作绳索、带子、布条等。⑤十分关注民警对罪犯的活动安排和

规律。

（5）罪犯决意自杀时，会设法寻找和制造便于自杀的可乘之机

作为集体生活的罪犯，要想避开众人耳目而自杀成功，必须选择适当的时机，即需要寻找适合自杀的时间和空间。因而，罪犯在自杀前，其行动上，也必然会相应地暴露出一些不正常的行为举动来。诸如：①千方百计地想离开罪犯集体而单独活动。②主动寻找民警，要求从事个别劳动或公益勤杂工作。③装病或因病而要求一个人留在监舍内。④寻找借口溜进仓库、浴室、贮藏室、洗衣间或厕所等一些很少有人到的隐蔽场所和死角。⑤故意严重违纪，制造单独关押"禁闭"的机会等。

4. 时间模式分析

时间模式分析是人们理解各种现象与时间尺度之间关系的一项重要工具。就监狱而言，时间模式表现为罪犯在监狱内实施各种违规犯罪活动的周期性、趋势性等发展变化规律。比如，很多脱逃罪犯都选择在节假日或民警交接班的时间，因为这个时间警力薄弱，脱逃的时机较多。对时间模式的深入分析和应用，可以为监狱预测各类犯罪的发生、找出安全隐患、制定防控对策、高效配置资源提供科学的依据。

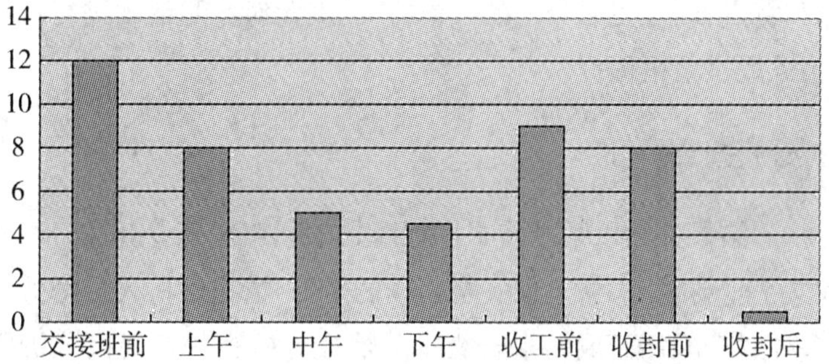

某监狱123起严重违纪案件在各时段内

发生个案数对比柱状图

5. 空间模式分析

罪犯在监狱内的违规犯罪活动常常在空间分布上呈现出某种规律性，大量的事实和实战经验表明，看似杂乱无章的犯罪地点并不是完全随机分布的，在一定程度上是可以预测的。监狱安全情报分析中，犯罪空间分析就是根据罪犯狱内犯罪活动的数据，发现和识别狱内犯罪活动的地理分布特点，并运用这些分布作出预测，合理配备警力资源，提出打、防、控对策。空间模式分析中，常常用"热点"来表

述违法犯罪活动聚集于某一地区或地点的散点分布形态,在空间上表现为多点聚集。热点分析的目的就是找出罪犯在狱内空间上的违规犯罪聚集区。

一个热点的形成通常是由促进因素、吸引因素、失控因素这三个因素引起的,相应的,热点也被称为犯罪促进点、罪犯吸引点、犯罪失控点。犯罪促进点是指大量的犯罪目标在某一时间和地点聚集,为罪犯提供了大量的犯罪机会,引发犯罪高发。罪犯吸引点是指由于在违法人群的圈子里具有一定的知名度,而吸引不法分子前来聚集的地点。犯罪失控点是指由于缺乏监管,秩序混乱而导致的犯罪活动聚集地。[1]

6. 剧情模式分析

剧情是认知心理学的一个词汇,表述人们经常会遇到关于多次出现的按时间先后顺序进行的事件。这种反复出现的事件被称为剧情。狱内犯罪过程同样具有相对稳定性的剧情模式。如脱逃犯罪可表现为剧情:动机产生—观察监视—方案策划—工具准备—时机选择—犯罪实施—紧急逃跑—落脚点选择—长期隐匿。剧情模式不仅对犯罪学家具有重要的参考价值,对警方也具有重要的参考价值。通过分析典型犯罪过程,分解犯罪的活动方式和方法,情报人员可以全面掌握某一类犯罪的规律和特点,以及犯罪分子的习惯特征,据此对犯罪活动进行识别、预测、干预,为警务决策提供情报依据。

七、情报分析报告撰写

情报分析的结果必须以某种形式(文字、图表、表格)表达出来。常见的表达形式是编写成文字材料,即根据监狱安全工作的需要,情报分析人员把分析研究得出的结论,以多种媒介凝结而成的报告文本。情报分析报告是情报分析研究的重要组成部分,是情报定性、定量分析的进一步细化和深化,是情报分析最终的智慧结晶。

情报分析报告有狭义和广义之分。从广义上讲,任何情报分析研究得出的结论,无论是以哪种方式、何种形态存在,都可以称之为“分析报告”。如监区民警通过排查,发现罪犯有预谋脱逃的迹象,经过民警个人的分析、判断,认定情报真实可靠,他以口头形式或电话的方式向上一级领导报告,这种报告可以称为广义的情报

[1] 崔嵩:《再造公安情报》,中国人民公安大学出版社2008年版,第350页。

分析报告。狭义的情报分析报告专指由情报分析人员根据研究计划,有目的、有针对性的撰写的有一定固定形式的情报分析最终产品。

(一)情报分析报告的分类

情报分析报告的类型,没有固定的标准和形式。在监狱安全工作实践中,实战部门往往根据具体情况,灵活多变地编制各种形式的分析报告。

1. 根据分析报告的内容指向,可分为综合性分析报告和专题性分析报告

综合性分析报告是对某一课题的大量有关情报信息进行归纳整理、分析、加工综合而成的分析报告。监狱安全情报分析报告一般有月综合、季综合、年综合分析报告。综合性分析报告的特点是:对于所综述的有关资料情况,特别是涉及该课题的重要的、最新的资料和情况,要尽量收集齐全,并得到反映;综述课题应该比较具体,所谈的问题比较集中,这样才能把有关课题的重要问题都包括进去,而又不空泛;对大量的信息资料、数据、情况作客观综合归纳叙述,基本上没有情报分析人员的评论,也不提出分析人员自己的观点和建议。

专题性分析报告是为了解决监狱某一项专门任务、专门课题而撰写的分析报告。在监狱安全工作实践中,往往是对危险犯、违禁品、重点时段、重点部位、重点事件等或其他与监狱安全关系密切的问题进行的专门分析研究,目的是发现监狱安全防范某方面工作的规律和特征,预测其发展趋势,为精确的打击和预防犯罪提供情报服务。专题性分析报告具有以下特征:其一,专门性和针对性。专题报告具有专门性和针对性,情报分析人员必须对要分析的专题以及相关的监狱安全业务要熟知,应该是专门性问题的专业人员。报告要选题新颖,多做调研工作,掌握一手资料,贴近实战,把握事物本质规律。其二,特殊性和动态性。这是由监狱安全工作的性质决定的,监狱情报工作针对的是监狱这种特殊领域、特殊人群,而且罪犯总处在动态变化之中,把握罪犯的个体行为变化和群体的安全状况,具有很强的动态性。其三,预测性和前瞻性。专题性分析报告的目的不仅是把握现状,还要透过事物的表面现象,发现事物的本质规律,为将来提供预警性情报,指导以后的工作。

2. 根据内容方面划分,可分为战术情报分析报告和战略情报分析报告

战术情报分析报告一般指情报部门对短时间内监狱违规违纪、狱内犯罪等进行情报分析,有一定的针对性、专门性,多用来指导基层部门的实战工作,如"危险犯分析"、"违禁品分析"等。战略情报则是对事关全局的事件进行的情报分析,多

为监狱情报研究部门(如狱侦部门)所为,比如,“监狱罪犯赌博活动发展趋势分析”等。

3. 根据分析报告反映问题的时间维度,可分为背景情报分析报告、现状情报分析报告、预警情报分析报告、预测情报分析报告

背景情报分析报告是对某一问题历史背景的分析报告,是对问题的来龙去脉进行的百科全书式的全面介绍。现状情报分析报告是关于当前监狱安全状况的情报报告,主要是对监狱总体安全形势或某一类安全问题危险的分析,包括罪犯脱逃危险报告、罪犯自杀危险报告等。预测情报分析是关于未来状况的情报,如对监狱安全形势和安全问题未来几年发展趋势的预测报告。预警情报报告是关于当前态势正在发生变化或即将发生变化的情报报告,是介于现状情报和预测情报之间的一种情报报告,这种情报分析成品通常需要监狱尽快做出应对决策和应对措施,报告中必须明确有关的决策建议。

(二)情报分析报告的原则

在监狱安全情报分析报告撰写过程中,用户原则、透明原则和简明原则、建议原则是必须遵守的四项原则。[1]

1. 用户原则

情报能发挥作用首先必须为情报用户所理解,因此,情报报告必须依据用户的背景知识和理解能力撰写。如监狱领导所关注的多为综合分析报告,有重大影响的案件等,能够理解事关全局的战略性情报分析、政治敏感性事件分析报告、预测性分析报告等。而面向基层民警的分析报告应多为指导性分析报告,指导、协调基层民警的实战工作。对于监狱内部的情报用户,在语言表述上应该以监狱内部通用的用语和行文习惯进行,尽量减少情报分析的术语和数学语言的使用。而对监狱外部的用户,则尽量减少警用术语的使用。需要注意的是,用户原则不等于由用户来主导情报分析过程,情报分析人员和情报分析知识体系在情报的任何环节都占有主导地位。

2. 透明原则

透明原则是指在情报分析报告中不仅要呈现原始信息、分析过程和分析结论,还要对原始信息和分析人员的观点明确区分,防止二者混同。情报报告不仅要提

〔1〕 崔嵩:《再造公安情报》,中国人民公安大学出版社 2008 年版,第 69 页。

出分析人员赞同的观点和建议,还应给出所有可能的观点和建议,包括分析人员不赞同的建议,并通过事实和证据来支持分析人员的结论。

3. 简明原则

只有在最短时间内传达最多信息的报告才是高质量的报告,因此,必须力戒长篇累牍的文字论述,而要多以简明地表格和图示来说明问题。

4. 建议原则

完整意义上的情报分析成品应由分析结论和建议两部分组成。一般认为,情报分析人员提供了有关监狱安全方面的形势报告就算完整的情报分析报告,但要想发挥情报对决策的主导作用,仅仅是关于监狱安全状况和趋势的分析结论还不能算是完整地情报成品,在可能的情况下,分析人员应进一步向决策者提供决策方面的建议。

(三)情报分析报告的撰写

1. 情报分析报告内容

监狱安全情报分析报告的有多种类型。由于编写的目的和所起的作用不同,研究报告的内容和结构也略有差别,但大体上包括的主要内容有:

(1)本次情报分析的目的和要解决的主要问题;

(2)本次情报分析的背景和简要研究过程;

(3)收集的有关情况和数据;

(4)提出解决问题可供选择的建议、方案和步骤。

2. 情报分析报告的结构

情报分析报告的结构是指分析报告的构成骨架,即分析报告各部分的架构规律即逻辑组合顺序。分析报告撰写人员根据所要表达的主题和内容需要,把获得的各种资料、数据、图表等按一定的组织规律和原则,联结成一篇中心突出、内容丰富、逻辑严密的分析报告,这一过程就是分析报表结构形成过程。

(1)题目。题目是对内容的高度概括和提炼,要尽可能凝练、醒目。如果标题字数过多,可在报告标题下面加副标题。用于揭示报告论述的范围和重点。对于一些内容复杂、层次较多的研究报告,有时还采取诸如内容简介、目录、摘要等办法来揭示题目的含义。

(2)绪言。绪言主要是阐明课题的基本情况,即课题研究的背景、意义和作用,课题的研究方法、特点、创新点、难点等,并概括的说明该课题研究的目的和所需要解决的主要问题。总之,凡是涉及课题的历史背景和各种研究的事情,都应当在绪言中交代清楚。

(3)正文。正文是分析报告的主体,是在课题涉及的范围内,对与课题有关的信息、素材、数据进行归纳、整理、对比、分析、论证和综合,包括分析所使用的方法、分析经过和所获得的结果。正文撰写时,要求思路清晰,层次分明,论证充分,结构合理,逻辑性强等。

(4)结论。结论是对整个分析报告的总结,包括对正文部分所阐述的主要内容的综述,简洁的阐述分析研究的主要结论,提出解决课题要求的建议。

(5)附录。为了减少正文篇幅,使正文部分对问题的论述和论证更加紧凑,分析报告中,通常把一些经常引用的图、表、数据、技术指数表以及有关法律、法规等重要资料作为附录,集中统一放在分析报告的尾部。

(四)情报分析报告的撰写步骤

通过对相关信息素材的整理、鉴别和加工,运用一定的方法进行比对、分析、综合之后,对研究课题便有了较为全面深入的认识,能够得出可能的、必要的结论,这样就具备了撰写报告的条件。分析报告的撰写包括四个步骤:整体构思、编制提纲、撰写初稿、修改定稿。

1. 整体构思

整体构思主要包括斟酌报告题目,确定报告主题,组织重要的论据材料,安排报告结构等。构思就是对前期搜集的信息资料进行反复揣摩、构思、提炼,明确所要表达的主题,凝练醒目的题目,按照整体安排素材,考虑报告结构布局的过程。

2. 编制提纲

编制详细的写作提纲,是将构思的内容付诸写作实践的重要步骤,是构思转化为文本形态的阶段。分析报告的提纲是指按照一定的逻辑关系逐级展开的序号与标题的集合。编制的方法可按照“总—分—总”的方式进行,先定题目,然后是一级目录,接着是分级目录,总目录与分级目录之间逻辑严密,互相支撑,直到完全穷尽所有的内容,最后集中所有分论点,得出结论。

3. 撰写初稿

提纲拟定之后,则进入分析报告的撰写阶段。撰写初稿就是将素材、数据、观点、论据、结论和建议组织成文。撰写初稿时,选用素材要恰当,思路要清晰,结构要完整,各部分篇幅要恰当,以使全文协调。

4. 修改定稿

初稿完成之后，需要对报告的结构和内容进行全面审查，看全文是否协调，素材、数据与论点、观点是否一致，有无矛盾，有无需要增减或改写，有无遗漏需要补充，有无重复需要删除。在此基础上，对重要问题、主要观点和论据进行反复推敲，并对文字作进一步修改。必要时，可展开集体讨论，充分征求意见，展开深入讨论，集思广益，进一步进行修改。对于有关方面的反映和各种意见，课题组应进行深入的分析研究，在此基础上对初稿做进一步的修改，并最后定稿。

（五）情报分析报告的评估

分析报告撰写并不意味着情报分析的结束，还需要有关专家对分析报告进行评价和有关部门的验收，以及实践部门的验证。对分析报告的评估一般有以下几个方面。[1]

1. 信息量

信息量是指分析报告中与研究课题有关的知识、情况、事实、数据的总量。分析报告中所含有的信息量越大，其价值越高。

2. 准确度

准确度是指分析报告内容的可靠程度。准确性越高，成果的价值越高，分析报告内容的准确性与原始素材的可靠性、针对性以及分析人员的分析能力有很大关系。一般来讲，搜集的原始资料总量越多，分析提炼的情报越多，相对的分析报告的准确程度越高。

3. 新颖性

新颖性包括两个方面：一是原始选材内容新，二是报告中提出的观点或方案新。一般来讲，新颖性高的分析报告，使用价值大，社会效益大。

4. 预见性

预见性是指分析报告对未来发展趋势预测的准确性和预测时间的长短。预见性对于决策性情报分析报告是个重要的质量指标。情报人员对有关课题的历史和现状的资料收集的越丰富，对预测因素考虑的越全面，预测方法选用的越得当，就越能取得良好的预测效果。

---

〔1〕 于凤玲：《刑事侦查情报学》，中国人民公安大学出版社1998年版，第267页。

5. 针对性

针对性主要包括三个方面:一是分析报告的针对性,主要看所选的课题是否符合情报用户实际需求。满足需求的则针对性强;二是分析报告内容的针对性,主要看分析报告满足情报用户需求程度和包含了对用户足够的有用信息;三是分析报告的形式是否适应课题性质和适应情报用户的特点与要求。

6. 逻辑性

逻辑性指分析报告推理严谨、论证充分、文章结构层次清楚、条理分明,以及文字表达通顺,用词准确,表达明确等。

7. 功效性

功效性是指分析报告付诸实践后,所产生的经济效益和社会效益。如果对情报用户所从事的监狱安全工作和监狱安全决策有影响和促进作用,而且情报用户数量较多,说明分析报告的功效性大。

第六节 情 报 利 用

分析形成的情报或分析报告应及时传递发布,以最大限度地提高监狱民警对情报的知晓率,保证情报的时效性。当前监狱工作已逐步实现信息化,监狱充分运用信息化成果,依托局域网建立与省局、监狱机关科室、监区、分监区有效链接的狱情预警信息网,且监狱各单位将搜集到的信息及时发布在狱警信息平台上,实现资源共享,一方面有利于提高狱情知晓率,另一方面为高效处置异常狱情奠定坚实的基础。

一、情报的发布

1. 发布情报时间。本着高效处置狱情的要求,一般或重要异常情报,应于次日上午上班前发布,重大情报应在2小时内发布。

狱情等级按照情报的真实度、紧急度、危险性的不同,确定三个等级:

(1)重大情报:行为即将发生,危险性大;行为不会马上发生,但危险性大。主要指:罪犯有脱逃、自杀、行凶预谋,罪犯哄监闹狱预谋,查证属实的。

(2)重要情报:行为已经发生,仍具有潜在危险性;行为不会马上发生,但有一定潜在危险性。主要指:罪犯有自伤自残行为、严重报复行为,掌握罪犯有脱逃、自杀、行凶苗头,查证属实的。

(3)一般情报:行为即将发生,且影响监狱秩序的;行为不会马上发生,但有一定潜在危险性。主要指:罪犯私藏违禁品,有余罪、漏罪或其他严重影响监内秩序的行为,查证属实的。

2. 发布情报内容。按照情报类别的不同,情报内容的发布重点应有所区别。违纪性信息,应明确时间、地点、当事人、起因、经过、后果、处置措施及结果;动态性信息,应明确信息来源、情报对罪犯的影响、可能产生的后果及监区采取的处置措施;隐患性情报应明确隐患所处部位、严重程度、可能对监管安全带来的危害及整改建议等。

3. 发布情报审核。情报内容发布前,应由各层级单位值班领导负责审核,狱侦部门对监狱当天发布的异常情报进行审核,及时纠正信息等级,规范文本内容,节假日由监狱督察组进行审核。

4. 发布情报人员。异常信息实行专门情报录入员发布制度。监狱各单位应明确异常信息录入员,录入员一般由管教负责人、管教办公室工作人员、科室内勤担任,其他人员严禁发布情报信息。录入员主要职责是将经过值班领导审核的异常信息按规定的时间、要求发布在狱情预警信息平台。

5. 情报浏览级别设置。除不宜全体民警知晓的情报设置为相应民警浏览外,其他异常情报浏览级别在发布时均可自动设置为监狱全体民警。

6. 监狱或省局舆情监测中心发现异常情报,经相关领导审批后,以纸质方式由相关人员传阅。

二、情报的使用

1. 异常情报及时报告

所有异常情报都应在规定时间内上报相应领导和部门,便于决策。一是基层民警在直接管理过程中获得的情报,必须立即向对应值班领导报告,重大情报必须在第一时间报告监狱、省局。二是心理测试、咨询谈话等工作中获得的罪犯异常情报,必须及时反馈给狱侦部门和对应监区。三是耳目、信息员和特定罪犯直接向相应民警报告情况,民警应认真记载梳理,属于重大情报的,立即向监狱、省局报告。四是会见、亲情电话监听民警发现罪犯异常信息,在详细做好记录同时,及时向对应监区、狱侦、狱政部门报告。五是监视监控中心发现罪犯异常信息,立即通知监区值班民警、狱内 110 民警，锁定现场监控录像。六是监狱每日、每周、每月必须在规定时间向省局报告监狱综合狱情分析研判信息，重大异常情况和处理结果书面报省局。七是监狱或省监狱局舆情监测中心发现异常情况，必须立即报告监狱或省局相关领导。

2. 情报要及时交接

监区、监狱当日执勤民警交班时，应将获得的异常情报及所做前期工作、效果等内容，向接班民警交代清楚，特别是未处置的异常情报和已经处理但效果不好的异常情报更要重点交接，确保情报处置过程的连续性，罪犯动态管控工作的无缝对接。

3. 对思想言行异常罪犯进行控制

监区民警发现和获知罪犯异常动态信息后，必须第一时间找罪犯谈话，监区领导及时跟进谈话。对思想情绪不稳定罪犯，不论教育效果如何，均应及时安排布置积极层罪犯包夹控管，安排耳目盯控，调整到有视频监控的监室，将其置于民警和和有关罪犯监控视线之内，重大危险犯应落实专门罪犯 24 小时跟踪盯控。

4. 重点罪犯心理危机干预

监狱成立以服刑指导办公室和狱侦科牵头的罪犯心理危机干预救助处置机构，其他职能科室、监区相关人员为成员，对心理及行为出现异常的罪犯，及时启动调查处理、法律援助、视频家访、联合帮教工作，妥善化解消除罪犯心理危机，处置危险罪犯的危险表象，牢牢把握监管安全教育转化的主动权。

5. 网上浏览处置

狱侦部门每日应不间断浏览狱情预警信息平台上的情报信息，并及时回复相关情报信息的处置要求、建议，监狱领导应对重大情报信息提出处置意见。相关单位对部门和监狱领导提出的处置要求、建议必须及时通过信息平台回复落实的措施、结果。

6. 建立异常情报处置预案

一是省局、监狱成立处置狱内突发事件组织指挥机构，并下设若干行动小组，明确人员、职责；二是监狱、监区针对罪犯思想动态类，违纪行为类，监管设施隐患类，自杀、自伤自残类，脱逃、伤害等犯罪类情报制定具体处置预案，明确处置程序、方式方法等；三是监狱建立“狱内 110”，配齐人员，配强通讯、交通、警械、报警等处突装备，实现狱内 24 小时受理报警，5 分钟快速出警，按预案及时有效处置罪犯中的重大危机；四是监狱在监门建立武警应急战斗小组备勤室，一旦发生重大突发事件,应急战斗小组能在最短时间内与监狱民警联动处置狱情。[1]

三、情报应用的方式

(一)情报预警

情报预警是通过大力加强情报体系建设,完善情报的汇总、分析和研判工作机制,全面掌握影响监狱安全的深层次、预警性和内幕性的情报,及早发现苗头,及早预测安全形势,及早采取措施,及早解决问题,真正将情报贯穿于保障监狱安全和处置突发事件的各个环节,真正做到他动我知,准确预警,快速反应,有效处置。

(二)情报导防

情报导防是指在监狱安全防控体系建设中,用情报这根针串起千万条防范线,使防范工作更具前瞻性、针对性和实效性,使警力投向投量更加精确。一是全面分析狱情动向、罪犯思想动态和各种不稳定的因素,并对影响监狱安全的狱情、犯情进行归类和量化分析,研究具体的防范对策和打击措施。二是深入排查和分析管理中的重点时段、重点场所、关键部位、重控罪犯、薄弱环节等监狱安全状况,制定控制对策和方法。三是进行安全隐患排查,要排查影响安全稳定工作的各种因素,及时发现和消除监狱存在的各种隐患、漏洞和险情。重点排查各项管理制度是否得到落实,主要包括日常安全检查制度、安全隐患分析制度、出入检查制度、夜间巡查制度、监控监督制度等;排查管理设施是否存在安全隐患,包括监狱的围墙、罪犯宿舍窗户铁护栏、门锁、现代化监控、报警、安检等设备是否坚固和正常运转,以及罪犯思想动态掌握是否准确,民警安全防范的思想防线是否树立,职务状态履行是否到位等。针对这些隐患,制定整改和排除方案,加大防控力度。

(三)情报导侦

在侦查破案中,依托监狱情报网的优势,不断健全完善罪犯信息、刑事安全信息、罪犯违规信息等狱侦应用系统建设,形成覆盖狱侦工作的相对比较完备的综合信息查询系统,紧紧抓住罪犯活动环节,有针对性地加强耳目、敌情调研、危险犯排查、重点时空控制工作,多层次、多渠道地拓宽情报的来源,并切实加强情报的应用转化,及时获取和固定证据,实现"由人到案"向"由信息网络到案"的转变,以"大情报"支持"小行动",从而实施精确打击。

---

[1] 陈嫌等:"论监狱狱情研判机制之构建",载《监狱信息与基层基础建设论文集》2013 年(内部出版)。

第七节 情 报 存 储

情报存储是指将整理的情报,以一定的形式,按一定的规则,进行有序存放的过程。情报存储的意义在于固化和保存监狱安全情报,并使情报在空间排列上有序化,以便适应快速准确检索的需要。情报存储的最根本目的是检索,所以存储是检索的基础,在一定意义上说也是检索的重要构成部分。存储工作的优劣直接影响着情报检索的效率,决定着整个监狱安全情报能否发挥其应有的作用。因此,在情报存储过程中,不仅需要发挥情报人员的主观创造性,还需要采取科学的存储方法和先进的科学技术。

一、情报存储的形式

(一)实物存储

实物是最直接的情报存储介质。实物以它的客观存在、自身形态和性质表明它所存储的情报,用以查明案情或事件的真相。情报的实物存储主要包括在犯罪现场上提取的各种痕迹物证、罪犯使用的或自制的各种犯罪工具,通过搜查、清监等侦查手段获取的各种物证以及在刑事鉴定中使用的样品样本等。通常把载有信息的实物称作物证,物证有的是无生命的,如凶器、弹壳或其他物品。也有的是有生命的,如人、动物的伤痕、肢体等。

由于实物容易受时间、环境、存储条件等影响而毁坏、变形或腐烂,从而失去原有的情报价值。因此,在力求保存实物的同时,还要使用记录、拍照、录像、制模、测绘等方法复制实物上的情报内容,并加以存放。

(二)纸介质存储

纸介质存储即主要靠人工运用纸张,按一定的格式要求,以文字表述或以图、表、卡片等方式将监狱情报加以存储。这是一种最原始的存储情报的方法,也是目前手工存储中最常见的形式,如各种表格、文件、档案等。纸介质存储具有直观、规范、操作简单和经济等优点。但纸介质易变质、散失和怕烟火,且占用的空间较大,特别是这种存储在检索效率上不理想。随着监狱信息化建设,纸介质将逐渐减少,被新的存储方式取代。

(三)现代科学技术手段存储

随着现代科学技术的进步和监狱信息量的增大,运用多种科学技术存储情报信息已成为重要手段。当前科学技术手段存储情报的方式主要有：声像存储、计算机存储、光盘存储、移动硬盘存储。

声像储存是指用摄影、录音录像等技术将情报内容记录在胶卷、录音带、录像带等介质上的一种存储形式。声像存储情报具有很强的直观性和客观性，而且便于携带和传递，也便于复制，存储密度大、占据空间小，且保存期长。

计算机存储，是指用计算机的内外存储器存储情报的一种方式。存储器是电子计算机的记忆装置，是计算机系统中存储情报信息的部件，它的功能是记录运算过程中需要的一切原始数据、运算指令、程序及运算结果并能根据运算结果快速地提供所需要的情报资料。

光盘存储是运用激光束记录和再现情报的存储形式。使用光盘存储信息，一是存储容量大、密度高、体积小，便于保存携带和复制；二是使用方便灵活，可以随机存取与快速检索；三是可以存储与显示多种情报；四是坚固耐用，不受病毒感染，抗环境污染能力强。因此光盘存储应用广泛。

移动硬盘存储以硬盘为存储介制，因此其存储容量就是其内部硬盘的存储容量。移动硬盘存储容量就决定着其数据存储量大小的能力，移动硬盘的容量同样是以 MB（兆）和 GB（千兆）为单位的，目前移动硬盘大多提供 10GB、20GB、40GB、60GB、80GB 的容量，随着技术的发展，更大容量的移动硬盘还将不断推出。

无论人工手段存储，还是科学技术手段存储，都应制定统一的存储规范和要求，以利于传输、提取、使用共享，提高使用价值。

二、情报存储的内容

（一）监狱安全基础信息

1. 罪犯基础信息

罪犯基础信息又分为自然信息、地址信息、媒体信息、犯罪信息、逮捕信息、前科信息、捕前简历、四涉信息、四史信息、社会关系和体貌特征信息。

①自然信息：罪犯编号、姓名、自报名、真实姓名、曾用名、性别、英文姓名、出生日期、民族、参加过何党派团体、政治面貌、收监前文化程度、收监前婚姻状况、证件类型、证件号码、证件有效期截止日期、特长、收监日期。

②地址信息：国籍、籍贯、出生地、捕前住址、户籍住址、户口类型。

③媒体信息：罪犯照片、影像等信息。

④犯罪、逮捕信息：犯罪事实、是否未成年人犯罪、逮捕机关、逮捕日期、是否累犯、是否惯犯、共同犯罪类型、共同犯罪人数、流窜作案类别、是否职务犯罪。

⑤前科信息：前科类别、刑期、起日、止日、罪名、执行机关。

⑥捕前简历：捕前单位、捕前职业及相关日期。

⑦四涉信息：罪犯涉毒、涉枪、涉黑、涉恶信息。

⑧四史信息：罪犯吸毒史、脱逃史、自杀史、袭警史等信息。

⑨社会关系：罪犯社会关系人的姓名、单位、职务、家庭住址、证件类型、号码和联系电话等信息。

⑩体貌特征：身高、体重、血型、体貌特征的描述信息。

2. 刑罚执行与改造信息

这一部分信息主要是罪犯在入监后形成的信息。可以分为罪犯收押信息、离监信息、狱内信息、调动信息、特管犯信息、刑罚及变动信息、暂予监外执行信息、奖励信息、狱政惩处信息、罪犯脱逃/捕回信息、发案/破案信息、预谋案件信息、病犯信息、残犯信息、体检信息、发病治疗信息、教育信息、劳动信息。

①罪犯收押信息：收押日期、送来机关、收押类别、接收机关、收押备注。

②罪犯离监信息：离监日期、离监类别、离监去向、离监备注信息。

③狱内信息：所在监狱、所在监区、分管等级、关押戒备等级。

④罪犯调动信息：调动日期、调动类别、调前单位、调后单位、备注信息。

⑤特管犯信息：特管犯的分类信息、特管犯健康状况及改造表现。

⑥刑罚及变动：刑罚类别、判裁机关、判裁书号、判裁日期、监狱执行日期、刑科、刑期、刑期起止日、案犯类别、剥夺政治权利时间、裁定呈报单位、是否驱逐出境、是否没收财产、罚金数额。

⑦暂予监外执行：执行类别、保外原因、批准日期、执行日期、批准期限、保人姓名、称谓、保人证件类型、证件号码、保人家庭住址、保人联系电话、保人单位、保人职务、派出所名称、派出所电话、终止日期、终止类别、批准单位、应收监日期。

⑧狱政奖励：批准日期、奖励类别、奖励原因。

⑨狱政惩处：批准日期、惩处类别、禁闭天数、惩处原因。

⑩罪犯脱逃/捕回信息：脱逃日期、脱逃原因、通缉类别、捕回日期、捕回方式、脱逃捕回情况详细记述。

⑪发案及破案：案件编号、案件代号、发案单位、发案日期、立案日期、立案案件

性质、立案案件类别、破案日期、折合经济损失、案件描述、结案日期、破案案件性质、类别、罪犯死亡信息。

⑫预谋案：案件编号、预谋案件单位、侦破日期、案件性质、预谋案件类别、案件描述、涉案罪犯信息。

⑬病犯信息：疾病类别、认定日期、撤销日期、撤销类别、劳动能力是否受限、身体情况。

⑭残犯信息：残疾类别、残疾原因、劳动能力是否受限、认定日期、身体情况。

⑮体检信息：体检日期、体检结果。

⑯发病治疗信息：发病日期、疾病类型、疾病名称、治疗结果、病情终止日期。

⑰教育信息：基础教育信息、学历教育信息、职业技能教育信息、顽危犯教育转化信息。

⑱劳动信息：参加劳动日期、岗位类别、技术等级、报酬、工伤、结束劳动日期。

这些信息既有狱内信息，也有狱外信息。狱内信息是指从狱内搜集、整理而获取的罪犯矫正信息，主要包括日常考核、行政奖惩、法律奖惩等各种数据信息，这些信息来源于狱政管理工作，同时也是狱政管理工作决策的依据。狱外信息是指由狱外信息渠道供给的，通常包括亲情电话、邮包信件、亲属会见等途径获得的信息。这些信息也是监狱管理工作中的重要参考资料，经过合理运用，有时甚至可以成为顺利矫正一名罪犯的关键转折点。

这些信息包括静态信息和动态信息。静态信息是指相对静止的、反映罪犯基础情况的信息。主要包括罪犯姓名、籍贯、出生年月、民族、文化、案由、犯罪事实等。罪犯的静态信息是犯罪学研究的重要内容，通过对罪犯静态信息的研究可以探寻罪犯的犯罪动因，把握罪犯犯罪的规律。动态信息是指在罪犯服刑过程中形成的、不断变化和更新的信息。主要包括罪犯入监集训信息、健康状况信息、通讯会见信息、计分考核信息、等级处遇信息、行政奖惩、法律奖惩等内容。

（二）监狱安全情报

1. 重点高危罪犯情报

重点高危罪犯群是指具有严重现实危险性，或具有高度危险倾向，或因案件性质严重、影响重大等需要重点控制的罪犯群。

重点高危罪犯群资料主要包括四个方面：(1)基本资料。包括罪犯自身及家庭成员、社会关系基本信息、捕判刑罚基本信息、服刑场所基本信息等；(2)生理资料。

包括狱内犯罪、自杀、行凶等历史的重点高危罪犯的人身、体貌特征、指纹、足迹、笔迹、动态监控等文字、图像、音像资料;(3)违规历史记录资料。包括重点高危罪犯因违规受到行政处罚、严管集训等;(4)思想动态。包括重点高危罪犯对重大事件的认识和犯群中的思想现状等。

2. 重点监管安全危险情报

监管安全危险源是监狱需要重点防范控制的重要部位和危险物品。监狱的重要部位由监狱的围墙、电网、岗楼、大门、变电所、会见室、医院、伙房、教学楼、仓库、禁闭室、电梯、单独监禁设施等组成。监狱的危险物品包括液化气、乙炔气、油料、药品等易燃易爆、有毒、腐蚀等危害的化学物品,工具、工料、砂轮机等易被罪犯利用行凶、脱逃的器具。

重点监管安全危险源情报的主要内容有:所有重点监管安全危险源都要统一编制识别号,有条件的要实施视频监控或安装定位装置,系统对所有危险源的状态(如位置、归属、防范控制措施、责任人等)要有清晰的显示,发生异常情况及时报警。

3. 动态狱情情报

动态狱情包括:即时性狱情信息、实战性狱情信息、狱情预警预案。即时性狱情信息,主要由监区周、旬、月、季狱情的录入信息与民警对狱情研判的相关报告构成。实战性狱情信息,主要由耳目及信息员汇报的、经查证属实的信息构成。监狱对重点罪犯和重要部位安排耳目控制,发现异常情况及时汇报。狱情预警预案,根据数据对比、因果分析等方法形成狱情走势预测,自动生成狱情预警预案,由相关部门采取有效措施予以防范。

4. 狱内犯罪侦查情报

狱内犯罪侦查情报包括狱内案件的立案、侦查、结案及结果信息反馈。

(1)立案。由侦查员填写狱内案件立案审批表,狱侦部门、监狱分管领导审批,系统直接将立案审批表报省(市)监狱管理机构刑罚执行处备案。

(2)侦查。侦查阶段实施现场勘查、调查访问、审讯等活动,相关文字、图像、音像资料予以录入。

(3)结案。侦查员撰写侦查终结报告报监狱分管领导审批后,填写结案审批表,狱侦部门、监狱分管领导审批。系统直接将结案审批表报省级监狱刑罚执行处备案,狱内犯罪侦查流程终结;批准结案并要对犯罪嫌疑人提出起诉意见的,系统直接将结案审批表报省级监狱刑罚执行处备案,并按规定格式自动生成起诉意见书。

5. 已侦查终结狱内犯罪案件情报

已侦查终结狱内犯罪案件情报包括狱内案件发案、侦查过程、案件处理结果情报等。[1]

三、情报存储的原则

(一)标准化原则

所谓标准化,是指对于一定对象作出的涉及不同范围内共同遵守的、科学的、合理的统一规定。如适用于全国范围的统一规定称为国家标准,适用于某一专业范围内的统一规定称为专业标准,适用于世界范围的统一规定称为国际标准。监狱安全情报存储标准化是指对情报的加工整理必须遵循一定的标准,并使之符合标准的要求。否则,将给情报的存储、检索和传递使用带来混乱。

监狱安全情报采用标准化,要解决的问题包括:存储项目的规范化、情报载体形式的规范化、数据编码的规范化、情报表达语言的规范化、存储设备的规范化。情报存储标准化的目的,一方面,能够建立起统一的情报信息系统,沟通情报的存储和检索,使两者实现一体化;另一方面,标准化有利于实现监狱安全情报系统的网络化,促进情报的交流和资源的共享。

(二)程序化原则

监狱安全情报存储工作必须按照一定的秩序和步骤进行。因为存储工作是一项技术性、可操作性很强的工作,必须有计划、有秩序、有步骤的进行。程序化就是在工作中形成的共同遵循的秩序和步骤。情报存储的程序不同,存储的方式也有很大的区别,如手工存储和计算机存储差别很大。但无论采用何种方式存储,都要有秩序、有步骤、有条不紊地进行,否则就发生混乱,直接影响存储工作的质量和检索的效率。

(三)快速检索原则

监狱安全情报的存储,必须适应对情报系统快速检索的要求。监狱安全情报工作的最终目的是为监狱安全稳定服务,为监狱打、防、控狱内犯罪业务提供检索服务。便于检索是情报存储的根本出发点和归宿。情报存储工作质量的高低是以

---

〔1〕 于爱荣:《监狱信息化导论》,法律出版社2009年版,第149~193页。

它能否以最快的速度、最方便的方式将有针对性的、有价值的情报检索出来提供给情报用户来衡量。因此,整个存储工作过程中所进行的分类、编目、制作索引、有序存放等各个环节都要围绕着实现快速检索这个目标去运筹和运行。

(四)便于增、删、改的原则

监狱安全情报存储系统,应便于扩充维护,即在内容上,便于增加、删除和修改,在情报载体和存储设备上便于维护和更新。这是保证情报资料工作连续性,克服情报老化,使之始终具有生命力和实用性的保证。因此,要求在设计存储结构时,要留有一定的冗余量,使其具有一定的扩充能力。选择设备时,要考虑设备的容量及未来的更新转化等。

第八节 情报管理

一、情报管理部门职能

管理是指人们为了一定的共同目标而对被管理对象进行的计划、组织、指挥、协调活动的过程。监狱安全情报管理是围绕着监狱安全情报工作的建设和工作目标,通过管理职能、手段方法等,有意识、有计划、有组织的进行的一切协调活动。

当前,成立专门的情报部门以加强监狱安全情报工作已经成为一种共识。有的监狱局在狱内侦查处成立情报科,有的在狱内侦查处成立情报室等,但多数监狱和监狱局狱侦部门对情报部门的定位还相当模糊,即使成立情报科一段时间,仍然不知所措。有的情报部门仅仅是定期完成一份狱情分析报告,有的监狱把信息录入和档案管理维护作为主要任务等。上述活动并不能算作情报部门的主要职能。监狱安全情报部门的职能应包括以下内容:

(一)制定监狱安全情报需求规划

情报部门根据监狱的具体情况和安全形势,制定出科学合理的安全情报规划,明确监狱月份、季度、年度等阶段的重点战略情报和主要类型的战术情报,以及引导各级情报部门和各监狱、监区围绕这些情报需求,搜集、整理、分析、产生情报。

(二)制定情报操作制度

制度是保障情报工作有序进行的规范。这些规范是监狱情报部门根据监狱实际需求所制定的用于指导情报工作的有关情报信息搜集、录入、整理、分析、存储、报送、查询、反馈等环节的规范、措施、细则及条例等。监狱通过制定规章制度，规范监狱安全情报系统的各种活动和行为，构建运行顺畅、集约高效的情报信息系统。具体包括情报信息搜集规范、信息查询规范、情报分析规范、情报发布和访问规范、情报交流协议、情报信息系统维护和管理规范。

（三）情报汇总交流

情报部门是监狱安全情报的交换中心，一方面，监狱情报部门需要对各科室和各监区产生的情报进行汇总；另一方面，代表监狱与公安机关、政法机关、武警系统的情报部门和其他监狱情报部门开展战略和战术情报交流与协作。

（四）情报分析

情报分析是情报部门的核心职能，其他职能主要为情报分析职能服务。情报部门要对每天纳入视线的各类信息数据进行实时分析研判，形成战略和战术情报。除了日常情报分析，对于某些重要的专项任务，情报部门可派员或组成分析团队，为监狱的安全防范提供实时的战术情报支持。

（五）狱内耳目管理

狱内耳目是监狱从在押的成年罪犯中建立和使用的秘密力量，在民警的直接管理下对特定的危险分子和监狱的要害和重点部位实施秘密监视控制，主动收集、掌握罪犯思想动态和犯罪活动线索，获取罪证，协助侦查破案，保障监狱安全的专门手段之一。监管安全工作要重点突出预防为主、防患未然的指导思想。要充分发挥狱内耳目工作主动进攻的作用，加强狱内耳目建设，提高信息搜集有效性和针对性，保证安全防范措施及时到位。对于危险罪犯、重点罪犯和零散罪犯要密切掌握其思想，将其动向纳入工作视线中，严防罪犯脱管失控，坚决把各类事故苗头消灭在萌芽之中。建立和使用耳目，通过他们提供狱情、犯情是情报来源的秘密途径。

（六）情报系统的开发、管理和维护

情报系统是信息采集、情报分析和情报发布的基本载体和平台，是情报部门最重要的生产工具。情报系统的开发和运用以监狱信息化为基础，近年来，监狱信息化得到普遍重视，不少经济发达的省份已初步实现监狱信息化，各类信息技术得到积极的应用。在司法部大力倡导和各省支持下，监狱信息化发展不断深入。但总体上看，这些信息系统尚不能对情报分析发挥有力的支撑作用。从长远来看，情报部门要实现情报的量化分析，必须对现在的监狱信息系统进行升级改造，使之成为具备情报分析功能的智能化信息系统。监狱安全情报系统是一个由人员、信息资源、工作平台、组织结构及工作制度等要素构成的一个工作体系。构建一套高效运行的综合性、多功能的监狱安全情报系统，是监狱实施情报主导监狱安全警务战略的一项重要工作。监狱安全情报系统还需进行必要的系统管理和维护，如信息系统的用户授权管理、信息系统的软件维护以及情报分布平台的信息更新和维护。

（七）全警情报培训和考核

监狱情报部门需要负责对监狱有关领导、全体民警和下级情报人员进行情报主导监狱安全和信息搜集、情报分析方面的训练，这项工作可以分多个层次进行。监狱可以通过举办各类有关情报分析的专业民警培训班，以及其他培养形式，对从事情报工作的民警进行理论和方法的培训，有计划地使所有从事情报管理实际工作的专业民警从理论和业务水平方面不断得到提高。

情报工作考核的一个主要方面就是对全警搜集信息绩效的考核。原始信息是情报分析的原材料。原材料质量的好坏很大程度上决定了情报产品的品质。从情报工作全局来看，收集信息不是哪个部门的事，而是每个单位、每个民警必须履行的职责。然而，目前信息搜集和情报分析分离的体制导致了情报警务的功能性障碍。因此，应该将全警搜集信息工作的考核权授予情报部门，由其对全警收集录入的信息进行审核把关，并根据各个监区的搜集质量和收集的工作量进行绩效评价，以确保充足的高质量的情报信息源。

二、情报信息系统建设

情报信息系统是基于计算机和网络环境，由先进的信息技术支持的计算机化的信息系统，是专门对监狱安全情报信息进行搜集、组织、存储、分析及传递的管理系统，是监狱情报信息系统不可或缺的工作平台。[1]

（一）情报信息系统的特点

监狱安全情报信息系统是监狱科学、准确把握监狱安全形势的预警系统，是为监狱安全决策提供依据和基础的支持系统，是提升监狱监管水平的信息工作系统。其具有以下特点：

〔1〕 曹凤等：《公安情报学前沿问题研究》，中国人民公安大学出版社 2008 年版，第 157～170 页。

1. 以监狱信息化建设为支撑

监狱安全情报信息系统的建立以监狱信息化建设为基础，充分利用监狱信息化建设的成果，包括监狱信息网络基础建设、信息应用系统和信息资源库等，这些为监狱安全情报信息建设提供了先进的支持工具和丰富的信息资源，为情报信息的处理、传递、存储及检索等提供了重要保障。

2. 以情报信息处理为主要内容

情报信息的采集、加工、研判、存储及传递等是监狱情报信息系统的核心内容。信息系统通过统一规范情报工作操作规程，畅通情报信息的传递渠道，加强分析研判，将原来没有联系，零散分布在监狱内外的信息、数据组织整理成能够指导监狱安全决策的体系明晰、逻辑紧密的情报。

3. 以服务于监狱安全决策为目标

情报是监狱安全决策的基础，无论是宏观战略决策，还是一线监管单位的战术行动决策，都离不开情报的支持。监狱安全工作要真正做到耳聪目明，切实提高安全工作效率和水平，必须以强有力的情报工作作为支撑。因此，监狱安全情报系统应立足于情报的综合应用，为监狱各部门提供相应的情报服务。

（二）情报信息系统的构成

1. 信息综合平台

监狱安全信息综合平台是指监狱依托现代计算机通信网络设施、设备及处理软件等，建立的用于情报信息搜集、加工、分析、存储和传递发布等的计算机化、网络化的工作平台。它是监狱安全情报工作中一切软件、硬件设备的总称，包括通信网络基础设施、信息应用系统及运行保障系统等。

（1）硬件设施。硬件设施是指监狱安全情报信息系统中的通信网络基础设施，包括网络建设、网站建设、终端设备等。从硬件建设上看，信息系统需要建立畅通的“高速公路”，按照“横到边、纵到底”的要求，建设覆盖广泛的网络化信息平台，建立覆盖各级监狱系统特别是基层的监狱信息网络传输平台。监狱要根据自身的需要，建立简单易用、高效共享的情报网站，提供情报的实时报送、实时共享及交互协作的窗口平台。还要加强基层部门计算机硬件设备的投入，提高基层民警电脑的拥有率、使用率。

（2）软件建设。信息软件系统平台是监狱安全情报信息研判工作的承托载体，是实现传统人工研判模式向数字化、智能化研判模式转变的重要工具。能否提高情报工作的科技含量、实现研判效率的大幅度提升,很大程度上取决于能否充分利用好现代计算机、网络及软件工程等技术,合理构建功能齐全且强大的系统平台和工具模块。信息软件建设可分为两类:一类是直接与监狱安全业务相关的业务管理系统,另一类是涵盖监狱业务工作全部内容的综合应用系统。

(3)运行保障系统。运行保障系统是通过建立一个相对科学完善的安全保障体系、信息标准化体系和运行管理体系来保障系统正常健康的运行。

2. 情报业务流程系统

情报业务流程系统是指将与监狱安全工作相关的情报信息进行搜集、加工、分析、存储及传递,并提供给监狱领导及其他用户的业务流程体系。

(1)信息搜集系统

信息搜集系统的主要功能是从各个渠道广泛搜集监狱内外的信息,经评估、加工及整合,按照一定方式进行信息的汇集及关联,最终形成能够满足多种需求的综合情报库。监狱安全信息来源广泛,种类繁多,监狱民警需要运用多种手段加以搜集。对各种渠道搜集的信息还需要进行评价、组织及整合。信息评价就是对信息进行鉴别、筛选,包括判断信息真假,保证信息内容的真实性;判断信息正误,保证信息准确无误;判断信息等级,确定信息的价值;判断信息急缓,确定何时向用户报送等。情报信息组织,就是揭示情报信息之间的内在逻辑联系,实现情报信息有序化和优化。情报信息整合是对各类情报依据各自的需要分别采集的信息进行关联集成和统一管理,使之成为一个有机的整体。通过系列搜集工作,使监狱各个系统所形成的信息通过汇集、关联及整合,最终形成完整的、综合性的、便于利用的、能满足多种需求的综合情报信息库。

(2)情报分析系统

情报分析系统就是以人的智能为主导,采用人工分析与人机分析结合的方式,将搜集的信息进行分析、综合、判断、推理、发掘和增值。目前,监狱安全情报分析以人工方式为主,依靠监狱工作人员的经验进行分析判断。监狱安全情报分析是全体民警的责任,其分析研判有不同的层次:日常研判,主要是监狱一线民警及狱内侦查部门,根据日常掌握的情报信息进行分析研究,研判成果及时予以发布,指导日常监管和安全防范工作;专题研判,是各部门和监区结合各自监管工作采取的定期或不定期方式组织的专门性研判;综合研判,监狱定期召开的由主要监狱领导牵头,狱侦狱政和各监区负责人组成的情报信息研判,对一段时期监狱安全稳定方面的情况进行分析研究，根据研判成果，提出工作建议，明确下一阶段工作重点和措施，为领导决策和开展安全防范提供情报支撑。

监狱安全情报分析研判类别

分析研判类别	研判人员	研判内容
日常研判	一线民警及侦查人员	日常信息分析，指导基层安全防范工作
专题研判	狱侦部门、监区	监狱安全防范专题性研判，解决突出问题
综合研判	监狱领导、狱侦、监区负责人	对一段时期监狱安全稳定方面的情况进行分析研究，为领导安全决策服务，提出工作建议，明确下一阶段工作重点和措施

（3）情报服务系统

情报服务系统是根据监狱安全决策者和监区民警的情报需求，按照特定的应用目标，通过各种方式及时提供情报产品和情报服务。监狱安全情报研判的最终成果是用文字、数据、图像或声音反映出来的产品。这些情报产品有不同的类别，服务于不同的对象。

一是情况反映类情报产品，包括监狱基层狱情动态及消息，如每日犯情情况、每周警情、监管工作情况交流等，其服务对象主要面向基层民警，为其业务工作提供参考、指导或服务。

二是综述类情报产品，包括摘编、概况、汇编及统计图表，如监区狱情信息汇总、每月罪犯违规犯罪统计及犯情动态情况综述等，其服务对象主要是监区领导，为他们组织部署监狱安全防范工作提供参考。

三是研究报告类情报产品，包括综述性研究报告、述评性研究报告及预测性研究报告、评估性研究报告及背景性研究报告，如犯情动态趋势分析与评估、不稳定因素分析、监狱安全形势分析及决策参阅等。

监狱安全情报研判产品层级服务体系

监狱安全情报研判产品	服务对象	服务内容
情况反映类产品	基层民警	为监区安全业务工作提供参考、指导或服务
综述类产品	基层领导	为监区组织部署安全防范工作提供参考
研究报告类产品	决策领导	为监狱领导决策提供意见、建议及对策

3. 情报组织管理系统

监狱安全情报系统的正常运行，需要相关人员、组织机构及工作制度等方面的保障。

(1)队伍保障系统。监狱安全情报队伍建设是信息系统重要的运行保障,它包括监狱安全情报人员、监狱一线民警和罪犯等人。监狱安全情报人员是情报队伍的骨干力量,一般有监狱情报领导和侦查人员构成。基层一线民警是情报队伍的核心力量,他们既承担信息的搜集任务,又是情报服务的主体。为有效动员基层民警,提高民警把握情报的意识和能力,一是监狱要加强培训,提高全体民警的情报素养;二是要建立全体民警积极提供情报的激励机制,激发民警在情报工作中的创造性,实现信息的全警采集。监狱情报更重要的是要依靠罪犯这一广泛的信息源,物色发展耳目、信息员的情报队伍,搜集深层次、潜在的信息。

(2)组织保障系统。组织保障是监狱安全情报系统高效、畅通运行的重要保障。主要通过设立专门的情报机构,对整个监狱安全情报活动实施有效的管理。可建立以综合情报信息中心为龙头,各部门、各监区安全情报机构为分支的情报组织结构体系。

(3)制度保障体系。制度保障体系主要是监狱通过制定政策措施和规章制度,规范监狱安全情报系统的各种活动和行为,构建运行顺畅、集约高效的情报应用流程。监狱决策领导应根据监狱安全需要制定监狱安全情报发展管理的总体规划、方案、方针等;情报部门应制定情报工作操作规程,用于指导情报工作各个环节的活动。还要建立情报管理制度,如岗位责任制度、目标管理制度、督察评比制度、奖惩制度和人员培训教育制度等。

三、情报队伍建设

(一)情报队伍的职类结构

1. 监狱领导

监狱领导是情报工作的决定性力量,他们对情报工作是否理解、是否重视,决定着情报工作的成败。作为监狱的领导者,他们有责任积极营造情报主导监狱警务的氛围,授权情报部门策划、指导考核、情报系统建设的权力,高度重视情报分析环节,调动各方面力量促进情报工作,鼓励情报共享。

2. 一线民警

一线民警是信息搜集的重要力量,是信息最主要和最有效的来源。因此,一线民警要切实履行信息的搜集职能。一线民警要理解情报工作的流程,认识到搜集工作对情报系统的重要性,掌握罪犯的违规违纪、违法犯罪活动的迹象和规律。在信息化建设中，还要懂得罪犯各类信息的搜集、录入、上报信息的操作，了解监狱安全情报信息系统的基本内容和功能。

3. 情报主管

情报主管是情报部门的领导，其基本职责是制定和完善情报部门的规章制度，制定情报工作规划，围绕情报需求开展工作，确保情报的高效和批量生产。情报主管还负有责任将训练有素的专业人员配备到情报分析员的岗位上，确保分析员有足够的办公资源开展情报分析研判。

4. 情报民警

情报民警是指在监狱狱侦、狱政部门以及各个监区，负责重点犯控制、重点部位时段控制、耳目建设等专门从事情报搜集、分析的民警。其具体职责是运用正确的思路和方式搜集信息，遵循标准程序对信息进行评估和整理，为情报部门提供充裕的情报材料。情报民警要熟悉情报作业流程，掌握情报信息搜集的标准程序、懂得如何评价和存储信息，能灵活使用网络和互联网资源。

5. 情报分析员

情报分析员是情报工作的核心力量，是情报部门的核心岗位。他们负责全面地策划、搜集、评估、分析、发布、反馈情报，向监狱各级决策者提供实战性情报。该岗位虽然从事具体的情报分析操作，但也属于管理岗位。分析员有权安排辅助岗位人员开展与其情报分析作业有关的打字、文印、网络维护等辅助工作，从而把主要的精力和时间用于战术情报和战略情报的分析上来。[1]

（二）监狱安全情报专业队伍培养

情报事业，归根结底都是人去完成，情报工作是一项政策性、技术性、复杂性、劳动性等很强的工作，如果没有一支高素质的情报队伍是难以完成情报工作任务的。因此，培养一支政治素质好、业务素质高、智力超群、知识广博高质量的情报专业队伍是情报工作顺利进行的保证。情报人员需要培养的素质包括：

1. 政治素质

情报人员应该具有较高的政治水平。情报工作的目的是为决策、管理提供支持，无论是决策研究还是监狱监管工作都与社会、政治、法律的各种因素紧密相关，与国家和司法行政的各种政策紧密相关，如果不考虑这些因素，就会背离国情，脱

---

〔1〕 崔嵩：《再造公安情报》，中国人民公安大学出版社 2008 年版，第 528 页。

离实际情况，情报分析结果就可能不切实际或无法实施。这就要求情报分析人员充分理解各种政策的深刻含义，要关心国家大事，认真学习党的方针政策，在分析工作中，要将国情、监狱工作制度特点与党的方针政策，有分析地、准确地结合到为用户服务之中。

2. 职业素质

(1)高度的敬业精神。情报工作是一种特殊的服务工作，优质的情报服务是开展情报工作的归宿。情报工作需要情报人员勤勤恳恳的埋头苦干，并要有高度的责任感。

(2)科学态度和求真务实精神。情报工作是监狱安全科学决策的基础，为了确保决策、管理工作的实施，情报人员在工作中必须保持严谨的科学态度和求真务实的精神，做到讲求实际、严肃认真、一丝不苟，情报分析要在搜集大量事实、数据和文献的基础上做到客观公正，对每一个细节不能漏过，还要切忌"先入为主"和"领导意志"的影响。只有这样，才能确保情报工作的准确性与可靠性，才能保证情报分析工作发挥出应有的作用。

(3)应该具有默默无闻工作的精神。情报工作与其他工作不同，绝大多数情报分析不能公布，这也是情报分析工作的规则。从情报工作的形式来看，情报工作繁重、复杂、平凡而"默默无闻"。它的服务效果和作用，往往是潜在的、隐含的，然而，它却有自己独特的、任何其他工作不可替代的作用。因此，情报人员的工作用常规的评价方法无法评价，这就需要情报人员淡泊名利，默默无闻地工作。

3. 心理素质

(1)稳定的心理结构。情报工作大多数时间是漫长的、琐碎的，既有分析不出来的苦闷，也有成功的欢欣。而大多数情报分析，在初始阶段，面对大量的信息，情报人员往往是茫然不知所措，容易产生急躁情绪。因此，对于专业情报人员来讲，面对各方面的压力，必须具有很强的自我调控能力，克服急躁心理，变压力为动力，摒弃外界干扰，最终获得增值情报。

(2)敏锐的情报意识。情报意识是人的情报观念及对情报过程的整体认识。监狱民警的情报意识是情报人员对与监狱安全有关联的人、事、物、案件、线索等的敏锐观察与甄别能力。情报意识的强弱是衡量主体情报能力的重要标准。一个缺乏情报意识的人，即使情报出现在他的面前，他也可能会视而不见，充耳不闻，因而贻误战机。由于狱内犯罪的情报多是动态情报，稍纵即逝，若不能及时发现和利用，就可能永远失去机会，成为没有价值的信息垃圾。因此，情报人员敏锐的信息感知能力，强烈的情报意识是情报工作的诱发点和切入点，一切与监狱安全相关的人、事、物都成为情报人员意识的敏感点。

（3）恒定的情报期待。情报常常不期而至，怎样才能有效地捕捉到情报呢？这需要情报人员的"情报期待"。成功的情报人员常常带着问题审视周围的一切，期待找到自己需要的情报，以至于形成情报人员的"问题意识"。

（4）持久的情报兴趣。情报兴趣是情报人员的内驱力。情报工作具有一定的琐碎性，容易引起劳累。如果没有足够的情报兴趣支撑，久而久之，情报人员就会失去敏锐的观察力，情报就会悄悄地从身边溜掉。情报兴趣只有专业人员才具备，具备了情报兴趣，情报就成为一种主动的、自由自觉的活动。[1]

4. 智力素质

智力素质是指运用知识、技术、经验解决问题和处理问题的能力。它是由多种能力组成的综合机制。

（1）观察能力。观察能力是情报人员的"内功"，情报人员具有对世界的观察和体验能力，才能做好情报工作。作为情报人员，要善于了解周围世界的变化，把握监狱的脉搏，对狱情、犯情、罪犯心理、罪犯行为等的微妙变化，都要有所察觉，这些对情报人员作出准确的判断有很大的帮助。情报人员应该具有专业水准，其观察的触角要像蜘蛛网一样灵敏，当有轻微的震动发生时，居于中心的情报人员就能在第一时间感知到，从而为快速的情报判断打下良好的基础。

（2）思维能力。思维能力是指人运用各种思维方式解决实际问题时达到的程度及所能取得的效果。思维能力高低是衡量情报人员能力的重要指标。从思维模式来讲，一个合格的情报人员应该具有全面立体的思维方法。运用立体思维，就是情报人员调动全面地思维方法，全方位、多角度的考虑问题。一切以事实为依据，实事求是的思考问题，既注重逻辑推理分析，又要调动形象思维、直观思维；努力实现多种思维方式的创新思维组合，互渗互融，互相补充，使逻辑思维、形象思维、逆向思维、发散思维互相交叉，形成思维的结构系统。

（3）分析和综合能力。分析与综合是人类认识客观世界的基本途径，是情报人员整合能力的重要体现。情报工作中，情报人员要么面对海量信息，要么面对凌乱

---

〔1〕 李广仓：《公安情报分析原理》，中国人民公安大学出版社 2007 年版，第 47～57 页。

的信息片段，情报常常会在表象面前感到一筹莫展。这时，情报人员需要通过不断分析与综合，去粗取精，去伪存真，螺旋式上升，每一次分析与每一次组合，都是前一次基础上的提升，直到最后发现犯罪嫌疑人的作案轨迹，画出一幅完整地“犯罪地图”。

(4)创造能力。情报创造主要着眼于发现情报之间的相互关系，使孤立的情报互相碰撞，发生增值。情报人员的创造能力主要包括：情报组合创造能力、情报关联、聚合创造能力和情报猜测创造能力。

5. 知识素质

知识是能力的基础。情报工作涉及的知识领域极其广泛。情报人员要精通监狱学、狱政管理、狱内侦查、情报学、犯罪学等专业理论和知识，还需具备哲学、逻辑学、心理学、统计学、写作等方面的知识。具有广博的自然科学和社会科学知识是掌握情报专业知识和技能的基础，也是学习和灵活运用情报专业知识和技能的基本保证。

第四章　监狱安全情报分析重点

第一节　监狱安全形势分析

一、监狱安全形势现状分析

（一）我国监狱安全稳定的成效

改革开放三十年来，经过长期的司法实践，我国监狱已经基本建立起一套科学、健全的安全稳定长效机制，监狱安全稳定工作取得明显成效。我国监狱工作不断适应国家改革、发展形势，围绕中心，服务大局，紧密配合"严打"斗争和社会治安综合治理等活动，围绕实现"四无"，特别是零脱逃的工作目标，健全完善确保监狱安全稳定的防控、排查、应急处置和领导责任四个机制，狠抓狱政管理制度、狱内侦查制度、安全责任制度、狱情敌情分析制度、警察直接管理制度等各项监管改造制度的检查落实，不断完善监狱安全警戒设施，深入开展与武警部队的"三共"活动，强化安全稳定各项措施，建立起人防、物防、技防有机结合的安全防范体系，切实维护了监管场所的安全稳定。以监狱体制改革、监狱布局调整和监狱信息化建设为重点的三大改革稳步推进，取得了明显成效，有力地促进了监狱的持续、安全、稳定。在押犯数量持续增加、构成日益复杂的严峻形势下，监狱安全稳定指标连创历史最高水平。截至2008年年底，全国监狱押犯总数比1978年上升了128.63%；与此相反，2008年全国监狱罪犯脱逃数、狱内发案数分别比1978年下降了99.5%和99.6%。全国有665所监狱没发生罪犯脱逃案件，有661所监狱实现了"四无"的目标，分别占全国监狱总数的98%和97%。全国有21个省份实现罪犯"零脱逃"。[1] 特别是在"非典"、南方雨雪冰冻灾害、西藏拉萨骚乱、四川汶川大地震和

---

〔1〕 李豫黔："关于构建我国监狱安全稳定长效机制的思考"，载《中国监狱学刊》2009年第4期。

北京奥运会等非常时期，全国监狱机关全警动员、全力以赴，非常时期未发生任何重大问题，监狱安全稳定工作经受住了严峻的考验，有力地促进了社会和谐稳定，受到社会各界的广泛赞许，受到了中央的充分肯定和各级党委政府的高度赞扬。

（二）监狱安全稳定面临的形势

从外部形势看，作为国家政权的组成部分，社会上的不稳定、不和谐因素最终不可避免地影响到监狱。从国际上看，国际社会处于动荡期，监狱安全事故也处于多发期，近年来，国外就发生了上百起震惊世界的案件，如 2011 年因社会动荡中东地区的监狱安全问题频发，突尼斯两所监狱因发生火灾，800 多名囚犯集体越狱；阿富汗坎大哈监狱 500 多名罪犯通过挖通地下通道集体越狱；埃及 4 所监狱数千名罪犯趁国内局势动荡，内外勾结，成功越狱；也门首都一所监狱押犯要求总统下台，发生骚乱，狱警开枪试图控制局面，造成 2 名犯人死亡、20 多人受伤；利比亚的黎波里及其周边地区监狱在国内动乱期间约 4.7 万名罪犯失踪。就我国监狱情况来看，国际敌对势力出于意识形态偏见和自身利益需要，进一步对我实施西化、分化战略，千方百计遏制我国发展，破坏我国稳定，并把监狱作为重点渗透领域和对象，公然挑衅我国司法制度，特别是对监狱关押的重要案犯经常进行炒作，司法领域反渗透、反颠覆的斗争十分尖锐复杂。全球化的影响下，监狱工作将纳入社会大环境之中，客观上要求有一个健康、有序的社会环境，社会将对监狱的执法提出更高的要求，这就使监狱在刑罚执行中要避免不规范性，不断提高执法水平，深化狱务公开，增强执法的透明度，建立一个公正、公平、公开、廉洁、高效的执法环境。此外，我国监狱的人权问题始终是国际社会关注的焦点，是西方敌对势力借以攻击我国政府和社会主义制度的杀手锏之一。另外，目前，我国已相继签署了《社会、经济和文化权利公约》和《公民权利和政治权利公约》，并成为“囚徒待遇最低标准”等一系列有关行刑国际公约的缔约国，这些公约对我国也具有约束力。这些都要求我们必须进一步加强人权保障的法制化，行刑的现代化，按照有关公约和法律，切实保障罪犯的合法权益，最大限度地张扬中国刑罚制度的先进性和其中包含的人道主义精神。西亚、北非一些国家发生政局动荡后，西方某些国家企图把祸水引向我国。2008 年“3·14”事件、2009 年新疆“7·5”事件、2011 年新疆喀什接连发生暴力袭击事件以及山东盲人律师陈光诚进入美国驻华大使馆事件，都说明对敌斗争形势依然复杂,保持社会稳定的任务依然艰巨。[1]

从国内看,当前,我国经济平稳较快发展,社会大局保持稳定。但同时,我国仍处于深刻变革之中,仍处于人民内部矛盾凸显、刑事犯罪高发、对敌斗争复杂的时期,保持经济平稳较快发展、维护社会和谐稳定的任务依然十分繁重。监狱作为我国人民民主专政国家机器的重要组成部分,其安全稳定同样具有重要意义,随着监狱体制改革、布局调整和监狱信息化建设的不断深入推进,使监狱面临着难得的发展机遇,同时也面临着许多的困难和挑战,截至2012年,我国共有监狱681所,在职监狱人民警察30万名,押犯164万人。监狱的押犯不断增多,押犯构成日益复杂,安全稳定工作压力增大。部分省监狱关押规模不适应社会治安形势的需要和押犯数量的不断增长,少数省监狱场所爆满。从目前情况来看,女犯、精神病犯、外国籍犯、入境犯、危害国家安全罪犯数量有所上升。其他刑事犯中,重大刑事犯和判刑两次以上的罪犯,呈继续上升趋势。部分地区危安犯、涉黑涉恶涉毒罪犯、法轮功罪犯思想的复杂性、多样性、反复性和行为突发性、抗改性、隐蔽性更加突出,改造转化难度大,监狱内部改造与反改造的斗争更加尖锐,对监狱安全稳定构成严重威胁。近年来,监狱系统安全稳定取得长足进步,但也陆续发生一些罪犯暴动越狱、杀人和预谋案件,这些严重的事件警示我们,监狱存在随时随地发生重大恶性安全事件的可能,对此绝不能掉以轻心。监狱发生的犯罪案件,可能对罪犯产生示范效应,刺激其谋划和实施越狱、暴狱、劫狱活动。监狱应从这些事件中吸取教训,未雨绸缪、防微杜渐,有效地防止罪犯闹监、暴狱等重大恶性安全事件。另外,随着网络时代的到来,监狱执法活动越来越成为社会各界和新闻媒体关注的焦点,监狱一旦发生安全稳定事故,不仅会造成国家和人民生命财产的损失,而且容易形成社会热点,造成更大的负面影响。如2011年某监狱发生一起罪犯脱逃案件,网络、媒体跟踪报道近两个月,炒作监狱管理方面的问题,引起广大人民群众的热议,给监狱形象带来了很不好的影响。罪犯也会因社会事件引发情绪波动,产生反改思想、抗改行为,对监狱安全造成隐患。监狱会随着社会形势的变化而变化,社会上不稳定的因素不可避免地会影响监狱的安全稳定。

(三)监狱安全存在问题

从监狱目前的情况看,我国监狱系统的安全稳定工作还存在一些薄弱环节,一

---

〔1〕 邵雷:《狱内侦查辅导读本》,法律出版社2012年版,第6~7页。

些地区的监狱安全稳定情况仍不容乐观。

1. 安全第一的意识不足

安全第一的意识是监狱确保安全稳定的思想基础。监狱要充分认识到监管安全的重要性，把监管安全放在一切工作的首位，贯穿一切工作的始终，使民警在思想上、工作中时刻树立安全稳定压倒一切的大局意识；确定一把手负第一位的责任，主管领导负主要责任，直接管理罪犯的狱政民警负直接责任。近年来，监狱系统保持安全稳定的态势，狱内发案逐年下降。在这种情况下，少数监狱和民警思想上出现了不良倾向：一是盲目乐观，在连续取得监狱安全稳定的情况下，有的监狱领导滋生了盲目的乐观情绪，对监狱安全稳定面临的新的严峻形势认识不清，没有继续把维护监狱安全稳定作为硬任务和第一责任，对监狱安全稳定工作重视不够，研究不透，投入不足，落实不力，导致重大案件时有发生。二是麻痹松懈，部分一线民警面对日复一日的安全稳定工作，易产生厌烦情绪，促使麻痹松懈心理。

2. 安全制度措施落实不力

制度不落实已成为监狱安全工作中一大顽症，是监狱安全稳定的重要隐患和主要原因，制度不落实占问题的40%。部分民警对用各种事故甚至是鲜血换来的相关安全管理制度熟视无睹，有章不循，循章不严，落实制度上打折扣，特别是警察直接管理制度、门卫制度、双人值班制度、危险品管理制度、违禁品清查制度和生产管理制度落实等问题仍普遍存在。有的民警对罪犯三大现场直接管理制度不落实，有的民警利用罪犯代行管理权现象仍然存在，有的甚至使用罪犯代管计分考核，代替民警值守劳动、生活现场，代替民警安排其他罪犯劳动岗位等。有的监狱对手机等违禁品查禁制度落实不严，有的民警对司法部关于禁止携带手机进入监狱的禁令不理解，执行不彻底，导致问题不断发生。有的监狱对外协人员管理制度落实不到位，特别是对车辆、人员、物品进出监狱管理不严，外协人员与罪犯接触密切。这些给监狱的安全稳定工作带来了大量不安全因素。

3. 监狱警力配备不科学

当前，随着监狱押犯人数的不断增加，监狱民警队伍建设工作与现实工作之间仍然存在一定的差距。突出问题是：一是警囚比例不达标，平均18%的警囚比例是1981年第八次全国劳改工作会议提出来的。随着监狱工作的不断发展，仅适应于看守型的18%的警囚比例已无法满足于当前监狱的需要。尽管如此，截至2008年年底，全国监狱警察与押犯的比例为17.64%，仍有12个省份监狱警察编制与押犯比例没达到18%,广东、福建等警囚比例最低,仅为11%～13%。分监区一线警察与押犯的比例远没有达到18%规定的要求,有的仅为6%～7%,甚至3%～4%。二是一线警力不足,部分监狱科室设置过多,监狱机关化、行政化严重,机关科室警察比例过大,仍有相当部分省基层警力未达到75%[1]。

4. 监狱硬件建设不完善

有的监狱硬件设施不完善,"物防"、"技防"力量薄弱。设施落后成为有的监狱安全稳定的硬伤,设施不完善占安全稳定的30%。有的监狱押犯增加,羁押场所有限,造成羁押能力不足问题。有的监狱警戒安全设施陈旧落后,有的监狱围墙破损,只能靠电网和照明灯保证警戒工作;有的监狱虽然配备了视频监控系统,但缺乏相关的智能报警系统,导致视频报警功能不全,无法使用;有的监狱大门、监舍、会见室、劳动场所、禁闭室等重要场所未能形成监控报警网络;有的监狱缺少AB门、数字化的门禁系统、防撞柱、减速带、破胎钉板等设施;有的监狱重点部位的监控设施设备存在死角等,这些问题严重影响了监狱的安全稳定。

二、影响监狱安全的因素分析

影响监狱安全形势和发展趋势的因素众多,各种因素对监狱安全的影响也因各个监狱情况不同而有所差异。对监狱安全形势发展影响比较明显的因素有以下几个方面,但这些并不能囊括所有因素,各监狱在进行宏观安全分析时应根据监狱的具体情况进行增减。

(一)政治

政治因素是监狱安全考虑的重要因素。确保监狱持续的安全稳定,促进社会和谐稳定,是监狱的首要政治任务,是监狱的法定职责,是中央赋予监狱的第一责任。监狱安全稳定直接影响着我国社会主义政治、经济、文化建设的健康、快速发展,维护着人民的生命财产安全和社会的稳定,是构建社会主义社会的重要保障和必然要求。改革开放三十多年来,我国监狱机关依法正确履行职能,忠实肩负着中国特色社会主义事业建设者和捍卫者的神圣使命,监狱事业在改革中飞速发展,监狱面貌发生了巨大的变化,取得了令人瞩目的成就。在维护监狱安全稳定工作方面,经过长期的司法实践,我国监狱已经基本建立起一套科学、健全的安全稳定长效机制,监狱

[1] 李豫黔:"关于构建我国监狱安全稳定长效机制的思考",载《中国监狱学刊》2009年第4期。

安全稳定工作取得明显成效。同时,我国监狱安全稳定工作也面临诸多的挑战和问题,需要不断予以改进和完善。

近年来,各地监狱按照司法部制定和推行的监狱体制改革、监狱布局调整、监狱信息化建设,完善刑罚执行制度和监狱改革发展等一系列维护监狱安全稳定的重要举措,充分认识到“确保监狱安全稳定,在任何时期都是监狱工作的第一任务”的监狱安全观,牢固树立“稳定压倒一切”的安全稳定首位意识,树立监狱安全稳定的全局观、系统观、整体观。监狱系统要准确把握当前监狱安全稳定工作的新特点、新要求,认真研究工作中出现的新情况、新问题,研究制定各项切实可行的安全防范措施,排除各种事故隐患。在作出决策、部署工作前都要首先考虑是否有利于安全稳定,坚持避免以牺牲稳定为代价谋求一时发展。要教育监狱民警,树立正确的政治意识,使他们充分认识形势的发展变化对监狱安全稳定工作提出的新要求,坚决防止和克服盲目乐观、麻痹大意、消极厌战的思想和情绪,增强忧患意识和责任意识,始终坚持安全稳定的首位意识,始终保持高度戒备状态,为维护监狱安全稳定奠定基础。[1]

(二)刑事政策

近年来,刑事政策调整幅度比较大,对监狱的安全形势也产生一定的影响。比如《刑法修正案(八)》、修改后的《刑事诉讼法》以及最高人民法院《关于办理减刑、假释案件具体应用法律若干问题的规定》颁布实施,是我国对刑事法律作出的重要修改,对监狱安全稳定工作将产生重大影响。主要表现为:

1. 刑法修正案的影响

(1)监管安全压力增大

死缓限制减刑、恶性案件数罪并罚提高刑期、减刑最高幅度限制、最低服刑期限的提高、“8+1”罪犯不得假释等将使重刑犯比重越来越大、逐年上升。漫长的服刑生活,一些罪犯难免产生绝望心理,自杀、自伤自残、抗拒改造和狱内犯罪案件势必增多。

其一,重刑犯押犯数量增加。《刑法修正案(八)》取消了13个经济性非暴力犯罪的死刑,所谓避免“死刑偏重、生刑偏轻”,但“死罪可免,活罪难逃”,死刑的减少意味着重刑犯人数将有所增加。《刑法修正案(八)》第十六条增加了“对累犯以

〔1〕 李豫黔:“关于构建我国监狱安全稳定长效机制的思考”,载《中国监狱学刊》2009年第4期。

及因故意杀人、强奸、抢劫、绑架、放火、爆炸、投放危险物质或者有组织的暴力性犯罪被判处十年以上有期徒刑、无期徒刑的犯罪分子,不得假释。不得假释重刑犯的增加造成重刑犯数量增长。同时,部分犯罪的法定刑提高到十年以上也将造成重刑犯的增长。在押罪犯服刑的时间延长,押犯人数逐步积累增加。《刑法修正案(八)》第十条将有期徒刑总和刑期提高至二十五年;第四条严格限制了死缓的减刑,并且在以后的减刑中还将限制减刑;第十五条对无期和死缓犯的实际执行时间,分别至少增加三年和六年,即判处无期徒刑的不能少于十三年,判处死缓的不能少于二十年。以上三个条款的修改,增加了服刑人员的服刑时间,监狱押犯数将逐步上升。

其二,服刑期间延长,容易产生绝望心理。据《刑法修正案(八)》的相关规定,法院对被判处死刑缓期两年执行的累犯以及因故意杀人、强奸、抢劫、绑架、放火、爆炸、投放危险物质或者有组织的暴力性犯罪被判处死刑缓期执行的犯罪分子,根据犯罪情节等情况可以同时决定对其限制减刑。根据《刑法修正案(八)》对被限制减刑的死缓犯罪分子实际执行的刑期规定,死缓最低服刑时间,如缓期执行期满后被依法减为无期徒刑的,将不能少于二十五年;如缓期执行期满后被依法减为二十五年有期徒刑的,将不能少于二十年。这部分罪犯不但个人悲观失望甚至绝望,有的罪犯及家人还对法律产生了不理解。《刑法修正案(八)》颁布实施以后,限制减刑罪犯获得减刑的可能性变小。这类罪犯在监狱服刑的绝对时间要比新刑法实施以前的服刑时间长。一旦罪犯知道自己将要在监狱服刑二十年以上,尤其是在服刑过程中看到与其他罪犯改造前途上的巨大对比落差后,极易出现心理失衡,他们就会对前途失去信心,有的会不思悔改,破罐子破摔;有的会怨天尤人,消极服刑;有的会装病装傻,消极怠工;有的会心理封闭,自我戕害。纵观监狱历史,大量狱内犯罪恶性案件几乎都是由罪犯绝望心理未能得到及时有效防控而酿成的。实践证明,罪犯绝望心理是监管安全潜在的最大隐患,是引发监管安全事故的“导火索”,是监管安全工作的最大乱源。这些都给监狱在行刑理念、规章制度、运行机制、管理手段、教育措施、基础设施等方面带来巨大的挑战。

(2)改造激励机制弱化,反改造行为增大

由于重刑犯服刑时间的延长,他们易出现前途渺茫,丧失改造信心,特别是限制了重刑犯的减刑幅度,目前监狱普遍推行的罪犯计分考核等激励措施作用将被弱化,在一定程度上降低了他们的改造动力,并易诱发他们的叛逆心理,极易出现消极改造、抗拒改造现象,教育改造的强度和难度将急剧增加。绝大多数重刑犯,特别是被判处死刑缓期执行的累犯以及因故意杀人、强奸、抢劫、绑架、放火、爆炸、投放危险物质或者有组织的暴力性犯罪被判处死刑缓期执行的罪犯都具有人格缺陷,大部分都患有偏执型人格障碍和反社会型人格障碍,由于长期受不健康心理的支配,对现实社会尤其是社会制度不满,在思想上表现为顽固不化、固执己见,在行为上表现为消极对抗、攻击性强,在改造期间认罪悔罪意识差,也极易出现排斥和抵触监狱改造政策、不服管教,甚至对抗监狱的一切监管活动以致发生严重的反改造行为。[1]

(3)监狱老年犯增多

如果将全部罪犯分为青少年组(14~25岁)、中年组(26~50岁)、老年组(50岁以上),以国家2005年犯罪调查统计资料为据,罪犯中26~50岁的中年组所占比重最大,超过60%。如果以一个26岁的中年组罪犯为例,在服刑了二十五年之后,刑满释放即将步入老年。因重刑犯执行刑期变长,且严控了对重刑犯的假释,则必然会导致监狱老年犯的增多,从而给监狱医疗保障系统带来较大压力。我国现行的监狱体制基本上是服刑监狱保持稳定,一个罪犯送到某监狱服刑改造,他只有刑满才能正常离开该监狱,服刑期间的监区也保持稳定,这就导致一个监区老、中、青罪犯共同劳动、共同学习、共同生活,伴随着年龄增长,老年罪犯的劳动能力、生理机能逐渐衰退,远不及中青年罪犯有活力的生活方式、生活习惯,也与中青年罪犯格格不入,健康保健、生活保障、医疗保障等现实问题、矛盾会越来越突出。

2. 刑诉法对监狱安全的影响

2012年3月14日修改的《刑事诉讼法》对辩护制度、证据制度、强制措施、侦查和审判制度作出重大修正,并新增四个特别程序,将尊重和保障人权原则贯彻始终。这是我国刑事诉讼制度的重大发展和进步,堪称我国刑事法治发展史上的重要里程碑。新《刑事诉讼法》对相关强制措施适用条件的改变,证据种类的丰富,证明标准的修改,技术侦查的确立,以及犯罪嫌疑人辩护性措施的加强,既赋予了犯罪案件侦查的有利条件,又使监狱侦查工作面临严峻挑战。就监狱安全工作来讲,新《刑事诉讼法》对狱内侦查工作影响最大,狱内侦查工作要适应新刑诉法的要求,需进一步转变狱内侦查理念,提高侦查取证能力,逐步构建狱内侦查新模式,并探

〔1〕 吴少广、潘龙研:"《刑法修正案(八)》对监狱工作的影响及对策分析",载《中国司法》2011年第11期。

讨狱内侦查操作细则的制定和完善。

(1)强制医疗有不足依法不负刑事责任的精神病人的强制医疗程序,经法院审理,可以决定强制医疗,这对减少精神病人提前进入监狱“服刑”产生关键作用。但是,该特别程序还是给监狱留有遗憾,如罪犯在服刑期间发现精神病的情形,监狱能否向法院申请审理并决定强制医疗,仍然没有明确,导致监狱处理此类问题存在无法可依的窘境。

(2)短刑犯阶段性增多。第二百五十三条“在被交付执行刑罚前,剩余刑期在三个月以下的,由看守所代为执行。”如在新法实施后看守所一律依法办理,这在短期内增加了监狱短刑期犯人数,随之增加罪犯改造、生活经费,监狱执法、管理成本上升,警力紧张。对短刑犯阶段性增多,监狱要增拨罪犯改造经费;配置足够警力;由低警戒度监狱集中收押;加强法制教育和短期职业技能培训。

狱内侦查工作应更新诉讼意识,规范取证工作,重视证据作用,拓展侦查手段,提高侦查能力,加强侦查人员素质。

3. 监狱法对监管安全中的影响

1994 年 12 月 29 日《监狱法》颁布实施以来,为监狱机关正确执行刑罚提供了比较完善的法律依据。但在实施中,存在一些问题影响监狱的安全稳定,比较突出的如:

(1)法律价位不高,约束力不足。现行《监狱法》实践中只对监狱有约束力,对其他相关部门约束力不够强。《监狱法》规定了一些其他部门应履行的义务,但实际工作中存在这些部门不作为或不执行问题。如《监狱法》第五十四条规定:“罪犯的医疗保健列入监狱所在地区的卫生、防疫计划。”但实际工作中,除非发生大的疫情,当地防疫部门很少到监狱开展消毒、注射疫苗等防疫工作。

(2)缺乏配套细则。《监狱法》自颁布以来,一直没有配套的实施细则,某些具体问题在实际工作中较难处理。如《监狱法》未对监狱在罪犯死亡或通知亲属后火化尸体的时限做明文规定。如某监狱罪犯因病正常死亡,其家属对死亡原因没有异议,但以家庭困难、罪犯死在监狱为由要求赔偿。监狱在没有罪犯家属签字的情况下,无法对正常死亡的罪犯遗体进行火化,只能是长期承担高额的停尸费,并面对家属四处写信告状的尴尬局面。

(3)法律支持不到位。如《监狱法》对患有精神疾病的人收监没有明确规定,造成精神病罪犯“治疗难、管理难、改造难”的三难问题。再如,罪犯在生产劳动过程中发生的工伤事故处理问题。《监狱法》第七十三条规定:“罪犯在劳动中致伤、致残或者死亡的,由监狱参照国家劳动保险的有关规定处理。”但是因为罪犯没有纳入社会医疗保险统筹,监狱又没有专门处置此类事件的经费,导致监狱无力承担高额的处理费用。又如,在保外就医工作方面,个别重症病犯家属由于家庭经济承受能力或与罪犯关系紧张等原因,不愿罪犯保外就医,不配合具保,造成个别病犯病情符合保外就医标准却不能办理。

因此,监狱管理部门要加快《监狱法》的修订步伐。一是要将监狱法改为《刑事执行法》,由部门法提升为国家基本法,克服其对其他相关部门约束力不强的弊端。修订某些条款内容,提高可操作性,实现在全国范围内执法标准和执法制度的统一。二是修订后的条款内容要与《刑法》、《刑事诉讼法》等法律的有关条款内容相一致、相衔接,维护其权威性,充分发挥其法律效力。三是要在保持该法内容基本稳定的前提下吸收近年来监狱工作实践中的成功经验,补充和完善其在制定之初遗漏的内容,使其既能体现出时代特征,又能适应监狱实际的执法活动。

(三)经济

我国监狱经济作为国有经济的特殊组成部分,受历史原因和计划经济体制因素的影响,长期以来一直处于监狱工作的附属地位。从新中国成立初期的“三个为了”到“两个结合”再到“改造第一,生产第二”,历次监狱工作方针虽然都是符合当时革命和建设需要的正确指导,但是监狱经济的地位始终处于附属,对监狱经济的管理同监狱管理一样,长期实行中央和地方管理,逐步形成了“监企合一”的监狱经济管理体制。在计划经济年代,监狱根本不存在竞争,使监狱经济得到了很大发展。但是由于长期处在相对封闭的环境和附属地位,监狱企业的管理十分粗放,效益低下,同时由于不同地区的发展不平衡,造成各省市监狱企业发展也很不平衡,加之监狱企业涉及的行业多、产品杂,机械、煤炭、电力、建材、农业等传统产业几乎无所不包,且地处分散、技术含量低、规模小、竞争力差,形成了多种管理模式和复杂的经济格局。随着我国市场经济体制的建立和完善,面对激烈的市场竞争,“监企合一”的管理体制使监狱企业缺乏应有的生机和活力,难以适应市场竞争,普遍出现了经营困难。同时由于监狱经费不能足额保障到位,监狱企业又背负上补偿监狱经费和办社会职能的重负,造成监狱经济步入发展困境。监狱被迫追求经济发展,把大量人力、物力投入其中,经济问题成为困扰监狱的最大问题。很多监狱最牵挂领导和民警的问题不是管教问题,而是生产经营,从而影响对罪犯的思想教育和改造工作，罪犯的危险因素没有得到有效的消除，时刻给监狱安全带来隐患。

近年来，监狱体制改革，逐步从“自给自足”经济管理体制走向“国家财政保障体制”。改革的目的是要纯化监狱职能，强化监狱刑罚执行功能，增强监管改造能力，减少和预防重新犯罪，提高改造质量，建立“公正、廉洁、文明、高效”的新型监狱体制。包括：实施全额保障，实施监企分开，推行收支分开，稳步实施监社分开。但目前有些监狱的经费全额保障还不到位，影响监狱的安全稳定工作。有的省份尚未完成监狱体制改革，其中有些省份的监狱由于地处偏远、监狱设施陈旧落后、警力不足和资金缺乏等原因，没有建立监狱经费全额保障制度，安全稳定投入不足，监狱存在不稳定因素，有的甚至因经费保障不力而组织罪犯在煤矿等高危行业冒险作业，有的监狱为“找饭吃”而奔忙，无休止地组织罪犯的生产劳动，对监管安全的冲击很大，已成了监狱系统久治不愈的“顽症”。有的监狱财政经费保障标准偏低，满足不了正常执法工作的需要，监狱安全稳定工作缺少资金来源，保障资金的不足，使监管安全设施建设处于无经费保障的状态。有的监狱由于经济困难，监管安全设施已经年久失修，加之无钱添置，一些设施形同虚设。即使一些经济效益比较好的监狱，有了资金也往往用于扩大再生产，修缮监管安全设施的工作很难提上议事日程。有的监狱体制改革单位，监企分开运行不规范，监狱企业职能部门设置过大，占用了较多的警力。有的监狱体制改革的配套政策不落实，没有妥善解决好监狱企业工人、移交办社会职能等问题。部分监狱领导和警察对“四无”、“零脱逃”等安全指标存在畏难情绪。

从经济环境来看，国际金融危机和国内经济增长放缓对监狱安全稳定工作的影响已经逐步显现。受订单减少的影响，部分监狱企业减产、停产，罪犯劳动岗位减少，寻衅滋事等破坏监管秩序的事件增多；部分罪犯家属失业、经济困难，导致罪犯情绪波动，教育改造难度加大；个别监狱迫于经济压力，引进不适宜罪犯劳动改造的生产项目，存在罪犯超体力劳动现象；部分监狱企业职工下岗、待岗，收入减少，生活困难，不稳定因素增加。

（四）罪犯方面的因素

监狱安全的直接危险来自不断变化的押犯构成，这是社会犯罪这一客观现实在狱内的集中反映。目前，从罪犯的案情来看，严重暴力犯罪案件大幅度上升，团伙犯罪、黑社会性质犯罪、毒品犯罪、财产犯罪比重上升；从罪犯刑期和罪行的严重程度看：刑期长的重刑犯、累犯、惯犯、流窜犯、团伙犯罪明显增多。押犯构成的变化使改造对象的心态、思想、行为发生变化。

1. 罪犯改造表现的变化

(1)罪犯隐性抗改增多

由于犯罪诱因的增多,监狱内罪犯成分日趋复杂,具备一定的消极怠工和隐性抗改能力的罪犯人数比例上升,这类服刑群体的外观表现往往是认罪伏法、积极劳动、认真改造,造成表面服从管教,实质设法逃避刑事惩罚的现象。有些罪犯伪装成弱势群体,增设执法障碍。许多罪犯谎称有多种疾病,经常出现不适症状,进而发展到无病呻吟,小病大养。监狱民警毕竟不是专业医师,且病体本身就具有潜伏期,一时难以准确判断。主观上判断其是否健康无科学依据,一律进行复杂的体检将消耗大量的警力和财力。而严格的审批手续和特定的就诊时间,造成无病装病的罪犯实质上暂时逃避了劳动改造。甚至演变成在他犯面前炫耀自己如何富有反改造经验。实践工作中,公正执法的尺度不好把握,松紧度难以确定。随着"二进宫"、"多进宫"、社会关系复杂类型以及带有黑社会性质的罪犯增多,高智商犯罪等情况的出现,部分罪犯故意扰乱监管改造秩序,制造事端,挑拨民警与罪犯的关系。把严格、正确执法说成有意"整人"。有的罪犯拨弄是非,让一些容易冲动、头脑简单、辨析能力差的罪犯与民警执法对抗,以制造混乱。复杂的狱情导致民警执法难。

(2)罪犯法律维权的过度

法律维权是罪犯合法正当权利得以有效保障的一种重要途径,但具体的刑罚执行中,许多罪犯误认为,进入监狱成了罪犯已是惩罚,在监狱内就能像普通人一样,除了人身自由受限制外,其余一切权利都应享有。尤其是在接见时间、接见次数和对象的限定上,罪犯不理解甚至抵触法律法规对其制约。有些罪犯利用举报可匿名的规定、进行不实举报事实上得不到处罚的司法现状,他们把对民警严格公正执法的不满,频繁地捏造或杜撰一些"事实"向上级反映,以达到其干扰正常的司法秩序和监管改造环境的目的。民警在被举报后,从调查取证到证明无辜,这期间要经过一定的时间和规定的程序,对民警的心理和工作自我满意认知度都会产生消极的影响。多数民警在对严格执法的认识发生变化,都不想因为自己的坚持原则而被罪犯恶意举报;执法严格逐渐转变成过度严谨,宁可放松要求,也不愿自己被"卷入"举报对象。

(3)罪犯滥用权利,自律少

我国《监狱法》明确规定罪犯有劳动的权利和义务,实际监管改造中,一些在社会上好逸恶劳、无所事事的罪犯入监后，只强调休息权，忽略甚至破坏基本的劳动权利和义务。监狱服刑的罪犯，其劳动具有强制性，但强制性对罪犯的强制作用目前受客观条件制约被软化。罪犯劳动任务与职业技能有关，改造成绩与计分考核同步；监狱服刑群体中，有一些罪犯混刑度日，没有减刑的可能，民警执行强制性劳动时往往束手无策。刑罚执行在对罪犯进行劳动改造这方面职能被削弱。罪犯在强制性劳动的同时，其抵触的行为还表现在对他犯及环境要求高、自律少。有的罪犯不适应监狱的严格监管制度，反复要求频繁调换改造地点，不断地变换工种，调整监舍，甚至演变到“我就是看某某不顺眼，不想在这改造”等无理取闹的地步。民警需要花费大量的时间进行了解、调查、矫正，以期达到科学处置，工作量过大，执法时力不从心。基于监狱对罪犯的生命健康权、基本生活在服刑期间均可以得到系统有效的保障。一些居无定所、生活难维持、疾病缠身的罪犯根本就不想出狱，把监狱当成“休养所”，极个别罪犯甚至主动要求加刑。这些罪犯即便刑满释放，也会逗留在监狱附近，以监狱作为自己的生活依托场所。民警由狱内执法难转移到社会执法的困惑。这些根本不愿提前释放的罪犯在服刑期间，总会故意破坏监规监纪，民警无计可施。

(4)罪犯改造心态复杂多样

随着社会文明在监狱工作中的不断体现和市场经济各种观念的渗透，各种各样的思想都会在罪犯中滋生。当前罪犯的七种改造表现是：其一，等价交换心态，这种心态突出地表现在减刑、假释问题上。个别罪犯把一些自己必须要履行的义务，当做是一种筹码，与监狱换取减刑、假释问题上的优待；其二，高额消费现象，个别罪犯在狱内高消费的现象越来越突出，有的罪犯月开支高达上千元；其三，消极混刑现象；其四，无理缠诉现象；其五，引诱、威胁民警；其六，改造追求“捷径”；其七，狱内关系庸俗化。

2. 罪犯思想行为的主要特点

当前影响狱内安全稳定的犯情表现形式，随着社会变革的不断发展变化，正在发生着新的变化，随着这种变化，形成了既传统又现代的罪犯反改造行为特点，根据调查分析结果，其主要特点可以作出这样的归纳：[1]

(1)狂暴型。这类罪犯自控能力差，心理活动外化，抗改意识明显地表现于行

[1] 徐云龙：“关于当前狱内犯情的调查与思考”，载 http://www.law-lib.com/lw/lw_view.asp?no=20055，2011-12-06。

动,气焰嚣张、态度恶劣、无视监规纪律、顶撞民警、抗拒改造、蛮不讲理、行为粗野、不计后果,往往以发泄内心一时怨恨为快。他们的性格一般比较直率,思想易于偏激,抗改行为比较明显单一,容易受到孤立和制止。对这类罪犯的掌控应该是监狱民警工作的重点。

(2)狡诈型。这类罪犯行动比较诡秘阴险,他们往往不直接出面,而采取在罪犯中教唆、拉拢、煽动等伎俩,玩弄“借刀杀人”的手段。他们善于看形势、观风向,在很多情况下扮演既教唆他犯反改造,又在危及自身时装出揭发检举的姿态,嫁祸于人、逃避罪责。他们攻击目标的指向,往往是靠近政府积极接受改造的罪犯,真正的意图是使政府的各项号召难以落实,对抗改造政策。这类罪犯一般年龄较大、经历复杂,有的在犯罪作案时,使用的手段就很狡诈,在犯罪团伙中往往是一些组织者和策划者。揭露和发现这类抗改罪犯,需要认真缜密的工作态度和扎实深厚的专业功底。

(3)虚伪型。这类罪犯的行为特点,是用表面的顺从、伪装来掩饰他们与政府的对立。他们很少在罪犯中招惹是非,希望其他罪犯闹事,但自己却尽力回避参与。这类罪犯的自控能力较强,文化和认知程度较高,理智使他们懂得政府的威力无法抗拒。“不吃眼前亏”是他们信奉的处世哲学,“出去再说”是他们的行为准则,而如何加强犯罪本质的改造,他们从来就没有这种考虑和需要。对这类罪犯真实面目的识别,需要扎实深入的工作作风和清醒的职业头脑。

(4)沉默型。这类罪犯并不掩饰自己反改造的思想观点,但从不表现在攻击性的行动上。对于政府的号召、民警的教育,无动于衷,经常以沉默来对抗。有的数月不说一句话,他犯抗拒改造的行为,他们从不介入,但反改造的态度却始终很顽固。由于这类罪犯并不害群,也很少惹事,因而在罪犯中常常显得孤僻安静。对于这类罪犯的教育和改造,往往得不到监狱民警应有的重视。

(5)懒惰型。这类罪犯主要表现在对劳动的厌恶和生活态度的消极。他们在劳动中经常借故消极怠工、出工不出力、软磨硬泡。在监管生活中,床铺衣着经常弄得又脏又乱,却不主动整理,表现得既窝囊又不老实。逃避劳动的手段主要是装病,一不想劳动就发病,对周围他犯的批评、嘲讽视而不见,缺少自尊心、荣誉感、不知上进、得过且过、破罐破摔,有时在这类罪犯当中还经常出现一些小偷小摸的行为。这类罪犯的行为表现往往使监狱民警感到很无奈。

(6)狱霸型。这类罪犯的主要特点,就是上欺政府、下压群犯。这类罪犯表面上积极靠拢政府、讨好民警,却不重视自己犯罪本质的改造,经常假借民警的名义,在罪犯中横行不轨,公开干着违反监规纪律的坏事。有的借故殴打他犯、勒索物品,稍遇不满和抵触就打击报复,在民警面前花言巧语,隐蔽真相,诬陷他犯,手段恶劣。有的耍弄伎俩,对民警投其所好,骗取信任,搜罗随从,拉拢一些追随者,在罪犯中称王称霸,使许多罪犯敢怒不敢言。这类罪犯的存在,严重的造成了政府与多数罪犯之间的阻隔,由于他们的认知能力和办事能力较强,在分析排查罪犯中存在的问题时,能顺着民警的意图和心理讲出一些所谓的道理,甚至还能献计献策,拿出一些所谓的解决办法。因为他们了解罪犯心理、熟悉罪犯情况,往往颠倒是非,为己所需、添油加醋,混淆视听,达到泄私愤和制造混乱的目的。这类罪犯手段阴险毒辣,对要报复的对象冷酷无情、行为残忍,背着民警什么狠毒的坏事都能干得出来。他们为达到早日摆脱改造生活的目的可以不择手段,在他犯身上获得自己的所谓改造成绩。对这类罪犯的认识、了解和识别,往往是工作作风漂浮、心理浮躁,或者年轻、涉世不深民警的盲点。

(7)团伙型。这类罪犯在狱内形成的团伙,除具有社会上一般犯罪团伙的特点外,还有自身的表现形式和特殊的破坏作用,有明显的隐蔽性和危险性,是罪犯反改造活动的重要形式,也是监狱重点排查和打击的对象。狱内团伙的构成和形成特点,一般可分为帮派型、地域型、临时型、竞争型或自然型等。团伙成员中按照所处地位和所起作用可分为头目、骨干、随从三个层次。头目处于核心地位,是团伙的统领和指挥者,骨干是团伙中的打手,也有一定的支配权,随从在团伙中处于被支配的地位,参与团伙是为了免受欺压,依附性强。狱内团伙敌视政府的立场目标明确,抗拒改造的意识强烈,对监管改造的破坏性和腐蚀性大。他们暗中活动闹事、威胁同犯、敲诈勒索、传授教唆犯罪手法,行为诡秘,善于欺骗伪装,有些活动往往不容易被监狱民警识破。

3. 狱内敌情形势

在监狱监管秩序总体平稳的态势中,少数罪犯反改造行为呈现出危险性增大的特点。狱内改造与反改造的斗争依然激烈,反改造的形势更加多样。

(1)狱内犯罪危险性增加

少数罪犯报复性强,情感冷漠、粗俗凶残,在实施狱内犯罪时,心狠手辣、手段残忍。这些人多数属于累犯、惯犯,刑期比较长,有的对法律的惩处不满,有的对社会和家庭心生怨恨,有的对监狱服刑生活心怀愤恨,有的对监狱及管教民警怀有敌意,抱有这些仇恨心理的罪犯消极改造,遇到犯罪诱因,就会产生犯罪动机,产生逃跑、行凶、破坏等继续犯罪的心理。近年来,我国监狱罪犯脱逃人数和案件逐渐下降,但脱逃也时有发生,并且个别案件犯罪后果严重,在社会上造成很大的负面影响。

某年10月17日14时,某第二监狱发生越狱事件,4名重刑犯利用凶器绑架、杀害狱警后潜逃。此次越狱逃犯已经共同预谋达1年之久。4名罪犯是在第二监狱三监区正常组织罪犯劳动时,抢夺了当班狱警徐某某的警服,并将其捆绑,又将另1名当班狱警兰某某残忍杀害。之后,1名罪犯穿上抢夺的警服,其他3名罪犯换上便服,打伤监狱门卫值班民警,强行冲出大门。4人劫持了1辆出租车,行驶了一段路熄火,抢走车上人员身上的700元现金后,又拦截1辆出租车匆忙逃走。

(2)狱内犯罪呈现多样性和隐蔽性

狱内犯罪作案手段的暴力化、多样性和分工的完整性。少数暴力型罪犯性情凶恶,悲观心理严重,常为生活琐事或服刑稍有挫折而行凶杀人。在作案方式上,有的故意伤害他犯,有的故意破坏监管秩序,有的聚众赌博,有的利用监管漏洞实施脱逃,有的实施组织越狱等。在脱逃、组织越狱案件中,表现为内外联动,分工完整。

狱内犯罪作案手段比社会一般刑事案件更狡猾、更隐蔽,表现为作案前有预谋、善于伪装,体现出隐蔽性。从已发生和办理的案件来看,除故意伤害或故意杀人外,大都为2人以上结伙作案,作案前频繁接触,反复密谋,体现出纠合性。有的还准备多套方案,什么情况下采取哪一种方案都有明确约定,体现出周详性。

(3)恶性犯罪案件发生的可能性增大

近些年,我国监狱总体比较稳定,没有发生大规模的骚乱、暴狱、劫狱事件,但随着形势的发展、押犯构成的变化,这种恶性事件发生的危险性仍然存在。特别是国外发生此类事件,可能对境内外反动势力,尤其是恐怖组织、黑社会性质犯罪组织、监狱内的罪犯和社会人员产生示范效应,刺激其谋划实施暴狱、劫狱活动。如何从中吸取教训,未雨绸缪,防微杜渐,有效防止罪犯闹监、暴狱、劫狱等重大恶性事件,是当前监狱安全稳定工作面临的重大课题。这几年全国监狱相继侦破一批组织暴动越狱、劫持人质等重特大恶性预谋案件,这些预谋案件一旦发生,将对监狱安全、社会稳定、人民群众生命安全造成极大影响。

2007年某监狱1名罪犯在井下劳动时,将事先准备好的雷管绑在身上,扬言要爆炸，当时带班的警察有10多名，井下作业的罪犯有20多名，一旦罪犯图谋得逞，后果不堪设想，在劝说无效的情况下，监狱果断击毙了这名罪犯，化解了一场重大危机。

（五）民警队伍

现代化的监狱需要高素质的现代化人才。监狱事业的成败得失与民警素质的高低密切相关。在全球化背景下，我国监狱工作要从封闭走向开放，需要汲取国外的先进行刑经验和理论，需要一批既懂得国际行刑趋势和国外先进的行刑经验和理论，又懂得我国基本国情并能将二者有机结合的专门人才队伍，只有拥有这样的人才队伍，才能使国外行刑实践、理论与我国的行刑实践、理论有机地融为一体，实现构筑有中国特色监狱制度体系之目的。在监狱工作的各种矛盾和关系中，民警是决定性的因素，始终处于主导地位。监狱的一切工作离不开民警。各项执法和管理活动需要民警去实施，罪犯的劳动生产需要民警去组织，防范控制措施需要民警去落实，罪犯的思想问题需要民警去解决。一个单位改造指向好不好，取决于民警队伍；一些问题虽然出在罪犯身上，但根源却在民警。监狱安全关键在队伍，关键在民警的事业心和工作责任心。[1]

监狱系统最近几年相继进行了公务员过渡考试、素质教育、技能比武、警衔晋升凡晋必训、警体训练、岗位练兵、社会主义法治理念教育、荣辱观教育、效能建设、专项督察等活动，这对于民警队伍整体素质的提升起到积极地促进作用。实践中，也存在一些问题。

据有关调查显示：影响罪犯改造情绪因素中，有三分之一的罪犯承认民警管教方式不当会影响其改造情绪。虽然这个数据不能代表全部，但至少可以表明罪犯心理危机的产生与民警的管理教育方式有一定的关系。罪犯在服刑改造中变得敏感、多疑，他们很在意民警对他们的“看法”、“评价”，尤其在罪犯犯错以后民警对事情的处理态度，更会影响他们的情绪。另外，有的罪犯特别忌讳犯错后民警拿他们的罪行说事，这更让他们觉得无地自容，以致有时会有“破罐破摔”的想法。民警是管理教育罪犯的主体，民警的执法素质、执法能力都会给罪犯的心理带来很大的影响。现实中，民警不能公平、公正地处理罪犯的奖罚，不能公平、公正地调配劳动工种，分配劳动任务；民警对罪犯合理的请求，适当的需要，漠不关心，置之不理（如

〔1〕 于荣中：《监狱安全论》，东南大学出版社2012年版，第96页。

罪犯按照规定对特优会见、亲情共餐、电话、接见、通信、看病就医的合理要求);民警在处理罪犯中发生的矛盾时,带着情绪去处理问题,言辞不当;或者不能深入、全面了解情况,而是偏听偏信,方法简单粗暴,不能以理服人;民警在罪犯有心理情绪时,不关心、不关注,不能力所能及地为罪犯做些努力,提供些帮助,都会致使其心态恶化。

罪犯陈某某,男,23 岁,因抢劫罪被判无期徒刑,罪犯董某某,20 岁,因抢劫罪被判十五年。陈犯在 2005 年 1 月因与他犯发生矛盾被批评教育心有不满,加之刑期较长,对前途悲观失望,遂产生脱逃念头,并暗中物色同伙。2005 年春节,陈试探同样对民警处理存在仇恨的董某,两犯一拍即合,并由陈犯绘制监狱布局图,并确定脱逃路线,用扁锉将一钢板的一面磨成刀刃藏匿。两犯为达到目的,进行细致的观察分析,摸清了民警的工作规律,并有针对性地设计了五套实施方案。有趁民警巡查时用刀捅死民警,后夺取警服脱逃的;有利用装病去医院就诊时在路上用封箱胶带勒死民警后脱逃的;有用铁棍敲死民警的……每一套都血淋淋的,手段之残忍、狠毒触目惊心,而且有一次利用装病在口袋内放着封箱胶带,想在去医院的途中实施其中的一个计划,后被民警发现胶带而未得逞,但民警此时还不知道这两名罪犯的计划。后因凶器被同犯发现,事件败露,未酿成严重后果,该案件充分暴露了民警管理教育不深、不细给监管安全带来的危害。

1. 民警队伍存在的问题

(1)一线警力不足

基层一线充足的警力是监管安全的根本保证。尽管影响监管安全的因素有很多,但毋庸置疑,人的因素是第一位的。如果直接在一线从事罪犯管理的民警达不到一定的数额,所有关于监管安全的规章制度就难以落到实处,围绕确保监管安全采取的一系列举措、开展的一系列活动也难以落到实处,监管安全也就没有了保障。回顾反思监狱监管安全方面所发生的大量事故,包括罪犯脱逃、打架斗殴、故意伤害以及自杀等,很多案例就是因为一线警力不足,并进而导致对罪犯的直接管理不到位所造成的。由于警力不足,一部分基层民警甚至把罪犯当“拐棍”,使监管安全埋下了重大隐患。同时,教育改造工作在改造罪犯中具有“攻心治本”作用,只有教育改造质量提高了,罪犯真心求改造,才能保证监狱的持续安全稳定。然而实际工作中,由于警力不足,教育改造的很多工作难以落实到位,或者是流于形式,应付了事。因此,科学配置监狱警力资源,解决基层一线警力不足的问题,是确保监管安全的根本要求。

(2)工作积极性不高

从国家管理系统来看,监狱在管理者的心目中往往处于“边缘”地带,作为关押社会罪犯的场所,只要不“出事”,平时很难受到应有的重视。此种实际生活中的社会地位和理论上的法律地位之间的悬殊和不对等的状态,在监狱民警的心中留下难以磨灭的印象,感觉自己所从事的职业就是矮人一等。由于新时期押犯构成的变化、监狱改革和行刑现代化的需要,教育改造、监管改造和劳动改造的任务都相当繁重,但现实中民警结构不合理,人才匮乏,其政治、业务和警体素质都难以适应新时期监狱工作的要求。另外,罪犯人权保障和保持狱内改造秩序稳定之间实际存在的操作冲突,有关法律法规对监狱民警执法过程和结果的种种拘束,监狱内部“监管安全压倒一切”的制度设计和实际做法等,都使监狱民警压力骤增,整日里提心吊胆,生怕“出事”砸“饭碗”。从工作结果看,不发生“四防”事故是本分、是职责,对改好率高、重新犯罪率低的罪犯改造质量要求,却因周期长,考量的指标、体系、方法的不统一而易被公众和高层所忽视。所以监狱民警荣誉感和成就感都不强。多数民警有畏难情绪,心理压力大,存在不同程度的职业倦怠现象,主要表现在:一是感到工作负担重、工作难度大,心情压抑,精神紧张;二是感到身心疲惫,少数民警甚至失眠、食欲下降;三是缺乏信心,缺少激情和冲劲,甚至有失败感和挫折感,想调离基层一线。

(3)职业保障不到位

在从优待警上:一是福利待遇不到位。近年来,在确保民警休息权、强力推行年休假方面付出了很多努力,但挤占民警休息时间、超时工作的现象还时有发生;二是生活待遇不到位。监管责任重大、工作环境艰苦、值班周期频繁,导致民警疾病频发。由于监狱缺少自有产权的固定生产项目,利润水平不高,民警的福利待遇偏低,监狱民警在社会上的职业认同度不高,是监狱各种专业技术人才短缺的原因之一。

另外,监狱民警培训不足。监狱工作的特殊性决定监狱难以大面积、多批量地派民警外出进修,内部的自主培训已成为民警提高素质的重要载体,但由于教员、教材、场地、经费等原因,长期培训规划难以制定,短期培训也往往因为警力不足、生产任务繁重等原因,培训效果不够理想。即使后续教育也往往与执法能力培养脱节。以监狱民警学历教育为例,多数民警的学历教育侧重于应试和文凭,很少考虑实际执法能力的提高。后续教育本身也往往流于形式忽视效果。如在监狱系统副科级任职资格要求必须是大专学历以后,民警相继取得大专学历,暴露出学历教育的滞后和顺从性。而岗位技能培训也往往是时间短,内容杂,难成体系。从而形成律师精通法律,法官熟知法律,狱警了解法律的递退司法结构,执法难体现在民警自身法律知识的欠缺。

2. 民警队伍影响监狱安全问题

(1)安全意识不足

安全得益于长期警惕,事故源于瞬间麻痹。近年来,随着监狱物防技防的改善和监狱改造秩序的持续安全稳定,少数民警产生了松懈和麻痹的思想。但这不意味着监管安全事故就不发生了。从某种意义上说,罪犯一直具有违法的隐蔽性和潜在危险性,监狱民警只有像一入热水即跳出的青蛙那样保持对狱情的高度敏感,永远保持"居安思危"的清醒。要意识到每一个罪犯都有制造恶性案件的可能。

长期的工作压力也使部分民警安全意识降低。在警力不足的情况下,基层民警"一个萝卜一个坑",难以按法定时间上下班,难以享受法定休假时间,难以抽出时间、精力参加培训,普遍存在"连轴转"的现象。为了确保监狱的安全稳定,"严防死守"仍是绝大多数基层民警的职业生活写照。有关监狱工作的法律法规、上级机关制定的诸多类似"六条禁令"的制度规定,省局、监狱开展的"百日安全竞赛"、"节前交叉大检查"等活动,也给基层民警带来程度不等的压力。这些压力导致大部分基层民警长时间处于高强度、高压力的工作状态,身心得不到及时的休息和调整,导致身体疾病和心理疾病患者与日俱增,安全意识也逐渐下降。

(2)执法不公

一方面,由于《监狱法》在某些方面不够完善,其规定比较抽象,在很多问题上并没有作出明确的规定,可操作性不强,加之《监狱法实施细则》至今未能出台,致使监狱基层民警在执法上缺乏规范、统一的标准。为逃避法律的制裁与惩罚,部分罪犯利用制度上的漏洞,找关系、托人情,用"糖衣炮弹"攻击民警。少数民警由于意志薄弱,抵挡不住各种诱惑,在安排劳动岗位、计分考核、日常行政奖励甚至减刑、假释、保外就医等方面滥用自由裁量权,徇私舞弊,牟取私利,最终执法犯法,东窗事发。对监狱而言,执法的公正与否,日益成为罪犯投诉、申诉、申请复议的热点问题,这些问题如果处理不当,势必激化矛盾,增加监管安全的不稳定因素。另一方面，由于法制宣传和狱务公开的不断深化，罪犯的自我保护意识和维权意识日益增强。在执法环境发生变化的情况下，少数基层民警依然存在“重实体、轻程序”的传统管理习惯，没有严格执行对罪犯管理教育的制度。比较突出表现是少数民警对罪犯警告、记过、禁闭的处罚没有遵守呈报审批、公示公开和告知复议的程序，最终使自身工作陷于被动，有的甚至引发对自身的行政、刑事诉讼。

(3)制度落实不力

综观各类安全事故的发生，特别是脱逃事故发生，大多数是监狱民警直接管理不到位，制度落实不力的结果。之所以造成制度落实不力，主要有以下几方面的原因：一是领导工作作风不扎实，听取汇报多，深入实际少，工作部署多，检查落实少，面上情况讲得多，具体问题抓得少。二是制度落实是一个动态过程，基础民警常年与罪犯在一起，容易产生侥幸心理。三是职责不明，责任不清，奖罚不平。

(4)对袭警行为认识不足

当前，监狱押犯构成形成了“五增多”的发展态势，即以涉黑涉恶为特征的黑社会罪犯日益增多，以持枪持械为特征的暴力罪犯日益增多，以贩毒吸毒为特征的涉毒罪犯日益增多，以反动迷信和反社会为特征的邪教类罪犯日益增多，以贪污受贿、扰乱市场经济秩序为特征的经济罪犯日益增多。这些犯罪分子不仅手段凶残，而且犯罪方法越来越趋于智能化。部分罪犯入监之后，就绞尽脑汁用各种方法逃避监狱的改造。由于监狱对罪犯的管理和安全防范工作不断加强，罪犯以脱逃、自杀等方式逃避法律制裁的目的不能轻易达到。在这种情况下，可能发生的重大监管安全问题就是罪犯暴力袭警脱逃。从近年来发生的狱内案件来看，狱内犯罪活动的预谋性、凶残性、团伙性更加突出，部分民警因罪犯狱内犯罪而受伤，甚至死亡，基层民警的人身安全受到极大威胁。

3. 基于监狱安全视野下的民警队伍建设

(1)强化民警安全意识

一是要加大职业风险意识教育力度。按照《人民警察法》的规定和《公务员法》的要求，培养基层民警良好的职业道德品质、职业情感，确立职业道德信念，养成良好的职业道德习惯。要结合历年来发生的民警违法违规案件进行警示教育，着力抓好公正文明执法教育，增强民警依法办事、秉公执法的意识和能力。民警要严格计分考核，客观、准确地考核罪犯改造表现，从源头上保证执法公正，并注意引导罪犯正确对待考核结果，避免矛盾激化。营造一个公平竞争、健康向上的改造环境，让罪犯在希望中改造，是确保监狱安全的治本之举。二是要提高工作中的警惕性。基层民警长期与罪犯近距离接触，容易忽视罪犯凶狠、狡诈的真面目，加之罪犯善于投机取巧，善于自我伪装，民警更容易对罪犯丧失警惕性，产生信任感，对身处的险恶环境麻痹大意，习以为常。从历史上发生的侵害民警的案件中，不难发现有好多案件都是由于民警缺乏自我防范和保护意识，不严格遵守监管规章制度而给罪犯有可乘之机。因此，警示教育要时时抓，安全意识要时时讲。要在基层民警中开展“提高防范意识、确保监狱安全”的学习、讨论活动，澄清模糊思想和错误认识。要教育引导民警更新观念，珍爱生命，使其时刻保持高度的警惕性。民警要做到宁可绷紧精神的紧张之弦，也不可麻痹大意，掉以轻心。要在思想深处牢固树立敌情意识、风险意识、危机意识和防范意识，枕戈待旦，警钟长鸣，不能因时间的磨耗而消弭自己的警惕性，要通过强有力的灌输，让基层民警克服麻痹思想，牢固树立“安全就是生命、职责重于泰山”的观念，兢兢业业地履行岗位职责，确保“我的岗位无漏洞、无隐患、无事故”。

(2)实施扁平化管理，加强一线警力

现代管理理念认为，“组织扁平化”有利于提高管理的效能。“监狱管理扁平化”是指监狱在推进工作科学化的过程中，在某些方面和在一定程度上借鉴或仿效企业“扁平化”管理中一些行之有效的做法，在监狱理念、组织结构、运作机制，人事制度以及管理方法等方面创新，从而提高监狱工作的效率。监狱要立足于合理使用现有警力，充实加强基层一线警力。要进一步精简机关，机关民警人数必须严格控制在编制之内。要进一步加大监区布局和产业结构调整力度，大力收缩警力。同时要积极向上反映，对各监狱警力分布情况进行重新核编，实现警力的合理配备。要建立编制动态管理机制，体现监区警力优先配置的原则，监区和一线带班民警数必须达标。监狱要积极推行两级管理模式，大力压缩各监狱二级单位人数，减少中间环节，实现警力的优化布局。要创新警力配置制度，按照75%的比例确定基层民警配备的总体数量。在警力配置中严格落实面向基层的原则，采取倒推的办法，首先把基层分监区民警配齐、配强、配备到位，使监狱75%警力下沉监区，确保监区警力充足。

(3)从优待警，提高职业认同

监狱要落实从优待警，提高基层民警待遇。第一，必须解决基层民警工作时间长的问题。可采用换休、轮休、补休、调休等方法，或强制基层民警休假，确保基层民警休息时间，缓解和调整他们紧张疲劳的心理状态；第二，开展专项竞赛活动和检查考核，要把握“度”，不能过于频繁和密集，给民警造成过大压力；第三，政治待遇要向一线民警倾斜；第四，要切实解决基层民警的生活、待遇问题。主要包括民警的住房、吃饭、住宿、洗澡难问题，劳动保护问题，夫妻分居问题，婚恋问题等；第五，要广泛深入地开展心理健康教育，提高民警的心理健康水平和自我调控能力。

(4)提高民警执法保障力

一是要树立“教育是最好的投资”、“培训是最大的福利”的理念。以司法部统一部署的“岗位练兵活动”为契机，积极创新教育培训机制，使教育培训工作有的放矢，有效运作，避免随意性、阶段性；二是要加强对负责监管特殊罪犯的民警的防护工作。对负责监管艾滋病、肝炎等传染性疾病罪犯的民警，要按照国家有关医治、管理传染性疾病人的规定、制度管理措施，配足、配齐各种防护设备，避免民警因职业暴露而受到感染，从而化解职业风险；三是要逐步提高监管警戒设施的技术含量和装备水平，向科技要警力，向科技要安全。要安装智能门禁系统、重点部位监控报警系统，在出收工“关口”配备安检门、金属探测仪。要加快民警值勤室、值班室、警务室、谈话室的硬件防护建设，危险区域警戒隔离带、隔离墙的建设等。要改善基层民警自我安全防护装备，给值勤民警配齐警棍、警笛、对讲机、催泪瓦斯喷射器材，提高应急防暴制敌能力。

(六)监狱安全制度

制度建设是监管安全工作正常运行的可靠保证。监狱安全制度是几十年监狱工作实践总结出来的科学结晶，一系列监管安全制度都是从好的经验和血的教训中提炼和总结出来的。监狱的各种安全制度纵横交错，构成严密完善的“制度链”。这些制度环环相扣，相互支撑，相辅相成，具有典型的互补性，通过严格落实，实现对监狱安全的管理和控制，不给罪犯违规犯罪的时间、空间和物质技术条件。

这些制度包括：门卫管理制度，现场管理制度，狱情分析制度，清监搜身制度，罪犯联号夹管制度，顽危犯包夹制度，交叉点名制度，违禁品查禁制度，重点时段、部位管理制度，危险犯摸排控制制度，突发事件应急管理制度等。这些制度需要监狱民警不折不扣地自觉遵守，否则就可能给监狱安全造成损失。

1. 监狱安全制度存在问题

目前，各监狱关于安全防范方面的制度不少，但仍存在一些缺陷，主要表现在：

(1)制度的稳定性差。不少监管安全制度出台时，往往各方面还比较重视。随着时间的推移,这些制度往往成了被人遗忘的角落。再出现类似问题,制度才有可能得到重申。制度稳定性差,使一些行之有效的制度得不到一以贯之的贯彻,制度建设往往处在“头痛医头,脚痛医脚”的低水平循环之中。

(2)制度的一致性差。监狱不少监管安全工作的制度往往是因事而订的,形成时间不一,规定详略不一,制定目的不一。有的制度早已过时,却并未废止;有的单位出现一些新情况,则又无章可循。再作进一步考察推敲,有些制度与制度之间甚至还相互矛盾和抵触,这就给在具体工作执行造成很大难度。

(3)制度的层次性差。制定各类制度的权限职责不够明确,基层监狱、监区对上级制度执行力度往往不够。而各基层单位自行制定的制度往往又零零碎碎而不全面,难以与上级的规章制度形成有效的配套。

(4)执行制度的效率差。监狱各项制度中对执行主体的规定往往不甚明确,对不执行制度的监督、处罚往往缺少相应的配套制度。实践证明,只有监管安全的业务制度,而没有相应的配套制度,监管安全制度的执行效率就不会提高。

2. 监狱安全制度的完善

(1)制度建设。要全面实现监狱安全制度的规范化运行,首先需要完善监狱安全制度的建设,确保制度标准明确、责任明确、任务明确、奖惩明确,确保制度切合实际,易于操作。具体来讲,一是要注重制度的系统性设计。一方面在总结以往监管安全工作经验的基础上,对长期以来制定的监管安全各项制度进行梳理;另一方面根据新形势、新任务、新情况、新特点,从罪犯改造的过程中,从人防、物防、技防上,从罪犯实施改造工作的各个层面和环节上,开展“立、改、废”工作,编制安全制度体系对没有涉及的要制定相应的制度,对不适应、不明确的条款要予以修改,对不合时宜的条款要予以废止,将各项制度连接起来,建立一套完备规范有序的监管安全制度机制。二是要注重制度的规范性。要依据国家法律、上级的法规制定规章制度,保持与上位法的一致,保证制度的合法性,避免制度本身违法违规。各项安全制度的建立必须由局、监狱二级决策层制定,防止“政出多门”,克服制度的不统一和部门化。三是要注重制度的可操作性。在制定和修改制度的过程中,应紧密联系实际,充分考虑社会发展、形势任务、民警结构、监管设施、改造现状等情况,并深入基层广泛听取和征求管理层、执行层民警的意见,以体现制度的合理性、实用性,使其成为开展“三防”安全工作有力的武器。

(2)制度落实。从某种意义上讲,制度落实比制度的制定更为重要。监狱系统之所以能实现无罪犯脱逃、无狱内重特大案件的发生,从根本上是监狱各级领导和广大民警求真务实、狠抓落实的结果。监狱要把落实制度作为衡量民警岗位履职,衡量各级领导工作实绩的一项重要标准,逐层建立督查机制,经常不断地对落实制度情况进行严格考核,加大奖罚力度,促使广大民警时刻牢记自己的责任感、使命感和工作中的紧迫感,并内化为执行直接管理等制度的自觉行为。实际中,为维护监狱安全稳定,要确保以下制度的严格落实。一是确保安全责任制的落实。要做到主要领导亲自组织、研究、部署,分管领导切实履行职责,深入一线检查、指导,及时发现和排除各类安全隐患。对发生案件和安全事故的监狱,坚持事故原因未查明不放过、责任人未处理不放过、有关人员未受到教育不放过、整改措施未落实不放过的原则,严格追究相关人员的责任;二是确保监督检查制度的落实。要在日常工作中加大职能部门对监区、分监区安全稳定工作的检查指导力度,切实保证各项规章制度和工作措施的贯彻落实,对检查出的监管安全隐患和生产安全隐患给予黄牌警告并限期整改,整改不力的要坚决执行停止收犯、犯人调出乃至监狱撤销等硬性措施;三是要确保排查防控制度的落实。各监狱都要定期开展经常性的安全排查工作,要善于通过排查发现问题,防止工作漏洞和工作脱节。不断强化基础性、日常性的排查和监控管理措施,突出人防、技防、物防的有机结合,并定期开展安全稳定大检查和安全隐患大排查工作;四是确保狱侦制度的落实。通过强化狱内侦查工作,及时全面掌握狱情、敌情,发现问题要迅速解决。强调既要严厉打击,又能控制到位,同时还要注意积极疏导,及时消除对立情绪;五是确保应急处置机制的落实。要根据周边形势与环境的变化,随时对应急处置预案进行修改与完善,反复进行实战演练,要突出对存在问题和潜在隐患进行打击处置的预案设定,强化预警、预案、演练等各项具体措施的落实;六是确保民警直接管理制度的落实。确保监狱民警对罪犯生活、劳动、学习三大现场的直接管理,尤其强化对手机、毒品、现金、便服、刀具等违禁品的严格管理,加强对大门、进出车辆和外来人员的严格管理,加强对"重点人物、重点物品、重点时段、重点部位"的管理;七是确保罪犯生活卫生管理制度的落实。要高度重视罪犯的生活卫生管理,维护罪犯合法权益,确保食品安全,严防食物中毒。建立健全监狱卫生防疫体系,防范和杜绝狱内重大疫情的发生。强化罪犯医疗救治,依法妥善处理罪犯工伤、死亡事故。[1]

---

〔1〕 李豫黔:"关于构建我国监狱安全稳定长效机制的思考",载《中国监狱学刊》2009 年第 4 期。

（七）监狱的物化形态

监狱的物化形态即监狱存在的物质形态，主要包括监狱的布局、规模、设计和建筑等。这些物态及其蕴含的观念、思想和理论是实现监狱安全的基本物质基础。其中影响监狱安全的因素有：

1. 监狱布局

新中国成立60多年来，随着我国经济社会的变化、发展，监狱工作的发展出现了几起几落，与之密切相关的监狱布局也经历了扩张、收缩等变化。我国监狱布局从整体上说缺乏全盘计划，没有从区域的人口总量、经济发展、社会治安等状况来考虑，同时又因为受“三线”转移和“文革”期间的政治影响，使监狱的分布不合理，主要是布点不均，规模不等，东西部反差强烈，关押点分散。这种监狱布局已经越来越不适应形势发展的要求和监狱工作发展的需要，主要表现为：监狱地处偏远，发展受限；监狱驻地自然环境恶劣；基础设施陈旧简陋；监狱企业发展举步维艰；监狱办社会问题突出；分布失衡，疏密不均；警察职工工作和生活条件艰苦。[1] 在这种封闭的环境中，监狱因无法共享社会资源，逐步形成了相对独立的小社会，办医院、办学校，监狱实际上也具有办社会的功能。这些对监狱安全带来巨大的压力和隐患，制约了监狱工作的发展。近年来，按照国务院和司法部的部署和监狱布局调整，科学规划，要求把监狱建设纳入地方的发展规划，逐步解决监狱分布失衡、疏密不均的问题，监狱要按功能要求和监管工作的实际需要，合理确定罪犯生活、罪犯劳动、监狱民警行政办公和武警营房等各功能分区的内部布局。

2. 监狱规模

监狱规模是单位监狱关押罪犯的数量。一般来讲，规模小的监狱比规模大的监狱安全的概率要高。联合国经社理事会于1957年通过的《囚犯待遇最低限度标准规划》第六十三条对监狱规模的控制作了规定，封闭式监狱的罪犯数量不宜过多，以免妨碍进行个别化处理，一般不应超过500人，开放式机构的监狱人口应当越少越好。从西方国家看，监狱的规模普遍较小，绝大多数监狱关押罪犯不超过500人，而且在监狱设计时，就确定了监狱有多少床位，然后建设相应的配套设施。我国的刑事政策和刑罚设置决定了犯罪分子中绝大多数将投入监狱改造，监禁率达到90%。由于押犯绝对数庞大和监狱分布不均衡，致使我国在监狱规模问题上

---

〔1〕 李豫黔：“关于构建我国监狱安全稳定长效机制的思考”，载《中国监狱学刊》2009年第4期。

遇到的矛盾和困难十分突出。有的监狱押犯甚至超过万人，而有的监狱押犯仅几百人。据有关部门统计，全国30个省、市、区共建有监狱720所，其中6000人以上的大型监狱有26所，占监狱总数的3.6%。西藏、宁夏、新疆生产建设兵团、贵州4省，每所监狱平均押犯数分别是700人、1000人、1100人、1300人。大多数市属监狱规模也较小。[1]

3. 监狱警戒分类

目前，我国分押分管与发达国家相比，还属于低层次的粗线条式的，也没有专门的收押分类中心。监狱分为男犯监狱、女犯监狱和未成年犯管教所；男犯监狱通常按照生产结构和劳作方式分为室内工业型监狱、室外工业型监狱和农业监狱，这是新中国成立后特定的历史条件和社会性经济状况所决定的。随着整个社会人力、财力、物力的大量流动，监狱关押的罪犯也从本地籍为主向外省籍转变。监狱关押对象的变化和监狱组织罪犯劳动的生产方式的变化，向监管安全工作提出了新的目标要求，向监狱的警戒度提出了更复杂的标准。而我国现行监狱的警戒程度仍然采取统一的模式、统一的标准，即单一警戒度，为了确保监狱安全，往往投入同样多的人力、物力、财力，造成监管安全防范资源不能合理配置，有的造成浪费，有的不能满足需要。借鉴国外监狱建设的经验，我国应科学制定监狱警戒等级，对不同警戒度的监狱实施不同的管理模式、防范措施和建设标准，积极探索按高、中、低度三个戒备等级对监狱进行分类建设和管理，努力实现对不同戒备等级的罪犯进行分类关押改造。

监狱从单一警戒度向多元警戒度发展对我国监狱改造罪犯和维护监狱安全具有重要意义。一是促使我国监狱建设进一步优化，根据监狱警戒程度的不同来加强警戒，合理配置警戒资源，加强警戒设施建设，有针对性地采取人防、物防、技防措施，以科学地提高监管安全系数；二是根据罪犯的犯罪恶习、危险程度、刑期长短，建设不同警戒标准的监狱，对罪犯实行分别关押，设计不同的监管改造处遇，既有利于减少监狱建设的不必要的投入，又有利于适度减轻对罪犯社会权利的剥夺；三是有利于对罪犯的监管，调动罪犯改造积极性。

4. 监狱建筑与设施

监狱建筑是监狱基本设施，是罪犯劳动、生活、教育的主场地，监狱所有行刑和

[1] 左登豪："关于影响监狱安全因素的研究"，载《犯罪与改造研究》2002年第1期。

改造活动都必须借助监狱建筑才能正常开展。在监狱建筑中,对罪犯影响大的是监舍和劳动场所,从司法实践中看,罪犯脱逃,凶杀、闹监、自杀等行为绝大多数发生在监舍和劳动场所。因此,监狱的设计、内部构造,要使罪犯无法脱逃、自杀和对他人加以攻击。监狱的各项建筑设施都要能满足应对自然灾害、疫病传播、罪犯脱逃、暴狱等突发事件的需要,为罪犯的矫正和监狱的安全稳定提供必要的物质保障。

从我国的监狱建筑实践看,一座监狱按其功能分区,一般划分为以下六个区域:(1)监区:罪犯生活、学习、劳动生产、改造的区域。(2)管理区:监狱民警办公、学习、值班、休息的区域。(3)警卫区:武警驻区和生活区。(4)警戒地带:未经允许,任何人不得入内的地区。(5)医疗卫生区:监狱医院或卫生防疫机构。(6)监狱民警生活区:包括监狱民警住宅、食堂和警官俱乐部等。这六个区域构成了一座监狱建筑。各区域既相对独立,又融为一体,形成监狱整体效果。而能否使每个区域做到布局合理,更好地满足监管改造罪犯的需要,对监狱设计来讲是非常重要的。监狱建筑规划,要认真落实《标准》,充分运用先进的科学技术成果,在各种功能区域的布局上,在软件、硬件的配置上,在同周边环境的融合上,都要做到资源合理配置,体现先进性、科学性。监狱建筑布局合理,要求监狱群体造型按照其在行刑与改造罪犯中的功能与定位来科学布位。[1]

基于监狱安全防范视野下分析监狱建筑要从以下几个方面进行:

(1)监管区大门。监管区大门是监管区与行政办公区或与外界直接交接的重要部位,是监管区最为重要的出入通道,也是监狱最重要的安全警戒设施,由于监狱围墙难以逾越,罪犯从监管区大门逃跑成为的主要途径之一。司法部《监狱建设标准》对监管区大门作了相应的说明,大门分设通车和行人的大、小门,大门内设两通道:一是民警专用通道,二是车辆进出通道。在车辆通道地下设置监控探头检查车辆底盘。车辆通道和人员通道各设二门,宜电动 AB 开闭。小门人行通道应设带封顶的护栏。门卫值班室应设在监管区大门一侧,并应安装防护装置,外门应为铁门。室内应设通讯报警装置,并设有可在室内控制大门开闭的装置。要建好监门哨位,在 A 门外再添置一道门,此门由武警监门哨控制,武警哨兵最后负责查验出监区大门人员的手续(监狱出具的有效手续),防止罪犯逃出,监门哨是监管区大

〔1〕 黄永锋:"矫正技术视野下监狱建筑",载《中国司法》2008 年第 7 期。

门最后一线防线。要建有完善的报警系统，在监管区大门民警值班室安装一套联动触发式报警，一遇险情触发按钮，监管区大门声光报警器就瞬时启动。建议在车辆通道安装生命迹象检测系统装置，如发现有生命迹象，该设备会自动报警，防止罪犯潜藏在车辆货物中逃出。建议推行在人行 AB 门之间，再增设一道人工手动的门，由值班民警确认后，才可放行，这一道门最为重要。以防发生罪犯冒用民警门禁卡逃跑。监管区大门所有通道设计时不应留有死角。对于改造的监管区大门或确有观察死角的，要增设摄像机，并将视频图像信号接入监管区大门民警值班室、武警监门哨，实施监控。

监管区大门作为进入监区最重要的通道，更要加强防范，大门应采用加厚钢门，必须保证每年开关 3000 次以上，使用两年门不产生下沉碰擦等故障，要具有防弹防爆破性能。人行通道 AB 门，要使用优质的钢质安全门或栅栏门。设在监管区大门里民警值班室对外窗上的玻璃应使用钢化玻璃，并附有防护栅栏。在监管区大门外道路要安装橡胶减速带，在车辆通行通道要安装防撞桩、破胎阻车器。在监狱大门外，设一个栅栏道闸，防止不明身份的车辆闯入监狱。

(2)监狱围墙。修订后的《监狱建设标准》对监狱围墙的高度及宽度作了明确的规定：中度戒备监狱围墙一般应高出地面 5.5 米，并达到 0.49 米厚实心砖墙的安全防护要求，围墙上部宜设置武装巡逻道（巡逻道护栏高度不应低于 1.1 米）。将监狱围墙的内侧 5 米、外侧 10 米处设为警戒隔离带，隔离带内应无障碍。高度戒备监狱围墙应高出地面 7 米，墙体采用 0.3 米厚的钢筋混凝土浇筑而成。围墙内侧 10 米、外侧 12 米为警戒隔离带，隔离带内应无障碍。

另外，注意监狱围墙外围建设。为防范外来武装冲击破坏，有条件的监狱，在监狱整体建筑之外挖掘壕沟、护城河，为监狱增设一道防护屏障。为增加围墙防撞系数，高度戒备监狱围墙已全部采用钢筋混凝土现浇而成，虽然造价高，但安全系数高，日后维护费用也低。现在修订后的《监狱建设标准》规定中型监狱的围墙外侧 10 米处均增加一道不低于 4 米的防攀爬金属隔离网，网上还要设有监控、报警器装置。而在高度戒备监狱围墙外侧 5 米及 12 米处均应各设一道不低于 4 米高的防攀爬金属隔离网，还应在围墙外侧的两道隔离网之间应设置防冲撞设施，如防撞桩、隔离壕沟等。

(3)监狱内部建筑。首先，监狱所有监管区建筑单体门窗作防范。为了防止改造中的罪犯逃脱或自杀，在其活动范围内的建筑单体（如监舍楼、劳动习艺车间、教学大楼、大伙房、浴室、医院、家属会见楼、禁闭室等)的门窗上必须安装防护设施。所有建筑单体的对外窗要设有防盗铁栅栏或不锈钢栅栏。所有监舍、禁闭单间、家属会见楼通道的门等,都应具有防盗功能。如家属会见室靠监区内一侧的窗及禁闭室外窗均应设坚固的铁栅栏,家属会见室靠监区内一侧的门及禁闭室外门应为铁门。

其次,针对监狱的特殊性,在设施上应作特殊处理。如在监舍楼里每个监区或分监区应单独有楼梯,应与其他监区或分监区隔离开,避免监区或分监区罪犯相互接触,交叉感染,建议有条件的监狱,每个监区或分监区设立单独的院子。对于家属会见楼,设有地下人行出入通道的出入口大门,门要牢固、设有电子锁外,内外还要另加机械锁。所有雨水、污水井盖要加特制的锁,下面还要设有防止逃跑的铁栅栏。如果某个走向管线比较多可考虑电缆井的方式,电缆井的盖板要注意选用不易翻盖的类型,防止犯人藏身于电缆井内。各建筑单体的电源进线箱应设置于民警值班室或办公室内,不应放置于楼梯间。监舍内各房间及走廊的照明均应在民警值班室的控制之下,且应在每个监舍内设一组夜间照明用灯具。监舍楼内配电箱应设在每层的民警值班室内。禁闭室内不应设电器开关及插座,应采用低压照明(宜采用24V 电压),照明控制应由民警值班室统一管理。走道照明和民警办公室应有应急照明,民警办公室还应配有接入 UPS 的插座(供监控设备使用)。

再次,要注重监狱空间和地下的防范。现在我国监狱在空间领域的物理屏障暂还没有引起高度的重视,随着国民经济的发展和民用航空器数量不断地增加,利用直升机、热气球等航空器从空中帮助罪犯逃跑的事件成为了可能,而且不断有报道,国外常有这样的事件发生。为此,国外很多国家监狱管理部门都很重视对空中领域的管理,防止罪犯通过空中途径逃跑,一些国家监狱在露天放风场地、运动场、走道、平台等顶部设置了物理屏障,罩上了铁丝网。建议我国在监狱建设中要有意识地注重这方面的防范。为了防止外来力量窥视监狱内部运行状况,在监狱外的1000 米范围内的所有建筑物高度不应超过监狱最高高度,或 8 米,或最高不超过三层。另外,为防外来力量挖掘地道进入监狱,监狱围墙埋入地下的深度不应低于 3 米,且围墙下部必须设挡板,且深度不应小于 2 米,当围墙基础深度超过 2 米时,可用围墙基础代替挡板。为防范将来有可能发生外来力量空袭监狱,建议要在大墙之内适当部位设置地下防空洞。对于关押涉黑涉毒特别危险的有暴力逃跑倾向的罪犯,监舍可设在地下或设成半地下室。在建筑材料上作特殊防范。建筑材料的选择基本原则:安全适用、造价合理、施工方便。在尽量就地取材,充分利用当地本土材料,有利于资源节约、有利于建筑节能的新型建材的基础上,犯人监舍楼、禁闭室的建设,建筑材料的选择除了具有坚固的特性外,还应当使用具有防火、保温性能。为了增加其监舍固有的特点,可以使用一些"软性"材料,如木料、塑料等。但是,木材的使用数量应该加之控制。禁闭单间要尽量使用软材料。设施上要避免有棱角。

最后,要注重管理的安全性。其一,不同的区域要安全隔离。监舍楼里的罪犯生活区与民警管理区、禁闭室里的罪犯禁闭区与民警管理区之间要严格隔离开,之间要用防盗铁栅栏或不锈钢栅栏。不同区域要设有各自有独立的上下楼梯、出入口通道。家属会见楼里的家属与罪犯应严格隔离开,不能有身体接触。其二,视线要开阔。监区里的道路应该讲究横平竖直,建筑单体分布讲究规则整齐。在种植树木花草时,一般不宜选择过于繁杂茂密的植物。同时,对草本植物、灌木、乔木要有层次种植,植物以四季常青为主,植物高度不应影响视线,不能有盲区、不留死角。设在监舍楼、禁闭室、会见大厅、劳动习艺车间等的民警值班室要能观察到罪犯活动范围。其三,警力用房宜靠近监区。监狱民警集中备勤用房选址一般定在监狱行政办公区或监狱附近,负责改造科室、防暴小分队一般设在监管区大门里,也是给监狱提供一种额外的安全保障。驻监武警营区应与监狱相毗邻,若受监狱场地的限制,不能位于监狱毗邻的地段,驻监武警营区不能超出距监狱中心区域1000 米的地段,便于武装警察能及时快速有效参与监狱处理突发事件的发生。〔1〕

(八)社会因素

1. 严峻的社会治安形势

我国社会大局继续保持稳定,总的形势是好的。但当前我国仍处于人民内部矛盾凸显、刑事犯罪高发、对敌斗争复杂的时期。如 2011 年全国各级法院共审结一审刑事案件约为 84 万件,判处罪犯 105.1 万人,同比分别上升 7.7% 和 4.4%〔2〕。国际上:西方敌对势力分化、西化我国的图谋从未改变,利用各种机会捣乱破坏,利用我国人民内部矛盾制造社会对立,对我国安全和社会稳定造成严重危害;国际恐怖主义抬头,已对我国构成现实威胁;我国周边一些国家政局不稳,恐怖活动十分猖獗,恐怖事件频繁发生。这些都对我国社会稳定带来不利影响。从社会

〔1〕 王晓山:"从监狱安全防范角度探析监狱建筑规划与设计",载《监狱投资与建设》2011 年第 1 期。
〔2〕 靳高风:"2011 年中国犯罪形势与刑事政策分析",载《中国人民公安大学学报》2012 年第 2 期。

经济发展来看,我国目前正处在从温饱到中等收入水平的社会转型时期。经济结构、分配体系的调整,引起社会关系变化和利益格局变动,导致社会矛盾多发。从社会心理角度来看,在开放、多元、动态的社会环境和信息化条件下,社会矛盾和问题很容易交织扩散。经济形势的变化必然影响社会心态。经济形势严峻时,社会心态比较敏感、脆弱,一些人因下岗失业、生活困难、资产缩水等原因,产生悲观失望和不满情绪,遇事容易采取过激行为。受国际金融形势的影响,一些企业生产经营比较困难,下岗职工、失业农民工有所增多,高校毕业生就业压力有所增大,劳资纠纷、合同纠纷、债权债务纠纷等新矛盾不断产生,土地征用、房屋拆迁、企业改制、涉法涉诉等老问题有所凸显,如果处理不好,容易引发不稳定事件;一些地方杀人、绑架等严重暴力犯罪增多,抢劫、抢夺、盗窃等侵财犯罪上升,非法吸收公众存款、传销、集资诈骗等涉众型经济犯罪时有发生,社会治安出现不少新情况。

2. 社会控制力削弱

社会控制力不仅影响到社会稳定,而且对监狱安全也有重要影响。改革开放以来,随着社会大变革,原有的社会管理和治安管理方式、手段越来越不能适应形势的客观要求而陷入极大被动局面。由于社会控制的削弱,罪犯的背景材料趋于模糊,发生监管安全事故的随机性增大。监狱对具有人身危险性罪犯的发现和控制,处在打无准备之仗的盲目状态之中。近年来,押犯构成中非本地籍罪犯大量增加。这些罪犯除了一部分因愚昧走上犯罪道路之外,不乏人身危害性很大、反社会意识很强的流窜犯、团伙犯、累惯犯。他们投入监狱后,有的伺机脱逃继续作案,有的身负重大余罪。但监狱机关对他们除了判决书认定的罪行之外,其余知之颇少。有不少罪犯甚至是用假姓名、假住址、隐瞒真实年龄服刑,长此以往,必然会给监管安全带来沉重的压力。沿用过去工作指导思想、工作手段以及规章制度,必然给监管工作带来缺陷甚至造成不良后果。

3. 社会、媒体和罪犯家庭的影响

在当前的市场经济背景下,社会结构变化的和社会财富的增加,激发社会犯罪活动,也同时刺激监狱内罪犯的各种非法欲望,引发狱内犯罪。在经济意识不断强化的社会思潮影响下,越来越多的罪犯及其亲属试图用金钱、权力或关系为罪犯改善处遇,减轻刑罚作出各种努力。在这种情况下,有些监狱民警政治意识淡化,与罪犯的界限模糊,放松了警惕。少数民警被罪犯的“糖衣炮弹”击中,索贿受贿,贪赃枉法。这些狱内关系犯的存在和发展,损害了监狱的形象,亵渎了法律的尊严,破坏了监管秩序，腐蚀了民警队伍，影响了队伍的团结。

社会舆论、媒体与监狱行刑活动共同维护的价值目标是社会公正，前者对监狱行刑权的监督是保障言论自由、公民知情权和制衡国家公权力行使的重要渠道，有其存在的正当性。但是，舆论和媒体与监狱分属两种不同的社会体系，前者体现自身或受众观念上的公正，是一种道德的情感与评价；后者追求的是法律上的公正。因此，两者在一定程度上存在某种对立与冲突，进而可能影响监狱的安全稳定。

2006 年，河南籍农民工郎某到沿海某省打工，因参与盗窃被判刑入狱。郎某入狱后，因内疚感沉重，加上子女年幼、生活困难，悲观失望，于 2007 年 9 月某日深夜在监舍内的卫生间上吊身亡。郎犯亲属接到通知后，纠集 30 余人到监狱闹事，坚持说是监狱逼死郎犯，还打起“还我儿子”的横幅，要求监狱赔偿 30 万元。这明明是违反法律的无理取闹，但迫于社会舆论的压力，监狱方对郎犯年幼子女给予 2 万元的救济。

家庭是罪犯改造的后方保障，大多数罪犯与家庭保持稳定的联系，成为他们积极改造的动力，情感的寄托和支持。近年来，罪犯家庭成员失业和离婚率的增高在一定程度上影响到罪犯的安心改造，成为影响监狱安全的隐患。家庭成员失业，一方面造成家庭经济困难，甚至出现家庭分裂；另一方面罪犯会担心刑满后自己的就业前途，心理压力增大。受传统婚姻观念的冲击，加上社会对罪犯婚姻关系保护不力，导致罪犯的离婚率上升。婚姻关系的破裂，使罪犯失去了精神依托，得不到正常家庭的制约和帮教，而使他们缺乏责任感，行为上无所顾忌，不计后果。

三、监狱安全趋势分析

监狱安全发展趋势分析是情报人员通过对现实的狱内违规和犯罪信息资料及相关信息对监狱安全的发展演变趋势进行的预测性分析。监狱安全预测分析的结论是监狱领导提供指导监管安全工作的决策依据，同时对一线民警和侦查人员了解监狱安全形势、更好地维护监狱安全稳定也有一定的帮助。

监狱安全趋势分析一般以时间为维度进行分析，揭示各种现象与时间尺度之间的关系。现代统计学的发展，时间序列分析和各种时间模式分析软件，使人们能够在更短的时间内，以更少的投入就可以及时识别事物周期性、趋势性的变化规律，能够对事物的未来发展作出更为准确的预测。但这些分析技术却很少正式运用到监狱工作中来，目前，监狱对时间模式的分析水平还有很大差距，大多数监狱对安全形势分析依然仅限于对简单发案数字同比上升、下降分析，缺乏对数据更深层次的挖掘。

（一）监狱安全趋势分析种类

1. 趋势线分析

趋势是要素数值随时间增长或下降的模式。从数学的角度来看，这种模式通常可以用曲线公式表达，这种曲线被称为趋势线。从统计学的角度来看，趋势线分析是时间序列分析技术在监狱安全中的应用。其功能是根据监狱某一违规或狱内犯罪量化要素的时间序列数据确定这种要素的发展趋势，了解该要素是随着时间进程直线上升、下降、加速升降、减速升降，还是没有明显的变化。[1]

2. 周期分析

周期分析是分析监狱各种违规违纪或犯罪活动周期变化规律的方法。周期变化是违规犯罪活动普遍现象。受社会环境和监管条件的影响，狱内各类影响监管安全的事件数量经常会按一定周期（周、月、季、年等）进行有规律的重复变动，国内外的许多实证研究都证明了这一点。如随着劳动强度的加大，气温的升高，罪犯的脱逃、自杀的可能性会加大；随着室内加工的增多，进入劳动现场的师傅尤其是女师傅的人身安全会受到威胁和挑战。掌握了监狱安全变化的规律周期，就可以向高峰时段配置更多的警力资源，或者进一步分析周期变动的原因，在周期高峰来临之前，采取预防措施，从而实现精确防控、精确打击。

（二）监狱安全趋势分析重点：狱情预测

所谓预测狱情，这里包含两层意思：一是预测将要发生的狱情；二是可能发生的狱情。一般而言，狱情预测有以下几个主要步骤；

（1）明确狱情预测的对象及预测的目的；

（2）设计狱情预测的工作方案，制定详细的工作计划；

（3）设计个案调查问卷，收集罪犯信息，分析影响个体罪犯行为的因素和条件；

（4）全面调查、收集资料，分析影响狱情发展趋势的因素和条件；

（5）选择狱情预测方法，运用现代科学技术与理论进行预测；

（6）整理狱情预测的研究成果，撰写预测报告；

（7）做出预测结论和在实践中不断反馈修改、补充、完善预测的结论。

[1] 崔嵩：《再造公安情报》，中国人民公安大学出版社2008年版，第314～315页。

在狱情预测的步骤中，至关重要的是罪犯各类信息资料的收集、传送、整理、贮存和处理的问题。预测实践证明：信息数据的真实性是预测的生命；信息数据的全面性是预测的基础；信息数据的有效性是预测的核心。因而，只有掌握真实、全面，有效的罪犯各类静态和动态的信息，才能科学地进行狱情预测。

那么，如何去提高罪犯行为预测的科学性呢？辩证唯物主义的反映论告诉我们，罪犯一切现实的行为表现都能够以不同的方式，反映到监狱民警头脑中来，并为其所认识。罪犯未来的——现在还不存在的行为，虽然还不可能反映到监狱民警头脑中来。然而，管教民警可以用诸如连续性、因果性和相似性的原理，在能够直接认识罪犯的现实行，为和过去发生的行为与不能直接认识的未来行为之间架起一座桥梁，以获得关于罪犯未来行为的认识。

1. 利用连续性原理预测

罪犯的行为是一个发展过程，我们可以把它分为过去、现在和未来。罪犯现在行为是过去行为的延续，未来的行为是现在行为的延续。当罪犯的过去、现在和未来的行为，同属于一个发展过程，并保持同一质的规定性的情况下，我们称罪犯的行为存在连续发展过程。在这一连续发展过程中，罪犯的不同发展阶段的行为表现着内在的必然联系，遵循着共同的规律。也就是说，在这一行为连续过程的任何一点上，不论是行为的过去、现在还是未来，其本质和规律是连续的，这就是罪犯行为的连续性原理。

根据罪犯行为这一连续性原理，只要罪犯行为处于同一连续过程中，就具有相同的本质，遵循相同的规律。因此，认识了罪犯现实行为的本质和规律，也就是近似地等于认识了罪犯未来行为的本质和规律，也就是我们把对罪犯未来行为的认识转换为对现实行为的认识。所以，只要我们对罪犯同一连续过程的现实行为有了正确的认识，那就可以预测罪犯未来的行为。

例如，要预测罪犯李某未来近期内的行为表现。根据连续性原理，首先认识到李某在遭受挫折后要发生攻击性行为的规律；其次了解李某刚接到妻子要求离婚的信件。根据罪犯李某的行为变化规律及其现在相关主客观因素，就可以较准确地预测到李犯要产生攻击性行为——或者与同犯打架，或者顶撞管教民警，或者违反监规监纪。由此可知，要准确预测罪犯连续过程的未来行为表现，首先要认识过去罪犯行为连续过程的规律性东西；其次要十分清楚罪犯现在行为的有关情况。这样，才能对罪犯行为得出规律性的预测。

这里需要注意的是，以上罪犯行为的预测是在罪犯行为处在连续过程的情况下进行的。而事实上，罪犯行为的连续性是相对的。罪犯的行为只有在特定的意义上和特定的范围内，才具有连续过程的意义。在罪犯行为的发展过程中，由于罪犯内在因素的突变或某些外在因素的干扰，就会造成连续过程的中断。例如，根据罪犯过去行为变化规律，罪犯个体与其他罪犯在一起时，容易强化犯罪动机而产生犯罪行为。而罪犯在监狱内，也是与他犯在一起，可是由于监狱民警对其实施了一些惩罚和改造措施，使罪犯原来行为的连续性中断，就不至于必然产生犯罪行为。因此，在运用连续性原理预测罪犯行为时，不仅要注意其连续性，而且也要考虑意外因素所造成的连续过程的中断。这样才能减少对罪犯行为预测的误差。

2. 利用因果性原理预测

唯物辩证法告诉我们，客观事物之间存在普遍的因果联系。任何事物的产生和变化，总是由一定的原因引起的。罪犯的行为也存在于普遍联系的客观世界中。罪犯的行为与其他事物之间的普遍因果联系，从时间上也具有前后相继性。罪犯未来的行为，作为一种结果，总是由现实的主客观原因所引起的。因此，监狱民警只要正确地认识了罪犯现实的状况（即原因）就可以推知罪犯未来的有关行为，这就是因果性原理。

从罪犯现实的原因到未来的结果——行为，是一个矛盾的发展过程。罪犯现实的原因，是一个矛盾的对立统一体。这是罪犯现实原因发展和运动的源泉和动力。罪犯现实的主客观原因以是否有利于改造而分为积极与消极两个方面的矛盾统一体。统一体内部的斗争，必然出现一种结果——行为。这一行为就是我们要预测的未来行为。这一未来行为是积极的或是消极的，取决于矛盾双方的斗争，是积极的一方获胜或是消极一方获胜。所以在预测未来行为时，我们不仅要用矛盾对立统一规律去作为认识罪犯行为的武器，而且还要想方设法去壮大积极的力量，克服消极的力量，以争取罪犯能出现对改造有利的行为。

3. 利用相似性原理预测

客观事物是千差万别的，但只要发展程度相似，内外条件相似，那么其未来的发展也就相似。罪犯改造的两个行为的转变过程，只要具备了上述相似性，就可以根据已经认识了的罪犯的转变过程及相应的变化或结果，去推测另一个未知的行为变化趋势或结果。这就是预测罪犯行为相似性原理。

依照上述相似性原理预测罪犯的行为，主要是根据罪犯现实过程与未来过程的因果联系的相似性进行预测。监狱民警在运用预测原理进行预测时,必须从罪犯改造的实际出发。罪犯未来行为不是凭空产生的,而是现实行为的延续和发展。认识未来,就是认识罪犯现实行为的展开过程。罪犯现实状况中,孕育着罪犯未来行为的基本因素和依据。罪犯现实行为的矛盾及其运动规律,决定了未来的行为趋势和状态。因此,要想准确地预测罪犯的未来行为,就必须充分掌握罪犯现实存在的各种主客观因素(包括积极和消极的因素)。要正确地对待罪犯的现实,而不应以管教民警的主观去代替罪犯的客观。同时,管教民警还要注意罪犯现实的多变性,把其各种因素看做是运动发展的状态,不应当认为是静止的状态。只有这样,才能较准确地预测罪犯的未来行为。

第二节　危险性罪犯排查分析

危险性罪犯,即重控罪犯,是指服刑罪犯中那些基于一定事由,对监狱安全构成一定威胁,需要监狱特别管束的重点控制对象。目前,监狱重点罪犯大致分为三类:(1)具有危险行为的,称为危险犯;(2)具有抗改行为的,称为抗改犯;(3)具有特定犯罪性质和捕前特殊身份的,简称重管犯。这三类罪犯或对监管安全和秩序构成现实的或潜在的危害,或者接受刑罚过程中受到社会的关注。因此,这些罪犯应当列入重点防控的范畴。

一、罪犯危险性的认识

监狱安全工作中之所以要对危险性罪犯加以重点控制,是基于这些人具有现实的或潜在的危险,可能危及监管安全。因此,认识这些罪犯,首先对罪犯的危险性进行科学分析。

通常认为,危险犯,即危险罪犯,是指在服刑期间,具有脱逃、凶杀、破坏、自杀或其他危险因素,对监管安全构成现实或潜在的威胁,需要从严管理和重点防范的罪犯。世界各国分别有各自的认识。

在澳大利亚,新南威尔士州,危险犯包括了具有危害国家安全风险(如涉嫌恐怖活动)的罪犯;在南澳大利亚,危险犯是指由于犯罪罪行、行为表现、相关历史等被评估为在监狱中需要严厉管理或者在护送时需要高度戒备的罪犯;在西澳大利亚,危险犯除特别暴力、抢夺、引起混乱和脱逃风险很高的罪犯外,还包括(但不限于)危险性的恐怖分子、国际贩毒者、有组织犯罪的头目和危险性的违法团伙成员等。

加拿大:加拿大的危险性罪犯法规于1977年生效,根据法律,一名罪犯被界定为危险性犯罪,其必须犯有刑法中规定的“严重的个人伤害罪”,且被视为对其他人的生命、安全或精神健康有持续的严重威胁。

日本:有组织犯罪的反社会集团成员,对公共安全构成威胁的罪犯和有人格障碍、精神病或吸毒成瘾的人,都被称为“危险的”罪犯。由于违反监规、自残或伤害他人,这些人称为罪犯中难以对付的那一部分人。

韩国:根据《有影响力罪犯条令》第三条的规定,危险犯被划分为以下12种类型:因被判处死刑等重刑而处于不稳定的心理状态,以致无法适应监禁环境的罪犯;有可能使用暴力或者组织团伙破坏矫正机构秩序的有组织犯罪成员;经常性扭曲或者夸大事实提出申诉、控告,意图以此使矫正工作人员受到处罚的;经常性的要求身体检查或者对医疗工作人员进行挑衅的;试图通过矫正工作人员进行非法接触和将违禁物品带入监狱的;因攻击或威胁矫正工作人员而被禁闭,并且有再犯可能的;一年内违纪三次以上或被禁闭结束不满一年又被禁闭的;因悔恨或羞愧有严重自杀倾向的;因被强制戒毒而出现精神疾病,并且可能使毒品流入监狱的;企图自杀、脱逃或者有脱逃记录并且很可能再犯的;因心理或生理紊乱而自虐、自伤自残或者吞食有害物质的,以及难以与其他罪犯相处需要单独监禁的;其他需要特殊处理以防止其滋事的。

新西兰:危险犯主要指在监狱中进行帮派活动的罪犯。作为帮派成员罪犯不仅给管理人员和其他罪犯带来了危险,在暴力和恐吓活动方面,还涉及监狱中的犯罪活动,如毒品供应。

从上述各国对危险犯的界定可以看出,韩国与我国在危险犯的界定上都采用了罗列式,都把在服刑过程中的表现作为重点。各国对危险犯的界定虽然大相径庭,但有些类型的罪犯是特别突出的,如严重暴力犯、团伙犯、毒品犯、危安犯等。[1]

(一)罪犯危险性的特征

危险性罪犯是监狱安全防控的重点,也是监狱基层民警日常性的基础工作。

1. 预判性

首先,罪犯的危险性是人们对行为人的一种主观推测,它本身不是事实,而是

[1] 周勇:“亚太地区监狱系统危险性罪犯的管理及其借鉴”,载《犯罪与改造研究》2006年第12期。

一定的危害事项可能由具有一定的行为性状的具体人来实现的一种预想,[1]罪犯的危险性属于未然之状态,它是一种尚未发生的可能性,而不具有客观实在性。这些罪犯具有实施危害监狱安全行为的可能性,主要包括:具备实施狱内犯罪行为的现实可能性;已经实施了狱内犯罪的某些预备行为;查证属实已经实施了狱内犯罪行为等情况。危险犯可能实施的狱内犯罪包括脱逃、行凶、自杀、破坏、盗窃、信仰邪教、闹监、暴狱、劫持人质等行为。

2. 现实性

罪犯的危险性作为一种危害监狱安全的可能性,是一种主观预判,同时,也应看到这种主观预断不是没有依据的虚无假定,而是有其存在的现实根据和条件的。罪犯的危险性形成和存在的外部条件,是外因。而行为人内部的人格则对其危险性的形成起决定作用,它是人身危险性形成和存在的内部根据,是内因。尽管罪犯危险性表现形式比较复杂,但依据危险行为形成的原因,可将罪犯危险性分为原发型和诱发型两种类型。

其一,原发型。这一类对象主要有六种,危险性来自罪犯自身的消极因素。

(1)原为犯罪集团骨干分子、团伙头子和犯罪历史长,恶习深、心理结构和行为习惯很难改造,犯罪思想已成相对稳定的动力定型。

(2)刑期长,悲观绝望,严重丧失改造信心,"破罐子破摔",经教育也无转变的。

(3)原系作案手段残忍的暴力型犯罪,且性情野蛮,自控能力差,随心所欲,易铤而走险的。

(4)有行凶、脱逃、自杀史而无明显转变的。

(5)对判刑、改造有严重对立情绪,公开顶撞民警,不服管教,屡教不改的。

(6)呆、痴、傻、精神异常、自控力差的。

其二,诱发型。这一类对象主要有六种,危险性除来自罪犯自身消极因素外,客观现象的影响也起着重要作用。

(1)服刑改造期间家中发生重大变故,引起严重思想包袱,经教育仍不能解脱的。

(2)因在狱内所犯罪错或隐瞒的重大余罪被揭露,企图逃避惩罚的。

(3)因民警处理问题失当。违法乱纪而引起罪犯强烈不满,产生严重对立情绪的。

---

〔1〕 甘雨沛、何鹏:《外国刑法学》,北京大学出版社1993年版,第35页。

(4)对劳动强度大产生严重畏惧感和不满情绪的。

(5)受牢头狱霸欺侮,未得到公正处理而造成思想沉闷的。

(6)对未得到减刑或受到惩罚严重不满,扬言要对民警报复,可能凶杀、逃跑的。

3. 可控性

罪犯的危险性一经形成就具有持续性,这种持续性并不意味着由危险性转为监狱安全危害性的必然性。罪犯的危险性具有可控性,亦即这种危害监狱安全的可能性是可以被抑制、减弱以至消灭的。危险犯的危险信息如果能被监狱及时有效的收集到,并进行分析处理,那么监狱就可以及时控制这种危险性,并可以通过调整工作方式及教育引导来有效的预防不良后果的发生。对危险犯的控制主要通过"堵"和"疏"的方法进行。"堵"是通过外部的作用使罪犯的危险行为无法得逞,一是从监管制度入手,如监规纪律、清点制度、出入制度、安全检查制度、危险物品管理制度、工具和钥匙管理制度等;二是从安全控制技巧入手,通过人防、物防和技防的方法实现对罪犯的行为控制。"疏"主要是解决罪犯的心理问题,帮助其解决认识的障碍。如果心理问题解决了,安全防控就变成了主动性的工作。

(二)罪犯危险性分析的价值

1. 罪犯危险性分析是监狱行刑的依据

一是危险性是监狱对罪犯实施分类管理的依据。罪犯的危险程度是罪犯分类和分级处理的基础,没有对罪犯个体危险分析和危险等级的评定,就无法对罪犯进行科学的分类和采取相应的矫正项目。根据"宽严相济"刑事政策的要求,对不同人身危险性的罪犯,要给予不同的处理等级。对不同处遇等级的罪犯,监狱在警戒程度、法律奖励比率和幅度、通信会见控制程度、劳动工种安排、生活待遇、接受思想教育的时间和内容、批准监外活动的时间和内容等方面,要区别对待,分别实施相应的处遇。二是修正原判刑罚的依据。罪犯通过执行刑罚,其人身危险性会发生一定的变化,一般来说这种变化的趋势是由大变小。这样对于那些具有悔改表现、立功表现的罪犯来说,就会出现原判刑罚与人身危险性不相适的情况。为了改变这种情况,就要求司法机关对原判刑罚进行修正。我国刑法主要通过减刑和假释制度来实现。监狱的一些刑罚执行事务,如暂不收监、暂予监外执行、假释、准予罪犯离监探亲等,均需要对罪犯的危险性作出准确的评估,只有在确认罪犯没有人身危险性的前提下,才可以适用上述措施。三是对刑满释放人员更新保护的依据。

罪犯刑期执行完毕，并不意味着所有的人身危险性已经消除，对刑期届满，人身危险性依然存在的罪犯而言，不能加刑，也不能强制留场就业，这就需要依靠社会对回归人员进行继续帮教，人身危险性显然是这种更新保护措施的依据。

2. 罪犯危险性分析是确保监管安全的根本保障

监管安全是监狱工作永恒的主题，是社会稳定的重要组成部分。危险罪犯对于监狱的安全稳定具有潜在或实际的威胁，因此危险罪犯的管理一直是监管安全工作的重中之重。如果对于危险罪犯的排查不及时、评估不准确、管理不到位或者无效失控的话，那么监狱安全就有可能出问题，就可能导致严重的后果。通过罪犯危险性分析，我们可以全面地剖析、了解罪犯心理，科学地认识罪犯在监管改造中的行为表现与真实态度，预测他们的行为趋势和现实存在的危险性，并对危险性较大的罪犯及时加以防范和教育。这样，既能达到未雨绸缪、不战而屈人之兵的效果，也有利于罪犯的有效改造，保障监管安全。

3. 罪犯危险性分析是提高教育改造质量的客观需要

科学、准确地分析罪犯的危险性，如同一架多功能的立体探测仪，既能评定出罪犯的危险程度、恶性程度、改造难度，又能检测出监狱改造工作每一个具体环节上的漏洞和症结所在。通过排查分析，监狱既可以及时地发现改造方案对于这名罪犯的适用程度，以及改造方案在其身上发生了多大的效用。同时也可以预测到罪犯的思想、心理、行为发展倾向以及可能产生的问题。这样有利于监狱及时调整改造方案，提高教育改造工作的针对性和实效性。这对于承担着改造任务的监狱来讲，作用是积极的。

（三）危险性罪犯的种类

（1）行凶危险的罪犯；

（2）脱逃危险的罪犯；

（3）自杀危险的罪犯；

（4）破坏监管秩序危险的罪犯；

（5）组织、暴动越狱危险的罪犯；

（6）偷盗、毁坏财物危险的罪犯；

（7）破坏生产经营危险的罪犯；

（8）自伤、自残危险的罪犯；

（9）要挟、侮辱等对抗民警管教工作的罪犯；

(10)袭警危险的罪犯;

(11)其他危险的罪犯。

(四)危险性罪犯的危险状态

1. 主观危险

此类危险性罪犯思想极端的反动和落后,仇恨社会,无视法纪,胆大妄为。其危险动机往往深藏不露,不易觉察,但在其策划行动的过程中则不可能不留痕迹。只要善于捕捉信息,随时提高警惕,是可以预先掌握其动向的。

2. 客观危险

客观危险也可以称作突发性危险。主要是由于客观因素而引发罪犯危险动机。如家人死亡、妻子提出离婚、小孩丢失、民警管理不当或他犯的欺压等客观原因的刺激,使其思想上一时想不通而引发的危险行为。对这类行为只要及时掌握情况,布置监控,做好工作,其危险是可以消除的。

3. 临时危险

临时危险分为两个阶段:第一阶段是新投入改造的犯人,情绪波动很大,改造尚未定型,他们的个性心理特征、改造态度、认罪悔过程度等情况均不明朗。第二阶段是刑满释放前期,面临生存压力、就业压力、人际关系压力、社会和他人的歧视,尤其是伤害了亲人的罪犯,此阶段思想起伏较大,暂时把这两类罪犯列为危险,进行重点监控和教育,有利于监管安全。

4. 无责任危险

精神病罪犯在其精神病发作期间具有较大危险,有些有幻听、幻觉等症状,施暴可能性极大,根据我国法律规定这类人不负刑事责任,这类罪犯管理难度大。但要注意将有精神病罪犯与诈骗罪犯区分开来。国内资料表明,约有20%的罪犯存在各种人格障碍,约有70%的罪犯心理健康水平低于正常人。[1] 几乎所有的精神症状都可以主观模仿,只是模仿的程度不同。所以,在考虑是否为精神症状时应注意以下几个方面:第一,症状与当事人所处的背景之间的联系;第二,症状受当事人意识的控制可能性有多大;第三,当事人有没有因病获益,或有追求获益的心理动机;第四,产生的原因,持续的时间,严重程度,伴随情况,相互的联系,以及当事人对这些症状的解释是不是符合一般精神病人规律;第五,症状特点是否符合临床各

〔1〕 黄富颖、管唯、钱玉林:“诈精神病的鉴定”,载《临床精神医学杂志》2000年第1期。

相应精神病的发生发展规律;第六,“疑病从无”要严格掌握。[1] 对于这类危险罪犯防控的最佳方式是划出精神病监区集中关押,如北京延庆监狱的精神病监区在防控这种无责任危险中有很多有效的做法。

二、罪犯危险性认识的路径

罪犯的危险性认识是管理罪犯和维护监狱安全的基础性工作,世界各国的认识路径不尽相同,总体来看:一是罪犯危险性的技术性评估方式,二是罪犯危险性的经验性排查方式。

(一)罪犯危险性的技术性评估——危险评估

危险评估就是通过一定的技术对罪犯重新犯罪的可能进行预测,从而为控制这些危险提供根据。这些危险包括:重新犯罪的危险,狱内实施暴力的危险,狱内脱逃的危险,社区监禁中失控的危险,社区监督中实施违法犯罪的危险,社区监督中对公众实施暴力的危险,社区监督中对公众实施性侵害行为的危险。危险评估的基本价值是“标定危险”——标定犯罪人的危险程度,为危险控制奠定事实上的、逻辑上的与科学上的基础,从而为维护社会安全提供保障,为重返社会政策的实施提供保障,为推行矫正项目提供保障。[2] 就监狱而言,危险评估可以帮助监狱管理人员决定罪犯的分类级别,实施监控等级不同的管理,从而避免监控和管理人力、物力、财力配制的无差别问题,降低监管的人力、物力、财力浪费,提高监管控制的效益。危险评估还可以帮助监狱维护监管安全和社会安全,帮助监狱判断罪犯危险性高低,使危害性高的罪犯得到有效的预先控制,避免狱内伤害、暴力、暴乱,维护正常监管秩序;避免罪犯脱逃,维护正常社会秩序。

1. 危险评估的原理

危险评估就是根据与罪犯重新犯罪相关的因素推测罪犯重新犯罪或者违法的可能性大小的一种预测活动。危险评估有两个环节:[3]

环节一:筛选预测因子。预测因子是用以预测罪犯重新犯罪可能的因素。如果某种因素与罪犯重新犯罪或违法有关系,就可以将该因素确定为预测因子。在

---

[1] 王丽萍、唐安平:“狱警对疑似精神病服刑人员精神症状的认识”,载《中国健康心理学杂志》2013 年第 4 期。

[2] 翟中东:《国际视野下的重新犯罪防治政策》,北京大学出版社 2010 年版,第 122 页。

[3] 翟中东:《国际视野下的重新犯罪防治政策》,北京大学出版社 2010 年版,第 124 ~ 127 页。

国外,一般认为危险评估的预测因子包括犯罪性需要;犯罪史、反社会史;社会业绩;年龄、性别、种族;家庭因素;知识情况;个人情绪因素;就业情况等。预测因子有静态与动态之分。静态因子包括:年龄,犯罪史,反社会的行为,家庭因素,犯罪情况等;动态因子包括:反社会人格,同情心,犯罪性需要,人际关系,社会成就,滥用毒品等。

环节二:确定预测因子的权重,即对重新犯罪的影响力度打出分值。重新犯罪预测因子在重新犯罪预测中的重要性不尽一致,有的比较重要。重要因素的权重值要高一些,非重要因素权重值低一些。

在定量性的危险评估中,分值高低表示危险的大小。在多数危险评估量表中,分值越高表示罪犯重新犯罪危险越大;分值越低表示罪犯重新犯罪危险越小。

2. 危险评估工具

危险评估在不同国家有不同的探索,出现了很多评估工具。如水平评估量表,历史因素评估工具、精神疾病量表,重新犯罪统计信息量表,罪犯群体再犯罪测量表,危险评估指南量表,性暴力危险量表,危险与结构的评估、暴力危险评估表,心理疾病量表,明尼苏达性犯罪评估表等。这些危险评估工具,有的被某些机构接受,有的某些部分被接受。我们以英格兰与威尔士的罪犯危险评估工具——罪犯评估系统为例探讨国外危险评估工具。

罪犯评估系统被认为是世界上同类系统中最先进的系统,其设计的目的:确认重新犯罪的可能;希望确认罪犯的需要,包括人格或者性格上的、认知上的与行为上、社会上的需要;评估罪犯实施伤害的可能,包括自伤的可能;将评估与监督计划、服刑计划结合起来;为特别的评估提供线索;评估罪犯向哪个方向转变。

罪犯评估系统的基本价值在于使监狱工作人员从总体上能够了解罪犯的危险状况,包括重新犯罪的危险、伤害他人的危险、自伤与自杀的危险、脱逃的危险,以降低监狱与社会执行部门推行促进罪犯回归社会各种措施适用的风险。

罪犯评估系统的适用对象:所有要求提供判前报告的人;接受社区刑的罪犯。具体说是接受社会惩罚刑、社区矫正刑、结合刑的罪犯;被假释者;在矫正旅馆中的人;在监狱中服刑超过 1 个月以上的未成年人;在监狱中服刑超过 6 个月的成年人。

罪犯评估系统评估的内容主要包括:实施暴力犯罪的危险;自杀或者自残的危险;脱逃的危险;实施危险行为的可能。在实施中背信的危险也纳入其中。危险度被分为低度、中度、较高与高度四个级别。

“罪犯评估系统”的评估要素主要有:犯罪史;犯罪的情节;犯前居住情况;罪犯所受教育情况;罪犯接受培训情况、就业情况;经济背景;社会关系;生活方式;与人的关系;是否吸毒、是否酗酒;情感状况;突出的思维方式;突出的行为特征;生活态度;罪犯在监狱内的表现。上述材料分别来自监狱曾经进行过的评估、保护观察机构所进行的评估、青年正义机构所作的评估、地方监狱罪犯信息库所提供的信息、监狱个别工作官员所提供的信息、监区管理人员所提供的信息、驻监保护观察机构工作人员所提供的信息、监狱教育部门所提供的信息、心理学家所提供的信息、牧师所提供的信息、监狱志愿者所提供的信息等。监狱个别工作官员提供的信息不仅必不可少,而且特别重要。

评估的操作由接受过训练的评估师与评估员在监督官、管理人员的监督管理下根据有关规则完成。其实施主要是评估师在阅读有关材料基础上与罪犯交谈完成。[1]

3. 我国罪犯危险评估的状况

近年来,我国各地监狱也在不断尝试推出定量的危险评估,丰富我国对罪犯危险的评估实践,也取得了一定的效果。但中国对罪犯危险程度评估的研究还处于初级阶段。对罪犯危险程度的评价,是监狱惩罚与改造罪犯的起点,离不开对罪犯危险性的认识。我国罪犯危险评估模式只是初步建立,需要在实践过程中进一步修正与完善。

有的省份监狱系统设计了罪犯危险程度测试量表来对罪犯进行危险评估。测试表是在罪犯新入监时对其进行全面测定和评价的一个基础性量表,是对罪犯分类、监禁和矫正的必要前提。量表因子是构建量表的基本组成部分。量表的设计是否科学、全面关键在于对量表因子的选择。

根据量表设计的整体要求,将因子选定为6大类25项。

一是犯罪状况(F)。罪犯之所以投入监狱改造,皆由其犯罪行为造成。而罪犯实施犯罪行为,并不仅是单纯的行为的体现,而是其个体心理与行为交互作用的结果。因而,其犯罪状况能够真实地反映主观的恶意程度。犯罪状况,主要包括6项评价指标,Fc 过去被判刑(或劳动教养)的次数,Fn 本次被判刑时的年龄,Fq 刑

---

〔1〕 翟中东:《国际视野下的重新犯罪防治政策》,北京大学出版社2010年版,第168页。

种刑期,Fx 犯罪形态,Fl 犯罪类别,Ft 共同犯罪成员或黑恶势力成员。这六项内容分别从不同的角度对犯罪进行描述,而且能够使罪犯的危险程度从犯罪方面得到体现。根据其因子在犯罪状况中的作用和份额,决定其选项的标准和对应的分值。

二是社会化状况(Z)。主体的自然状况对人的心理和行为的影响是非常巨大的,而且这一影响是在人的社会化进程中长期和潜移默化形成的。从罪犯这个特定的主体分析,其自然状况对其发生的作用主要包括 7 项:犯罪前居住状况(Zz)、受教育状况(Zy)、婚姻状况(Zh)、与家庭成员(或主要联系人)的关系(Zg)、家庭经济状况(Zj)、犯罪前三年内就业经历(Zi)、犯罪前掌握劳动技能情况(Zn)。

三是恶习状况(E)。在罪犯的人身危险程度中,其恶习状况是不可或缺的变量因素。罪犯的恶习状况,主要包括 5 个因子,其分别是:犯罪前交往状况(Ew)、犯罪前在娱乐场所(或在发屋、保健中心、洗浴中心等)消费或工作经历(Ey)、犯罪前赌博状况(Eb)、犯罪前酗酒状况(Ej)、性行为状况(Ex)。

四是生理心理状况(X)。在这一类别中,其构建的因子主要有 5 项,它们分别是:情绪稳定状况(Xq)、精神或心理状况(Xj)、适应环境状况(Xh)、身体健康状况(Xk)和自杀心理产生情况(Xs)。

五是吸毒贩毒状况(D)。在罪犯人身危险程度评定中,吸毒贩毒作为一个单独的因子进行测试,是由于本项因子对罪犯的危险等级评定具有重要的作用。吸毒贩毒,对罪犯的生理和心理影响特别大,而且毒品的这种影响带有长期性和渗透性。

六是犯罪归因状况(Y)。罪犯对犯罪原因的态度直接关系到其对犯罪的认识程度,也在一定程度上反映其主观的恶性程度。犯罪归因状况这一因子主要包括四个选项,它们分别是:自己原因、家庭原因、他人原因、社会原因。

需要引起关注的是,在调查中发现,这 25 项因子适用于所有罪犯的人身危险程度评定,但由于犯罪的复杂性和罪犯个体的差异性,对本量表的使用需要根据罪犯的类别进行评定。通过调查、统计、分析和检验,可以将罪犯分为四类,即 10 年以上成年男犯、10 年以下(不含 10 年)成年男犯、未成年犯和女犯,这四类罪犯 6 项指标的平均值和标准区间是不同的,对其危险程度的评价按照其分值标准来进行。

从这六项指标的测试内容看,可以划分为主观与客观两个方面,客观性指标主要是依据罪犯的社会化状况以及个人的自然情况、犯罪情况等进行评价,主观性指标主要是对罪犯的心理状况以及犯罪原因等进行评价,通过对其项目的分值设定、标准差的建立以及临界点的确定，对罪犯危险程度的测试结果划分为三个区域，分别为稳定、相对稳定和危险，从而在测试分值的基础上确定罪犯的危险等级。[1]

我国监狱管理者认为：对罪犯进行危险性评估是一项综合性的工作，是置于监狱安全、罪犯矫正的目的要求下的。在实践中，为了准确评价罪犯的危险程度，需要制定相关的工作程序和工作流程，并建立计算机软件的处理系统。

一是采集罪犯基本信息。这是危险性评估的基础性材料。基本信息的收集必须规范、全面，使用计算机处理，制定专门的罪犯基本信息表，内容包括个体的基本经历、家庭状况、爱好兴趣、犯罪情况等。

二是结构性面谈。这是危险性评估的关键一步，也是监狱工作人员对罪犯准确评判的前提。面谈在入监阶段需要持续2～3周的时间，面谈的内容比较多，在这个阶段，需要对罪犯进行全方位的了解。其内容包括罪犯的外观特征和行为表现、心理健康状况、教育和工作背景、社会成长史、家庭状况、犯罪的动机与过程、罪犯入监后的需求以及面谈后的总体分析评价等。面谈，要注意环境的选择、方法的运用、语言的交流以及非语言信息的把握等，力争收集到丰富的真实有效的信息。

三是对罪犯基本需要问卷。需要问卷的主要内容分别是人际交往、婚姻家庭、心理治疗、教育需求、就业能力、药物滥用情况以及服刑指导情况等，通过对罪犯基本需要的调查，可以全面了解罪犯在服刑期间的需求以及变化情况，为罪犯的危险性评估提供一个基本的参考资料。

在此基础上，开展的罪犯危险性评估准确与否，还在很大程度上取决于评估人员的素质与能力，在对罪犯开展具体评估时，需要对评估的工作程序和工作规范提出要求，并对专门的评估人员作出具体的业务规定。

（二）罪犯危险性的经验排查方式

基于监狱安全的需要，对罪犯的危险性进行评估，是建立相应监管方式的需要。与国际社会罪犯危险评估不同的是，我国的罪犯危险评估以“危险犯的排查与研判”进行，即通过摸底排队的方法，了解罪犯的有关动态，然后确定不同罪犯的危险状态，包括可能的异常情况。我们称之为“经验排查式”的危险评估。这种对罪犯危险性评估中的“危险”源于经验上的判断，通常是通过对罪犯进行思想和行为表现的调查分析来确定罪犯危险。

---

〔1〕 于爱荣等：《矫正质量评估》，法律出版社2008年版，第36～37页。

影响监狱排查罪犯危险的因素主要包括两方面:一是民警自身的因素。包括民警的事业心、责任感、敬业精神、工作态度、专业知识,还有思想、情绪等。二是方式方法问题。对于危险罪犯的排查是一项系统工程。必须要有科学的方法,要科学地认识罪犯,科学地分析狱情,在认真调研、科学分析的基础上才能判断准确。为了使监狱一线民警能掌握排查罪犯危险的标准,各地监狱省局或监狱都制定了自己的标准,并采用罗列式的方式加以陈述。如根据危险罪犯的特征,监狱狱情形势,一般认为凡是具有下列情形之一的可考虑列为危险罪犯:

一是敌视共产党的领导和社会主义制度的危害国家安全的罪犯;

二是不思悔改的惯、累犯;

三是有组织越狱、预谋脱逃、行凶报复、哄监闹事或进行其他重大破坏活动的罪犯;

四是经常纠集在一起造谣、煽动或密谋寻衅滋事、破坏监规纪律的罪犯;

五是与社会上的犯罪分子有勾结嫌疑或隐瞒余罪、漏罪的罪犯;

六是在生产劳动中屡出事故,有破坏嫌疑的罪犯;

七是家庭发生重大变故,情绪不稳的罪犯;

八是刑期长、悲观绝望心理严重的罪犯;

九是对政法机关极端仇视又胆大妄为、不计后果的罪犯;

十是有劳动能力而公开抗拒劳动改造屡教不改的罪犯;

十一是有其他重大违纪行为需要认定为重大危险的罪犯。

具体来讲可从以下几个方面进行比较分析,判断确定是否为危险罪犯:

一是从罪犯历史方面分析有10种情况:曾有犯罪史或前科的;社会经历、社会关系复杂的;成长环境中缺少亲情关爱的;无家人或家人、亲属长期无联系的;长期流窜、居无定所的;案情复杂、作案手段凶残的;暴力犯罪刑期15年以上的;涉黑、涉暴、涉毒犯罪的;有吸毒史的;有同性恋史的。

二是从现实改造方面分析有15种情况:不服判决、长期申诉、改判无望的;改造消极、长期完不成劳动任务的;好逸恶劳、多次抗劳不愿参加劳动的;不安心改造、经常要求调队的;考核分数低、2年以上未获得行政奖励的;长期不洗澡、不换衣、个人卫生极差的;长期不参加集体活动的;与犯群关系紧张的;经常窜监、窜队、脱离控管的;半年内有2次以上较严重违纪,或违纪受到处理后思想有抵触的;家庭突然发生变故的,如突然发生直系亲属死亡、妻子离异、小孩生活无着落等;与家人、亲属关系紧张的；服刑期间犯罪受到加刑处理的；夜间经常睡不着觉，表现异常的；系“三假”罪犯或可能有余罪未交代的。

三是从思想、心理、性格、品质等方面分析有 9 种情况：有明显心理变态倾向的；有精神病或精神、心理障碍的；心胸狭小、报复心强、易走极端的；思想包袱重、精神压力大的；性格孤僻、内向、自卑感强烈的；思想复杂、反社会、反政府心理强烈的；心理测试分值高、个性特征特别突出的；心理测试说谎指数高、故意掩饰真实思想的；情绪易变、烦躁不安的。

有的监狱设计了罪犯危险等级评估表，属于典型的经验判断式，如下表：

罪犯危险等级评估表

监狱　分监区　　　　　　　　　　　　　　　　　　年　　月　　日

<table>
<tr><td>档案号</td><td></td><td>姓名</td><td></td><td>年龄</td><td></td><td>文化程度</td><td></td><td>民族</td><td></td><td>捕前职业</td><td></td></tr>
<tr><td colspan="2">案由</td><td></td><td colspan="2">刑期</td><td></td><td colspan="3">累犯情况</td><td colspan="3"></td></tr>
<tr><td colspan="2">入监日期</td><td></td><td colspan="2">家庭地址</td><td colspan="7"></td></tr>
<tr><td colspan="2" rowspan="4">犯罪概要状况</td><td colspan="10">1. 犯罪案情是否复杂、重大　①是　②否；犯罪性质是否恶劣　①是　②否；犯罪手段是否残忍　①是　②否</td></tr>
<tr><td colspan="10">2. 改造中是否存在类似的犯罪可能和倾向　①是　②否</td></tr>
<tr><td colspan="10">3. 犯罪是突发性还是预谋性(　　)，是否属于黑社会性质犯罪　①是　②否</td></tr>
<tr><td colspan="10">4. 犯罪中有下列哪些情节　①暴力犯罪　②团伙犯罪　③流窜作案　④有脱逃史　⑤心胸狭窄　⑥暴戾妄为　⑦悲观失望</td></tr>
<tr><td colspan="2" rowspan="4">个人简历状况</td><td colspan="10">1. 社会的成长经历是否平坦、清白　①是　②否</td></tr>
<tr><td colspan="10">2. 是否受到正常的教育　①是　②否</td></tr>
<tr><td colspan="10">3. 是否有前科和不良痕迹　①是　②否</td></tr>
<tr><td colspan="10">4. 投入改造以后是否会受到人生经历的影响而增加改造难度　①是　②否</td></tr>
<tr><td colspan="2" rowspan="4">家庭成员及社会关系状况</td><td colspan="10">1. 家庭成员及主要的亲属是否对该犯关心和照顾　①是　②否；有无父母离异现象　①是　②否；是否最近有离异现象　①是　②否；投入改造以后是否牵挂和关心家庭　①是　②否；是否属于“三无”人员　①是　②否</td></tr>
<tr><td colspan="10">2. 该犯是否关心或仇视家庭　①关心　②仇视；家庭是否出现变故　①是　②否</td></tr>
<tr><td colspan="10">3. 家庭成员和亲属对罪犯是否谅解，亲情关系能否延续　①是　②否；亲情帮助是否能帮助和支持其渡过改造难关　①是　②否</td></tr>
<tr><td colspan="10">4. 是否具有反社会倾向　①是　②否</td></tr>
</table>

续表

改造现实状况	1. 对犯罪事实的态度 ①完全承认 ②承认主要事实 ③否认主要事实 ④不承认
	2. 影响改造的因素 ①家庭因素 ②个人情感因素 ③心理因素 ④婚姻因素 ⑤人格因素 ⑥生理因素 ⑦其他
	3. 改造信心 ①积极改造型 ②破罐破摔型 ③顽抗到底型
	4. 性格类型 ①内向型 ②外向型
	5. 对法院判决的认识 ①定罪准确,量刑适当 ②定罪不当,量刑尚能接受 ③定罪适当,量刑太重 ④定罪不准确,量刑不当 ⑤其他
	6. 是否经常性违反监规纪律 ①是 ②否
	7. 是否积极主动参加改造 ①是 ②否
心理测试状况	1. 是否具有人格障碍 ①是 ②否
	2. 人格心理因素属于 ①心理变态 ②冲动性 ③同众性 ④攻击性 ⑤报复性 ⑥焦虑感 ⑦其他
评估结论状况	级别:①普管级 ②严管级 ③危险级
	种类:①积极类 ②稳定类 ③消极类 ④顽固类 ⑤危险类
	等级:A 等为具有现实危险性的罪犯,B 等为具有一般性危险的罪犯,C 等为具有潜在性危险的罪犯
存在危险动向	①脱逃危险型 ②自杀危险型 ③破坏生产危险型 ④行凶危险型 ⑤其他危险型
采取的预防措施	
备注	Q(危险度)=A 案情(罪犯的作案手段和作案目的直接反映了其心理恶习程度)+B 前科情况+C 罪犯家属的亲和力+D 认罪服法态度+E 罪犯之间的人际关系+F 罪犯服刑前后与社会、民警、罪犯等之间的矛盾,也就是外界的刺激力+G 罪犯的改造表现,包括奖励和惩处+H 民警对罪犯的感知度,就是民警了解罪犯基本情况后,结合罪犯日常改造表现,对罪犯客观评价
其他重要情况说明	

填表人: 审核人:

1. 危险犯经验性排查的特点

我国危险犯排查是以人为中心开展的，主要是在危险行为发生之前进行的，针对的对象是有可能实施危害监狱安全的罪犯，是监狱综合运用多种措施手段，及时、准确地摸排出那些具有危害监狱安全可能性的危险罪犯，防范狱内违规或犯罪的发生。排查危险犯的要求一是准确，二是及时。其具有以下特点：

(1)事前性。排查危险犯，目的是更好地防范罪犯危害行为的发生。从时间上讲，这项工作主要是在罪犯的危险行为发生之前进行的。也正是这样一个特点，使这项工作在预防狱内犯罪的活动中占据重要地位。

(2)进攻性。排查危险犯，是积极的防范，是主动的进攻性工作，这一点与狱内案件的侦破工作不同。侦破工作是在案件发生之后进行的，“有案破案”是其特点，具有一定的防御性和被动性。排查危险犯是在案件发生之前进行的，“无案防案”，具有“先行一步”的特点。

(3)隐蔽性。排查危险犯，为的是使监狱对在押罪犯有一个准确、周密和全面的了解认识，对于危险犯做到心中有数，有备无患。这项工作一般是秘密进行的，不得向罪犯公布。在这一点上，与监狱对罪犯实行的“计分考核”、“记事考核”等公开的考核是不同的。

(4)综合性。排查危险犯，是在发生危害监狱安全的行为之前进行的，因而，这项工作的难度很大。单独的一种办法或较少的几种办法难以准确地排查出真正的危险犯。因此，必须综合运用多种办法，才能提高排查工作的准确性。排查危险犯，还要综合分析来自各个方面的情报，要由从事侦查工作的民警和罪犯所在单位的管教民警共同进行。

2. 经验式评估危险罪犯的弊端

我国这种经验式的罪犯危险评估方法，缺乏“危险源”与“危险”之间的因果关系分析与进一步的探求。这种方式的弊端在于，一是关于罪犯危险性的评估过度依赖于排查民警的经验和能力，主观性太强，容易发生排查不准确、漏排，以及虚假情报引起的对罪犯危险性认识不足的问题。二是这种方法不具有标准操作的工具性。每个民警对排查标准认识不一样，经验也有很大差别，操作的标准不一。由于民警的认识会局限于自己对罪犯的个体认知，表现为不能全面考察各种影响罪犯危险因子，不能科学把握危险因子与个体罪犯危险之间的联系，难以广泛的开展，不具有工具技术的操作性。在目前监管工作实践中，这种排查分析方法存在一定

的不科学性，主要表现在以下几个方面：[1]

(1)认识方法较简单。在分析危险犯的过程中，有些民警仅停留在基本情况上，如“四知道”等，缺乏科学合理的认识方法和手段，故无法深入而全面地剖析这部分对象的思想和心理状况。监狱对危险犯的认识机制不够完善，有些监狱利用心理测试等科学方法对重大危险犯的状况进行分析和跟踪，有些监狱设立了危险犯心理专档，但只是局部研究和探索，没有形成系统方法。

(2)认识的深度不够。认识的深度是和认识的方法密切相关的，没有科学的方法就不可能深入、全面地了解危险犯。目前，对危险犯的排查从犯罪类型、罪犯心理测试、罪犯与社会交往、罪犯在狱内的非正式群体交往活动等认识和排查不够，监狱大多数民警不懂得罪犯危险性评估的方法和模式，缺乏对罪犯的科学和系统的评估，造成对罪犯危险性认识不深的现象。

(3)认识带有片面性，孤立地看待危险犯。罪犯既生活在监狱中，也生活在社会这个大环境中。任何监狱或者罪犯家庭以及社会发生的变故都会对罪犯产生影响，尤其对于危险犯来说，造成其反改和抗改的因素往往有许多来自社会、家庭等外围环境。在实际工作中，往往忽略了这些因素，在认识危险犯的过程中将其孤立起来进行分析和认识，造成了认识上的片面性。

(4)缺乏动态的认识眼光。静止地看待危险犯也是认识过程中常见的一种错误倾向。危险犯在不同的阶段，由于受不同的因素影响，表现出的行为特征会有很大差异。忽视这种差异势必造成认识上的错误，甚至带来极为严重的后果。

(5)受习惯性思维定势的影响。习惯性思维定式是影响认识正确性的一个重要原因。日常工作中一些缺乏工作经验的民警在分析危险犯时，将他们说得一无是处，予以全盘否定，认为没有可塑性，这就是思维定势的影响。有的同志认为多次违规的是危险犯，没有违规行为的不能定为危险犯等。

三、罪犯危险性分析的方法——基于经验式的展开

(一)罪犯自身特征分析法

在摸排危险犯过程中，监狱民警需要对罪犯自身特征进行详细的分析，评估其可能实施狱内违规犯罪的危险性高低。首先把握罪犯的基本情况以及罪犯的成长

[1] 李积程：“关于狱内重大危险罪犯控制管理的思考”，载《中国监狱学刊》2006年第3期。

史、犯罪史等表面特征，在此基础上，应进一步掌握危险犯的性格特点和行为特点；随后再深入罪犯的内心世界，对其思想和心理特点作深入的分析。通过这样层层深入，一个完整的轮廓就会出现在眼前。

1. 罪犯个体特征分析需要掌握的材料

（1）基本情况：罪犯的基本案由、刑期、年龄、文化、捕前职业、婚姻状况、家庭住址、家庭成员等。

（2）“三史”：包括他的成长史、犯罪史，改造史。罪犯的全部经历情况，尽可能地都了解到，比如说犯罪史，罪犯什么时候开始犯罪，第一次犯罪年龄是多少，首次犯罪年龄越小的人恶习越深。犯罪时间、犯罪原因、犯罪类别、犯罪手段、犯罪后果等情况掌握，要了解罪犯犯罪时是累犯还是初犯，是单独犯罪还是团伙犯罪，多次犯罪的犯罪之间的频率是多少，这些能表明罪犯的主观恶性和人身危险程度。改造史，过去的改造表现和现在的改造表现，刑满释放以后有多长时间又犯罪等。

（3）本次改造的情况包括认罪服判情况、改造信心、性格类型、人际关系、影响改造的心理。比如，罪犯认罪服判态度，该犯是否认罪服判，有无认为轻罪重判、无罪错判、有错无罪的现象，在改造中是否会申诉、缠诉，是无心改造还是改造、申诉两不误。改造信心就是根据个人的认罪态度、悔改意识、入监表现、家庭状况、个人身体状况、文化素养、就业谋生能力、特长爱好等情况判定罪犯是积极改造型、“破罐子破摔”型还是顽抗到底型。性格就是根据罪犯个人在服刑期间的言行举止、为人处世的表现判定罪犯是内向型、外向型还是中性型。人际关系是罪犯与民警、家庭、其他罪犯关系怎么样。同时要了解罪犯多方面的能力，包括罪犯的认识能力、控制能力、学习能力、劳动能力、生活能力、抗挫折的承受能力。

（4）家庭情况和社会关系。多渠道核实罪犯的家庭成员、社会关系是否真实可靠，从中分析出家庭状况、背景如何，社会关系是否复杂，家庭成员及主要的亲属是否对该犯关心和照顾，有无父母离异现象，该犯是否关心或仇视家庭，以及在家庭中的地位和作用。投入改造以后是否牵挂和关心家庭，家庭成员和亲属对其犯罪是否能谅解，亲情关系能否延续，是否能帮助和支持其渡过改造难关，亲情规劝对该犯的作用如何，是属于顾虑家庭型还是仇视家庭型。

（5）心理和生理状况。心理特征即罪犯的意志、情感、意识、需要、动机、性格等，从心理的角度去分析，抓住其本质特征。比如，对罪犯进行心理测试，就是根据心理测试的量表进行分析，它是一项技术含量较高的工作，是研究罪犯心理的一个重要方法和作出管理决策的依据。通过测试分析罪犯的人格,着重内外向、情绪稳定性、同众性、冲动性、攻击性、报复性、信任感、同情心、自信心、焦虑感、聪慧性、心理变态、犯罪思维模式13项内容。生理状况也不能忽视:罪犯的生理状况,与犯罪的原因、与改造有重要关系,不能忽视。

(6)罪犯的认罪态度。由于受罪犯文化水平、认知能力、犯罪意识、个性特点、生活环境及犯罪恶习程度等多种因素的影响,其认罪程度、改造态度也各不相同,可简要地归纳为:一是积极改造类,即能够认罪服法、接受惩罚、听管服教、参加生产和自我改造,并积极配合监狱和民警做好对其他罪犯的监管改造工作;二是消极改造类,即对罪行认识不够深刻,但不违规抗改,只是消极服刑,拖混刑期,得过且过;三是投机改造类,劳动改造和思想改造都不积极,平时想方设法拉关系,找门路,妄图以金钱等非法手段拉拢腐蚀监管民警,达到减轻刑罚的目的;四是反改造类,即拒不接受监狱机关的惩罚和改造,以公开或隐蔽的方式,积极实施违规抗改活动,待机制造狱内案件,逃避刑罚处罚。

(7)服刑期间的言行表现。罪犯在改造过程中的言行表现是罪犯思想活动的外在反映,深入观察、了解、掌握罪犯群体和个体在不同时期、不同场合的言行表现是做好狱情分析工作的基础,也是监狱管理经常性、基础性的工作内容。

(8)罪犯思想倾向。罪犯思想倾向指狱内外各种因素对罪犯改造的影响导致罪犯思想和行为发生的短期变化,其诱发因素主要有:①国内外重大事件,如澳门回归、新中国成立五十周年、工人下岗等;②政策法律的重大变化,如《刑法》、《刑事诉讼法》的修改;③狱政管理制度和罪犯管理模式的变化,如罪犯班组长的撤销、分级处理的实施等;④刑事、行政奖罚的兑现与否,执法工作是否做到了“公开、公正、公平”;⑤“牢头狱霸”现象的出现;⑥劳动强度的增减;⑦生活困难或生病得不到及时有效的治疗;⑧民警不严格依法管理,有打骂、体罚、虐待行为;⑨罪犯家庭的重大变故,如夫妻离婚、子女无人照看等;⑩罪犯情绪的其他突发性的变化。

上述这些都是基础的、原始的材料,关键是分析综合,要把历史的与现实的、主观的与客观的、生理的与心理的、思想的与行为的,等等,综合起来加以分析。然后重点找出几个问题,如犯罪原因、恶习深浅、改造的难易程度、矫治的重点、改造的有利因素和不利因素。对这些情况要掌握、了解、分析、综合之后找到问题,了解病因,掌握病情,认识症状,找准病灶。

2. 通过罪犯“历史”认识罪犯危险性

认识罪犯的危险，首先要了解罪犯成长和犯罪的历程及犯罪心理。分析罪犯的成长史、犯罪史能够使监狱民警更好的认识罪犯，为改造罪犯和维护监狱安全提供依据。例如，某监狱管理局把下列历史作为对罪犯危险性认识的重点：

- 曾有犯罪史或者前科的；
- 成长环境中缺少亲情关爱的；
- 无家人或家人、亲属长期无联系的；
- 长期流窜、居无定所的；
- 案情复杂、作案手段凶残的；
- 暴力犯；
- 刑期为15年以上的；
- 涉黑、涉暴、涉毒犯罪的；
- 有吸毒史的；
- 有同性恋史的。

关于一个人为什么犯罪，他的成长和犯罪的历史中有哪些表现特征呢？

(1)关于犯罪人分类和成长史、犯罪史的表现

犯罪心理学家认为：在犯罪人的群体中，多数犯罪人属于人格正常的人，导致他们犯罪的心理问题是现实生活中的某些不良刺激，他们出现犯罪应属于对不良刺激作出的犯罪反应。他们在犯罪人群中占有较大的比例。在犯罪人群中居少数的群体是具有人格问题的犯罪人，他们的犯罪原因已经不在于有无特殊的事件刺激引发，而是在于其自身已经出现的一种犯罪人格倾向，他们的存在和生活就是与犯罪为伍，以犯罪为生。[1]

犯罪人可分为两大类：具有危险人格的犯罪人和有危险心结的犯罪人。危险人格是指因人格问题而导致其对他人或社会具有重复威胁或持续危害的一种人格心理现象。危险心结是指因心理创伤而致的心结使其出现了令人意外的犯罪行为现象。这两类人在犯罪人总数中的比例大致是4∶6。在危险人格类型中，又可划分为两种情况：一种是具有遗传或生理背景而出现的人格危险倾向；另一种则是具有后天社会化缺陷而出现的人格危险倾向。(见下图)

---

〔1〕 李玫瑾：《犯罪心理研究》，中国人民公安大学出版社2010年版，第15页。

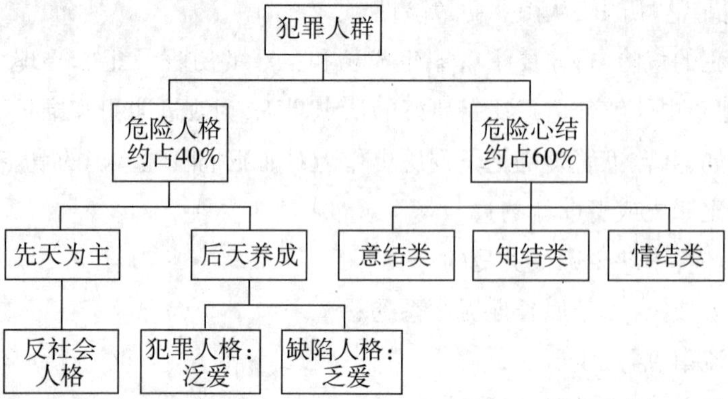

①危险人格。危险人格可分为先天禀赋为主的危险人格,即“没有理由就出现问题的类型”;还有后天养成为主的危险人格,即“有理由并有形成过程的类型”。前者是生物学意义的危险人格,后者是社会学意义的危险人格。

其一,先天禀赋为主的危险人格,即反社会人格。反社会人格是一种早年即开始表现人格障碍,这是一种带有先天因素或与生理问题有关的一类人格,他们早年出现心理或行为上的问题时就具有顽劣特点。他们往往生活在较为正常的家庭中,其父母没有明显的异常或行为劣迹。这类犯罪人缺乏自然情感力,但他们能够正常地认识,甚至在很多方面表现得很聪明。犯罪学家称这类人为道德白痴不可教化,他们不在乎法律,不在乎惩罚,只有自己的欲望。这类犯罪人在策划犯罪后只会因故暂缓犯罪计划,但他们永远不会停止其犯罪行为,其重复犯罪具有必然的特点。

其二,后天养成为主的危险人格,包括犯罪人格和缺陷人格。

犯罪人格是在基本社会化过程中未成年个体因生活所迫而以不择手段方式生存过程中形成的一种异常人格现象。他们在童年期有较为正常的心理表现,其犯罪行为大多数有着明显的后天社会化障碍形成。他们长期生活在一个违法或与犯罪息息相关的环境中,一种情况是幼年生活在一个残缺的家庭抚养环境中,不得不过早地自我解决生存问题,并不得不采取不择手段的方式进行。另一种情况是由于社会化缺失导致这类人中一部分人在未成年时便出现较为严重的违法或犯罪行为,于是他们在 18 岁前常常与拘留所或监狱的生活为伴,这种长时间的负面生活经历或背景也可以让他们出现犯罪人格并令这种人格问题趋于稳定难以改变。

缺陷人格是指由于人格形成时期抚养方式过分宠溺而造成的人格方面的严重

缺陷，致使其成年后出现持久性的社会适应障碍与行为问题。他们有一个健全的家庭和生活环境，导致他们人格有缺陷的原因在于他们从出生至成年一直生活在被抚养人过度宠溺的背景下，这种宠溺抚养最容易造成认得观念和性格的终身缺憾。在宠溺背景下成长的人大多不善劳作，从小习惯于被人照顾，独立性差，逃避学习，甚至游手好闲、懒散且弱能。由于家长养而不教，他们没有是非观念，缺乏观念的自我指导性与约束性的力量，因此他们一旦出现违法犯罪行为往往不会自动停止，具有惯犯的特征。这类犯罪人善于欺骗与表演。

②危险心结。危险心结是人在心理历程中经历了某种外部刺激而形成的心理创伤和由此发生的执著于心理创伤的扣结，形成心理发展的抑制、偏执、结滞状态，因而出现异于他本人常态的行为表现，甚至是犯罪行为。有危险心结引起的犯罪行为大多具有如下特点：作案人的心智和社会性一直表现正常；成长与生活背景也相对稳定；情感活动表达正常甚至较为丰富；他们大多具有道德感和知罪能力；犯罪多具有令人意外性，有的伴有严重暴力性或变态性。

(2)关注的罪犯历史：脱逃史、自杀史、精神病史、吸毒史、同性恋史

①脱逃史

脱逃史是罪犯在以往的羁押状态中曾经出现过脱逃行为的现象。具有这种犯罪史的罪犯相对其他罪犯，一是有脱逃的犯罪体验和经验，二是容易产生脱逃的动机。

某监狱罪犯孙某从1983年至1995年的12年间，脱逃和预谋脱逃共计十次，脱逃季节多为下半年。脱逃方式多为先在狱内或狱外某处藏匿，再行二次脱逃。其脱逃行为带有明显的习惯性。孙犯，男，1962年生，农民。1977年因盗窃财物被强迫劳动，其间多次脱逃；1979年因盗窃罪被判有期徒刑3年，2年后刑满释放，在回家途中行窃，当年9月因盗窃罪被判有期徒刑5年；1983年11月脱逃，途中行窃被判处有期徒刑15年，数罪并罚决定执行有期徒刑20年；1984年11月因脱逃被判处有期刑3年，数罪并罚决定执行有期徒刑20年；1992年及1995年脱逃两次，均被及时抓获。孙犯在强制劳动及服刑期间脱逃及预谋脱逃达十余次，孙犯谈到，即使在他戴上手铐脚镣被严格看管的时候，也会想象脱逃能产生愉快的感受。这可称之为“脱逃妄想”，是一种病态体验。这种“脱逃妄想”及其欣快感在其大脑中经过了无数次的强化，已经根深蒂固，类似于吸毒者的体验。

②自杀史

自杀史是罪犯在自己的人生经历中曾经自杀过或出现自杀表现的。罪犯的自杀心理,在发展阶段得到控制以后,在一段时期内,可能表现为思想平稳而真的不想死了。但是,人的自杀心理和意念有时是比较顽固的,往往会长期隐伏在人的潜意识之中。在遇到新的矛盾刺激时,会重新被激发起来,出现自杀心理的多次反复。其中时间最长的自杀心理反复,可以长达数年或十数年之久。罪犯在此期间,自杀心理非常复杂,思想斗争时起时伏,行动上犹豫彷徨,对各种外界刺激非常敏感。当罪犯处于较好的环境条件的正面刺激下,自杀心理会有所缓解;当罪犯处于不良环境条件的负面刺激下,自杀心理又会死灰复燃。罪犯一旦发展为最终的心理绝望,其自杀心理和决意往往会十分坚决,会比自杀决意初期的防范难度更大,其自杀危险防不胜防。

纵火犯张某,入狱后,曾经因婚姻家庭问题纠纷,导致心理绝望,于1998年9月28日发生过上吊自杀行为。被及时发现并抢救脱险后,经过民警的反复教育和帮助后一段时间内思想改造比较平稳。但是,时隔一年之后,到了1999年9月,该犯又因患前列腺病,而出现新的心理危机,由于多次转诊治疗效果不明显,导致该犯自杀意念的再次反复,自杀心理进一步强化,由于主管民警对其情况掌握较少思想上未能及时警觉,防范工作不到位,最终未能避免该犯自杀死亡事故的发生。

③精神病史

近年来,监狱具有精神病史的罪犯日益增加,给监狱的监管安全带来很大的难题。精神病犯是违法违纪的高发群体。据统计,在这类罪犯中,曾发生过袭警、伤害他犯、冲监、绝食、自伤自残、调戏护士以及其他妨碍民警正常工作的事故。此类罪犯占在押精神病犯总数的52%。[1] 这些违法违纪情况严重危害了监管安全。据统计,在押精神病犯中,有的在人民法院刑事判决中确认为“限制刑事责任能力”,有的入监前病情较轻,投入服刑改造后病情加重,服刑期间发现精神异常,经司法鉴定为精神病。这一类型精神病犯,对监管安全的危害是最大的。他们在发病初期,都发生过伤害其他罪犯、攻击民警、严重违纪等行为。值得指出的是,狱内发病现象会造成患精神疾病罪犯的家属对监狱的误解。家属往往认为罪犯入监时候是正常的,为什么服刑后会变成精神病,产生罪犯被监狱关押成精神病的误解,

[1] 蔡卫国、王少华:“精神病犯集中管理的问题与思考”,载《中国监狱学刊》2009年第6期。

从而使监狱不得不花费大量的精力和时间做解释工作。精神病犯监管安全问题主要如下：

一是行凶、自杀、自伤自残问题突出，防不胜防。精神病犯性格孤僻、怪异，不发病时少言寡语，反应迟钝，有的和正常人也没有什么明显区别，但往往是突然发病，一旦发病又常常情绪暴躁，行为失控，且多数人暴力、自杀倾向突出，很难约束。并且由于个体的病情、病因不同，发病又很难有规律可循，因此极易发生不可预测的事故。有的即使发病，在看护治疗过程中也防不胜防，还有的精神病犯利用玻璃等各种获得的利器自伤自残。

二是管理、改造难度大，安全隐患突出。尽管精神病犯的数量和所占比例不大，但牵扯监区和民警的精力却是巨大的。因为精神病犯大部分时间思维混乱、情绪时好时坏，无法参加监狱正常的生活、学习和劳动活动，民警的个别谈话教育和思想沟通根本无法进行，教育改造事实上无法实施。为了防止出现意外，监狱必须对其加强管理和控制，最多的时候，一名精神病犯要安排 8 名罪犯 24 小时轮班看护。并且，由于监狱民警缺乏管理精神疾病类罪犯的专业知识和经验，管教工作的针对性不强，效果不好。因此，即使监狱采取了严格的监管措施，也极易发生监管安全事故。

三是精神病犯自伤和伤人，罪犯及家属法律观念、维权意识越来越强，投诉增加，监狱、管教民警及看护人员的风险、责任加大。许多精神病犯即使在没有发病的情况下，也常常表现为睡觉时突然猛蹬腿、踹床、惊叫、撞头等不自觉的行为，为此也常常造成身体的外伤。精神病犯的自伤和伤人事件，罪犯及家属往往出于种种目的或原因追究监狱、监狱民警的责任，有的到处告状、上访，有的直接提出天价的经济赔偿。[1]

④吸毒史

一些吸毒罪犯，家庭、社会责任意识差，臭味相投，经常聚集在一起，吹嘘谈论各自在社会上的吸毒经过，交流吸毒体验；有的罪犯甚至公开承认“毒瘾易戒，心瘾难除”，时常萌发复吸的意念，因而重吸的可能性较大。近几年来，监狱系统破获的多起在押罪犯与社会人员或亲属相互勾结的吸毒贩毒案件，绝大多数由吸毒罪犯所为。

---

〔1〕 张向鲁：“对监狱收押精神病犯问题的调查与思考”，载《中国监狱学刊》2009 年第 1 期。

2010年11月中旬,郝某在某监狱服刑期间,通过同监区服刑人员宋某联系到狱外安徽籍贩毒人员段某,郝某和段某在电话中商定:段某以每克750元的价格卖给郝某毒品和底料各一包。段某负责将毒品运送至洛阳火车站,由郝某负责联系接收。郝某指使其女友田某向段某提供的账户上汇款5000元,并到火车站北出口和段某接头,收到藏有毒品和底料各一包的鞋、袜等生活用品。随后,田某将装有毒品的两个塑料袋藏于其购买的烧鸡肚内,连同其他生活物品放在监狱附近的超市内,并告知了郝某。2010年12月中旬的一天下午,郝某找到监区值班警察王某,谎称女友为自己过生日送了点生活用品,放在超市内,请求王某帮忙带进监区。王某遂出狱将烧鸡和其他生活物品放到运送外加工原料的货车上带进监狱交与郝某。郝某拿到毒品后,将毒品分装为50多个小包,分别以每包50至100元的价格通过现金交易、交换香烟以及让罪犯家属往田某银行卡上汇钱等方式卖给了5名服刑人员吸食。2010年12月31日,监狱狱内侦查科从在押罪犯张某身上查获可疑白纸包棕色粉末两小包。经鉴定,其中含有海洛因成分。紧接着,2011年1月5日,郝某因涉嫌贩卖毒品罪被隔离审查。2011年1月12日,宋某因涉嫌贩卖毒品被隔离审查。2011年1月22日,田某因涉嫌贩卖、运输毒品罪被刑事拘留,同年2月28日被依法逮捕。[1]

⑤同性恋史

同性恋史的罪犯容易在狱内陷入同性恋的情感,一旦狱内同性恋犯人情感危机发生,后果非常严重。一方面,罪犯生理上的不正常需求以及心理上的依赖支配着罪犯实施同性恋行为;另一方面,道德的谴责、监规纪律的束缚及违规后的惩罚迫使其要放弃同性恋行为,使同性恋罪犯陷入深深的矛盾之中不能自拔。他们有的采用自伤自残的行为发泄、解脱;有的是怀着侥幸心理,铤而走险;有的是我行我素,这都威胁着监狱监管安全和监管秩序。

某女子监狱有一名罪犯高某某(抢劫,8年),该犯自小父母离异,在社会上浪荡,捕前就有同性恋行为,自己也总是认为不光彩,但自我意志又控制不了,屡教屡犯,只要一有比较“中意”的罪犯,就想方设法靠近。该犯为此没有少受批评,自己也在手臂上写了大大的“忍”字,但就是“忍”不住,虽对其多次进行心理疏导,但效果不大。到性情上来,甚至有减刑的机会都不考虑。

---

〔1〕 扬州晚报:“毒品藏烧鸡内带进监狱”,载 http://www.yznews.com.cn/yzwb/html/2011-11/16/content_332942.ht,2011-11-16。

3. 关于罪犯罪名、假身份等自身特征认识

（1）“三涉”罪犯

“三涉”罪犯，即涉枪、涉毒、涉黑罪犯，这些罪犯多有抢劫、绑架、伤害等违法犯罪行为，且作案手段残忍，心狠手辣，人身危险性很大。入狱后，他们一般认罪态度较差，改造意识淡薄，不深刻反省过去的罪恶，对监狱的管理和生活充满敌对情绪，甚至在狱内寻衅滋事，以暴力手段谋求在罪犯中的势力范围。当他们在改造中出现波折，如环境不适应、监狱人际关系激化、同伙被抓、败露、家庭关系变故、恶习萌发、逃避惩罚心理强化等，就极易铤而走险，实施脱逃、行凶、闹监、破坏等严重危害监管安全的行为，引发恶性事故，甚至逃出监狱后疯狂报复社会。

“三涉”罪犯在社会上好逸恶劳，巧取豪夺，花天酒地，形成了自己的一套生活分析学，这种本性在投入改造后短期内是难以消除的。入狱后，他们无时不在向往、回味过去的生活方式，有的罪犯依仗较好的经济条件和较广的社会关系，账面汇款源源不断，吸好烟、吃好菜、用高档生活用品，俨然成了特殊罪犯。这些罪犯人际关系复杂，投机心理较强，特别是涉黑罪犯对监管人员具有极大的腐蚀力。监狱中的极个别意志薄弱者，有的也成为“三涉”罪犯“糖弹”枪口下的牺牲品。某监狱一名涉毒罪犯，利用各种手段拉拢监狱工作人员，致使罪犯及亲属与监狱一名工作人员内外勾结将毒品带入狱内，罪犯除自己吸食外，还贩卖给数名罪犯，造成极坏影响。“三涉”罪犯帮派思想严重，拉帮结伙，称王称霸，纠结性与团伙性很强。

对于“三涉”罪犯在严格、准确甄别的基础上，实行“异地服刑、集中关押、分别管理”的方法。这些罪犯原则上不得在本人所在地的市级行政区域以内的监狱服刑，采取异地远距离关押的办法。监狱内，要把“三涉”罪犯关押在封闭管理程度高的监区，确定在劳动流动性小的岗位，并将这类罪犯与其他犯罪性质的罪犯适度组合、交叉，分散于各监区管理。鉴于这类罪犯的社会关系复杂，恶性较深，人身危险性大，纠合性强，发生重新犯罪的可能性较高，必须严密监控，强化管理，预防重大特大案件发生。尤其是对“三涉”罪犯的主犯，应设置耳目秘密监控，随时掌握深层次思想动态，坚决打击各种严重违规活动和重新犯罪行为。要针对“三涉”罪犯的反改造特点，完善突发事件的处置预案，做到处惊不变，临阵不乱。要堵源截流，严控毒品流入狱内的各种渠道。对涉黑首犯、主犯投入监狱服刑，防止狱内重大团伙的形成。对关押“三涉”罪犯的监区，要强化值班力量，落实民警直接管理，重点防

止其与社会黑恶势力内外勾结,防止在狱内纠合团伙,防止拉拢腐蚀民警。[1]

(2)“三假”罪犯

“三假”罪犯,是指假姓名、假身份、假地址的罪犯。随着社会改革不断推动,城市化进程不断推进,城市流动人口不断增加,城市打工、暂住和流动人口的犯罪,监狱中的外省籍押犯呈不断上升趋势,对于这一部分罪犯,公安机关、检察院和法院在办案过程中,因受人力、物力以及法律程序规定时限的制约,难以及时查清犯罪人真实姓名。这类罪犯到监狱后,即成为在押罪犯中不稳定的因素,成为监狱管理防范、教育改造等刑罚执行工作的重点和难点。

目前监狱“三假”罪犯绝大部分是外省籍人员,有的来自偏远山区,有的来自少数民族,还有一部分是外国籍犯,因生活环境、文化环境和成长经历不同,他们身上呈现出了不同的犯罪心态和行为特征及个性心理,使监狱的狱情更加复杂。这些罪犯有慑于家乡、单位舆论或某种利害关系,怕被人知道入狱的;有故意假冒仇家姓名,损害仇人声誉,以达到报复的目的;还有的是特案、要案、重案的知情人,躲避追捕、讨债、索命或追杀等;长期的外地谋生生活及复杂环境的诱惑污熏,滋生了其隐蔽的习惯及伎俩,罪犯本身的行为就具有故意隐瞒、欺骗性,因此他们送至监狱后这种行为依存。“三假”罪犯经历了公安机关的调查、检察机关的起诉和人民法院的判决,到监狱与同类人相处,对其个人身份的真伪多是不以为然。由于没有踏实改造作基础,“三假”罪犯往往把精力放在研究民警行为习惯和爱好上,有阿谀奉承、找理由与民警拉关系的,有搬弄是非、耍改造两面派的,有我行我素、不断制造麻烦的,企图从中寻求突破。由于“三假”罪犯真实身份尚未认定,监狱在甄别“三假”罪犯的真实身份、住址时,往往受人力、物力等方面因素制约,容易受蒙蔽把“三假”罪犯当做真实姓名罪犯。监狱不能准确了解罪犯的相关信息情况,对罪犯的家庭关系、学历、年龄不了解,成为监狱安全稳定的“定时炸弹”,什么时间爆发,把握不准,于是成为了监管安全的隐患。有些罪犯三假的幕后真相:累犯、多次判刑等前科的,或有余罪、漏罪,或负重案、特大案件在身,顾忌案发的。

“三假”罪犯致使监狱的管理较为被动。首先,监狱无法掌握其真实的家庭关系等在外的情况,使监狱在开展亲情帮教、个别教育、狱情分析等活动时无从入手;其次,“三假”罪犯给监狱的监管改造安全和稳定带来隐患。近几年来,狱内“三

[1] 张峰:“涉黑涉毒涉枪罪犯的特征及监管改造对策”,载《河南司法警官职业学院学报》2004年第2期。

假”罪犯呈逐年增多的趋势，他们对监狱安全稳定造成了潜在的破坏性和威胁性，给监狱的安全稳定带来了很大隐患；最后，监狱对“三假”罪犯身份的核实和侦查投入不够。监狱目前对罪犯身份的核查主要由狱政管理、狱内侦查部门负责发函、联系及核实，罪犯来自不同地区，因此，公安部门的回函率也比较低。目前监狱还没有相应的经费和警力进行实地核实，侦查科等业务部门也没有相关的专业人才进行身份认证，致使此项工作跟踪不到位。

2011 年，某监狱按照省局统一部署，对全狱罪犯进行余漏罪排查。在排查中发现新入监罪犯刘某某有重大“三假”嫌疑。省局狱侦处得到报告后，立即与地方公安机关取得联系，通过对刘某某的突审，确定了刘某某系隐瞒身份的“三假”罪犯，有重大余漏罪行。鉴于此，监狱决定对刘犯隔离审查，继续深挖，经过侦查民警进一步审讯，该犯交代了真实姓名为“吴某某”，同时在强大的政策攻心和血型、指纹、DNA 等特征比对的证据面前，交代了其 1990 年因抢劫、盗窃入狱后，不思悔改，在服刑期间脱逃的犯罪事实，以及脱逃后流窜新疆，使用假身份伙同他人贩卖假币，获赃款 19 万余元的犯罪事实。在掌握刘犯余漏罪行的基本事实后，省局狱侦处及时联系新疆警方，联手制定了全面细致的审讯提押方案，一方面监狱继续对刘犯严密监控并教育疏导，另一方面新疆警方在刘犯原服刑监狱的大力协助下在其脱逃、作案的地点大量取证，力争侦破其全部余漏罪行。经长时间周密准备，2012 年 4 月，新疆警方会同监狱侦查部门，联手对刘犯进行了审讯。在无可辩驳的事实面前，刘犯坦白交代了脱逃后隐瞒身份，在脱逃期间的大量犯罪事实。至此，被刘某某精心掩盖的真实身份和犯罪事实在两地警方协同作战下，终于告破。

（3）“三无”罪犯

“三无”罪犯，即常年无人会见、无包裹汇款、无通信来往的罪犯。这些罪犯改造是监狱监管改造工作的一个难点。这些人部分为省外罪犯，因离家较远或其他原因，家人未及时帮教交流，缺乏亲人的关爱，在节日期间思乡思亲情绪特别强烈，如不加强教育引导，轻则情绪低落，重则违规违纪，影响监管安全稳定。

针对“三无”罪犯缺少亲人关怀、改造情绪低落等问题，监狱实施包联以及监狱领导和科室民警在会见日、节庆日谈话的教育方式，加大了对“三无”罪犯的教育改造力度。一方面每月会见日、节庆日，包联领导、包联科室男民警深入包联分监区，采取个别谈话、教育大会、座谈会等形式对三无罪犯进行教育疏导；另一方面是对思想压力较大，问题较为突出的罪犯进行一对一的谈话教育。同时对于那些因多次犯罪而被家人放弃的“三无”罪犯，监狱应采取与当地政府联系、与家属沟通、罪犯书写悔过书等方式，多方协调，化解罪犯与亲属之间的矛盾，邀请罪犯家属来监会见。

4. 关于罪犯自身作案能力的分析

作案能力，是罪犯本身所具有的各种作案的技能，作案能力又分为一般作案能力和特殊作案能力。一般作案能力，是正常人一般具有的各种能力。特殊作案能力，是满足一些特殊案件需要的能力。如会电工、开锁、开车等。也有的罪犯在动机形成后，为了使自己具备作案能力，而进行各种准备，学习和提高自己某一方面的能力。某监狱在一次安全排查中民警在监狱一摩配车间罪犯孙某（男，22 岁，诈骗罪）座下搜出带勾各型钢锯片四把。将其关押禁闭两天后，其交代这是为其脱逃准备的万能开锁工具，制作的方法是其以一条红梅烟的条件向罪犯王某学的。分析特殊的作案能力时要注意以下几点：第一，对于具有特殊作案能力的罪犯要时刻注意，列为防范的重点对象。第二，及时发现罪犯为提高和掌握作案能力而作出的各种举动。第三，不能认为罪犯没有特殊作案能力，而将其排斥在危险分子之外，忽视一般作案能力，也会影响排查危险分子工作的准确性。

下列罪犯应加以关注：具有攀爬、武术和驾驶、开锁、扒窃等技能的，以及军人、特警等特殊工作岗位经历的。有的省份的监狱要求把凡从事过军人或警察职业的，具有高空作业和攀登、攀爬技能的，从事过体育专业训练的，会武术、杂技等特殊技能的，从事爆破、修锁、化学制剂等职业的，具有配置炸药、配置特殊药品、开锁等特殊技术的人。

2012 年 9 月 11 日早晨 6 时左右，河北省某监狱在押犯人王某逃脱。据介绍，王某，男性，因犯盗窃罪于 2010 年 6 月归案，于 2011 年 1 月被判有期徒刑 10 年。入狱前曾在酒泉卫星发射基地当特种兵 5 年。9 月 11 日凌晨，在监狱二监区服刑的王某，打开铁锁，穿过电网，从西南角翻墙而出，消失在大雾里。监狱狱侦科科长告诉记者，值班狱警并未参与协助王某开锁，而是在睡觉。王某从铁栅栏门里面伸出胳膊，可以够得到铁锁，进而用工具将铁锁打开，逃出了监区。经过警方共同作战，经过 14 天的艰苦工作，越狱逃犯王某在其原籍被抓获归案。

5. 罪犯自身需要不正常满足引发的危险

罪犯的需要，是动机产生的基础。罪犯的需要可以分为生理上的和社会需要两个部分。在生理需要方面，主要是指衣、食、性等方面的需要。在社会需要方面，主要是指自尊、爱、理解的需要等。监狱实际工作中，罪犯的上述需要在得不到满足时，则可能采取犯罪行为。例如，罪犯王某（男，36 岁，强奸罪）为了满足其性需求，于 2005 年 6 月多次强迫罪犯吴某发生同性相奸行为，吴某有不从就招殴打。由此可见罪犯的生理需要对其产生作案动机影响极大。罪犯服刑期间同样有与他人交往方面的需要，有自尊、爱、理解的需要。当罪犯感觉到处处受到其他罪犯的排挤、冷落、受到监狱管理人员的训斥，家庭成员的冷落等，罪犯的社会性需要得不到满足，则也可能产生各种违法甚至犯罪的想法。罪犯的需求包括：

（1）渴望早日获得自由的需求。其实现途径主要有：①正常的刑满释放；②因积极改造而获得政府的减刑、假释的法律奖励；③因病保外就医；④非法脱逃越狱。第 1 种途径对调动罪犯改造积极性的作用不大。第 2 种途径对有减刑希望的罪犯有很强的吸引力。为此，监狱机关要建立系统、科学的评价方法和制度，把罪犯平时改造的一言一行和实现这一需求途径的可能性结合起来，最大限度地调动罪犯的改造积极性。第 3 种途径要防止少数罪犯通过自伤自残、装病等非法手段来实现。第 4 种途径是监狱机关消耗大量的人力、物力、财力来防止并控制的途径。究竟有多少罪犯想通过或能通过这一途径实现获得自由的需求？如何防止和控制罪犯脱逃途径的实现？这是监狱机关的工作重点。

（2）保障人身安全的需求。其实现途径主要有：①监狱机关、监狱民警的保护。如监狱对罪犯提供的衣、食、住、医的安排；民警不打骂、体罚罪犯；民警制止罪犯相互打斗；严防生产事故对罪犯的伤害等。②罪犯自我保护。监狱民警要教育和帮助罪犯提高和增强自我保护意识，包括改变不良生活习惯、遵守安全操作规程、避免和他犯之间不健康的交往等方面。③罪犯寻求他犯的保护。这方面，民警要进行教育，引导和控制，以防止罪犯中自发形成小团体和牢头狱霸。

（3）和家庭、亲人交往的需求。其实现途径有：①接见；②亲情共餐；③亲情电话；④离监探亲等。监狱机关要对罪犯妥善实施分级处遇，为不同等级的罪犯提供上述四种实现与家庭、亲人交往需求的途径，以有效地调动罪犯的改造积极性。

（4）与政法机关、监狱机关及监狱民警进行思想交流的需求。其实现途径有：①信件；②思想汇报；③监狱及民警定期对罪犯进行个别谈话，或对罪犯进行集中教育等；④部分监狱实行的罪犯点警约谈制度等。实现这一需求可以帮助监狱机关、监狱民警了解罪犯的改造状况、思想动态，帮助罪犯了解民警、监狱对罪犯改造的要求，对稳定罪犯思想，帮助罪犯明确改造方向，增强改造动力有明显的效果。

(5)学文化、法律、技术的需求。其实现途径有:①监狱机关开展三课教育;②罪犯自学;③师傅传授。罪犯实现这一需求,可以提高其素养和回归社会后适应社会的能力,降低重新犯罪率。

(6)了解社会发展的需求。其实现途径有:①阅读报纸、书籍;②收看电视新闻;③社会团体到监狱机关进行专题教育;④组织罪犯外出参观等。满足罪犯的这一需求可以激发罪犯早日回归社会的渴望,增强其社会责任感,有效地调动其改造积极性。

(7)获取劳动报酬的需求。实现这一需求可以有效地调动罪犯的劳动积极性,特别是可能促进短刑期罪犯改造,有利于监管秩序的稳定。

在排查危险犯的工作中,一方面要研究罪犯感觉到哪些需要没有得到满足,这个问题很重要。在同样的条件下,由于罪犯个性、经历、观念的不同,有的罪犯没有不满足的感觉,而有的罪犯则可能感觉不满足。例如,同样的伙食条件,有的罪犯感到吃得很好,有的罪犯感到吃得很不好。因此,研究罪犯的需要结构,必须从罪犯个体的实际情况出发,具体问题具体分析。

另一方面还要研究罪犯为满足这些没有得到满足的需要时,必然要采取相应的方法和手段,但这些手段和方法并不一定就是违法或者犯罪手段。有的罪犯可能采取合法的、正确的手段来满足自己的需要,如在不满足监所伙食的时候,通过调整自己预期目标的方式即降低自己的需要标准来消除自己的不满,或者通过正当的渠道反映自己的意见,使伙食得到改善等。只有那些试图采取违法甚至犯罪手段来满足自己需要的罪犯,才是危险犯,才是监狱安全防范的对象。因此,在研究罪犯的需要结构时,必须研究罪犯为满足需要而可能采取的方法和手段。

在监狱工作中,对罪犯的需要结构及满足需要的方法的研究,可以采用观察、分析等多种方法。罪犯的需要结构出现问题时,罪犯的不满必然通过一定的方式表现出来,就是通常讲的罪犯有一些不满的情绪。这些不满情绪可以通过分析罪犯的言行来察觉。当察觉到罪犯的不满情绪时,除了要通过适时的教育改造工作努力化解之外,监狱民警还应当保持高度的警觉,继续观察和分析这些罪犯可能采取的行动,对于其中可能采取犯罪行为的,应列为危险犯来加以控制。对于没有危险性的罪犯不满情绪,则要通过个别教育等方式加以解决。

(二)罪犯危险性的行为分析法

1. 疑点迹象分析

罪犯在谋划犯罪过程中,或多或少地都会表露出各种犯罪迹象,如准备犯罪工具、制造犯罪条件等。这些犯罪迹象为监狱排查危险犯提供了分析的资料。监狱民警要善于动态的分析罪犯的各种活动迹象,对可疑罪犯表现的细节引起高度的重视,发现异常之处,及时寻找问题根源。实践中,常通过以下迹象分析:

(1)有以下情形之一的,可确定为重大脱逃危险分子:有脱逃或组织脱逃迹象的;有意打听周边地形、交通的;私藏现金、证件;着装异常;有意摆脱监管;有窥测、探索地形地物行为的;出收工队列中经常东张西望,或掉在队列后面、行为异常的;留恋狱外生活,表示对监狱生活不满或有脱逃言语流露的;私藏铁钩、绳索、锯条、刀片、便服等违禁品,或故意擦洗囚服标志的;捕前系流窜犯罪、惯犯或在审查、拘押、服刑、劳教期间曾有脱逃经历,现仍被列为危险分子的;曾发生躲藏或预谋脱逃的;脱逃活动被揭露后,思想抵触,仍有继续脱逃可能的;有其他脱逃迹象的。

(2)有下列表现之一的,可确定为重大自杀危险分子:行动上准备自杀工具、药品、遗书等物品的;感情脆弱、流露悲观言论,或有较强悲观厌世心理的;病残严重、久治不愈或长期受到病痛折磨,失去生活信心的;家庭发生变故或因婚姻、感情等问题思想压力大,失去生活勇气的;有重大余罪,或服刑期间犯罪,自知罪责难逃,畏罪心理强烈的;羞耻心强、悔罪心重,自觉出狱后无脸见人的;害怕劳动或劳动任务重,难以忍受的;经常受到他犯打骂欺凌或受冤枉的;有其他自杀迹象的。

(3)有下列表现之一的,可确定为重大行凶危险分子:有企图行凶迹象的;制造或者藏匿凶器的;仇视、对抗民警的;有图谋报复行凶的;与他犯发生矛盾后,蓄意或扬言行凶报复的;有其他行凶报复迹象的。

2. 反常行为分析

疑点迹象分析遵循的是历史法则。历史法则是“反古知今”思想在疑点迹象分析中的体现,该法则假定:在以往一定时段内的违法犯罪属性、特征将在未来一段时间内保持稳定,因此,分析人员可根据以往发生的犯罪活动迹象特征来察觉当前和未来的犯罪[1]。根据历史法则,分析人员会依据某一事件是否具有以往犯罪活动的迹象,来判断该事件是否需要展开调查。但历史法则具有局限性,单纯地依靠历史法则来识别暗藏的犯罪有着致命的缺陷。依据历史法则,根据疑点迹象发现和预警犯罪活动的前提是以前曾经发生过类似事件。其局限性:一是对于以前从未发生过的新型犯罪活动,历史法则无法预测,形成疑点识别的盲区。二是犯罪分

〔1〕 崔嵩:《再造公安情报》,中国人民公安大学出版社 2008 年版,第 380 ~ 381 页。

子不断采取新的犯罪手段,使历史法则始终处于被动局面,单纯地依靠历史法则,会付出高昂的代价。

为弥补历史法则的不足,就引出了反常法则与反常迹象。该法则假定:违法犯罪活动必然会存在有悖于合法活动的外在表现,即反常迹象。依据反常法则,虽然某一犯罪活动以前从未发生过,我们无从确定掌握这类犯罪的疑似迹象,但是却可以通过种种反常迹象来识别它,发现它。就监狱危险犯来讲,罪犯在改造过程中,一些犯罪诱因一旦产生后,罪犯必然在言语和行为上有种种异常表现,体现在罪犯之间的相互交往和言语,原来不合群的罪犯聚集在一起畅谈;会见、会餐、亲情同居过程中与家人的谈话和行为表现反常,无故将家属送的会见物品送人或扔掉;经常申诉的罪犯在无任何结论的情况下,突然停止申诉等。这些外在的表现需要民警日常管理工作仔细观察,认真分析。

某县公安局看守所民警高度警惕,及时掌握在押人员的活动心理,成功制止一起预谋袭警脱逃事件,确保了监所安全。现年18岁的在押人员刘某,2005年实施抢劫时被当场抓获。入狱后,其自认为有可能要被判处十几年徒刑,思想情绪极不稳定,曾不时试探性地对同监室的几名重刑在押人员说:“你们真傻,判你们十几年,咋不想办法跑?”、“你判了死刑,在这里等死吗?”另外刘某还向同监室的一名在押人员打听:“监室的门锁你能不能打开?”刘某的一系列反常现象,很快被管教民警掌握。所长仔细分析后,迅速向局领导作了汇报,并随即召开全体监管民警和武警联席会议,通报有关情况,制定了六项具体措施,以预防脱逃事件的发生。2月12日,值班管教民警了解到了刘某预谋脱逃的两套方案以及刘某对同监室内有可能被判重刑和已被判处重刑的在押人员进行煽动,试图串通他们一起袭警逃跑的迹象。2月18日中午开过饭收风时,刘某自己走在最后,突然将监室门插住,一个人留在放风场内,开始实施他的袭警逃跑方案。然而,他的举动早已被时刻监控他的巡视民警看在眼中,在民警的严厉呵斥下,刘某无奈地回到了监室内。3月13日,县看守所召开全体在押人员大会,对刘某作出了加带刑具的惩罚。

这种反常可以通过对比分析法来观察识别:一是在同一群体中的不同对象之间进行对比和分析,找出差异;二是对同一个对象的过去和现在作对比分析,寻找差异,判定进步或退步。用对比的方法对危险犯进行识别是比较科学合理的,其参照对象分别是群体中的其他对象和危险犯自身。这种运用不同的参照对象来综合评价危险犯的方法能较为公正、客观地反映出危险犯的实际改造情况,而且对比分析法有利于公正地实施奖惩,在某种程度上对危险犯产生一定的激励作用。需要指出的是,运用对比法必须建立在定性分析和定量分析相结合的基础上。

有的省份监狱把下列异常犯认定为是有危险的:不认罪或认为判刑过重,流露不满情绪且现实表现异常的;结伙违纪、聚众闹事的次要成员;对民警管理不服出现与民警矛盾或与他犯发生矛盾后情绪明显异常的;因涉嫌余漏罪被监狱或公检法机关提审,情绪不稳的;涉嫌违纪拒不交待或证据不足未受处理的;性格孤僻,长期不暴露真实思想的;家庭关系紧张,或长期无人接见,或家中无亲人,情绪低沉的;家庭出现重大变故(如配偶离异、亲属病危、伤残死亡、家庭遇到重大灾难等),思想负担过重的;身患重病,久治不愈,思想压力大的;其他应确定为异常罪犯的。

(三)外因诱发危机分析法

罪犯在服刑期间的危机,是由于服刑生活中各种变量,即服刑生活事件,使罪犯处于个人资源和应付机制无法应对、无法解决或适应的困难、困境或困惑境遇。危机境遇也可说是个人与环境之间关系的不同时性。处在危机境遇的罪犯,往往在危机开始时心理崩溃,如果不能及时进行必要的和强有力的干预,他们就可能再向前进一步,以自杀、行凶、脱逃、劫持人质等反应方式应对危机。

常见的危机种类有:警囚危机、囚囚危机、生活危机、劳动危机、医患危机、刑罚变更危机、心理危机、家庭危机、前途危机、申诉危机。

罪犯的危机分析需要运用系统论的观点将罪犯放在系统环境中考察和分析。这个方法要求将所有与犯罪发生联系的环境因素了解清楚,然后,仔细地分析对象与环境之间的联系,密切地关注环境发生的变化引起的危机动因,从而掌握罪犯的实际情况。与罪犯发生联系的环境总的可以分为三类:一是监狱环境,二是家庭环境,三是社会环境。监狱环境包括监狱的政策、措施以及周围犯群,这些因素每时每刻都会对危险犯产生影响。民警要及时了解罪犯群体成员的交流信息和活动情况,对罪犯群体的主要成员作为危险犯管理,防止发生狱内团伙性犯罪。家庭环境是指危险犯的家庭成员和家庭状况,家庭环境对罪犯的影响是直接的,家庭的变故往往导致罪犯情绪的剧烈波动。因此要注意观察与亲属会见、会餐中的谈话和行为是否反常等。社会环境是指与危险犯密切相关的社会形势和社会事件,社会环境对罪犯的影响有时是间接的,但却不能忽视。以上三类环境通过直接或间接的方式与罪犯发生联系,认识罪犯的过程中,必须要将这些因素考虑在内,并且尽可能扩展到边际,减少遗漏。这是排查危险犯的有效方法。监狱民警在排查分析罪犯的危机事件时，重点关注以下事件：

1. 家庭事件：离婚、夫妻感情不好、配偶去世，近亲属突患重病或去世，家庭遭受天灾人祸、与家庭成员不和，无会见、汇款、邮包，子女辍学或家人下岗失业、家庭无稳定收入、生活困难，家里发生民事或经济官司、近亲属违法犯罪。

2003 年 7 月某监狱发生一起脱逃未遂案件，罪犯苏某（男，35 岁，盗窃罪）在农场劳动时乘单独担粪之机藏于阴沟内伺机脱逃，后被监狱民警发现。其交代，他听同监区罪犯王某（苏某同乡）母亲接见王时说苏老婆跑了，两个未满 10 岁孩子同其近 80 岁老母相依为命，生活甚是艰难，他想回家看看两个孩子。

2. 刑罚事件：追缴、追偿罚金、赔偿金，有余罪、漏罪，被加刑，申诉被驳回，受行政处分或严管、集训。

3. 民警关系事件：与民警关系紧张，民警处理问题不公，民警管理、教育方法简单、粗暴，信任的民警被调动。

2005 年 4 月，某监狱发生了一起罪犯利用外出就诊之机脱逃事件。罪犯陈某某（抢劫，10 年）为三进宫，第一次因流氓罪判 8 年，第二次因强奸罪判 5 年，该犯因长期在狱中服刑，不能赡养父母而觉得愧于父母。非典期间其父抱病从农村赶到监狱接见，因当时接见工作停止，其父只能失望而归。此事对陈犯的震动较大，因而对民警的管理心存不满。3 月 15 日，该犯因违规操作，手指压伤被送至监狱附近的医院准备接受植皮手术，4 月 1 日，该犯趁 2 名民警外出吃晚饭之际，用砖头砸开拷在床上的脚镣脱逃。局脱逃指挥中心，出动 800 多名武警、500 多名公安民警、1000 多名监狱民警，在十二小时内将其抓获。该犯交代脱逃原因一是思家恋亲，前段时间家中来信，说其父母身体都不行了，陈犯自感终身难报父母养育之恩，愧疚难当，其女儿摔成脑震荡，生活不能自理，无人照看，迫切想回家看看。二是对监狱民警的管理有看法。该犯的种种心头之结没有得到及时疏导、化解，以致条件一旦可能，就以脱逃的形式来实现心理积郁的释放。

4. 与犯人关系：被人打小报告，受同犯欺压、歧视，打架，周围有关系犯，与同犯关系难以相处，赌博，被暗中算计，物品被窃，搞名堂。

2006 年 2 月某监狱罪犯赵某（男，39 岁，盗窃古墓罪）趁同组罪犯杨某（男，36 岁，故意伤害罪，之前曾与赵犯发生口角）午睡之机，将半盆开水泼向杨犯，致使杨犯脸部、胸部多处烫伤（轻伤）。

5. 环境变化事件：受他人连累、处遇被降级、工种岗位被调换、受冤枉、被当众批评、班组犯人调整、发生工伤、意外事故、改造政策发生重大变化、中秋、春节等传统节日。

6. 自身利益事件:改造秩序差、隐私暴露、监房拥挤或生活环境差、身体伤残、生活不能自理、体弱多病、经常失眠、劳动任务重或长时间劳动、债权债务、休息时间不足。

(四)心理分析法

在认识罪犯危险性的过程中,监狱民警存在一个从表面现象到内在特征进行全面分析的过程。表面特点包括罪犯的基本情况以及罪犯的成长史、犯罪史等,在此基础上,应进一步掌握罪犯的性格特点和行为特点;随后,再深入罪犯的内心世界,对其思想和心理特点作深入的分析。这样通过层层深入,一个完整的轮廓就会出现在眼前。根据以往的经验,罪犯的内心世界是极为复杂的,认识他们绝不是一朝一夕的事情,期间有一个反复的螺旋上升过程,这也是符合认识人的规律的。我们所要做的是不断地分析和总结,不断地深入,不能停留在原地或抱着一劳永逸的思想。深入罪犯的内心世界要靠和罪犯建立积极的沟通,这就要求民警与罪犯建立起心理兼容,得到罪犯的信任。只有这样才能深入地了解重大危险犯的思想和心理状况,去伪存真,得到第一手资料。

1. 需要关注心理问题的罪犯

(1)有精神方面障碍的罪犯。精神障碍比如患有抑郁症、癔病、精神分裂症、偏执性精神病以及其他严重心理障碍的罪犯。因为这部分罪犯的自控能力相对差,思想行为等与常人有所不同,易发生自杀、自残、行凶等行为,又犯罪可能性大且具有突发性,不计后果的特点。

2003 年 2 月 16 日晨,某监狱罪犯吴某在机修房内用空心钢管猛砸另一罪犯戚某三下,被砸的戚某当场倒下,此时,室外有人进屋,见此情况,立即上前制止吴犯的继续行凶行为,将戚某送医院救治,经抢救脱险。民警在提审吴犯询问行凶的原因和动机时,吴犯认为在此前一天,戚犯就和自己闹矛盾,打了自己,还说了许多风凉话,骂他没有用,被民警处理后扣了 3 分。今天一早出工,在站队列时,戚犯朝他笑了笑,吴犯认为,戚犯拿自己不当一回事,有挑衅的味道,所以决定报复他,让他知道自己不是好惹的。监狱认为,吴犯因一点心事,就下手凶狠,可能会有其他的生理原因,遂送医院鉴定,经诊断吴犯患有间歇性精神分裂症。

2002 年 5 月 22 日下午 15 时许,某监狱的机加工车间劳作现场,一名李姓罪犯用劳动的铁锤在无任何先兆的情况下,朝行走的另一罪犯猛击数下,致该犯头骨破裂,当场倒地,经抢救无效死亡。此事监狱非常震惊,怀疑李犯心理及精神上有问题,及时送医院鉴定,医院证明该犯患有重度精神分裂症。

精神病罪犯行凶的特点是:罪犯之间的矛盾很简单,冲突的程度也不大;案件发生很突然,先兆不明显,或没有什么先兆;行凶手段残忍,不计后果;有明确的行凶对象。对精神疾病的罪犯行凶现象,监狱系统各级领导应高度重视,增拨专项教改经费用于对心理咨询队伍的培训和必要硬件的投入,并开展心理咨询工作。要认识到:不能把精神异常仅仅看做是违规违纪、不服管理的一种表象,应该从病理学上去分析罪犯的精神异常变化,动态分析罪犯的改造表现和心理状况,罪犯心理危机是有规律可循的,适时、准确、得当的干预可以减轻或消除罪犯的危机心理。

(2)有人格方面的变态罪犯。原作案手段残忍的暴力犯罪,性情野蛮,自控能力差,随心所欲。目前仍有发作现象的罪犯,或者性变态的罪犯,或痴迷于某些邪教、迷信方面的罪犯。

(3)心理绝望的罪犯。罪恶感沉重,长时间负疚自责的或因判刑后心理落差过大,导致精神崩溃的,或悲观厌世,求死解脱的,或心存敌意,严重对立的。

(4)情绪悲观、丧失改造信心的罪犯。认为自己刑期过长,对人生丧失信心,极度的消沉,麻木,或改造未能如愿,如工种的调换,行政法律奖励未能达到自己所期望的目标,或自己认为是冤假错案,不认罪,不服从判决,无理缠诉,多次申诉被驳回,内心严重失衡,经教育无效的。

(5)身体方面有问题的罪犯。身体有严重疾病或者有难以启齿的隐疾;或者长期患有难以治愈的慢性病,保外就医无望的。通过仔细查看、研究罪犯的档案,发现一些有价值的线索,对那些家庭结构复杂、成长期间遭受非常态礼遇、行为怪异、心理异常的诸多特征,都是入狱以后可能成为危险分子的表现指数。

2002年8月9日,某女子监狱罪犯张某某(拐卖人员,7年,56岁)于凌晨3点,趁同犯熟睡之机用拖把布条自缢于监舍卫生间。该犯极其瘦弱,体重只有四十几公斤,长期患病,从自杀前张犯的种种迹象来看,张犯自杀的主要原因在于张犯年老体弱,性情郁闷,对前途悲观失望。

2. 心理危机

心理危机是个体由于遭受严重灾难、重大生活事件或精神压力,使生活状况发生明显的变化,尤其是出现了用现有的生活条件和经验难以克服的困难,以致使当事人陷入痛苦、不安的状态，常伴有绝望、麻木不仁、焦虑以及植物神经症状和行为障碍等一类精神疾病。罪犯心理危机是指罪犯在改造过程中，因遭遇重大变故而产生的严重心理失衡状态。罪犯心理危机具有复杂性、突发性、危险性等特点，易产生行凶脱逃等危机行为，严重威胁监管、生产安全。

（1）引发罪犯心理危机的情况

①面临家庭重大变故、个人感情受挫、遭遇性危机、重大突发事件等挫折；改造压力过大、家庭经济负担重、深感自卑而心理严重失衡、行为异常的；

②患有抑郁症、强迫症、焦虑症等严重心理疾病的；长期紧张、焦虑，既往有自杀未遂史或家族自杀史，或本人具有行凶、自杀或逃跑危险的；身患严重疾病、治疗周期长、个人很痛苦的；

③因严重环境适应不良，人际关系失调，性格过于内向孤僻、长期对外封闭隔离，缺乏社会支持，导致心理或行为异常，正处于对抗、争斗之中的；

④由于身边的罪犯出现个体危机状况而受到影响，产生恐慌、担心、焦虑、困扰的；

⑤改造中受到打击处理面临心理冲突，有情绪困扰、行为异常，急需救助的。

（2）罪犯心理危机的种类

①事件性危机与非事件性危机

事件性危机通常由单一的突发性事件引起。这些事件在罪犯意料之外，且不受其能力控制，如家庭变故、丧失亲人、突患重病等，都有可能使罪犯心理遭受巨大震动，引发其心理危机。非事件性危机通常由一些逐渐增长的紧张、抑郁、焦虑等消极情绪长期累积而成，最终一些琐碎的事情所引发。在服刑改造中引起的负性情绪，如果得不到及时排解，可能产生累积效应，发展到一定阶段，会爆发为心理危机。

②问题性危机与障碍性危机

问题性危机是罪犯因改造中遇到的具体问题，如监禁适应问题、家庭问题、人际关系问题等所引发的心理危机。由于罪犯心理危机的根源是改造中遇到的具体问题，问题得到解决，其心理危机往往能够化解。而障碍性危机是因罪犯心理障碍而爆发的心理危机。罪犯的心理危机虽然也因改造中的具体问题所引发，但根源在于罪犯自身存在的心理障碍，即使诱发因素被消除，产生罪犯危机的心理因素长期存在，对其心理危机的干预也将需要长期的过程。

③自罚性危机与攻击性危机

自罚性危机是罪犯采取自杀、自伤自残或逃脱等具有自罚性质的方式来应对的危机。而攻击性危机是指罪犯采取对抗、暴力、杀人等攻击性行为来应对的危机。处于心理危机状态的罪犯,若无法自救,或不知或不愿寻求帮助,其紧张、焦虑等消极情绪无法缓解,为恢复心理平衡,及早摆脱痛苦,可能会采取极端的方式寻求解脱。通常,性格内向的罪犯多采取指向自我的方式来寻求解脱,而外向的罪犯更倾向于对他人实施攻击性行为。[1]

(3)罪犯心理危机的识别

心理危机虽然是内心活动,但也会通过一些外显行为呈现。这些表现虽然多种多样、变化多端,当通过重点罪犯行为的认真细致的观察和分析,是不难发现的。罪犯心理危机常见的状态表现为:①愤怒:凶杀、伤害、殴打、纵火、劫持人质、破坏等;②自害:包括自杀、自残、自伤;③脱逃;④焦虑;⑤哀痛:包括亲人丧失、死亡、疾病、离婚和拒绝交往等。

(五)综合分析法

综合分析法是运用行为学、心理学、预测学、管理学等相关理论,以罪犯为分析对象,对罪犯思想、行为产生较大影响的各类相关因素进行综合分析研判,从而判断罪犯可能会发生的变化或发生突发事件的可能性。这种方法主要是围绕罪犯,把可能影响罪犯的各种要素立体地、动态地、全方位地进行关联分析,由民警针对各个关联点之间发生的相关变化进行搜集、记录、比较、分析、整理,并围绕着分析对象的变化可能对监管安全产生的影响情况进行筛选诊断、分析预测,再通过一定的反馈程序、重点校检等工作判断罪犯的危险性和思想动态或行为趋势。如有的监狱制定了综合分析法考量的关系点量表[2]:

〔1〕 段晓英:《罪犯改造心理学》,广西师范大学出版社 2010 年版,第 216~217 页。
〔2〕 蒲新平:"监狱狱情分析之研究",载《监狱信息与基层基础建设论文集》2013 年版(内部)。

自身情况部分关系量表(一)

序号	关联点	主要现象	备注
1	自身情况	个人经历方面	
		1. 曾有犯罪史或有违法前科的;	
		2. 社会经历、社会关系复杂的;	
		3. 长期流窜、居无定所的;	
		4. 案情复杂、作案手段凶残的;	
		5. 涉恶、涉黑、涉暴、涉毒、涉枪及邪教类犯罪的;	
		6. 有同性恋史的;	
		7. 有吸毒史的。	
		思想　心理　性格　品质方面	
		1. 有明显心理变态倾向的;	
		2. 忧郁症或心理障碍的;	
		3. 心胸狭小、报复心强、易走极端的;	
		4. 思想包袱重,精神压力大的;	
		5. 性格孤僻、内向、自卑感强的;	
		6. 思想复杂、反社会、反政府心理强烈的;	
		7. 心理测试说谎指数高、故意掩饰真实思想的;	
		8. 心理测试某项分值高、个性特征特别突出的;	
		9. 情绪易变、烦躁不安的;	
		10. 感情脆弱或悲观厌世心理的;	
		11. 病残严重、久治不愈、长期受病痛折磨的;	
		12. 羞耻心强、悔罪心重、自认为出狱无脸见人的;	
		13. 诊断为精神病患者的;	
		14. 其他行为。	

外部情况部分关联量表(二)

序号	关联点	主要现象	备注
2	外部情况社会家庭等	1. 无家人或长期无亲属联系的;	
		2. 会见、团聚行为反常,有无故将探视物品送人或扔掉等现象;	
		3. 遇到困难无法排解的,如拆迁、孩子生活无着落等;	
		4. 家庭突然发生变故的,如亲属死亡、离婚等;	
		5. 与家人、亲属关系紧张的;	
		6. 突发自然灾害;	
		7. 政策、法律等情况变化;	
		8. 其他。	

内部其他部分关联量表(三)

序号	关联点	主要表现	备注
3	内部其他情况	1. 经常受到他犯打骂或受歧视的;	
		2. 犯群关系紧张的;	
		3. 不愿与他犯沟通联系的;	
		4. 与他犯发生矛盾的;	
		5. 蓄意或扬言行凶报复他犯的;	
		6. 其他。	

民警方面部分关联量表(四)

序号	关联点	主要表现	
4	民警方面	1. 仇视民警有袭警倾向的;	
		2. 不服管理常有对抗民警或图谋报复行凶的;	
		3. 与民警发生矛盾的;	
		4. 对民警的处理不能正确认识或产生误会的;	
		5. 其他行为。	

其他现实情况部分关联量表(五)

序号	关联点	主要现象	备注
5	其他现实情形	1. 不服判决、长期申诉、改判无望的；	
		2. 改造消极、长期完不成劳动任务的；	
		3. 好逸恶劳、多次抗劳不愿参加劳动的；	
		4. 不安心改造、经常要求调队的；	
		5. 刑期长、计分排名靠后、2 年以上未获奖励的；	
		6. 长期不洗澡、不换衣、个人卫生极差的；	
		7. 不愿参加集体活动的；	
		8. 经常窜班、窜队、脱离互监视线的；	
		9. 半年 2 次以上严重违纪，或违纪受处理思想抵触的；	
		10. 服刑期间又犯罪受到加刑处理的；	
		11. 夜间经常睡不着觉，表现异常的；	
		12. 系“三假”罪犯，或可能有余罪未交待的；	
		13. 有脱逃或组织脱逃迹象的；	
		14. 有意打听周边地形、交通的；	
		15. 有意摆脱监管，有窥测、探索地形地物行为的；	
		16. 出收工经常东张西望，或掉队在后等行为异常的；	
		17. 留恋狱外生活，对监狱不满或有脱逃言论的；	
		18. 私藏现金、证件、铁钩、绳索、刀片、便服等物品的；	
		19. 在审查、拘押、服刑期间曾有脱逃行为的；	
		20. 曾发生躲藏或预谋脱逃的；	
		21. 脱逃被揭露后，思想抵触，仍有继续脱逃可能的；	
		22. 经常申诉在无任何结论情况下，突然停止申诉的；	
		23. 有非正常集聚活动的；	
		24. 心理学鉴定有脱逃可能的；	
		25. 故意擦洗囚服标志或其他脱逃迹象的；	
		26. 有重大余罪或服刑期间犯罪，畏罪心理强烈的；	
		27. 害怕劳动或认为劳动任务重，难以忍受的；	
		28. 有企图行凶迹象的；	
		29. 制造或者藏匿凶器的；	
		30. 有其他行凶报复迹象的；	
		31. 准备自杀工具、药品、遗书等物品的；	
		32. 心理学鉴定有自杀可能的；	
		33. 其他迹象的。	

四、危险性罪犯的防控分析

危险性罪犯的防控是排查的必然结果和要求，是确保监狱安全稳定的有效措施手段。所谓“防控”，即对已排查出来、浮在面上的危险犯，采取多种措施，最大限度地防止和控制其犯罪行为，维护和促进监狱的安全稳定。

（一）危险罪犯防控的特点

1. 前瞻性

对危险性罪犯的防控要建立在事前科学的预测基础上，充分考虑被排查出来的危险犯的个性特征和危险类型，可能产生的危险后果以及防控对象所处的环境条件等因素，作出防控布置和安排。

2. 及时性

经排查已纳入防控对象的危险罪犯，在防控措施的采取上必须果断、有效，不得似有似无，或迟迟不予落实，导致防控措施到不了位而产生危险后果。

3. 有效性

对危险罪犯防控的措施必须是可靠的、严密的，最低的目标是保证防控对象不出安全问题，或者一旦防控对象有所动作能够迅速有效制止。

4. 广延性

对危险罪犯的防控在时空上要做到统一。首先从时间上看，是连续不中断的，也就是每天 24 小时无时不刻在进行着，循环往复，直至该犯危险因素和特征消除，不再列入防控范围为止。这个过程对危险犯来说往往持续几年乃至整个服刑期间。对民警来说，则是一个相当长期而艰巨的过程，而且防控的往往不仅仅是一两个罪犯。其次从防控的空间上看，只要危险罪犯可能出现的地方，防控力量就必须在其周围发生作用，或明或暗地进行着工作。

（二）危险罪犯防控的方法

1. 民警直接控制

实践表明，罪犯中出现的每一例脱逃、自杀、行凶、暴力袭警等案件，都与民警直接管理不到位有直接关系。因此，对危险罪犯控制首先要落实民警直接控制，每名危险犯，至少有一名专管承包民警。专管民警应定期对其个别谈话，谈话内容详细记载。对于危险犯，每月需进行两次思想动态分析，并将分析情况详细记载。专管民警要参与危险罪犯的个别教育、实施奖惩、心理咨询、组织劳动、直接授课等。

2. 互监包夹控制

互监就是运用罪犯三互小组的形式，将危险罪犯有意安排在一个公开的小组内（一般为 3 人至 4 人），该小组称为“三互小组”，从中指定一名小组长负责，公开要求小组内的罪犯必须互相关心、互相帮助、互相监督。在生活、学习、劳动三大现场，小组成员必须始终在一起，并有一套惩戒约束机制，如实行违规连带处罚制度等。

3. 行为限制

针对存在较大现实危险的危险罪犯可以实施行为限制法，主要是限制其行为方式和活动范围，防止出现危险。主要包括：其一，限制危险犯的活动范围；其二，限制危险犯与外界的接触；其三，限制危险犯与其他罪犯的接触。

4. 物理控制

物理控制包括禁闭控制法、独居控制法和戒具控制法。禁闭危险罪犯要按照监狱法的有关规定认真执行。独居控制有两种方法：一种是白天与其他罪犯一起劳动、学习，夜间回独居室休息；另一种是不参加劳动和学习，不能与其他罪犯接触。戒具控制法就是用手铐、脚镣控制异常行为的方法，是一种具有强力色彩的物理控制。按照《监狱法》第四十五条的规定，对老弱病残犯和女性罪犯禁止使用戒具。

5. 技术防控

运用科学技术手段对危险罪犯实施防控，在当今科技发展日新月异的时代已成为可能。目前一些重型犯监狱及新建监狱大幅增加了这方面的投入，所起的作用和效果十分明显，罪犯一举一动，尤其是危险犯的行为举止在高科技仪器面前彰显无遗，进一步强化了危险因素预测防范功能和主动进攻的能力。

6. 应急控制

将应急处置纳入对危险罪犯的防控体系，在当今押犯构成复杂，监管难度增大，狱情形势严峻，各种事故、事件随时可能发生的情况下显得尤其重要。危险犯犹如定时炸弹，只要时机、条件具备，这些地雷、炸弹随时都有引爆的可能，而一旦其他防控措施失效，突发罪犯脱逃、暴狱、劫狱、行凶、自杀等事件没有有效的应对措施，其后果是十分严重的。监狱必须建立突发事件应急机制，制定狱内各种突发事件的应急预案并加强实战演练，确保监狱能够迅速出击应对突发事件，短时间内处置，以最大限度地控制事态、减少损失、降低影响。

第三节　重点物品防控分析

监狱内重点物品分析主要是对违禁品的排查分析。所谓“违禁品”，是指罪犯通过隐蔽的方法，在监内藏匿、持有或使用监狱明文禁止的，并对监狱正常的监管安全秩序构成危害的特定物品。违禁品的防控既是监狱有效预防和控制行凶、伤害、脱逃等犯罪发生的重要环节，也是监狱安全防控的日常性基层基础工作。

《监狱法》第十四条规定监狱人民警察不得违反规定，私自为罪犯传递信件或者物品。第十八条规定罪犯收监，应当严格检查其人身和所携带的物品。非生活必需品，由监狱代为保管或者征得罪犯同意退回其家属，违禁品予以没收。第四十九条规定罪犯收受物品和钱款，应当经监狱批准、检查。

一、防控对象分析

(一)常见违禁品

1. 有价物品

如现金、各类有价证券、存单、信用卡、金银首饰。此类物品易于藏匿，便于携带，利于流通，可能用于购买违禁物品或用于脱逃。比如，现金涉及人数多、数额大。按照规定，罪犯在监狱消费，一律使用借记卡，禁止使用现金，并且对消费数额按罪犯处遇进行限制，如要额外消费，就必然需要现金，于是一些罪犯就采用犯罪手段获取现金。如罪犯卫某利用诈骗手段，谎称自己能办理减刑、假释，骗取同犯5000元人民币。

2. 非日常生活用品

如烟、酒、未经批准的药品、手机、手表、收录机、笔记本电脑以及宣传凶杀、淫秽等内容的各类非法出版物、手抄本和图片等。此类物品多属于贪图享受，留恋以往生活方式或为在监内拉拢、收买他人以及为在监内搞特殊化而无视监规纪律擅自私藏的。有的影像播放器流入监狱，被用于观看黄色音像制品，严重扰乱监管秩序。如监狱在罪犯钟某身上抄查出MP4播放器一台，并发现其中涉及黄色淫秽内容。特别是移动电话流入监内，可能成为罪犯串通案情、密谋劫狱的联络工具，因此，要作为重要违禁物品清查。手机使用对象身份大多为“四犯”(含特殊工种、劳役犯、事务犯、监组犯、管理犯等)。狱内不允许罪犯使用手机，罪犯如果违禁使用手机,需要具备特定的、不易被他人发现的空间,并且要有充电的条件。由于“四犯”劳役的自由度和活动空间一般较大,有的甚至有独立的劳役空间,手机一旦冒险被带入监内,就能自由地使用,又很难被发现,这在一定程度上刺激了“四犯”的冒险尝试。

巴西最大的监狱黑帮“首都第一司令部”一直在利用手机加强对圣保罗地区犯人的控制,并在监狱外建立了组织。2006 年,该组织通过手机指挥,在几十所监狱内同时发动骚乱,并对监狱外的警察发起袭击。仅在事件爆发头 4 天,就有 40 名警察和狱警被杀死。此次骚乱最终导致 200 多人死亡。

3. 凶器、工具

如钝器、绳索、棍棒、刀具及劳动工具、各类金属器材等,此类物品具有较大危险性、危害性,极有可能用作逃跑、自杀、行凶等的作案工具。

2010 年 10 月 9 日 15 时 50 分许,某监狱第二监区巡视工作的民警看到第五监区的重刑犯欧某不知什么时候骑上了一辆电瓶车,驾车向第五监区的车间门口冲去。“不好,他想越狱。”两民警一边用对讲机通报情况,一边迎着电瓶车迅速跑了过去。两人冲上车以后,与欧犯扭打起来,没料到欧某突然从裤子口袋里掏出一把尖刀,朝他们捅了过去,并借机将两人推下了车。这时,听到呼叫的狱警于某、邢某也赶了过来,两人冲上车要夺下欧犯的刀,结果也被欧犯划伤。已经红了眼的欧犯大声叫嚣着:“谁过来我就捅死谁。”已经被捅伤的民警趁欧犯大喊大叫之际,一脚踢向欧犯的手腕,随即将刀抢到手,几名狱警迅速上前将欧犯制服。重刑犯怎么会有尖刀?后据欧犯交代,他所用的尖刀是他历经两个月打磨成的铁片刀。经法医鉴定,被捅伤的李某、于某、邢某 3 名狱警构成轻微伤。

4. 危险品

如炸药、雷管、汽油、毒品、剧毒农药等,此类剧毒、易燃、易爆物品可被罪犯当做放火、爆炸、行凶、投毒等作案工具。

5. 可用于犯罪的辅助物品

如便服、绝缘服装、鞋靴、手套及各类证件等。此类物品的藏匿者多半用心不良,图谋不轨,在清查中应加倍重视和细察,以了解藏匿的动机。

2005 年,吉林某监狱罪犯丁某。服刑期间,丁某想到自己要长年累月地在牢狱中度过,产生了找机会脱逃的念头。2006 年 5 月,丁某在劳动中结识了一名狱友宋某。一次,两人谈得投机时,丁某向宋某说出了心中想法。他对宋某说:一个人跑不容易,但如果两个人相互照应,机会会很大。丁某同时提议,两人可以弄件羊皮穿在身上,起绝缘作用,用来躲避电网。在丁某的游说下,宋某不但动了心,而且还与丁某共同制定了一个越狱计划。经过商量,两人约定由丁某负责收集羊皮,而宋某则负责制作一个飞抓,以借助抓索攀上监狱高墙。为实施脱逃计划,丁某先后用床单等生活用品从其他罪犯那里换来两张铺床的羊皮。但丁某可能想不到,就在他一心想"越狱"时,原本与他一起密谋逃跑的宋某在监狱民警的教育及感召下,打消了恶念。2007 年 11 月,经过反复思想斗争,宋某向监狱民警主动投案,交代了预谋脱逃的犯罪事实。根据宋某反映的情况,民警在丁某监舍里搜出了其准备脱逃时用的羊皮。

(二)脱逃类物品

罪犯脱逃所用的工具多种多样,根据用途不同,可分为如下几类:

1. 破坏工具。主要是破坏监管警戒设施的工具,如铁棍、剪子、刀子、锤子、锯条、炸药,其中使用最多的是钢锯条,用以锯断防护窗钢筋,以逃出监舍、禁闭室等。

2. 挖掘工具。用以挖地沟、监墙的工具,如锹、镐、刮刀、扁铲、钢钎等。

3. 攀登用具。梯子、交手杆、桌凳、铁钩、布条等。利用梯子、绳索、架子等工具,攀上、越过监墙,或者利用穿越围墙上空的高压电线,人工索道,自己制作滑钩,滑过监墙脱逃。

4. 行凶用具。匕首、砍刀、菜刀、铁棍、绳索、枪支和其他可用于行凶的工具。

5. 伪装用具与通讯技术。假发套、化妆品、衣物等。

6. 交通工具。有的罪犯利用火车、汽车混出监外。逃出大墙的罪犯,为了尽快摆脱追捕,多数乘火车、汽车,有的盗用自行车,近年来逃跑的罪犯还有许多是打车逃离的。

7. 现金。

8. 通讯工具。

9. 绝缘物品。

(三)自杀类物品

1. 绳索类:包括布条、带子、电线、铅钢丝(挂蚊帐的除外)、各种胶带。

2. 锐、钝器、工具类:包括各种刀、剪刀、镊子、螺丝刀、钉子、各种刀片(电动剃须刀除补)、钢锯条、针类、哑铃、杠铃、榔头、斧头、铁板、铁棒、铁管、老虎钳、竹、木棍棒、锹、铲。

3. 玻璃类：片、块、镜子（眼镜除外）、杯子、盆等。

4. 一些含金属的物品：皮箱、皮鞋、铁质拉链、铁质皮带头。

5. 药品（民警专人负责，建账，统一保管，按规定剂量随发随吃，当面吃完）。

6. 易燃易爆物品：如酒、酒精、柴油、汽油。

7. 民警认为其他可能造成伤害的物品。

二、违禁品的危害

1. 危害监管安全

违禁品特别是具有人身伤害性的违禁品常使监狱民警、罪犯的人身安全处在不确定状态，原因在于：其一，就目前大多数监狱现状而言，安全防护设施较为简陋。现场管理基本上处在开放式状态，民警工作区与罪犯生活区之间没有有效的屏障；其二，民警、罪犯人数间的比例欠合理，特别是夜间值班民警负责组织上百名罪犯的活动，却无有效的隔离手段；其三，罪犯思想隐蔽性较强，在外界信息，特别是亲属下岗、家庭纠纷、配偶提出离婚等的刺激下，不少罪犯思想仍然处在不稳定状态中。此时一旦罪犯手持凶器行凶或借助攀援物脱逃时，手无寸铁的民警与其他罪犯的人身安全及监管安全就很难得到保障。罪犯中大量的反改造事实说明：狱内违禁品的存在为罪犯的反改造行为提供了客观条件。如某监狱罪犯马某脱逃，就是借助在狱内摆放的梯子，翻越围墙，越狱逃跑。再如，某监狱罪犯李某某，借同组罪犯深夜熟睡之机，利用绳索在床架上自缢身亡。

2. 违犯监规纪律

私藏违禁品本身就是违反监规，如私藏现金是造成进一步违反监规纪律的隐患。罪犯中私藏现金的流通，破坏了监规制度，有的罪犯一旦有了现金，就会托就业人员或外来人员买酒滥饮，酗酒闹事；有的托人买烟，引起火警；有的进行现金赌博，引起斗殴逃跑。凡此种种，应引起管教民警对罪犯私藏现金这一危害性的高度重视。

3. 影响民警队伍的建设，损害监狱形象

通过对违禁品流入监内案例的分析，虽然渠道和原因多种多样，但是最根本的原因还是在民警。个别立场不坚定的民警经不住腐蚀诱惑，逐渐丧失原则和立场，通过为罪犯传递违禁品来牟取利益，甚至走上违法犯罪的道路，民警队伍的纯洁性遭到严重破坏。严重损害了监狱公正执法的形象。近年来，监狱系统由于违禁品流入而引发的案件层出不穷，刑释罪犯或犯属因民警在罪犯改造期间收受其财物而上访的案件逐年增多，也严重损害了监狱的公正执法形象。

三、违禁品的来源渠道分析

查清违禁品的来源渠道，是对违禁品实施有效防控，并实现由被动防控向主动防控转变的前提和基础。长期的监管改造工作实践表明，违禁品的流入渠道可以概括为“内产外流并存，以外流为主”，除部分刀具是在狱内自制加工而成以外，大部分的违禁品还是通过种种隐蔽的渠道流入。

1. 罪犯自制或偷取

罪犯在劳动现场自制或偷取的，收工时带入监内。在劳动现场，由于清点不准，搜查不严、不细，致使部分危险、违禁物品流入监内，如绳索、工具、剧毒品、刀具等。

2008 年 3 月 29 日，云南省瑞丽警方破获了一起重大预谋暴力劫持越狱案。4 名被判处死刑的罪犯被羁押在瑞丽市看守所而且同押一室。这 4 名重罪案犯押在一起，一拍即合，想逃出看守所。经多次商议，他们想出了一个暴动越狱的计划：由杨犯找看守所的教导员谈话，等谈话结束后教导员打开监室门时，杨犯乘机抱住教导员的双腿，将教导员按倒在地。其他 3 人分别利用准备好的工具，共同劫持教导员，并以最快速度冲出看守所。之后，与警方谈判，要求提供一辆车和 10 万元现金，让警察不能靠近 50 米，否则将教导员杀害。最后，由查犯去开车，将车开到其他人及人质旁边，等人上车后就以最快的速度逃往缅甸。在他们蠢蠢欲动，实施罪恶时，看守所民警得到内线的报告，有人将暴动越狱。警方迅速出动，对 4 人进行控制，对监室人员和场所进行检查和实施现场勘查。当场从监室内查获磨尖的牙刷把 3 只、磨好的打火机刀片 3 片、7 根布条和一支磨尖的圆珠笔。这些工具足以置人于死地，令人倒吸一口冷气。

2. 他犯赠送或交换

有的罪犯在刑满释放时将自己的物品留给同乡或关系较好的狱友，或是在狱内相互赠送和交换物品，可能使部分违禁品、危险品在监内流动，有可能被个别罪犯利用而带来隐患，如现金、票证等。

3. 监狱民警带入

少数民警由于与罪犯长期接触，碍于情面，界线不清，极个别民警为了蝇头小利放弃原则，丧失立场，违反规定为罪犯购买、传递、保管违禁品，如现金、手机卡等。这种方式最具隐蔽性，其影响最坏，危害最大。

陕西省某看守所民警张某从2004年4月初开始，提供手机给在押人员与外部人员李某取得联系。由李某购买毒品送至看守所门外，再由张某接进看守所内，提供给在押人员吸食。李某、张某二人用相同的手段先后14次在看守所贩卖海洛因5.6克。另外3名民警陈某、彭某、张某，他们从2003年12月初起，分别多次帮助在押人员带出现金，交给李某购买毒品，并帮忙将藏在食品中的毒品带入看守所内，致使被关押人员多次在看守所内吸毒。

4. 外协人员或监狱职工带入

部分罪犯利用各种时机与外协人员、监狱职工进行接触，他们往往抓住这部分人贪小便宜或碍于情面等弱点，利用他们将违禁品带入监内。这种方式隐蔽性较强，而且事后处罚力度小，对罪犯构不成震慑，是罪犯习惯采用的方式。

5. 家属或朋友带入

罪犯家属朋友会见或团聚时，将违禁品随身带入共餐场所，一旦民警检查不严或搜身不细，导致违禁品流入监内。这种方式是一些所谓的“关系犯”惯用的方式，因为民警往往被这部分罪犯的社会关系所迷惑，对其会见或共餐时接受的物品碍于情面不去检查或检查不细，从而使违禁品流入监内。有的违禁品是通过邮寄物品裹藏带入。这种方式通常以夹带现金、手机芯片等小物件为主，查抄起来比较困难，稍有疏忽，违禁品便会流入监内，危害较大。

某监狱由于5名民警玩忽职守，在罪犯刘某与亲属会见时，没履行审查程序，致使2004年3月8日，刘某通过狱外人员，将一把仿制手枪、军用子弹、毒品、手机和小灵通等违禁物品相继带入监区内。服刑罪犯刘某在入狱前，曾拥有两支仿真“五四”式手枪，但归案时，他仅向刑警大队交出了其中一支。“把手枪藏在哪里才不易被警察发现？”在狱内服刑的刘某一番苦思冥想后，产生了一个大胆的想法，就是让人把那支枪带至监狱内，由他自行保存最安全。随后，刘某通过电话与狱外的李某取得联系。李某随即在2004年3月12日，把手枪藏于一个MP3盒子内，带着女友杨某一道，借会见刘犯之机，将手枪连同12发子弹顺利地交到刘某手中。刘某将手枪和子弹领回外劳点后，于当天将手枪拆卸后，连同子弹存放在外劳点一隔墙内。2004年8月16日，刘某还曾授意狱外人员李某、唐某等，携带250克氯胺酮（K粉）探监，再次借会客之机，让刘某将氯胺酮带至监狱内兜售。

四、违禁品防控形势分析

(一)种类多样,相对集中

近几年来,由于社会形势的变化,狱内违禁品的种类变得纷繁复杂。以往监狱违禁品主要有各类易燃、易爆、有毒、有害物品和各类利器刃具、攀高、绝缘物品、现金、香烟、食品等,现在则出现了手机、白酒、淫秽音像制品、毒品、麻醉剂和各种可传播的载体或介质,如商务通、MP3、MP4、U盘等。新出现的违禁品体积小、危害大且便于携带,给清查带来难度。虽然狱内违禁品种类繁多,但尤以现金、手机、酒类居多。监狱以手机、现金、酒类为主的违禁品屡禁不止、屡清不绝,必须引起高度重视。现实情况下,狱内违禁品之间往往是相互关联相互作用的,如将现金带入监内,可再通过现金购买手机、酒类等违禁品,或是将手机、酒类带入监内,再通过买卖换取现金等,这些行为的最终结果都给正常的监狱监管秩序带来了极坏的负面影响。

(二)渠道形式隐蔽

通过对清缴违禁品的案件分析来看,违禁品流入监内的渠道主要有:个别民警带入;外协人员或监狱职工带入;通过会见、共餐途径带入;邮寄物品裹藏带入;外来车辆带入。特别是监狱实现集中关押和取消外役后,罪犯失去了直接与外界接触的机会,为了获取违禁品,他们便千方百计地拉拢、腐蚀个别民警、职工和外协人员,为其传递、保管违禁品,因此违禁品流入监内的渠道变得更加隐蔽。

(三)防控不力

目前,狱内违禁品屡查屡有、屡清不绝,根本原因是监狱防控工作不到位,特别是民警队伍建设问题。一是领导重视程度不够。个别监狱领导缺乏政治意识、大局意识、责任意识,对违禁品流入监内的危害性,没有给予足够重视,狱内发现违禁品后不能深挖根源,查清渠道,深究责任,大事化小,小事化了,结果是治标不治本,根本起不到惩戒作用。二是规章制度落实不严。个别民警对监管制度执行不力,缺乏有效的监督检查措施,致使监狱门卫对进出车辆、人员携带物品检查流于形式,民警对罪犯与犯属会见、共餐时的物品和人身检查不严格细致;民警直接管理不到位,存在死角死面,深入现场巡视较少,清监搜身不够彻底;罪犯互监联保措施不力,罪犯互监互控意识淡化,狱内敌情不明,耳目不灵,民警不能及时掌握狱内违禁品的信息。三是防控手段严重落后。有些监狱查抄违禁品还基本停留在人工检查的原始阶段。监狱的会见室、共餐室接待任务重,人流量大,人工检查难免出现疏漏。监狱的大门由于缺少先进的安检设备,对进出监门的车辆和人员难以做到全面细致的检查。这些均为违禁品流入监内提供了方便。四是管理方式存在疏漏。一些监狱由于生产厂房面积不足,库房、厂房混在一起,为罪犯藏匿违禁品提供了较大空间,在常规清监检查中,监狱民警清查的覆盖面小,难以达到预期效果,同时,在狭小的劳动空间内又无法避免外协人员与罪犯混岗作业现象,监狱对此缺少有效的管理手段。五是个别监狱对民警队伍建设工作不够重视,缺少经常性的警示教育,对不认真履行工作职责的民警,缺乏有效的惩处手段,对一些思想出现偏差的民警往往采取迁就的态度,一味地隐瞒、包庇,不能及时对其思想和行为进行矫正,致使个别民警价值观扭曲,思想麻痹,界线不清,在罪犯的利诱下,丧失原则立场,成为罪犯的运输员、保管员。

(四)查处困难

尽管违禁品流入形势严峻,但查处难度较大。一是发现难。由于罪犯、外来人员行动十分诡秘,往往在短时间内就能完成搭讪、支付、交易的整个过程,有的在狱内仅完成搭讪、交易过程,支付则根据罪犯提供的联系方式,由外来人员在监外联系罪犯家属完成现金支付,随后由这些外来人员完成采购、入监交易。因此,监狱发现此类线索比较困难。二是查抄、取证难。由于服刑罪犯与进出监狱的外协人员存在利益的高度一致,因此,即便监狱查到,双方对盈利多少、次数以及联系方式等关键情节均三缄其口,大多数抽烟的罪犯在被抓获以后均供认自己的违禁品来源于已经释放罪犯;也有的罪犯为了逃避监狱打击,对入监香烟、打火机等采取迅速分散方式予以隐藏。随着监狱查抄力度、频率的不断加大,不少分监区已出现罪犯将违禁品藏匿于监舍、活动大厅等处的公用部位,这样即便被查获也因无人认领而逃避打击,这些均给查清来源造成极大的困难。三是处罚难。根据目前的法律,监狱对查获涉案事件的罪犯至多给予行政处分或者严管;对于因违禁品进出监狱的外来人员也至多予以禁止入监,违法“成本”与牟利“成本”严重倒挂。由于目前存在上述三个难题,严重削弱了打击违禁品活动的震慑力度。[1]

---

〔1〕 叶跃安、王平:“关于对监狱‘地下航线’情况的调研及防控对策”,载《中国监狱学刊》2008年第1期。

五、违禁品防控的方法分析

1. 堵源头,控渠道

由于多数违禁品是由监外流入的,因此,违禁品的防控重点是堵住流入渠道。一要强化民警对三大现场直接管理,严格落实罪犯互监联保制度,加强对罪犯学习、生活、劳动三大现场的巡查管理和行为控制,保证罪犯不脱管失控,从而减少罪犯私藏和使用违禁品的机会。二要强化门卫管理,严把大门关,加强对出入监门的车辆和人员的严格检查,对外工、外医罪犯要严格搜身检查,坚决杜绝违禁品从监门流入监内。实践中,有的门卫对人员的进出只检查体外的携带物品,而对随身的手机等小宗物品无有效检查方式;对加工单位的车辆进出,也只检查有无藏匿人员或可疑物品,而对产品原材料中夹带的违禁品不能进行有效检查,造成违禁品流入监内。三要强化民警对会见、共餐、团聚三室的直接管理,实施现场监视、监听,每个环节都要加强对罪犯的搜身检查,防止罪犯利用会见、共餐、团聚环节将违禁品带入监内。四要强化对邮寄物品的检查,要规定邮寄许可物品的种类、体积、重量,杜绝违禁品裹藏进入监内。

2. 重清查,严管理

从源头上阻断违禁品来源渠道的基础上,严格落实违禁品管理制度,强化日常管理和违禁品清查工作。清查违禁品的方式方法主要包括:日常检查、定期清监和不定期突查。在清查工作中,为确保清查质量和效率,一般采取监狱与监狱之间、监区与监区之间、分监区与分监区之间互查的方式;监狱职能部门督查或突查的方式;必要时可会同驻监武警实施违禁品清查工作。

在清查前都应当制定严密的实施方案,并确定清查的目标或范围。明确实施清查工作的警力部署、区域分工、责任措施。在实施清查的过程中,一般应当把握以下要求:其一,控制罪犯的活动。通常采取的方式是将罪犯集中在某一特定区域,实施临时控制性管理;其二,查前动员。讲明政策与藏匿违禁品的危害,动员罪犯主动交出违禁品或检举揭发藏匿违禁品的人员和地点;其三,展开搜查。一般采取地毯式搜查方式;其四,清查结束后,应当对清查出的违禁品进行归类、汇总和登记,并根据有关规定,该收缴的收缴、该销毁的销毁。

3. 控人群,限接触

监狱违禁品流入必须有人员携带,对这些人群要严密控制。具体包括:其一,对可疑民警的控制。对缺乏身份意识,与罪犯界线不清,与罪犯关系“同事化”或“朋友化”、有携带违禁品劣迹史的民警和监狱职工要加以控制;其二,要加强对重危犯的控制,尤其要加强对关系犯、短刑犯和有使用、私藏违禁品前科罪犯的控制;其三,要加强对外协人员的控制,尤其要加强对爱贪图便宜、遵规守纪意识淡薄这部分人员的控制。

4. 建制度,断途径

一要不断加大清查力度,保持高压态势。坚持公开的清监活动与秘密的侦查活动相结合,定期或不定期地对罪犯的生活、生产、学习场所进行清监检查,对藏匿违禁品的罪犯造成压力,压缩违禁品存留的空间。二要严格民警、职工和外协人员带入监内的许可物品,在监外设立更衣室和储物柜,民警、职工、外协人员进入监门前必须把一切不许可的物品存放到监外,掐断违禁品的内流途径。三要实行值班封闭制,民警值班期间不许出监门,如遇特殊情况须向带班领导报告请示,非值班民警在没有接到紧急任务的情况下不许接近监门,掐断违禁品的外流途径。四要在监内实行亲情电话、狱内超市“一卡通”,罪犯一切消费均通过划卡实现,掐断违禁品的流通循环途径。

5. 重教育,严防范

教育疏导是防控违禁品的方式之一。首先,要加强民警的责任意识,引导广大民警增强责任感、使命感,筑牢思想防线;其次,要加强对外协人员、监狱职工的遵规守纪教育;再次,要加强对罪犯的利害关系教育,使其明白铤而走险的严重后果,同时还应结合奖惩办法给予控制,鼓励罪犯主动上交违禁品或检举揭发违禁品;最后,要加强对罪犯家属、朋友的劝诫工作,对他们晓以利害,争取他们的主动配合,积极协助民警做好对罪犯的联合帮教工作。

6. 建法规,重打击

面对狱内“地下航线”活跃,而法律法规相对滞后,无法绝对遏制“地下航线”活动的现实情况,根据当前打击狱内违禁品的需要,监狱应与有关部门积极协调,并加强对现行法律适用的研究,为打击私藏违禁品活动提供法律依据。此外,监狱还应修订完善有关服刑人员计分考核实施细则,加大对检举揭发以及从事参与违禁品活动罪犯的奖惩力度。有必要进一步修订完善减刑、假释的条件中,明确对从事私藏、使用违禁品活动的服刑罪犯进行必要的限制。

加大对违禁品活动的打击力度。一是对发现的问题一定要彻查深究,要花大力气将尚未查清的手机、现金的来源追查到底，对一时难以查清源头的，也绝不放弃，等条件成熟后继续追查，绝不姑息放纵。二是要借助公安的技侦力量，提高破案的有效性。对于没有SIM的手机等涉及技术要求的案件，要借助公安的技侦力量，查清事实。同时，积极构建打击狱内违禁品秘密工作体系，大力加强耳目建设，使罪犯的活动始终处于司法机关的掌控之中。三是严明对罪犯参与私藏违禁品活动的奖惩措施。对罪犯通过私藏或使用手机（私藏或吸食毒品）的，除给予禁闭处罚外，从解除禁闭之日起两年内不予提请减刑、假释（有重大立功表现的除外）；私藏其他违禁品的，视情节给予警告、记过、禁闭处罚；涉嫌犯罪的，依法移送司法机关处理。对通过教育能主动上缴手机等违禁品的罪犯，可以宽大处理；对积极检举其他罪犯违纪的，酌情给予表扬以上的奖励。

第四节　重点时空防控分析

任何犯罪活动都是在一定的时间和空间内完成的，实践表明，狱内犯罪活动发生的时间和空间有其自身的规律性。研究这些规律性，便可以明确在犯罪时空层面的防控和打击重点，适时地、有针对性地采取防控和打击的措施。在这些因素中，监狱重点部位、重点时段和重点环节的控制是狱内犯罪防控的任务之一，是确保监狱安全的重要措施。

一、重点部位防控分析

（一）分析需控制的重点部位

监狱重点部位，是指监狱的重要监管警戒设施和需要重点防卫的其他部位。实践中，重点部位就是罪犯发生脱逃、自杀、劫持人质等行为时可能利用的现场某一设施或某一特定位置，如封闭区门、防护栅栏、消防通道、砂轮机、楼顶通道、民警执勤点等。罪犯不论是从事脱逃，还是从事行凶、自杀等危及监狱安全的行为，都会充分利用重点部位出现的薄弱环节，伺机而动，给人以出其不意攻其不备的感觉。[1]

重点部位一般包括监门、围墙、岗楼、警戒地带、禁闭室、罪犯家属会见室、监内

[1] 戴荣法：“对监管现场防控模式问题的思考”，载《贵州警官职业学院学报》2011年第6期。

警察值班室、重要物资库房等。有些区域是罪犯活动区域内相对独立的空间，这种空间是因为区域内必要的功能区分，不应与罪犯主要活动区域连成一体，如厕所、盥洗室、洗澡堂、民警值班室、谈话教育室、晒衣间、文报室、活动室、货物仓库、储藏室等。这些空间因为点多，在管理过程中会不时出现空档、漏洞。而罪犯总是千方百计寻找时机，以实现自己的图谋。重点部位的防控主要是解决监管视线的对接问题，也就是通过增设护监犯、监督岗犯，或调整民警执勤位置，使相对独立的空间与主要区域在监管视线上形成对接，以防止小空间被罪犯利用，造成行凶、自杀、脱逃等事故的发生。

2006 年 4 月，关在西伯利亚劳改营里的俄罗斯前首富霍多尔科夫斯基和另外 4 名同伙密谋要挖地道越狱逃走。他们把地点选在监狱里的犯人厕所里，计划先挖一个两米深的竖井，然后再水平挖向监狱外边的厂区。由于往马桶里倒土太多，造成监狱的下水道排水不畅，引起狱方的警觉。狱方发现了这些犯人的"猫腻"后，决定不打草惊蛇，让他们继续挖下去。4 月 30 日，霍多尔科夫斯基等人开始越狱，被守候的狱方当场抓获。

（二）分析监狱重点部位的控制方法

1. 值班扼守

监狱在重点部位要建立值班守护制度，以实现对重点部位的扼守，保证重点部位的安全。

（1）外围警戒设施的扼守。监门、围墙、岗楼和警戒地带，一般是由武装警察部队控制。监门要配备武装警察和内看守两套人马，以加强对监门的控制力量。防止罪犯混出监狱，防止罪犯冲出监狱，防止外来人员对监狱的冲击。围墙、岗楼和警戒地带一般由武装警察部队的执勤人员守护，对岗楼派出固定哨，对围墙和警戒地带派出流动哨。执勤人员的主要任务是防止罪犯擅自进入警戒地带、接近围墙；防范和制止外来人员对监狱的侵袭。

（2）重要监管设施的值班守护。禁闭室、罪犯家属会见室、监内警察值班室等监管设施，由监狱民警值班守护。禁闭室由内看守员负责，昼夜轮流值班，值班实行双人制，不允许单人执行公务。由于罪犯家属会见室一般是一边在监内，一边通向监外，罪犯可由此混出监狱甚至冲出监狱，因此也是一个防护的重点部位。罪犯家属会见室需要加大管理力度，除了专职管理人员外，必要时可以增加看守员。监内的警察值班室也要严加防护，防止受到罪犯的冲击。

另外,监狱的重要物资库房、变电室、锅炉房等部位,也要安排民警或工人值班,不允许依靠罪犯管理。

2. 巡查检查

(1)重点部位巡查。监狱要安排民警对重点部位进行不间断的巡查。巡查时既要全面,又要有重点。巡查宜采用乱线巡查的方式,即每次巡查不是沿着一条确定的路线进行。这样,不会使罪犯摸清巡查规律,难以伺机作案。

(2)重点部位检查。重点部位的检查,目的主要是通过对各种警戒、监管和其他设施的检查,防止各种设施因人为的原因引起的破坏。警戒设施清查的重点是:监门的横杆、护栏的完好情况,照明情况,通讯是否通畅,报警设施是否正常,警戒线、停车线是否正常;狱墙的坚固程度,有无可利于攀登之处,有无砖石松落,狱墙下是否堆积杂物,狱墙附近是否有棍棒、绳索等可疑物品,有无被挖掘破坏的痕迹;电网及报警设施是否保持完好,能否发挥正常作用,有无绝缘物品;警戒地带是否做到无杂物、无障碍、视野开阔,防护网是否完好,有无罪犯私自靠近警戒地带的痕迹,等等。监管设施清查的重点是:禁闭室门、窗是否可靠,是否安全,室内有无铁钉、绳索、棍棒、刀片等危险物品和违禁物品;监内民警值班室的防护装置是否坚固可靠、报警设备和通讯设备是否运作正常;其他重点部位是否达到安全规范的要求。

3. 电子技术监控

电子技术监控在监狱管理中获得广泛的应用。在狱内侦查中主要使用视频监控技术、音频监控技术和红外报警技术。视频监控就是电视监控。红外报警技术是利用人体的红外辐射进行报警的装置,常用于防逃。

4. 重要现场的管理控制

监狱的重要现场,是指监舍内的罪犯生活现场、学习现场和劳动现场等。

(1)罪犯生活现场的控制

罪犯生活现场的控制主要包括:罪犯出入监舍的登记检查;每晚就寝前要由值班的管教民警亲自点名;就寝后,同样要由管教民警进行查铺。夜间由民警对监舍进行巡逻监视。民警夜间巡逻至少要二人同行。对罪犯人身的检查,是安全检查工作的一个重要环节,也是安全防范的重点内容。对罪犯的物品检查,主要是防止罪犯把危险品、违禁物品、控制物品带入监舍。

(2)罪犯劳动现场的控制

罪犯劳动现场的控制主要包括:罪犯出工、收工时,必须由民警亲自整队,清点人数。罪犯劳动现场执行罪犯定岗定位和定活动区域的管理制度。对罪犯劳动现场的生产工具,要实行严格控制,做到统一保管、统一发放、统一回收,严禁罪犯私藏工具,严禁罪犯将生产工具带入监舍。罪犯劳动现场的易燃、易爆、剧毒物品要分类存放,加封加锁,指定民警或者工人管理,剧毒物品仓库必须坚固、严密。罪犯生产区实行封闭式管理,未经允许的外来人员和车辆不得入内。

二、重点时段防控分析

(一)分析监狱需重点控制的时段

监狱重点时段是指监狱安全管理中警力相对薄弱,易出现隐患和漏洞的时间范围。在监狱安全工作实践中,监狱重点时段主要包括:起床、就餐、就寝、就医、出收工、交接班、节假日及重大庆典等特殊时期。

(二)分析监狱重点时段的防控方法

1. 日常作息节点的防控

起床时,对监区大门及整个罪犯活动区域进行监控,防止罪犯超越活动区域,处理罪犯起床过程中发生的各种情况;就餐期间,两名值班民警在岗,维持就餐秩序,并对就餐情况进行巡视监控;罪犯就寝期间,定时巡视,对反常情况进行分析,并严加控制;罪犯就医过程中,民警应亲自带领,并严密注视罪犯活动,防止罪犯脱逃;出收工是易发事故时段,应严格落实"出工监舍为零,收工劳动场所为零"的安全管理制度。

尼日利亚警方于2007年9月11日在西南部奥约州首府伊巴丹阿古迪监狱挫败一起越狱事件,打死8名越狱者,另有14名囚犯和4名狱警受重伤。越狱事件发生在当地时间当天凌晨,当时正值狱警换班前将男囚犯放出监室,列队清点人数。企图越狱囚犯突然发动袭击,将在场狱警扣为人质,并与闻讯赶来的狱警对峙了一个多小时。报道说,奥约州警方出动防暴特警发动强攻,击毙其中8名越狱者,最终平息此次暴乱。

2. 交接班的防控

值班民警交接班时间,由于下班民警急于离开岗位和上班民警未掌握最新的情况变化,容易出现监控盲区,给罪犯脱逃或进行其他犯罪活动提供可乘之机。严禁值班民警在值班备勤期间进行与工作无关的一切活动;注意交接班期间的异常情况,时刻警惕,确保民警自身安全和不发生监管安全事故。

2004年7月26日中午12点，上海某监狱王犯趁民警换班就餐之际，到车间办公室晾衣架处将事先观察好的职工付某晾晒的工作服偷走，随后绕到浴室附近，换上后戴眼镜，往监狱大门走去，后在警卫盘问下，没能成功混出，后返回原地换回囚服。侦查中被警卫认出加刑三年。

3. 节假日、双休日的防控

节假日、双休日是易发监管安全事故的重点时段。节前应进行监管安全隐患排查和安全检查，排查重点防控对象，清查各种危险品、违禁品；节日期间确保监狱领导值班室、总值班室、管教值班室和监区值班室四级联动，严格落实报告制度，保证发生突发事件时通讯畅通，警力充足，反应快速，处置得当，行动迅速。

2006年9月9日下午4时许，美国印第安纳州监狱暴乱，五十多名在押犯人乘周末监狱看管不严之机，将守卫人员打伤，集体涌向监狱大门，并向另外两名赤手空拳追赶而来的守卫人员掷石块，随后破门而逃。前来增援的警察和宪兵只抓住两名逃犯。塞通社说，这座监狱关押着668名犯人，但周末只有3名守卫人员，这使犯人越狱有了可乘之机。

4. 特殊时期的防控

特殊时期包括国家举办重大庆典、重大赛事或政治敏感时期等。监狱应高度重视这些特殊时期的安全稳定工作，加强各个环节的安全防控工作，稳定罪犯情绪，确保特殊时期监狱的安全稳定。

乌干达一地方政府监狱日前发生大规模集体越狱事件，408名囚犯乘狱警参加庆祝活动之机，集体将监狱的围墙推翻，随后四散逃逸。当地时间2006年2月25日下午5点30分左右，当地的人们正在热烈庆祝穆塞韦尼总统在上周四的总统大选中获胜，他们走上街头，欢呼雀跃。事发监狱中关押着716名囚犯。"他们当时正吃完了晚饭，要被放回牢房。突然，他们有组织地合力将监狱厨房后面的围墙推倒，随即逃跑"。他还暗示说监狱中有一半的囚犯参与了当天的逃狱计划。有报道指出，当时监狱里只部署了12名狱警看管囚犯，其他的人员则都参加到庆祝大选胜利的活动中去了。

2002年7月21日，印度苏门答腊岛监狱在世界杯足球赛期间发生一起越狱案件，当时6名看守因为"集中精力"观看世界杯巴西对比利时的淘汰赛，导致集体被48名犯人制服，这些罪犯轻松地从监狱大门四散逃亡，在大力追捕下，抓回16名。

5. 异常气候的防控

异常气候是指出现台风、暴雨、大雪、大雾、沙尘暴、高温、寒冷等异常情况。异常气候是对监狱综合应对能力的考验,异常气候条件下,民警忙于解决恶劣环境带来的困难,与正常情况相比警力显得尤为紧张,此时往往容易产生隐患漏洞。异常气候条件下,监狱或监区应加强对围墙、电网、排水沟、库房等重要和特殊场所的巡逻巡查措施,防止罪犯趁机逃脱。

乌干达西北部阿朱马尼于2006年3月12日发生一起越狱事件,至少有55名犯人趁着暴风雨时的噪音推翻了监狱的一堵墙而越狱。乌干达狱方并没有排除狱警协助作案的可能,并表示已经有6名逃犯被重新抓获。乌干达囚犯援助基金表示,对越狱事件的频繁发生并不感到惊讶,因为目前乌干达监狱普遍缺乏足够的狱警,而狱中监舍又严重不足。据报道,乌干达目前有超过2万名的犯人被关押在狭小而拥护的牢房里。此外,一些被控犯罪的人长时间被关押在狱中却得不到应有的审判,这也是越狱事件频繁发生的一个原因。

菲律宾南部棉兰老岛南阿古桑省监狱于2001年2月28日晚发生大规模越狱事件,61名囚犯在狂风暴雨的掩护下,从一条事先挖好的通往监狱外的10米长地下通道逃走。狱警很快发现了囚犯越狱,并当场打死两名企图逃跑的囚犯,活捉4人,但仍有55名囚犯脱逃。

三、重点环节防控分析

(一)分析监狱重点控制的环节

监狱重点环节就是在罪犯改造活动中,易被罪犯利用民警时常疏忽,易产生罪犯脱逃、自杀等事故隐患的环节。重点环节必须加以严格防控,如罪犯在出收工、上厕所、做工间操、拉送料、装卸货和民警交接班等环节,以及民警早开门、罪犯就餐、集中洗澡、洗晒衣物及就寝前等时段,民警管理力量和罪犯监督力量相对薄弱,极有可能被罪犯利用,乘机而动。民警应当消除麻痹轻敌思想,严格防范,消除一切可被罪犯利用的时机和作案条件。实践中,监狱重点环节主要包括:新犯入监、罪犯调遣、会见、就医、监外就医,等等。

(二)分析监狱重点环节的防控方法

1. 新入监罪犯的防控

对新入监罪犯进行安全检查是安全防控的重要环节之一,防止违禁品流入监内,造成安全事故隐患。新收监罪犯往往不适应监管改造环境,心理落差大,情绪极不稳定,往往容易导致发生监管改造事故。加强对罪犯的监管与控制,特别是防止牢头狱霸对罪犯的打骂、欺压、侮辱等危害行为,给新入监罪犯创造比较宽松的改造环境;加强对新入监罪犯的安全排查与防控。

2. 罪犯调遣环节的防控

罪犯调遣过程中的防控措施如下:调犯前制定调犯方案,对可能出现的意外事件制定应急措施,实行预案管理;对重点罪犯布置防控措施;武警协作。车站转车时由武警控制制高点,所有罪犯都在视野和控制范围内,不留死角和盲区;转车选择小型车站,易于进行封闭控制;与沿途停靠站点的公安、武警等部门保持联络,防范突发事件;做好车上调控,通风换气、伙食供应等工作,使罪犯情绪稳定。

3. 罪犯会见环节的防控

会见是民警进一步掌握狱情信息的重要渠道,由于会见时人员多而杂,因此,也是安全防控的重点环节。会见时,应采取以下防控措施:加强会见管理,严格会见人身份的审核,严格检查会见手续,按照会见有关规定进行;对会见人携带物品进行严格检查;加强对会见过程的监听、监控。

2008 年 5 月 18 日上午 11 时,某监狱罪犯柳某借会见"女友"之机,偷偷接过其事先准备好的假发套等物,改头换面逃离监狱,并在两周后落网。经查此案系监管疏忽所致,当事两名监管人员被判有期徒刑一年,缓刑两年,监狱管理局暂停全省的亲情就餐制度,并进行安全整改。事发当天,罪犯女友龚某手持亲情就餐单进入二楼就餐厅。餐厅监管负责人任某未对就餐单认真审查,让龚某进入了餐厅。在就餐过程中,龚某将事先隐藏在裙子里的假发套等物交给了柳某。柳某趁任某不备,偷偷溜进在押人员不得进入的二楼卫生间,戴上假发套。之后,柳某将囚服进行改装,取下上面的囚牌、囚标丢入卫生间的下水道。11 时 14 分,柳某混入由任某负责看管的家属接见室通道,逃离监狱。两周内,龚某和柳某先后被抓获,后因脱逃罪分别被判处有期徒刑三年与五年。

4. 罪犯就医环节的防控

罪犯就医,特别是到监外就医是罪犯脱逃隐患比较大的环节,对罪犯就医过程应严格控制,防止罪犯脱逃或凶杀案件发生。罪犯外出须当日返回监狱,如需住院另行审批。罪犯要在定点医院进行就医,病房应安装防护栏、安全门等防护设施。罪犯外出就医应使用专用救护车或警车,并派 5 名以上警力押解,押解警察应当对罪犯进行搜身检查，并带戒具。罪犯就医期间，看押警察应进行全程有效监控，确保罪犯不脱离视线，严防罪犯脱管失控。如遇突发情况，应严格按照预案处置并及时向监狱领导报告。

2011年10月26日下午，辽宁省某监狱一名罪犯，朴某，男，朝鲜族，49岁，沈阳人。2009年朴犯因犯故意伤害罪被中级人民法院判处无期徒刑入监狱服刑。2011年10月14日，朴犯因突发心肌梗塞被120急救中心紧急送入医院救治。经医院会诊，决定对其施行心脏搭桥手术。2011年10月26日13时50分许，戒护警察带朴犯前往医院门诊进行检查，行至住院楼外时，被两名青年男子拦截殴打，朴犯及其妻子趁机脱逃。经调查获悉，在朴犯监外就医期间，使其妻子获悉到其在医院就医这一信息。随后，朴犯的妻子从沈阳市郊区县找来4名青年男子，请他们帮助从医院里劫走丈夫，并向4人许诺10万元酬金。经过一番预谋，10月26日，朴犯的妻子和4名青年男子一同来到医院伺机作案。下午，当一名狱警带着朴某前往门诊处做彩超时，朴妻雇用的青年男子突然袭击殴打了狱警，将其打昏后成功将朴犯劫走。

第五节　重点事件防控分析

一、可疑线索分析

线索，即事物发展的脉络或探索的门径头绪。监狱安全中的线索，主要指罪犯中进行阴谋犯罪活动的疑人疑事，即可疑的人物和可疑的迹象。

（一）线索的来源

1. 从研究罪犯档案材料中发现线索

罪犯的档案材料，一般记载有罪犯的基本情况。包括其个人经历、家庭成员、社会关系、犯罪情节以及各个时期的改造表现、坦白交代与检举揭发材料等。侦查人员应认真研究这些材料，从中发现可疑迹象和可疑分子。有时还可能发现很有价值的侦查线索和重大嫌疑对象。研究罪犯档案材料应有重点，着重在犯罪历史长、恶习深、罪重刑长的罪犯。尤其是那些杀人犯、抢劫犯、惯盗惯窃犯，这些罪犯往往是狱内犯罪的主体。

2. 从研究罪犯坦白、检举和思想汇报材料中发现线索

罪犯的预谋犯罪活动是在罪犯群体中进行的。不论犯罪人多么隐蔽狡猾，总

会暴露蛛丝马迹,不可避免会被其他罪犯发现,有的罪犯慑于政策法律的威力感召,或为了立功减刑而坦白检举他犯预谋犯罪活动和反常疑迹。因而,狱侦人员应对罪犯的坦白检举和思想汇报材料进行认真的分析研究,从中发现有价值的预谋犯罪线索。

3. 从罪犯通讯、接见和邮送物品的检查中发现线索

鉴于监狱严格的管理,罪犯为了实施犯罪,总需要做各种准备,需要和狱外人员进行联系,多以通讯、接见和邮送物品等合法方式为掩护进行。如在通讯、接见中使用隐语、黑话、方言、土语等进行联络或从事犯罪活动。在邮送物品中夹带密信、现金和其他违禁品。因此,监狱民警认真研究,可以从这些方面开辟线索。

4. 从对重危犯和罪犯中反常现象的调查研究中发现线索

重危犯是狱侦部门工作的重点对象。务必严加控制,布置公开和秘密力量进行监控,及时掌握其思想动向,真正做到敌动我知,从中发现案件线索。罪犯进行阴谋犯罪活动,总是要在行动上暴露出某些反常迹象,这些反常可疑迹象是犯罪人进行犯罪活动的征候前兆。因此,监区民警应多方搜集这方面的信息,从中找出案件线索。

5. 运用耳目和技术手段发现线索

罪犯在狱内进行各种犯罪活动极其隐蔽狡猾,并有逃避侦查的经验。狱侦人员要善于使用耳目,有目的、有重点地进行监控,注意观察,以发现可疑行迹。有条件的还应充分发挥技术手段的作用,通过监控发现预谋案件线索。

6. 上级侦查部门和其他部门提供的专案线索

上级刑罚执行机关和公安机关以及其他监管场所的侦查部门在侦破案件中发现的线索,及时转给有关部门。对这些线索应组织专门力量进行查证,从中发现案件线索。

(二)线索的核查

通常监狱民警获取的线索,往往是比较粗糙,零星片断,残缺不全的,有的有人无事,有的有事无人,有的只是些表面现象,不能说明问题的本质,并包含着真假两种可能性,所涉及的对象也可能犯罪也可能没有犯罪。因此,对任何一件有意义的线索材料,都必须严肃认真地进行查证核实。

查证核实线索,有的需要从查人开始,有的需要从查事开始,有的需要对线索来源的可靠程度进行核实查证,有的需要对证据进行初步的收集、审查、判断。每

一个线索的查证步骤和方法,应视线索的具体情况而定。在查证过程中,不能时断时续,应积极主动,抓住不放,一查到底。特别是对一些重要疑难线索,要知难而进,找出调查方向,寻根究底,务求弄个水落石出。

1. 来源核查。通过对形成线索材料源头的核查,搞清线索材料是在何种情况下形成的,是否存在对其客观真实性有不良影响的因素。线索的来源是多种多样的,有的是调查发现的,有的是耳目汇报的,有的是监听到的,有的是罪犯举报的,有的是犯罪嫌疑人坦白交代的等。这些来源都有一定的可靠性、可信性和真实性,但也可能不同程度的存在主观性、片面性。因此,要根据不同来源的特点,各有侧重地对其进行核查。

2. 活动情况核查。通过对线索材料所反映有关嫌疑情况的核查,弄清这种嫌疑活动是否存在,线索材料反映得是否全面,情况是否有出入。

3. 参与人员情况核查。通过对线索材料中有关人员或团体的调查,弄清是否确系其从事参与了有关嫌疑活动,是否有其他人员和团体参与其中。

4. 涉及范围核查。通过对线索材料中反映有关嫌疑活动所涉及的范围进行核查,弄清线索涉及的区域,从而确定嫌疑活动的范围和规模。

通过上述四个方面的核查,使原有的线索材料逐步形成完整、具体、准确的线索。在核查的基础上,经过去伪存真、去粗存精、由此及彼、由表及里的全面分析研究,对线索材料属于什么性质的作出正确的判断。

对查证的线索,要认真核实,并进行综合分析判断,做到精、广、细、深、准。"精"就是反复核实情况,把握重点、难点问题,忠实于事实真像;"广"就是开展调查活动的面要广,触角要广,既有多方信息来源,又能相互印证;"细"就是要细致,要有"监管工作无小事"的思想,善于"见微知著",抓苗头,观"趋向",从细微处发现问题;"深"就是在普遍调查的基础上,层层筛选,确定重点,深挖细查。除了从公开的管理、教育、安全等渠道和手段获取材料外,还应采用必要的隐蔽手段,实行"潜水作业",认真深入下去;"准"就是各项调查程序要合法,要坚持实事求是,一切从实际出发。对了解、掌握的第一手资料不夸大、不缩小、不偏听偏信,同时经过正确的分析研究,作出符合客观实际的判断。对各类材料和信息要进行去伪存真、去粗取精、由此及彼、由表及里,精加制作、全面分析。透过现象抓住本质,用以指导工作。

某年某日凌晨5时许,坐落在市区的某监狱内一个人影急匆匆地来到织造车间后面，放下一包东西，马上离去，这时监管分队值班罪犯葛某发现这一可疑情形，马上将这包东西从垃圾堆中破脸盆下拿了出来，打开一看，原来是两把匕首，葛犯立即向民警汇报。经分析，认为这两把匕首可能隐藏着一起狱内重大预谋案件。监狱领导决定立即成立了侦破小组，负责全面侦破工作。侦破组为了尽快完成任务，依法迅速开展调查，根据值班犯人葛某发现的时间、地点分析推测，摸排中发现有两条重要线索集中到一监区织造中队罪犯宋某身上。一是罪犯宋某曾在车间材料房的砂轮上打制过类似物件；二是罪犯宋某当日凌晨请假外出15分钟。侦破小组当机立断，立即将宋某禁闭，经过对罪犯宋某一个多小时的提审，宋犯终于承认那两把匕首是自己早上藏的，是用来杀害同监区罪犯张某、周某等人的。同时又发现另一重要线索，材料室罪犯洪某向民警交出罪犯宋某9日早上交给其保管的三根钢管。从外围调查情况来看，宋犯与罪犯张某、周某等人没有利害的尖锐矛盾，缺乏杀人动机。从宋犯改造表现来看，该犯曾脱逃一次，捕回后仍未死心，始终伺机逃跑。从查获的凶器数量来看，两把匕首，三根钢管，显然不可能是一名案犯，极大可能隐藏着更多更深不可告人的秘密。结合狱侦科平时掌握罪犯宋某、刘某与入监不久的罪犯张某接触频繁的事实，综合分析，经过十几小时的提审，晚10点30分，宋犯迫于法律的威严，交代了自己伙同罪犯张某、刘某自2月以来密谋策划，磨制刀具、钢管，预谋偷盗警服，杀害民警暴力结伙脱逃的经过。

（三）线索的使用

对获取线索的处理：不同情况，不同性质，及时处理。

1. 问题性质明确、肯定材料，应及时请上级批准，组织专案进行调查，如脱逃、暴动越狱、行凶等重大线索。这类线索通常要进行立案，即在预谋犯罪线索审查的基础上，对所发现的重大预谋犯罪线索，经过初步审核嫌疑确实存在，应立即进行立案。凡列为专案侦查的预谋案件，必须写出立案报告，报经上级批准。对无须使用侦查手段进行侦查的预谋案件，如罪犯在作案现场被当场抓获或罪犯在预谋过程中很快投案自首的预谋案件，不必再写《立案报告》。《立案报告》的内容主要是：预谋案件来源、性质、现场勘查情况、侦查对象的情况、案件的初步分析和侦查部署。

2. 对虽然有危险嫌疑的，但材料不充分，不肯定，亦不能否定的，监狱要深入调查，如不明确狱内犯罪行为的，应进行控制，进行跟踪调查，深入基层监区调查。

3. 对肯定的异常情况，一般违规违纪问题，由监区管理、教育等部门进行处理，清楚后，解决控制、消除危险。

4. 对罪犯与社会分子进行勾结联系，发现社会上的嫌疑线索，及时转到有关部门查处。

5. 经查明确属诬告，按不同情况处理。

6. 所获得的线索有价值的，分门别类进行归档储存。

二、违规事件分析

罪犯在监狱内服刑必须遵守监狱的各项规章制度，但是，由于罪犯的主观恶性和恶习，往往无法把握自己，就会出现违反监狱规章制度的行为。罪犯违反监狱纪律与规定，有不同的情况。有的只是偶尔违反，有的却是经常违反，并且违反的严重程度亦有区别。罪犯在服刑过程中发生违纪行为，既与其主观顽劣性有关，又与民警的执法素质与管理水平有直接联系，或许还是监狱“监禁效应”的某种产物。一般而言，可以把罪犯的违纪行为分为一般违纪、中度违纪和重大违纪三种情形。其中一般违纪是指罪犯改造过程中出现的轻微违纪，如未完成监舍卫生任务等；中度违纪是指已经产生一定后果并受到警告、记过等处罚的违纪行为，如动手打架但被及时制止，未造成严重后果等；重大违纪是指具有较严重后果和危害，并受到禁闭或严管等处罚的违纪行为，如酗意报复他犯、恶意侮辱民警等。

罪犯重大违纪行为大致可分为十类，即打架斗殴、抗拒劳动（含消极怠工）、抗拒管理（含顶撞、辱骂民警）、自杀自残（含自伤）、破坏监管秩序（含脱离互监组、抗拒改造、无理取闹、行凶报复、因精神病或狱内犯罪待查待判等各种原因被隔离）、袭警、喝酒赌博、购买与私藏违禁品、破坏生产设施（含严重违反操作规程）、盗卖公私财物。

狱内重大违纪发生，一方面是罪犯主观因素，如有的罪犯法律法纪意识淡薄，对各种规章制度不以为然，甚至明知故犯、铤而走险；或者恶习深、品行劣、喜欢恃强凌弱、争强斗狠；或者好胜心强、心胸狭窄、易激动、不理智、不能很好地控制自己的言行；或者角色意识差，人在狱内，心在狱外，依然向往灯红酒绿、声色犬马的生活，贪图享受，追求刺激。另一方面罪犯的情绪还受外界的影响，如罪犯劳动量的变化，劳动量增大，生理和心理容易产生“不适”而产生急躁情绪。气温的变化，特别是三季度，天气炎热，罪犯心理相对烦躁，容易产生身体不适或情绪失控。特定日期的影响，主要是在中秋节、春节、少数民族的重大节日以及自己与亲人的生日、结婚纪念日等具有特殊意义的日子，罪犯的心理变化大，情绪容易出现大的波动，不愿意受到外界干扰，也对外界的刺激比较敏感。另外，民警的行为也会影响罪犯的违纪行为，民警在罪犯计分考核、罪犯矛盾处置等管理过程中，处理不公平，或者处置不果断、不利落，留下了尾巴，也埋下了隐患；当事罪犯心有不满，民警既不能及时消除，也未发现。这些罪犯容易在其他因素的诱发下，出现新的或者较重的违纪行为。有的监狱对于可能发生冲突的重点罪犯没有给予应有的重视，没有落实必要的包夹措施，或者在特种工具、劳动工具、生活设施以及重点部位等方面的管理上存在漏洞，客观上为罪犯违纪提供了条件。

(一)打架斗殴

打架斗殴是罪犯在情绪失控状态下采取的一种过激行为，结果不可预测，危害极大，有时甚至危及监管安全。

1. 打架斗殴罪犯的基本情况

打架斗殴属于暴力违规的范畴，这些罪犯通常文化水平低，从小厌恶学习，喜欢打架闹事。在其童年时期就表露出明显的攻击性，从小父母娇生惯养，厌恶学习，经常打架闹事，欺负同学，有时甚至殴打老师，以至于发展到后来的暴力犯罪。从心理测试结果看，打架斗殴罪犯“情绪稳定性、冲动性、攻击性、报复性、焦虑感、犯罪思维模式”六项指标均远高于其他罪犯。他们在一个不健全的家庭环境里成长，绝大多数人小学没上完就辍学回家，混迹社会，接触社会上的不良青年，吃喝玩乐、贪图享受、打架闹事、讲哥们义气，逐渐养成逞强斗狠，欺负弱小的恶习，他们崇尚暴力，凡事以暴力方式解决。绝大多数罪犯染疾早，恶习深，从小品行不端。

(1)年轻罪犯居多。罪犯的年龄与狱内斗殴行为有一定的必然联系，即年龄在40岁以下的罪犯是狱内斗殴的主体，也是监管工作中防范和关注的重点。

(2)文化程度较低。调查发现，罪犯文化程度越低，参与狱内斗殴的人数越多。由于其文化程度低，因而对事物的认识能力较差，分不清真与假、美与丑、善与恶，对社会缺乏责任感。另外不少罪犯由于不注重学习，对法律常识了解甚少，法律意识相当淡薄，正是因为他们的文化层次低，法纪观念淡薄，在面对他犯有意或无意的冲突时，以自我为中心，率性而为，胆大妄为，不计后果。

(3)从斗殴罪犯案情上看，暴力型罪犯居多。这说明暴力型罪犯也是狱内斗殴的多为人群，这与暴力型罪犯的个性特质息息相关。暴力型罪犯从其心理状态上看，他们头脑不冷静，缺乏理智和自我调节能力；从其性格特征上看，他们情绪不够稳定，粗暴易怒，想问题简单，自我控制能力弱，易于冲动。监狱必须高度关注暴力型罪犯这一群体。

(4)多因生活琐事引发斗殴。因生活琐事引发狱内斗殴的占多数，也有因讲哥们儿义气，特岗犯管理方法不当，简单粗暴导致引发狱内斗殴的。由于罪犯自身恶习较深，自身素养较差，在他们心中没有法律法规，没有监规纪律。必须加强法律常识、道德规范及行为规范的教育，一方面要加强民警的直接管理教育，做到三大现场不离人，24 小时不脱管，将狱内斗殴的苗头消灭在萌芽状态；另一方面要加强特岗犯的管理教育，尽可能地减少因特岗犯管理不当引发的打架斗殴行为。

(5)多采用拳脚相加的斗殴方式。狱内斗殴采用手脚击打对方的占多数，也有采用劳动工具、生活用品伤害对方的。一方面说明少数罪犯具有强烈的暴力倾向，另一方面也说明这些罪犯胆大妄为，不计后果，更具有凶残性。[1]

2. 打架斗殴的防控对策分析

(1)科学识别。识别暴力违规的罪犯是从危险源头进行治理的方法，以心理测试结果中的“情绪稳定性、冲动性、攻击性、报复性”四项指标为重点，结合罪犯的犯罪史、成长史、犯罪经历、家庭关系及改造表现等情况，综合评估，从罪犯入监教育开始，科学识别，并建立暴力危险罪犯防控档案。从犯罪类型、经历、手段、改造手段等方面看，以下七种罪犯是打架斗殴的高危人群。

- 暴力型犯罪的罪犯是打架斗殴的高危人群。
- 黑社会性质犯罪的罪犯是打架斗殴的高危人群。
- 暴力犯罪手段残忍的罪犯是打架斗殴的高危人群。
- 有多次暴力犯罪经历的罪犯是打架斗殴的高危人群。
- 有多次暴力违纪记录的罪犯是打架斗殴的高危人群。
- 经常与特岗犯发生争执的罪犯是打架斗殴的高危人群。
- 经常不服从管理，顶撞民警的罪犯是打架斗殴的高危人群。

(2)强化管理。其一，强化日常管理，突出管理重点。一是突出对三种人的管理：已确定有暴力危险倾向的罪犯；残疾、智障、精神病犯中有暴力倾向的罪犯；特岗犯。二是突出对早、中、晚空档时段以及节假日期间的管理。三是突出对重点部位的管理。包括洗漱房、电视房、储藏室、工具室、厕所等部位。其二，强化物品管

[1] 范俊儒：“狱内罪犯斗殴的特点、原因分析及改造对策”，载《犯罪与改造研究》2010 年第 2 期。

理。劳动工具管理规范化,利锐器、危险性生产物料的保管及废弃处置制度化,进一步加大全塑化管理力度。其三,强化直接管理。将罪犯的一切活动纳入民警的视线,不留死角。从调查情况看,就餐、洗漱、下棋娱乐、看电视等区域的打架斗殴事件发生率较高,与民警管理不到位有一定关系,为此,在实施集中管理的同时,应切实做到民警面对面管理罪犯,减少暴力事件的发生。其四,强化互监管理。就是要充分利用罪犯趋利避害的心理,建立教育、激励机制,激发罪犯的秩序维护意识。经常开展互监组评优竞赛活动,以活动促改造,变被动为主动,减缓打架斗殴的发展过程,为有效制止赢取时间或者化解暴力事件。

(3)完善应急处置措施。调查发现,民警及时制止的打架事件,其危害程度明显轻于未有效实施制止的事件。因此,建立高效的暴力事件应急快速反应机制至关重要。在监区层面,各分监区、监区应具备处置普遍打架斗殴事件的能力,具体到每位民警,就是要具备及时发现、迅速控制事态发展的本领。坚决杜绝打回笼架或因处置不力导致事件升级。在监狱层面,应综合人力、物力、财力,建立强有力的应急快速反应机制,在警力装备、交通通讯上优化配置,真正做到出警迅速,处置有力,保障到位,有效控制暴力违纪。

(二)对抗管理事件分析

罪犯对抗管理一般是指监狱关押的罪犯不服从监狱民警依法正常管理或对民警实施非暴力或暴力的行为。罪犯的这种对抗行为是一种严重危及监管秩序的恶劣行为。

1. 罪犯对抗管理的行为方式

(1)情绪对抗。主要是指罪犯的对抗行为通过举止神情、心情好坏来让管理民警体会其抵触、反感、不服从。通常表现为不理人,对民警的教育谈话、改造任务分配不予理睬或推诿拖拉。罪犯对抗时一般都处于情绪激动状态,其对抗的目的性并不十分明确。

(2)言语对抗。主要是指罪犯的对抗行为是通过直接的语言实现的、一般表现为理论、争论、谈条件,甚至恐吓、威胁。

(3)出言不逊,谩骂对抗。主要是指罪犯的对抗行为是通过言语谩骂、侮辱民警形象来实现的。

(4)胁迫对抗。主要是指罪犯对抗行为的外在表现是针对自己的,是以言语或实际行为表现出来的自杀、自伤自残拒绝配合医疗等,其目的是通过对自己的身体伤害来胁迫民警或监狱。

(5)暴力对抗。主要是指罪犯的对抗行为是通过暴力手段来呈现的,罪犯通过对民警实施殴打等严重暴力行为来达到逃避改造的目的。

2. 罪犯对抗管理的处置对策

(1)对非暴力对抗行为的处置

冷处理法。主要是指罪犯主动放弃非暴力对抗行为或被民警带来现场,民警不急于对其批评教育,而是给予一定的时间冷静,待其情绪缓和后再做进一步的处理。在此过程中,必须要在罪犯冷静场所安排非直接民警看守,不需要对其做批评和教育,主要目的就是缓和罪犯情绪。

换位处理法。主要是指罪犯发生对抗行为是事出有因或是因为维护自身正当权利过程中采用过激行为,对罪犯提出从轻处理的要求予以考虑的方法。从利于罪犯改造的原则出发,可以予以考虑,否则会造成由于依法打击而继续将其推向反改造的道路上去,从而塑造了一名反改造分子。

心理诱导法。主要是指对罪犯发生对抗行为后,放弃教育的手段,采取心理疏导的方法,帮助其宣泄不良情绪,通过心理诱导,帮助其树立正确的改造态度,从而最终认识自己的错误。

先礼后兵法。主要是指在处理罪犯非暴力对抗行为时,民警在运用各种方法后,罪犯仍拒绝配合,拒不放弃对抗行为,而后采取的强制措施,进行强制性管理,包括严管、禁闭等方式方法。通过强制性的手段,对其形成威慑,迫使其回归认真改造的道路上来。

(2)对罪犯暴力对抗行为的处置方法

一是口头警告。分为两种情况实施,即是暴力对抗倾向和暴力对抗行为。暴力对抗倾向是指罪犯有暴力行为的明显特征,但还没有针对民警实施接触性的动作,这时民警的口头警告应该是提醒式的。如果暴力对抗行为已实施,罪犯已经发生实质上的针对民警的暴力动作,此时民誓的口头警告应该是命令式的。二是当场制止。当口头警告无效后,民警必须立即采取徒手暴力、警械或戒具三类方式进行当场制止,控制事态。三是有效制服。当罪犯被制服后,立即对其进行戒具控制,带离现场,民警要将制止情况立即上报监区,监区立即派员到现场了解处置工作的程序及合法性,采取布控措施和进行证据的固定工作,并将结果上报监狱,由监狱职能部门对罪犯宣布民警对其采取制止行为的合法性。

(三)自伤自残事件分析

1. 罪犯自伤自残的主要方法

自伤是指行为人故意损害自己健康的行为。从伤害程度来看,自伤轻伤居多,重伤或毁容者极少见;从伤痕出现的部位来看,自伤伤痕一般出现在伤者自己能够达到或完成的地方,自伤伤痕排列较整齐,方向一致,分布较集中,伤痕的间距较小,深度较一致;自伤者的伤情与表现常不一致,伤情虽轻,但伤者表现出重伤的症状甚至故意昏迷。自残,即通过伤残自己肢体的行为,来达到摆脱、逃避某种压力或惩罚目的的一种现象。罪犯自伤自残的主要方法有:

(1)吞食异物。吞食异物既是自杀的方式之一,也是罪犯常用自伤自残的重要手段之一。因为除吞食剧毒物品、烈性腐蚀物(强酸、强碱等)或吞食其他异物后未被及时发现或虽被及时发现但未积极采取有效措施者外,在大多情况下都能通过积极抢救治疗而避免行为人死亡的后果。有的犯人还常常以所谓"吞食了异物"为由伪装自杀自残来要挟和对抗管教民警;多数犯人则是企图通过吞食异物造成自伤或自残,以逃避艰苦的体力劳动或抗拒改造。

(2)自损肢体。如罪犯对自己割腕、割颈,咬、挖、砍、砸肢体及身体其他部位,撞墙等。

(3)让他人损伤肢体。用有意的事件来损伤身体或在生产劳动中有意自伤自残而以工伤之名为目的,甚至个别犯人还偷偷让别人将自己的胳膊、腿等砸伤,尔后冒充工伤无理取闹。

(4)往身体某部位注射异物。

2. 罪犯自伤自残的行为分析

(1)逃避现实。一是逃避劳动。由于罪犯中青少年多来自大中城市,从小缺乏劳动锻炼、养成贪乐、好逸恶劳的恶习,对艰苦的体力劳动一时难以适应,为了不劳动或能干上轻松活,出此下策。二是无法忍受失去自由的痛苦和严格的纪律约束。狱内外的反差大,罪犯的改造生活,在人身权利和自由度、生活待遇和劳动强度等方面与其原在社会上的情况有很大反差,以致某些罪犯有一定程度的心理变异,产生了苦闷、抵触、沮丧的情绪。为了摆脱这一束缚,达到保外就医、脱逃等而自伤自残。三是逃避某种惩罚或压力(如严管、禁闭状态下的压力)而自伤自残。[1]

〔1〕 方敏晔:"劳教人员自伤自残的行为分析及预防对策",载《犯罪与改造研究》2006 年第 2 期。

(2)不良心理。首先是威胁民警,他们自吹曾多次达到逃避劳动或威吓住了管教民警对其不敢管束的目的;其次是对抗管教,他们中有以多次自伤自残来达到混刑度日之目的;还有的是因为违反纪律、拒绝接受批评教育而自伤自残。有的自伤自残中有自罚的成分在内,因悔恨、赎罪、自罚而自伤自残。有的罪犯受亚文化团体的不良影响,导致他们中有的人崇尚武为,不惜流血,甚至把自伤自残行为看做有力量的象征,想以这种手段在罪犯中"树牌子"。也有的罪犯出于罪犯之间的勾心斗角而为的自伤自残。如将自伤自残谎称他伤或者故意将他伤伪称为自伤自残。除此之外,还有报复性的自伤自残。

(3)身体或精神疾病。有些罪犯因生理缺陷、身体残疾、身患慢性病得不到有效救治或久治不愈,就会背上沉重的包袱,想用自伤自残的方式引起民警关注,希望民警带他去外面好的医院看病或予以保外就医。

3. 罪犯自伤自残的预防对策

(1)细心观察,掌握动态

监狱民警要通过值班、巡查等形式加强观察发现,严格落实谈话教育制度,对重点罪犯要重点谈,同时发挥狱内耳目的作用,及时掌握罪犯思想动态。要通过直接观察、罪犯汇报、监控技术等手段,积极发现罪犯自伤自残的蛛丝马迹,并进行综合分析判断,对罪犯自伤自残进行准确的预测。民警一旦发现罪犯产生自伤自残苗头,要积极控制,认真做好思想工作,在其未打消自伤自残的念头前,还必须采取有力措施加以控制,直至经过教育打消自伤自残的念头。

(2)严格控制,加强防范

一是对有自伤自残的罪犯实施包夹、包控、包转化,积极打消错误念头,发现有自伤的苗头就要及时采取措施,必要时可按规定采取禁闭措施进行控制和送严管队强化教育。监狱民警要加强对零星人员和"三大"现场的直接管理力度,减少罪犯独处的机会,防止罪犯利用独处时机实施自伤自残行为,使罪犯身处立体改造规程之中,使其劳动、学习、生活都处于紧张而有节奏的整体活动和相互监督之中,使罪犯的一切活动都在民警的掌握之中,罪犯的情绪发生任何异常变化都在民警的视线之内。二是要加强对剪刀等锐利物品和绳索、电、药物的管理和控制,监狱医院每天要对一次性针筒、输液器等医疗废弃物在清点后进行销毁,并做好医疗废弃物销毁登记,及时排除对罪犯自伤自残有助的隐患。三是要定期和不定期地对罪犯宿舍和随身物品进行检查,要将有可能造成自伤自残事故的钩针、碎玻璃片等危险物品及时清理。发现有剪刀等劳动工具丢失的，应立即采取有力措施全力排查，并及时向监狱管理部门和分管领导汇报。为了防止丢失的劳动工具在罪犯中传递或被带进监舍，民警应对丢失的劳动工具所在车间罪犯采取相应的隔离措施，逐一进行安全检查。四是加强防护和监管设施，增强科学技术含量充分发挥技防的作用。五是监狱内装修设施以不能取下为妥，做到防患有加。

(3)教育疏导，注重矫治

要定期和不定期分析罪犯的思想情况，把普遍教育与个别教育结合起来，把监狱教育与社会、家庭帮教结合起来，把解决思想认识问题与解决实际困难结合起来，针对罪犯不同的思想问题、适应不同类型罪犯的不同性格特点，采取不同形式、不同内容的教育、疏导方法，去其心病，帮其解难，促其开窍，培养其自知、自强、有为的心理品质，使其看到认真改造的光明前途。

自伤自残罪犯多数因心理、精神障碍引起，因此采用现代心理科学技术手段，及时排解罪犯的心理障碍，释放其心理压力刻不容缓。一是重视对罪犯心理健康知识教育，提供心理疾病产生原因的知识，提供自我调节及自我矫治不健康心理的原则方法，提供心理治疗、咨询的知识；二是准确测试每个罪犯的心理疾病，分析心理疾病类别，为心理疾病治疗奠定基础；三是配备专业人员，建立心理咨询室和心理热线，定期向罪犯开放，帮助罪犯排解心理障碍和生活、法律中的问题，给罪犯提供宣泄压力、疏导情绪的场所和机会；四是建立罪犯心理档案，开设心理辅导课，对症下药，有效地消除罪犯自伤自残的心理障碍和心理动因。

(四)吸毒、赌博、喝酒

1. 吸食毒品、药品

狱内暗语称“嗑药”、“溜冰”。因社会上冰毒、海洛因、麻谷等常规毒品难以进入狱内，罪犯便寻求其他药品来代替。包括大剂量吞食咳喘感冒片(内含微量咖啡因、麻黄素等成分)、旱烟叶内混杂大麻、止咳糖浆兑可乐、口服盐酸曲马多、美沙酮、盐酸氨茶碱片等致幻药物，久而久之形成药物依赖。

2. 酗酒

各地监狱都将酒类作为头号违禁品，但罪犯却绞尽脑汁想方设法搞酒。如高利诱惑、唆使个别民警及合作厂方外聘人员购买；或用米饭、水果发酵酿酒及工业酒精勾兑造酒等，以此达到麻醉神经、缓解压力的目的。罪犯常常酒后乱性，不计后果，极易形成监管安全隐患。

3. 赌博

狱内赌博，严重败坏狱内风气，致使罪犯丧失改造信心，无心改造，专门琢磨如何投机取巧。极易诱发狱内偷盗、诈骗等二次犯罪。有的罪犯赢得财物后第一时间内跑到狱内超市大肆采购，回到监舍后大吃大喝，疯狂挥霍，以此来满足自己的虚荣心；或者将钱物折合成劳动日，役使输钱的罪犯为自己洗衣、刷餐具、打扫卫生等，久而久之形成拜金主义、享乐主义等腐朽思想。

三、狱内犯罪或自杀事件分析

（一）罪犯脱逃犯罪分析

新中国成立以后，根据当时形势的需要，我国绝大部分监狱建立在山沟、湖边等偏远的地方，监狱工作方针经历了几个发展阶段，受监狱工作方针的影响，一直到二十世纪八十年代末，罪犯主要从事室外劳作，例如，矿山开采、农业种植、茶田种植等，罪犯分散面积广，自由度大，加之看押手段落后，实行民警以人看人，稍有直接管理不到位，便给罪犯的脱逃创造了有利条件。因此，罪犯脱逃主要呈现为室外脱逃，甚至有的监狱一年发生近百起罪犯脱逃的事件，脱逃方式也相对简单，大多数是乘隙脱逃。进入九十年代，特别是随着监狱法的颁布实施，监狱工作方针发生了根本性变化，中央对监狱工作的要求也越来越高，同时，随着市场经济的深入发展，犯罪主体、犯罪形式多元化，狱内在押犯构成日趋复杂。为顺应形势，迎接挑战，监狱行刑理念、管理手段、教育方法等都在不断改革创新。尤其是监狱布局实施了战略性调整后，罪犯“三个转移”（室外向室内转移、分散向集中转移、农村向城市转移）取得了显著成效，绝大部分罪犯处于监狱民警的直接管理之下，处于封闭管理之中，自由活动的空间很小，加之警戒设施逐步完善，外围难以突破，在这种监管森严的条件下，罪犯强行脱逃可望不可及，乘隙脱逃“路障”重重，风险大，概率小。

1. 罪犯脱逃的特点

（1）智能化。罪犯一般有较长时间的预谋，对监狱地形、监控设备的布控、带值班民警的特点以及民警管理中的漏洞等有作了比较全面的了解，制定了系统的脱逃方案。

2005 年 3 月某监狱破获的一起预谋脱逃案中，陈、董二犯先后设计了 5 套脱逃方案，杀害民警抢夺警服、盗用电子门卡和清除“路障”。脱逃时机选择为或思想麻痹、缺乏警惕，或身材矮小、年老体弱，或刚刚从事监狱工作又缺乏斗争经验的民警带值班期间，具体时间设定为2月中旬至3月初的凌晨3至4时，原因在于这时天气尚冷，民警大多穿多功能服，抢夺警服后，或大或小穿在身上不是特别明显，更便于伪装，如等到天暖，民警着春秋装、夏装，抢的警服不合体，容易被发现；加之凌晨民警容易精神困倦，疏于防范。作案工具先后准备了钢管、撬棍、钢板磨制成的砍刀，并准备了毫不起眼的封箱胶带封堵民警的嘴、捆缚其手脚。作案地点选择在去医院"看病"途中，或在与车间隔绝并有卫生间的警务室；此外二犯还精心绘制了监狱的地形图，非常准确，以便于脱逃。案犯对实施脱逃的每一个环节都作了反复细致的谋划，表现出明显的智能性。

①改变脱逃策略。由过去公开强行脱逃变为现在隐蔽的脱逃，转换了脱逃的策略，先骗取民警的信任，再创造条件和时机脱逃。有的罪犯投民警所好，让民警对其放松警惕，有的罪犯制造积极改造的假象，等当上事务犯，骗得从事外役劳动或担任值星员等罪犯职务，再趁机实施脱逃。

②高智能性。罪犯为了成功脱逃，在很长时间着手准备。在日常生活中与他人无异，甚至有积极的改造表现，脱逃意念很少外露，在其脱逃后，常使人感到意外。有的罪犯为了脱逃，甚至专门研究一门技术。例如，有的罪犯自制万能钥匙准备脱逃；有的罪犯利用铁棍连接电网正负极，破坏电网脱逃；有的罪犯制造各种意外，采用"声东击西"之计脱逃。这些脱逃犯在平时暗中观察，专门找管理和设施漏洞，伺机而发。

③均善于发现、创造和利用机会。当今罪犯已经很少有人不顾环境，一意孤行，情绪化的脱逃。他们一般都会经过长时间的预谋，观察和分析，创造出或者利用最适当的时机实行脱逃行为。现在大多数监狱已经从室外劳作转为室内劳作，脱逃更是难上加难。预谋脱逃的罪犯会对警戒设施、民警带值班规律、作息时间、警力配备等各个环节进行可能观察，寻找管理漏洞，着手实施脱逃行为。

④化妆或利用通讯技术。有的犯人利用狱外人士来监活动之机，化妆成修理工、司机、妇女伺机脱逃，还有的想化装成民警脱逃。有的罪犯利用探监之机，与亲友、同伙取得联系，里应外合实施脱逃行为。

1999年9月，某监狱民警查获罪犯刘某一封私发给女友的信笺。信中刘某流露出对自己刑期长的恐惧，要求女友带7000元钱，十条香烟，并带两名小姐，以及三个朋友驾驶三辆轿车于十月来监会见。中队民警分析刘犯有可能预谋脱逃，立即进行突击提审。刘犯交代,预谋10月15日与女友会见时,让两名小姐对负责会见的民警进行纠缠;分散民警的注意力,自己争取机会拿现金,逃出会见室,钻入轿车脱逃。

⑤利用狱外亲友对民警“攻关”。金钱贿赂,许诺交换条件等,少数意志薄弱的民警故意在排班和工作安排上为罪犯脱逃创造条件,提供机会。

(2)并发性。近几年来,狱内罪犯脱逃往往产生一些“并发症”:杀害民警、武警、罪犯等。在不少脱逃案件中,往往伴随行凶杀人行为,脱逃和伤害成了一对孪生兄弟。

2004年9月4日,某监狱4名罪犯将同室的另一名罪犯打昏后,用皮鞋底内钢皮磨制的小刀削开监舍木窗框,掰开监舍窗户钢筋护栏,钻出监舍脱逃,被值班民警王某发现后,几名案犯合力将其双手、双脚牢牢捆起来,用床单撕结成布条勒住王的颈部,嘴里塞上毛巾,由于寡不敌众,王某英勇牺牲。2006年5月6日晚,某监狱管教民警朱某独自将罪犯邓勇根叫到值班室,让其坐在板凳上,对其进行谈话教育,邓趁朱某不备,用木方将朱某打晕(后经抢救无效牺牲),趁机换下朱的夏式制服脱逃。

(3)伪装性。在高墙、电网、监控、武警等戒备严密的条件下,罪犯把脱逃的救命稻草主要盯在民警管理的漏洞之中,特别是监区大门这了重要关卡。而通过正常途径逃出大门是不大可能的,所以罪犯经常通过伪装的手段混出大门,如通过抢夺民警警服伪装警察,通过戴假发伪装工人、师傅等。

(4)内外勾结,借助外力。随着关押布局的逐步调整,室外劳作罪犯或者罪犯从事室外劳作的机会不断减少,绝大部分罪犯处于封闭的看管条件下,为此,一些罪犯想方设法通过狱外因素,内外勾结脱逃。如利用社会关系对民警“攻关”,制造机会;利用社会黑恶势力在监外接应,胁迫民警等。

如2004年8月19日凌晨1时40分,监狱三监区罪犯陈某、尹某利用在劳动现场上夜班之机,撬开车间厕所后窗铁栏跳出,攀到紧挨监狱围墙武警7号岗的综合楼顶,把事先准备好的布绳(用床单布拧成)拴在综合楼顶部的“小灵通”天线上,沿布绳溜下至7号岗楼的楼顶,杀害哨兵后与来监接应的社会闲散人员一起脱逃。

(5)严重危害性、恶劣影响性。罪犯脱逃越容易得逞,往往造成的损害就越小,反之,罪犯脱逃越难,往往手段越残忍,造成的危害就越大,轻则伤害无辜,重则危及生命。在上述案例中,有罪犯受到伤害的,有民警、武警受到伤害的。同时罪犯脱逃严重危害了监管场所的秩序,如不及时制止,容易导致别的罪犯效仿,发生连锁反应。有的罪犯脱逃后继续作案,给人民的财产、生命带来了损害。

2. 影响罪犯脱逃的因素分析

(1)罪犯脱逃的主观心理因素

①不服从劳动改造心理。这种罪犯多见于以下两种;第一种是罪犯在入狱以前过着花天酒地、不劳而获、无拘无束的生活,入狱以后受不了森严的监管制度对自己的约束,还要参加他们认为最厌恶的生产劳动。第二种是“几进宫”的罪犯。这种罪犯已经形成了消极思想,人生观、价值观完全脱离了人生轨道,与社会要求格格不入,进监狱好像进家门一样,持无所谓的态度。

②绝望、冒险心理。第一种是重刑犯(指犯有强奸、杀人、爆炸、绑架、抢劫等重大罪行被判刑十年以上或被判刑十五年以上包括无期、死缓的其他刑事犯罪分子),这类罪犯自认为犯罪“晦气”、“倒霉”,继而产生绝望、冒险心理。第二种是罪犯犯罪入狱后,众叛亲离,不仅父母不认他,就连自己最心爱的人也离他而去,使他总觉得孤独无望,要么死,要么逃出去报复亲人、报复社会。第三种是对法院判决不服,欲出去行凶报复。第四种是在团伙犯罪中,未揭发的罪犯担心有一天被揭发而加刑。第五种是身体素质差,得不到减刑、假释的机会,思想压力特别大。

③侥幸心理。这种类型的罪犯第一种是黑社会集团的参加者,在逃跑时有人接应,并有长期隐蔽的地方。第二种是少数罪犯在担任一些值星员、监督岗时,民警削弱了对这部分罪犯的警惕性。第三种是罪犯在改造现场由于民警疏忽而使罪犯为自己创造好了逃跑的时间和场所。第四种是短刑期罪犯,具有这类心理的罪犯一般刑期不长,服刑地点以机械单位居多。

④思亲挂家心理。第一种主要表现在年龄小的罪犯身上,他们由于在家备受宠爱,从未受过一点挫折。但是,入狱以后面对明晃晃的铁窗、冷冰冰的墙壁,多么渴望和亲人团聚在一起。第二种具有这类心理的罪犯一般是孝顺父母、重感情型,家庭观念较强,同时心理比较敏感、脆弱。一旦家庭发生变故,如遇父母病故、妻子出走、子女无人照顾,心中如乱箭穿心,饭水不思,在这个时候,如果思想工作不到位,往往会铤而走险,发生脱逃行为。

⑤报复心理。当前,随着狱务公开的不断推行,监狱各项工作日趋规范化,罪犯对监狱的一些规章制度也很熟悉,尤其是监狱工作对民警的严格要求,如民警带值班期间发生罪犯脱逃事故的处理规定等,罪犯十分清楚,少数罪犯常常以脱逃来威胁民警、报复民警,有的罪犯为了达到让民警丢掉“饭碗”的目的,宁愿铤而走险,

加几年刑期。

2001 年 4 月 10 日，某监狱一名罪犯利用上夜班期间民警点名工作中的漏洞趁机脱逃（既遂），指导员被辞退。该罪犯被捕获后交代：前几天姐姐从老家赶来探监，因为路途遥远；一直到天黑才到监狱（按照规定已经超过接见时间），当他姐姐恳求分监区指导员接见时，遭到拒绝，他得知此事后非常气愤，于是产生了报复指导员的念头，在指导员当班期间实施了脱逃。

⑥其他心理。除以上的几种情况以外，有的罪犯脱逃行为非常怪异，心理难以琢磨。如为了引起他人的注意。这类罪犯在狱内无任何技能，家里又比较贫穷，在犯群中受到藐视；民警也没引起重视。为了引起民警的重视；他们采取脱逃这种变态行为。

（2）罪犯脱逃的客观因素

①罪犯家庭发生变故，引发思想情绪波动。家庭情况的好坏，直接影响罪犯的改造情绪。家庭的任何变故，都会对罪犯的精神造成很大打击。家庭成员病故、失业、生活无着落、子女辍学等，都会引起罪犯思想情绪的波动，心急如焚、焦躁不安、思家念亲。特别是许多罪犯入狱后，妻子提出离婚，或在家不安分，更是罪犯不能接受的。如果民警对此不积极疏导，就很容易发生脱逃行为。

②社会不安定因素使监管安全面临严峻挑战。随着社会刑事犯罪暴力化程度加剧，引发狱内犯罪向恶性化方向发展。投入监狱的暴力罪犯将他们本身具有的疯狂性和残忍性带入监狱，便狱内犯罪活动更具有突发性、凶残性、破坏性。随着国家经济结构的变化，影响社会稳定的群体性事件必然增多，这些不安定因素，直接或间接的引发罪犯思想波动，给监管秩序的持续稳定带来严重影响。有些罪犯为家庭中的变化而整日愁眉不展，情绪低落，缺乏改造信心，产生自杀、脱逃等念头；有的罪犯以此为借口，公开发泄对社会的不满，甚至产生强烈的报复心理。还有的罪犯担心出狱后就业无望，对前途消极悲观，这种心理容易驱使罪犯的思想、行为走向恶变，直至产生脱逃动机，构成现实危险性。

③监管工作的现状还不能适应新形势下的要求。当前形势的发展与监管工作的要求相比还有差距。一是警戒设施、通讯联络不适应。当前监狱面临的矛盾和困难也不同程度的影响到监管安全，许多必要的监管警戒设施、装备不能得到及时改善，通讯器材匮乏。二是警力配备不足，没有一定的警力，就没有一定的精力，很难注意到每一名罪犯。这些漏洞很易被一些胆大妄为者所掌握，他们铤而走险，实

施脱逃行为。如今许多监狱已经从室外分散劳作改为室内集中劳作，防逃措施比以前更加严密，但仍有个别罪犯整天寻找监管漏洞，预谋实施脱逃。三是少数民警法纪观念淡薄，违反规定，用原则做交易，特别是在罪犯减刑、假释、保外就医、请假、工种安排等问题上搞照顾。个别民警甚至为罪犯减刑、假释编造虚假奖励材料，这不但使监内正气得不到伸张，执法腐败问题得以滋长，一部分民警从中堕落，而且严重破坏了执法机关形象。罪犯认为事实不公，还不如逃跑算了。四是某些民警执行制度不严，玩忽职守，也给罪犯以可乘之机。

④情境因素的刺激，也易造成罪犯脱逃。脱逃行为具有很强的感染性与传导性，在犯罪群体中，如果有人脱逃成功，就会产生连锁反应，连续不断发生罪犯脱逃。还有些罪犯缺少主见，经不起他犯的引诱和教唆；冲动之下与他犯一起脱逃。也有些罪犯认为出狱后生活无着落，脱逃加刑还能继续留在监狱，吃住都能帮助解决，进而实施脱逃。

⑤监狱生存条件落差较大。有一些罪犯独特的人生经历，监狱的生活条件与自己以前相比，有很大差距。许多罪犯就感到很难适应，甚至到了不能忍受的地步，因此产生脱逃动机。相比较而言，城市里从事工业生产的监狱，罪犯脱逃率远远少于那些边远地区，生活条件相对较差的监狱。有体力劳动习惯的罪犯，其脱逃率大大低于没有劳动经历、游手好闲的罪犯。

⑥罪犯常态需要与满足手段的矛盾。罪犯作为人，既有其在犯罪过程中形成的各种不良需要，又有和正常公民相似的常态需要。因满足需要所依赖的人身自由的剥夺，罪犯的一些常态需要事实上也得不到满足，其获取自由、美食及性发泄等各种欲望的渴求受到长期压抑，而且随着社会的发展，人的需要内容也会日益丰富，这样罪犯的常态需要与满足这些需要的手段之间始终存在矛盾。如果罪犯不能处理好这个矛盾，就会铤而走险，实施脱逃。

⑦在监管制度上还存在不落实或者落实不到位的现象。例如，违禁品检查不力，导致工具、假发等流入监内，特别是有的监狱手机管理松散，一些罪犯在监内通过手机与社会联系的现象突出，甚至有的罪犯就是利用手机内外勾结，预谋脱逃。目前，狱内罪犯利用这种手段实施脱逃已经成为新动向。极个别民警将手机借给罪犯使用，监督不严，让罪犯有机可乘。有的监区存在民警单人带值班现象。

⑧少数民警责任心不强，防逃意识淡化。随着监狱警戒设施的不断完善，技防水平的不断提高，大部分民警过分依赖硬件设施；有的单位多年没有发生罪犯脱

逃，一些民警厌战、倦怠情绪滋长。更有的民警低估了罪犯的能力。

某脱逃案件中，罪犯许某在监外医院住院期间，监区每天安排民警监护，罪犯手、脚被铐在病床上。许某通过长时间的观察，发现当班的两名民警工作责任心不强，经常一起外出吃饭，于是乘隙拨开手铐，用砖头砸开脚镣脱逃。而那两名民警也认为，犯人手、脚都铐起来了还会跑吗？事实上，他们忽略了许犯是一名犯罪恶习很深的犯人，多次犯罪，曾经还有脱逃史。在提审中，许犯交代：我什么铐子都能打开。

⑨民警执法存在生硬现象，缺乏人性化。监狱的规定颇多，但是罪犯家属不一定能够及时知晓，加之一些不特定因素，家属在会见等过程中有时会不自觉地违反规定，对此，应该做好说服解释工作，同时，也要结合具体情况具体对待。及时疏导沟通，避免矛盾激化。

3. 具有脱逃危险的罪犯

(1)入监一年内的年轻罪犯。这些人刚关押在监狱，由于气候不适宜，水土不合，生活艰苦，入监前在社会上过着花天酒地的日子，而到这里却要参加劳动。有的完不成任务，还要受到批评，而且这些人精力旺盛，生理上的不良需求受到限制，对严格管束的半军事化生活不能适应，容易产生脱逃思想。

(2)刑期较长的罪犯。特别是投入改造后余刑仍较长的罪犯，他们感到前途渺茫，没有奔头，忍受不了漫漫刑期，所以想一“走”了之。

(3)有脱逃史的罪犯。这些罪犯有三个心理特点：一是逃跑的邪念根深蒂固不易改变；二是脱逃抓获后大都被加刑，刑期加长和他们逃避惩罚的初衷，刚好相反，他们不甘心自己的失败，企图再“搏一搏”，“逃出去更好，逃不出去，大不了再加几年，反正就是这样子了”。在这种“破罐子破摔”思想的支配下铤而走险，企图脱逃成功；三是他们会自觉不自觉地总结上次脱逃的失误和漏洞，吸取“教训”，自认为有了“经验”再次脱逃就一定会成功。

(4)有余罪未挖出的罪犯。只要社会上的“严打”形势一紧，他们就担心自己的余罪被发现，特别是听说同伙落网后，惧怕未交代的罪行败露后被严惩，“狗急跳墙”而脱逃。

(5)有配偶提出离婚或对象提出断绝关系的罪犯。这是罪犯最敏感最担心的问题，特别是听说配偶或对象有外遇或者变心，更是让他们难以忍受。他们会不顾一切地跑回去问个清楚，闹个天昏地暗。如逃犯赵某，就是因为妻子要离婚，才在知道情况后的第五天脱逃的。

(6)家中出现重大变故的罪犯。如父母去世,妻子和孩子惨遭横祸,家人受到他人的侵害等情况,他们都会焦虑不安,或者气愤难平,不回去“看一看”或“处理”一下就不得安宁。如罪犯李某(抢劫,四年),听说父母要离婚,母亲出走外省数月杳无音信,该犯就想跑回去找母亲,后来民警掌握这一情况后,立即给该犯做工作才使其安心,避免了一起脱逃事故。

(7)服刑前长期在社会流窜的罪犯。这些人过去在社会上过着灯红酒绿的糜烂生活,他们“不甘寂寞”,不愿“虚度人生”,自认为现在改革开放,流动人员多,外面好“混”,仍然想脱逃出去重温旧梦。如逃犯涂某(盗窃,六年),该犯在社会上长期流窜,不务正业;有家不回,混迹于歌厅酒店,同时和多个女人鬼混,他脱逃后的第一个落脚点就是他的一个情人家。

(8)在监内有重大违纪行为或犯罪行为的罪犯。如打架致人伤残、盗窃金额较大,这些罪犯因罪行严重,惧怕严惩或加刑而“吓”跑。如逃犯介某(盗窃,七年),在担任监内供应站售货员时,采取收取现金不上账等手段,贪污货款3000多元,后来听说民警要来查账时,害怕罪行暴露而乘机逃跑。

(9)好逸恶劳、过不了劳动关的罪犯。在劳动强度较大或者劳动时间稍长的情况下即不辞而别,如逃犯张某(盗窃,三年),赵某(盗窃,四年),二人虽均系农民,但好逸恶劳,好吃懒做,从不在村里干活,而在社会上流窜,以盗窃为生,直至逮捕。二人入监当年听说夏天劳动时间长、比较紧张,在夏令时劳动作息时间开始的第二天就结伙逃跑了。

(10)心胸狭窄、不认罪服判的罪犯。逃犯仇视司法人员、证人和受害者,错误地认为“自己落到这一步是某某人害的”,要逃跑出去报复办案人员、受害人或举报人。

(11)性格孤僻、沉默寡言或声称有病、装疯卖傻的罪犯。他们城府较深,工于心计,喜怒不形于色,不与他人交谈,怕暴露自己的思想,伪装老实,装痴扮傻,麻痹民警,在民警放松警惕的情况下乘机逃跑。

如逃犯吴某(盗窃,八年),该犯入监后伪装哑巴长达半年之久。多次对他观察测试后都无动于衷,久而久之,所有人都认为他的确是个真正的哑巴。民警对他管理也放松了,只让他在监内打扫卫生,干些杂活。该犯趁此机会,观察地形,寻找逃跑路线,在一次打扫卫生时,发现通往礼堂的地道门较窄,经过目测后,认为可以挤过一个人，但他不动声色，一直等了三个月，在2月风大的黑夜从地道门缝挤出，穿越地道逃跑。

（12）罪犯中“牢头狱霸”的欺压凌辱、敲诈勒索，使有些性格懦弱的罪犯不堪忍受又不敢报告，感到监狱内没有他们的立足之处，迫使他们离“家”出走。

（13）个别民警不能依法施教，处理问题不公平，甚至打骂体罚罪犯，致使有些心胸狭窄的罪犯逃跑。

（14）新形势下个别罪犯利用回家探亲或外诊的机会逃跑。

当然，罪犯脱逃的原因是多种多样的，远不止文中所列举的这些，逃跑的原因也不是单一的，有的罪犯就是在多种因素交错的情况下乘机脱逃的，这就要求在实际工作中，综合分析，区别对待，这样才能牢牢地掌握主动权，更好地做好防逃工作。

4. 罪犯脱逃前的迹象分析

由于罪犯在脱逃前大都经过反复的思想斗争，进行过精心地策划和准备，所以，这些罪犯在言论上或行动上或多或少、有意无意会有所表露。因此，只要民警注意观察，就能及时地识别和确定脱逃危险分子。一般来说，罪犯脱逃前的主要征兆有以下八种：

（1）和衣睡觉，频繁起床。选择深夜翻越围墙或者破坏监管设施脱逃的罪犯都可能有这种迹象。睡觉不脱衣服为的是行动快捷、迅速、方便。频繁起床既是罪犯观察动静，选择地点，联系同伙的行为，又是罪犯内心兴奋、焦急、躁动、难耐的外在反应。

（2）劳动行走，东张西望。特别是新投犯和对地形地貌不熟的外籍犯一方面为了辨清方位路线，另一方面通过窥视劳动现场和周边地形，从中寻找监控薄弱环节，观察和了解警戒情况。

（3）脱离班组，鬼祟隐藏。脱离班组指脱离互监小组或超越警戒线。鬼祟隐藏是借口上厕所、喝水、拿工具等理由在附近躲藏起来。这些都是罪犯用来试探监狱监控能力和反应速度的伎俩，是熟悉监狱的罪犯和“二进宫”以上的惯累犯在实施脱逃前进行的“演习”。

（4）窥视岗哨，琢磨大墙。脱逃罪犯为了能从大门上骗、混、冲过岗哨和门卫值班人员，所以平时经常偷偷观察武警值勤和门卫值班情况。想翻越围墙或破坏监管设施脱逃的罪犯时时刻刻都在打围墙、电网、下水道的主意，有的到处乱窜，有的望着围墙发呆，有的用铁丝、树枝、湿布条等物试探电网，有的潜心“研究”厕所、下水道。

(5)刺探路线，询问警戒。有脱逃思想的罪犯在平时的改造中经常向他犯打听电网是否有电，武警枪里是否有子弹，重点城市的方位、路程和沿途乡镇以及渡口、桥梁等情况，有的甚至向有逃跑史的罪犯询问脱逃体会和抓获经过，以了解监狱追捕的方式方法和布卡设点情况。

(6)关注狱外，打探车辆。罪犯在脱逃前对大墙外的情况有很强的了解欲望，特别是对路过监狱的行人、车辆和在监狱内装卸货物的车辆及司乘人员无不挖空心思地观察、拉拢，以了解情况或顺便伺机脱逃。

(7)违禁物品，私藏备用。罪犯为了成功地实施脱逃往往提前做好各种准备，如私藏现金、食品、地图、证件、假发、绳索、锯条、铁钩、铁钎、手钳、刀具、棍棒和绝缘服装、鞋靴、手套等违禁物品。

(8)隐瞒亲友，住址说谎。有逃跑思想的罪犯往往具有很大的欺骗性，甚至用假姓名、假住址、假亲属、假简历和假社会关系来蒙骗政法机关，为逃出后躲避、藏身作准备。这种情况很容易发现，只要让其详细复述社会关系、简历和其他自传内容，或者通过发函外调和接见亲属核对犯人所写的自传，就能识破骗局，揭穿阴谋。

5. 罪犯脱逃方式的选择

罪犯为了达到逃离监狱的目的，可以说是处心积虑、挖空心思，千方百计地寻找逃跑的方法，大致有以下几种：

(1)“骗”。不少罪犯将市场经济的“交换”意识运用到警犯人际关系当中，伪装积极，骗取民警信任；或者投其所好，施以贿赂，取得民警好感，骗得从事外役劳动或担任值星员等犯人职务，然后利用职务上的便利条件脱逃。还有一些罪犯，编造种种理由，如上厕所、看病、取物等，脱离民警视线，趁机脱逃。

(2)“混”。这类罪犯在监内偷拿民警警服或工人的工作服、便服，或乘监狱外来人员入监活动之机，化妆成采购员、司机、妇女，混出门岗，逃出大门。

(3)“藏”。他们借修车，装卸车之机，藏于进入大墙的车辆座席之下或后备箱、货物之中，躲过检查，逃离监狱。或在劳动现场乘人不备，隐藏于地洞、窑洞、草堆之中，待犯人收工后脱逃。

(4)“溜”。个别罪犯借到监外干零活之机，趁人多杂乱、民警不备溜走。

(5)“闯”。这是少数胆大妄为的罪犯在毫无办法脱逃的情况下，急于达到脱离监管的目的而采取的明目张胆的逃跑方式。一种为在外役现场劳动的情况下，不顾众目睽睽，强行脱逃；另一种为在监内，几人合伙便闯门岗，遭到阻拦则采取暴力行为，甚至动用各种凶器，杀害看守、值班民警等。

(6)挖洞。

(7)翻墙。

6. 罪犯脱逃的时机特点

当前，罪犯脱逃的智能化程度越来越高，善于寻找利用监管工作中的一些漏洞和失误，在时机选择上具有以下特点：

(1)夏、秋两季脱逃案件发案多，特别是七、八、九三个月是罪犯脱逃的高峰期。因为这个季节气候宜人，便于野外生存；同时，是植物和庄稼生长旺期，罪犯便于在青纱帐中藏身；此外，罪犯还能方便地利用农作物充饥。

(2)罪犯大多选择在节假日期间脱逃。因为节假日期间，民警大多在家休息，监管力量相对薄弱，可供逃跑的机会增多；此外，一天中出工、收工人多，混乱时罪犯容易趁乱脱逃，特别是傍晚收工时，人员流动大，特别混乱，经过一天的劳动，民警和犯人都很劳累，精力不济，对罪犯的注意力相对减弱，如罪犯王某即利用民警节假日交班期间，在收工清点人数时趁机脱逃。

(3)利用意外事件脱逃。首先是当自然界出现大雨、大雪、大雾、奇寒天气时，罪犯脱逃率增加。因为在这样恶劣的天气下，给警戒和观察造成很大的困难：视线不清、视野不广，很难听到异常声响和动静，电网、监视器等设备有时会因自然力而短路、断电、失灵，罪犯利用自然界的掩护而脱逃。此外，监狱突然停电、停水，监狱内发生罪犯或民警的意外事故，人员混乱时，罪犯就可能趁乱出逃。如湖南某监两名罪犯趁井下塌方混乱之机脱逃。

(4)减刑大会后期。监狱通常每年只召开两次减刑大会，罪犯尤为关注，减刑会召开前期脱逃案件少，减刑会后期则发案多。每年两度减刑大会一般在6～7月和12月至次年1月召开。减刑前罪犯有等待、期望心理，减刑会后一些没有得到减刑的罪犯脱逃趋向得到强化，产生悲观绝望心理，铤而走险。每年的春节又在2月前后，所以每年2月和7、8月是脱逃案件发案高峰。

(二)罪犯袭警

暴力袭警案件频发是近些年狱内犯罪活动的新情况，它以突发性、暴力性和危害性被监狱工作人员高度重视。暴力袭警造成的后果是极其严重的，不仅是对警察个体人身权利的伤害，更重要的是对整个监狱执法环境的破坏，对国家行刑权力的公然挑衅。如2009年内蒙古第二监狱发生的“10·17”暴力袭警越狱案件，引起中央和自治区领导高度重视，相继作出批示，要求尽快侦破此案。案件经各大媒体的报道，一度成为全国人民关注的热点事件。对于狱内袭警犯罪的预防，尽管监狱采取狱情分析、危险犯控制、狱内侦查等手段，狱内袭警案件依然频发，这种现象不得不引起我们的反思。

1. 罪犯袭警的特点

(1)发案频发，形势严峻

近年来，监狱安全形势十分严峻，押犯成分构成日趋复杂，其中暴力犯罪、流窜犯罪、毒品犯罪、黑社会恶势力团伙犯罪、经济犯罪呈明显上升趋势，监狱袭警案件发生率持续上升。有资料表明：1995～2000年，监狱民警在执法过程中牺牲的就有169人，因公伤残的达919人[1]。监狱袭警事件频繁发生对监狱工作产生了严重影响。据不完全统计，2003年至2005年全国监狱发生的13起袭警案件中，为了脱逃袭警的占78.6%，为报复而袭警的占18.7%。狱内袭警，不仅会挫伤监狱民警的士气和工作积极性，减损执法效果，而且弱化了监狱机关的执法威严，严重威胁了监狱的稳定和监狱警察的人身安全。尤其是监狱警察单独执勤，出现防范漏洞而牺牲，如内蒙古第二监狱的袭警案件，教训惨痛，因此，监狱领导和广大民警必须高度重视，并且采取切实可行的预防对策，确保监狱的稳定和监狱警察的人身安全。

(2)动机复杂，难以掌控

从作案动机来看，狱内袭警案件基本可以分为两种：激情性袭警和预谋性袭警。激情性袭警是指罪犯因一时的恼怒、气愤实施袭警行为。少数罪犯脾气暴躁，易于冲动，对民警的批评、处理不服，恼羞成怒，对民警实施袭击行为。如某监狱罪犯王某在厂区劳动时私自泡方便面，执勤民警指出后该犯不予理睬，民警让其离开，该犯还恶语顶撞：“我就是不出去，你能拿我怎么样。”并动手打民警，被当场制止。这种袭警行为往往是在监狱民警管教过程中，缺乏必要的沟通和有效的交流造成的，有时是由于当事民警不能理性对待罪犯的对抗行为和过激言辞，采用强硬态度，反而刺激了罪犯的逆反心理，导致矛盾激化。激情性袭警犯罪，罪犯的注意

[1] 杨林：“监狱袭警事件调查分析与对策研究”，载《犯罪与改造研究》2006年第9期。

力只在情绪的发泄，突发性强，防范难度大。但这类袭警犯罪危害性一般较小，警察注重现场应急处置能力的培养，提高现场的紧急处置水平，就能使激情袭警犯罪得到及时的控制。

预谋性袭警行为的动机主要出自报复或脱逃等，预谋时间长，犯罪后果严重，对民警危害较大，往往造成民警的伤亡，是狱内袭警犯罪防范的重点。近几年来，随着监管警戒设施的逐步完善，罪犯脱逃越来越不容易。于是，有的罪犯图谋袭击门卫民警，强行脱逃；有的罪犯图谋杀害民警，扒下警服，伪装脱逃；有的罪犯图谋劫持民警暴力越狱。如内蒙古二监的袭警脱逃案件中，罪犯预谋达一年多的时间。预谋性暴力袭警犯罪是罪犯在与民警发生人际纠葛后，怀恨在心，经过精心策划，有目标、有准备地实施暴力袭警犯罪的行为，或者是罪犯为了脱逃的目的，杀害民警获取警服或排除障碍，因此犯罪结果往往是罪犯事先设计好的目标，具有明显的预定性。罪犯预谋越久，准备越周全，袭警犯罪的隐蔽性就越强，危害就越大。狱内袭警的隐蔽性是罪犯袭警的预谋性决定的。这种隐蔽性增加了袭警犯罪发现的难度，监狱民警很难透过表象发现罪犯袭警的动机，使这类犯罪难以掌控。

（3）手段残忍，后果严重

从目前我国监狱发生的袭警案件来看，罪犯袭警手段残忍，特别是脱逃袭警的案件，其野蛮、疯狂、残忍的程度更加突出。既有用木棍袭击民警头部致死的，也有用电线将民警活活勒死的，对执勤民警的人身安全危害极大。因为，罪犯深知如对民警行凶不成，被监狱抓获，将会受到严惩，不如一不做二不休，拼个鱼死网破，加之本性凶狠残暴，作案手段极其野蛮、残忍、疯狂。这些罪犯都是思想反动、恶习深、心肠狠的亡命之徒。他们大多出于报复或脱逃，具有极险恶的目的，作案时肆无忌惮，心狠手毒，对犯罪对象肆意摧残、杀戮，可见他们具有凶残野蛮的暴力特征。

某监狱罪犯李某、张某在家属办理会见手续后，于10时由民警林某带至分监区办公室会见。在会见过程中，李、张二犯乘林某不备，用电线将林某勒死，驾驶林某的私人小车，冲出监狱大门脱逃。两名脱逃罪犯于当日被抓获。

2. 罪犯袭警的类型

罪犯袭警案件，是指监狱民警受到服刑罪犯的突然袭击，造成人身伤亡和其他危害后果的案件。按照罪犯的作案目的、动机，可分为以下几种类型：

（1）脱逃袭警。罪犯为了脱逃而袭击民警。实施暴力越狱的罪犯，对阻碍作案的民警、往往是碰到谁就杀谁。近几年来,随着监管警戒设施的逐步完善,罪犯脱逃越来越不容易。于是,有的图谋袭击门卫民警,强行脱逃;有的图谋杀害民警,扒下警服,伪装脱逃;有的图谋劫持民警暴力越狱。

(2)报复袭警。罪犯袭击的目标是自己仇恨的民警。少数罪犯心胸狭窄,总认为有些民警与他过不去,受到批评、惩处后怀恨在心,产生报复杀害之念。

(3)激愤袭警。罪犯因一时的恼怒、气愤实施袭警行为。少数罪犯脾气暴躁,易于冲动,对民警的批评、处理不服,恼羞成怒,对民警实施袭击行为。

(4)强奸袭警。罪犯为实施奸淫而袭击女民警。入狱后,罪犯的性生活被剥夺,长期的性压抑,使之产生程度不同的性饥渴,一旦遇到异性,便淫心大发。一些意志薄弱、自控力差的罪犯,即便是看到代表国家执法的女民警,也会不顾一切地实施暴力行为,以满足性欲。

狱内袭警以脱逃袭警和报复袭警最为常见,危害也特别大,是防范工作的重点。

3. 预防袭警的前提:学会识别危险

罪犯在实施袭警犯罪前,在心理和行为上往往有所流露,如果我们能够细心观察,犯罪者的行迹是可以发现的。因此,需要监狱民警主动出击、多方搜集、全面观察犯罪主体的活动,以高度的警觉、敏锐的觉察,及时发现犯罪线索,达到预测的目的。在预测获得大量信息的基础上,经过整理分析,对可能导致狱内袭警的各种因素作出准确迅速的判断,有的放矢地制定有效防范对策。

(1)心理危险

据狱内袭警案件调查发现,袭警罪犯不仅多数属于抢劫、杀人的暴力罪犯,而且文化低、技能差、家庭苦,具有强烈的仇富、仇官心态。入狱后,受到严格的监管和控制约束。这种剧烈变化,使罪犯失去人身自由和丰厚的物质生活享受,罪犯心理与监狱环境必然发生对立冲突。[1] 罪犯关注的利益长期得不到解决,更能促使罪犯在私欲和利益的驱动下,为了逃离监狱的束缚或强迫民警答复无理要求,就密谋策划、精心准备实施脱逃、劫持等暴力袭警行为。基层民警必须采取各种妥善的方法,随时掌握罪犯心理动态,明察罪犯实情,特别是对个别高危罪犯的心理动态更要时刻把握,定期给罪犯进行心理评定。对情绪波动较大的罪犯要讲究处理方法,进行有针对性的心理咨询,排解他们的心理矛盾。对个别有攻击倾向或者心

〔1〕 童团结:"狱内袭警的分析与应对",载《犯罪与改造研究》2008 年第1期。

理、精神出现问题的罪犯要密切注意，对其言语、行动、人身能及时控制，防其突然袭警。狱内袭警案件中罪犯表现的心理危险，主要包括：其一，主观心理危险，此类犯人思想极端的反动和落后，仇恨社会，无视法纪，胆大妄为。其危险动机往往深藏不露，不易觉察，但在其策划袭警行动的过程中则不可能不留痕迹。只要我们善于捕捉信息，随时提高警惕，是可以预先掌握其动向的。其二，客观心理危险，也可以称作突发性危险。主要是由于客观因素而引发其袭警危险动机。如家人死亡、妻子提出离婚、民警管理不当或他犯的欺压等客观原因的刺激，使其思想上一时想不通而引发的袭警暴力行为。对这类行为只要及时掌握情况，布置监控，做好工作，其危险是可以消除的。其三，心理疾病危险。神经系统患有疾病的犯人，在其精神病发作期间具有较大袭警危险，应严加看管。

(2)目标危险

目标危险指有些监狱民警本身具有一些吸引罪犯袭击的因素，有足以导致罪犯袭警犯罪动机的明显标志，使其成为"合适"的犯罪目标。从被害人学来讲，这些人称为"易被害群体"，是指那些由于自身具有的某些人口统计学特征以及与之相关的行为特征而容易受到犯罪侵害的个人构成的特殊群体。[1] 例如，怀有脱逃袭警意图的罪犯，在物色其侵害对象时，往往选择符合犯罪条件的合适"人选"以及适合作案的犯罪实施场所。脱逃袭警旨在抢夺警服，虽然着警服的民警都会成为袭击的目标，但为了更有把握得逞，案犯对作案目标都作了精心选择，以便找到易于得手的突破口。罪犯袭击的目标主要指向那些思想麻痹、缺乏警惕，或身材矮小、年老多病或刚刚从事监狱工作又缺乏对敌斗争经验的民警。如某监狱罪犯黄某为实施暴力越狱，将目标指向身材矮小、老弱多病的一名民警和一名工人，制造了袭警血案。

在报复袭警犯罪中，监狱警察成为罪犯袭警的对象存在目标诱发性。在监狱行刑过程中，改造与反改造的冲突和矛盾必然存在，在这种冲突中，罪犯袭击的目标一般是与自己有仇怨的民警，少数罪犯在与民警发生冲突后，特别是在受到批评教育或是惩罚后，怀恨在心，随产生报复袭警的念头。

(3)情景危险

情景危险是指监狱民警不幸陷入某种有利于罪犯袭击之情景，从而让加害者

---

〔1〕 郭建安：《犯罪被害人学》，北京大学出版社1997年版，第42页。

有可乘之机。在狱内袭警案件中,这种被害情景指的是出现了有利于罪犯袭警的空间、时间或警力状态组成的犯罪情景,或是民警被引诱到适合于罪犯袭警的不利情景。在狱内袭警案件中,单一警力、密闭空间、特殊时段等因素都属于易感情景,如某监狱袭警案件中,服刑人员周某向民警报告,有一部手机藏在监舍。由于手机属于监狱管理中的一类违禁品,民警立即带领周某到监舍搜查。从而出现单一警力、密闭空间等有利于罪犯袭警的情景,造成该民警被袭死亡。再如,某监狱民警朱某在该区三楼管教室找罪犯邓某进行个别谈话教育时,邓某趁民警不备,用一根木方突然袭击其后脑,致其当场倒地昏迷不醒,后终因伤势过重牺牲,朱某同样进入一个易被袭击的情景。

4. 预防袭警的具体对策

(1)提高危机意识

监狱民警要提高自身的安全防护意识,特别是被害预防意识,这比任何建设都重要。被害预防意识是指民警在监狱管理工作中,对可能遭受不法侵害及其严重后果所表现出来的一种警觉行为。"警惕应是警察的一种职业习惯,除了装备和训练之外,真正能救命的是个人安全意识。要是没有足够的警惕性,装备再好,训练再多也会被人轻易干掉。总之无论什么时候,眼睛要多看,耳朵要多听,培养自己的警察直觉"。[1] 被害预防意识包含思维和行为两个层面。首先,在思维层面,被害预防意识是民警对袭警犯罪现象尤其是对自身是否会遭受袭击侵害以及遇害后果的一种认识,这种认识是一切被害预防意识的前提,一个人防范意识的强弱,完全取决于他(她)对犯罪行为及其后果的认识程度。其次,在行为层面,民警被害预防意识不仅是停留在对袭警犯罪的认识上,而是在这种认识的基础上所产生的一种警觉性行为。具体而言,民警被害预防意识其实就是要求监狱民警形成警惕意识、防范意识、观察意识、应变意识,目的是监狱民警围绕自身安全,在遭遇特殊事件、处于危险场合、应对敏感罪犯时所具有的敏锐观察力、迅速应变力和高度的戒备心理。目前,关于这种意识的培养问题还很突出,正如中国人民公安大学王太元教授所言:这种意识的提高目前是教育多而训练少、政治法律多而具体操作动作技术少,读文件容易实际操作难。一没时间,二没经费,造成了能文不能武、勇敢有余智慧不足的状况。

---

〔1〕 江明月:"袭警'风险社会'下的暴力冲动",载《新世纪周刊》,http://xsjz.qikan.com。

(2)培养自我防护能力

由于监狱民警长期在监狱工作,有少数民警存在侥幸心理和麻痹思想,加之平时缺乏警体技能训练和防范措施,一旦发生袭警犯罪,有些民警防身制敌的能力不强,有时不但没有制服罪犯,反而付出了鲜血甚至生命。血的教训唤醒每位民警要充分认识到监狱工作的危险性,一定要时刻警惕,增强防范意识,强化自我防护能力。监狱应坚持实战训练为主的指导思想,制定和建立民警必需的体能和技能培训规划,提高民警的自身防护能力。

一是强化自我防护意识培训。监狱民警的自我防护意识差,必然会成为袭警中的牺牲者。二是进行自我防护判断能力的训练。自我防护意识的提高,还需要有准确的判断能力。如果一名警察对情况判断错误,就会导致造成自身伤亡。如在罪犯袭警情况发生时,应当使用什么样的警械武器来应对发生的情况,而且还要保证使用的应对手段在法律上、战术运用上是正确的,这种准确的判断能力,需要通过模拟情景的对抗训练来解决。三是进行防护装备熟练操作训练。每一名监狱警察上岗执勤时,必须按规定佩带防护装备。但先进的装备还需要有熟练的操作技能相配合。手铐、警棍等装备,必须放在随手就能拿到的地方,并且能够熟练地使用。要做到这一点,需要对每一名监狱警察进行实战操作技术动作的训练。这些熟练使用防护装备的训练,对保护警察自身安全极为重要,是自我防护训练中绝对不可忽视和缺少的内容。

(3)强化单警装备

针对当前狱内袭警案件多发的势头,要切实关心和爱护监狱民警,加大经费装备投入,改善一线民警的防护条件,提高其防护能力,减少不必要伤害。在经费保障的前提下,进一步完善警用装备,基层一线执法单位和民警,要配备有一定数量各类驱逐性、制服性、约束性警械、防御性装备和警用武器。目前,一些单位对民警防护装备的投入明显不足,防护装备陈旧简陋,与公安民警及发达国家的监狱警察相比警务装备十分落后,监狱民警几乎除了携带老掉牙的对讲机以外,就只带着一张嘴,空着两只手参加到每天紧张而危险的执勤值班之中,难怪基层民警都戏称自己是玩“空手道”的。这种装备器材的现状与现在的严峻狱情形势不相适应,与刑罚执行和民警执法的本身特性和要求不相符合,也与监狱民警人身安全保护工作的现实需要差距较大。所以监狱必须尽快配齐、配强、配精、配专用警戒具和警用防护器材(可参照公安机关《公安单警装备配备标准》执行)[1]。在民警预防袭警的器材装备中应提高科技含量,一般来讲,监狱民警应配备的防护装备有:一是报警装备,在民警人身受到威胁和攻击的时刻,民警能及时地把被害信息传递出去,除一般用的对讲机外,最好配备按压式的单警报警装置;二是制服和自卫器械,如警棍和手铐、催泪喷雾器等。有一定数量各类驱逐性、制服性、约束性警械、防御性装备和警用武器。

(4)提高民警现场处置能力

首先,针对当前的狱内袭警形势,要建立预警防范机制,防患于未然。要不断适应罪犯袭警突发案件的新情况,提高监狱预测袭警狱情和处置罪犯袭警突发事件的能力,将狱内袭警的危害减少到最低程度,这是监狱民警的神圣职责。科学、高效的预警系统包括狱情预测、狱内侦查、危险甄别、教育转化、监管警戒设施和防控、应急措施等配套的预警系统。

其次,要成立监狱暴力性突发事件应急指挥中心和应急防暴分队,制定多套符合实际、严密周详的《监狱处置突发袭警案件应急预案》,掌握对敌斗争的主动权。明确处置袭警犯罪应掌握的原则、方法及各部门的职责与任务,分工明确,责任到人,落实到每个具体环节。确保一旦发生突发事件,能立即启动预案,沉着冷静,从容应对。

最后,要强化民警的现场处置。监狱发生暴力袭警案件需要一线民警立即行动,迅速出击,以强有力手段及时控制事态。一旦袭警案件发生,要启动应急预案和快速反应,采取措施,及时予以控制和制止。监狱民警在遭遇突发性暴力袭警时,应当沉着冷静、反应敏捷。监狱民警必须能够迅速掌握罪犯的真实意图,并迅速判断罪犯暴力所产生的后果,从而准确回应罪犯的袭警行为。这些要求监狱民警头脑要灵活,要善于随机应变、要反应敏捷,正确判断态势并做出回应。

(三)自杀

监狱内罪犯的自杀行为,是罪犯在监狱环境下无法摆脱心理危机而采取自毁生命的极端行为。罪犯作为人类社会的特殊群体,在监狱这一特殊的环境中,由于

---

〔1〕 2006年8月初,公安部制定出台了新中国成立以来我国第一部《公安单警装备配备标准》,规定了全国各级公安机关民警个人的基本装备配备。其中,十件必配装备:警服、伸缩警棍、手铐、催泪喷射器、强光手电、警用制式刀具、警用水壶、急救包、多功能腰带、防割手套;五件选配装备:防刺服、对讲机、警务通、警用装备包、转轮手枪。除警服和警用装备包外,其他装备放在大小不同的皮套内,由一条多功能警用腰带串起,伴随民警执法执勤。

其思想、心理、行为的偏差和危机远远大于社会普通人群，因而发生自杀的概率，势必也远远高于社会普通人群。由于罪犯的自杀行为，严重地影响监管改造机关秩序的稳定，为此，我国的监狱机关，历来十分重视防范罪犯自杀事故的发生，并把它与防范罪犯脱逃、防范狱内重大恶性事故的发生，共同列为“三防安全”的重要内容。近年来，随着监狱硬件设施的不断改进和加强，管理措施的严密到位，罪犯脱逃和狱内重大恶性事故的发生率，已经得到基本控制。但是，狱内罪犯自杀事故的发生，却始终难以防范，成为“三防安全”中的工作难点。在个别地区，甚至呈现上升的势头。

1. 自杀的种类

罪犯自杀原因十分复杂，通常是多方面因素共同作用的结果。但一般来说罪犯自杀有以下一般特征：刚入监罪犯有更高的自杀率；入监时间短的罪犯有更高的自杀率；年龄在26~47岁之间的罪犯有更高的自杀率；故意杀人的罪犯有更高的自杀率；尤其值得注意的是，罪犯自杀与个性心理特征有密切关系，软弱型与未成熟型的性格自我意识比较强、欲望很高、离群倾向也较大、耐受性较差的人较容易产生抑郁、焦虑等严重情绪变化。因此，常常对一些小事耿耿于怀、铭记在心，常常郁郁不乐、悲观厌世，继而产生自杀行为。根据这些特征，可以将罪犯自杀分为以下类型：

(1)精神病自杀与非精神病自杀

精神病自杀最常见于抑郁症，其次是精神分裂症。其他还有更年期精神病、反应性精神病等。非精神病自杀是单纯由政治、经济、躯体等因素造成的自杀，这种自杀相对较少，而一般都合并有精神病因素。

(2)蓄意自杀与冲动自杀

蓄意自杀是事前有周密的行动计划，选择好时间、地点及自杀手段，预先处理好遗物，甚至立下遗嘱，交代身后之事，也有的为使自杀场面看似事故假象，竭力掩盖自杀痕迹，以免家人感到耻辱。冲动自杀事先并无自杀计划，更无交代后事、预立遗嘱之祥，只是出于一时冲动，不择时间、地点和手段。

(3)理性自杀和非理性自杀

处于窘境的人为逃避政治、经济、法律的惩罚，为了表示抗议或为了摆脱社会和舆论的谴责，在绝望时采取的自杀行为称为理性自杀，这种自杀常为人们所理解，并被认为是事情发展的一个必然结果。而非理性自杀者难以被人所理解和接受,因为自杀者虽然陷入窘境,但却并非毫无转机和出路。比如,出于错误的贞节观念,妻子以自尽的方式去追随逝去的丈夫就属于此类。

(4)认真的自杀和非认真的自杀

为了表示对祖国、领袖、宗教组织的忠诚而采取的自杀称为认真的自杀。而非认真自杀是一种愚昧无知的自杀,或者把自杀当成儿戏,出于错误的认知和幻想,如误认为自己患上绝症而自杀的。

(5)真自杀和假自杀

当前罪犯的思想日趋活跃,特别是受市场经济趋利性影响,极端个人主义、利己主义、享受主义思想决定了罪犯的改造行为目标带有明显的功利性、投机性和低层次性特征。他们为了达到获取奖励、调换工种、从宽处理、逃避劳动、从轻处罚和解决困难等目的不择手段,精心揣摩监狱政策、民警的管教方法,妄图钻空子、走"捷径"。许多罪犯唯分是图,功利改造思想严重。有的罪犯简单地认为民警对思想不稳定、有脱逃、自杀等危险的罪犯比较重视,在安排工种、评定奖励及生活方面会有所照顾、倾斜。在这种错误认识的驱使下,他们往往以明讲、暗示甚至实施"危险行动"等手段,向民警表明自己是有"危险的",以期引起民警的重视,给予特殊对待,得到所谓的"照顾",于是开始盘算采用何种方法来达到目的,脱逃和真自杀付的代价太大,而虚假自杀大不了被严管和禁闭,但往往能达到目的,权衡利弊后,认为采取虚假自杀的"预期收益"远大于"机会成本",就会选择虚假自杀。

2. 监狱罪犯自杀的过程

自杀不是突然发生的,它有一个发展的过程。日本学者长冈利贞指出,自杀过程一般经历:产生自杀意念——下决心自杀——行为出现变化——思考自杀的方式——选择自杀的地点与时间——采取自杀行为。对于不同年龄、不同个性、不同情境下的人,自杀过程有长有短。我国学者一般把自杀过程分为以下三个阶段。

(1)自杀动机或自杀意念形成阶段。自杀意念是偶然体验的自杀行为动机,个体胡思乱想或打算自杀,并没有出现外显行动的意念。自杀意念具有隐蔽性、偶发性、广泛性、个体差异性等特点。表现为遇到难以解决的问题,想逃避现实,为解脱自己而准备把自杀当做解决问题的手段。

(2)矛盾冲突阶段。自杀动机产生后,求生的本能使自杀者陷入一种生与死的心理矛盾冲突状态,难以最终做出自杀决定。此时,罪犯大多数不会像社会上的自杀者那样经常讨论与自杀有关的话题,预言、暗示自杀,而是以发泄愤怒的冲动方式,如与其他罪犯打架、人际关系紧张等;或将心理疾病躯体化,怀疑自己得了不治之症;由于心情的抑郁,导致生活习性变化,特别容易早醒,这些都表现出直接或间接的自杀意图。实际上,这可以被看做是自杀者发出的寻求帮助或以引起他人注意的信号。他们往往表现为内心痛苦、焦虑和绝望,心理上处于一种不能忍受的情感状态。如能引起民警的警觉和主动干预,及时有效地给予正确的帮助、开导和严密控制使罪犯的“不能忍受状态”得以减轻是可以逐步使罪犯的自杀心理和意念得以缓解的。国内学者认为,一般在3~6个月内,是人的自杀心理的发展阶段。由自杀意念的产生、强化,到出现自杀危象和前兆(又称自杀高危险期),这一阶段成不规则发展状态。在此期间,切不可放松对意欲自杀罪犯的防范。从以往罪犯自杀情况的调查中发现,这方面教训是确实存在的。

(3)自杀行为选择阶段。从矛盾冲突中解脱出来,决死意志坚定,情绪逐渐恢复,表现出异常平静,考虑自杀方式,做自杀准备。如私藏绳子、刀片、药品等。等待时机一到,即采取结束生命的行为。

3. 罪犯自杀的方式

(1)自缢。在法医学上称为“缢死”,是利用身体的重力,拉紧套在颈部的绳索,压迫颈部所引起的窒息死。这是一种传统的自杀方法,也是罪犯自杀死亡的主要方式。在监狱的自缢死亡实例中,绝大多数是“典型缢死”(直立悬空式),极少数为“非典型缢死”(缢死者姿势为坐、跪、蹲式),且多采用裤带、衣带、鞋带等物勒于脖颈,悬于床头、栏杆、监房窗棂、厕所屋梁。

(2)跳楼,这是罪犯自杀的另一重要方式。虽然监狱有一些高楼建筑,但其要跳楼自杀也非容易,因为各楼窗户均有铁栅,屋顶平台四周均有防护设备,平时罪犯也不能随便登楼。跳楼自杀者往往平时仔细观察准备后,趁某一机会而实施。

(3)吞食异物。主要有刮胡刀片、旅行剪刀、玻璃碴、缝衣针、牙刷柄、铁钉等。

(4)服毒。主要是吞服“异烟肼”(俗称雷米封)、服农药、吞食工业用品(如硫酸、香蕉水)以及大量服用安眠药等,药物来源除从生产劳动中偷拿各种有毒药物外,主要是自杀者本人平时患病而故意积存或者他们趁看病之机,偷拿医务室的药物或医务犯代为保管的大剂量药片。

(5)绝食拒医。这是罪犯“抗议性”自杀的主要方式,以此达到一定的目的或要求。

(6)头撞墙柱。这是罪犯公开对抗性自杀的主要方式。近年来有增多的趋势。

(7)其他方法。如有的利用生产工具自杀,有一罪犯在狱内印刷车间切纸机的刀架下刎颈自杀,气管、食管、动脉、静脉全部割断,当场死亡。

罪犯在选择自杀方式上,主要以自缢、割静脉、跳楼等方法为主。其次才是其他自杀方法。

4. 罪犯自杀的迹象和线索

一般情况下,如果在罪犯中发现了下列迹象,应该高度警惕其有自杀的可能。而这些线索在同一个罪犯身上出现越多,其自杀的危险性也就越大:

(1)曾经有过自杀未遂的经历和历史;

(2)家族成员中曾经有人自杀过;

(3)同监区内最近曾经发生过其他罪犯的自杀或自杀未遂的事件;

(4)与其他罪犯谈论死亡、自杀等话题,并经常思考类似的一些问题;

(5)经常向周围的罪犯问一些非常可疑的问题,如“人身上有多少血?多长时间可以流干?”、“夜里监区内的值班人员多长时间巡视一次?”、“人在死前是不是很痛苦?”等;

(6)处于抑郁状态经常哭泣;

(7)远离其他罪犯和民警,行为比以前显得诡秘、孤僻;

(8)产生焦虑、紧张、无望、无助等负性情绪和感觉;

(9)有严重的自责,认为自己“罪行严重”、“罪大恶极”(现实存在的或是罪犯凭空想象的),认为自己因疾病或犯罪给家人、给国家增添了麻烦;

(10)感到活着没有意思;

(11)有严重抑郁情绪的罪犯在没有明显原因的情况下突然变得非常开朗、非常高兴;

(12)频繁与人谈论有关自杀、死亡等问题的罪犯忽然不再与任何人谈论此类问题;

(13)新近被发现或确诊有比较严重的躯体疾病,尤其是慢性和/或难治性的躯体疾病(如各种癌症等);

(14)以前患有慢性和/或难治性躯体疾病的罪犯突然开始拒绝医疗干预;

(15)凭空听到了让自己去死的声音,而信以为真;

(16)收集和保存一些具有一定危险的物品。如碎玻璃、小铁片,或是用一些碎布条搓绳子等,或是其所使用的被褥床单等经常莫名其妙地少了一些边边角角;

(17)出现了某些放弃自己财产的举动或言行;

(18)痴迷于某些邪教和/或迷信某些观念,梦想着升天、转世、投胎、超度等。

当然,还可能会有很多其他的线索或是迹象能够提示罪犯有自杀的企图或是预谋。但不管怎样,只要是对重点罪犯进行重点观察和防范,就能最大限度地减少罪犯中的自杀现象。

5. 罪犯自杀的原因

自杀,是人决意结束自己生命的一种异常行为,是个人有意识地对自己生命的自我残害或毁灭。罪犯自杀的因素多种多样:

(1)刑罚因素。主要表现有:其一,罪犯判刑后,心理落差太大,悲观绝望,精神崩溃,面对漫长刑期,内心极度绝望,常怀生不如死之念,而引起自杀。其二,罪犯认为刑期过长,希望渺茫,对未来前途丧失信心,情绪绝望。对未来的改造生活,更是充满恐惧,服刑心理十分脆弱,稍有不良刺激,极易导致罪犯自杀。其三,罪犯因为对法律的认识差异,认为自己所犯罪行及事实,与刑罚裁量后果严重不相符合,怨恨法律不公,但又认为无路可走,内心深感痛苦、委屈,情绪长期压抑,因而在服刑期间,心理逆反,敌意明显,情绪严重对立,稍有不顺,即可能因此而导致自杀。其四,罪犯判刑后,罪恶感、负罪感强烈,长期负疚自责,难以摆脱,觉得自己造孽太重,问心有愧,感到无脸见人而引起自杀。也有罪犯得知重大余罪暴露,自感法网难逃,害怕殃及亲人,而引起自杀。

(2)狱内环境因素与罪犯自杀。罪犯入狱后,由于在角色认知、交往能力、性格脾气,处事方法等方面存在一定的问题,导致自己与监组内其他罪犯之间关系紧张,相互情感格格不入,因此而不断遭到他犯的歧视和欺压,甚至被他犯联合起来进行诬陷和打击,痛苦压抑,有口难辩,度日如年,最终导致有的罪犯因此而自杀死亡。有的罪犯在入狱前,养成随心所欲、放荡不羁的散漫习性。判刑入狱后,面对严格的监管环境和艰苦的改造生活,心理上极端不适应。再加上刑期漫长,内心十分恐惧,有的因此而萌生自杀意念。也有罪犯因完不成劳动任务,经常受罚,思想不通,而引起自杀。另外,民警面对各种不同罪犯所表现出来的种种不良习气,有时会因思想认识上的偏差,出现偏听偏信或奖罚不公等现象,致使某些罪犯受到不公正的对待。这对于个别性格内向、心胸狭窄的罪犯来说,一时想不通,就很可能会走上自杀的绝路。

(3)婚姻家庭因素与罪犯自杀。绝大多数罪犯对自己的婚姻关系十分注重,担心服刑期间发生婚姻关系变化。原来婚姻感情较好,或妻子条件较为优越,罪犯对妻子的依赖性较强,离婚对罪犯的打击较大,或罪犯刑期过长,改造中屡受挫折,导致妻子情绪悲观,失望思去等情况下,才容易引起罪犯自杀。罪犯因家庭矛盾重重、发生夫妻纠纷、婆媳纠纷、父子纠纷、财产纠纷等,造成情绪极度波动,而引起自杀。有的罪犯犯罪入狱,家庭中经济断了来源,生活没了方向。罪犯面对沉重的家庭忧患和压力,心理承受不了,最终导致绝望自杀。也有罪犯因突然遭受天灾人祸或重大丧亲,如中年丧妻,子女年幼失管;晚年丧子,出狱无依无靠等,心理失去依托,而引起自杀。

(4)异常心理因素与罪犯自杀。主要包括:一是罪犯因患有精神疾病,或直系血亲中有精神病史,有精神疾病遗传因素的,容易诱发精神疾病。处于精神病状态下的罪犯,如果治疗和控制措施不及时,则容易导致有些人自杀死亡事故的发生。二是罪犯性格内向压抑,行为孤僻,思维偏执,心胸狭窄,或明显神经质,心理承受能力差,情感极其脆弱,经不起任何不良刺激,思想上容易钻"牛角尖",行为上容易走极端,容易导致自杀事故的发生。三是罪犯因疾病难愈,保外就医无望,或怀疑身患绝症,心理负担过重,由于难以忍受疾病折磨和精神痛苦,有的会因此而采取自杀行为。四是罪犯因性心理发生变态,如性窒息、性受虐狂、同性恋意外等,而引起自杀。也有罪犯因迷信宗教、封建迷信,或痴迷于某些异教邪说,中毒过深,而引起自杀。

6. 预防罪犯自杀的程序

(1)自杀危险性评估

下列因素可以作为判别自杀危险性的依据:

一般特征:①文化程度低;②入监时间短;③青壮年;④长刑期;⑤故意杀人;⑥被害人是罪犯的亲属;⑦有自杀未遂史;⑧家庭成员中有人自杀过;⑨有精神病;⑩有吸毒史;⑪有酗酒史。

关键事件:①受到处理;②有余罪被发现;③遭受家庭变故;④长期患病;⑤患了重病;⑥长期完不成生产任务;⑦与其他罪犯发生了冲突;⑧与民警发生了冲突;⑨重大希望破灭(如减刑);(10)有违规行为被发现(如偷窃、同性恋);⑪受到其他罪犯的威胁;⑫有人(如在逃的同案犯)威胁其家人;⑬周围有其他罪犯自杀。

异常表现:①沉默不语或特别活跃;②精神恍惚;③对人对事反应冷淡;④卧床不起或白天夜晚颠倒;⑤不吃不喝;⑥拒绝听从民警命令;⑦故意不完成生产任务;

⑧多次提出某种要求；⑨对其他罪犯有攻击言行；⑩自伤自残；⑪有关于生死的言论；⑫公开表示对政府和民警的不满或气愤；⑬暴力袭击民警；⑭长时间给家人写信或看家人照片；⑮把自己的东西寄回家里或送给其他罪犯；⑯写遗嘱；⑰产生被害或自杀妄想。

（2）监控与治疗

根据自杀危险性评估的结果可以对不同危险度的罪犯采取不同等级的监控。对于“低度自杀危险者”，可以采用秘密监控；对于“中度自杀危险者”应采用公开监控，必要时可以通过规定其劳动场所、活动范围、夜间关押地点来限制其自由；对于“高度自杀危险者”应采用物理强制措施，直至危险削弱或消除。如果心理医生认为某罪犯的自杀是由特殊的心理原因所致，则应进行专门的药物或心理治疗。

（3）应急计划

如果有罪犯已经实施了自杀或正在实施自杀，应采取及时果断的干预行动：制止、报告、急救。制止，即以强力中止自杀行动。报告，是将事件迅速告知医护人员、值班民警和值班领导。急救，即由第一时间发现自杀的民警（或罪犯）和即刻到达的医护人员所实施的快速救护。应急计划应考虑所有的可能，有时计划需要延伸到设在监狱之外的司法机关的专门医院或地方医院。应急计划应进行必要的演习。

（4）建立档案

对已经确定为“自杀危险者”和实施了自杀的罪犯应建立专门的档案，以作为确定危险级别、监控等级和干预方案的依据。对整个狱政管理而言，资料的积累对于认识罪犯自杀现象、建立解释罪犯自杀的因果模型和设计普遍的干预方案均有重要意义。

7. 罪犯自杀的预防对策

有些罪犯自杀是受关键事件和情景因素的影响，如果能在罪犯实施自杀前及时干预，一段时间后企图自杀者会重新获得自我控制力而不再自杀；但有些罪犯一次自杀未遂后，可能还会继续实施类似行为。

（1）加强心理健康知识的教育与普及

心理健康知识教育与普及的对象不仅是针对罪犯，同时也要针对监狱民警。资料显示，美国警察的自杀率高于一般市民，台湾地区警察的自杀率也出现了上升趋势。这就从一个侧面提示警察也是属于自杀的高危人群和重点的预防人群。更何况还要依靠他们去预防和控制另一个自杀的高危人群——罪犯。因此,为监狱民警提供良好的心理健康服务,提高他们的心理素质,不仅能够很好地预防各种心理危机或是自杀的发生,也能更好地减少监狱罪犯心理危机和自杀的发生。

(2)加强监狱民警的精神医学常识和预防自杀的知识

正在监狱中服刑的罪犯本来就是属于自杀的高危人群。之所以会出现这种情况,主要的一个原因就是罪犯中各种精神障碍的患病率比普通人群要高得多。监狱中的工作人员及其有关的领导部门对此还缺乏足够的认识,严重缺乏有关精神卫生方面的必要知识,对罪犯中各种精神障碍不会识别和判断,从而使监狱工作出现了很多不必要的麻烦。因此,对监狱工作人员开展司法精神病学和心理卫生方面知识的宣传和培训,增强其初步识别各种精神障碍的能力。早期识别和正确处置罪犯中的各种精神障碍,是预防罪犯自杀的一个极其重要的策略和非常有效的手段与措施。

(3)减少可能用于自杀的工具来源

虽然自杀的方式有很多,能够用于自杀的工具也是各式各样。但由于比较特殊的环境限制,监狱中罪犯几乎不可能获得毒药、锐器、刀枪等作为自杀的工具,甚至试图从高空坠下自杀都比较困难。罪犯自杀的主要方式是用床单、衣服、毛巾、腰带、鞋带、乳罩等撕毁后做成的布条或其他类似的工具进行自杀,而这种方式占到监狱罪犯自杀的90%。因此,对监舍内加强管理和巡视、对罪犯的各种物品加强检查就显得格外重要。

(4)建立专门的心理咨询机构

其目的在于及时发现和解决监狱罪犯中的各种心理问题。事实证明:如果这些心理问题没有得到及时恰当的解决,就可能会继续恶化转变为心理障碍,甚至发生严重的心理危机。而专职的心理学工作者则能比较好地预防、干预罪犯中的各种心理危机及自杀现象。

(5)强化社会预防

一是关注和改善监狱社会中的弱势罪犯的处境。自杀的罪犯大多是那些占有社会资源稀少的弱势者,也是权利诉求易被忽视的一类。有时他们把自杀作为摆脱危机或解决问题的方法。他们在监狱内服刑的处境取决于法律所赋予的如申诉控告权利、减刑假释权利、休息权利的保障和实现程度以及监管行为的文明程度。

二是帮助罪犯正确认识自己的罪行和服刑意义。使罪犯认罪悔罪是行刑的目标之一,但过度的悔罪容易导致自杀。让那些伤害了亲属的罪犯正确认识服刑意义尤其重要,借助于与罪犯处于同一情感网络中的人对罪犯的帮助教育。罪犯的亲属朋友是其社会支持的主要来源,也直接影响到罪犯的狱内社会地位。因此,维持罪犯婚姻,增进罪犯家属与服刑罪犯的联系是减少罪犯自杀的重要方法之一。三是改革现行的僵化的减刑模式。减刑是罪犯痛苦生活中的重大希望,这种希望在很大程度上应当被自己掌控。而现行的规定减刑比例的减刑模式限制和削弱了减刑的意义。规定减刑比例不仅不会减少减刑权的滥用而且由于增加了其稀有性而带来了更大的分配不公的风险。提高(取消)减刑比例而增加"罪犯考核"的科学性,是提高行刑效率的有效途径,对预防罪犯自杀更有积极作用。

(6)注重情景预防

一是环境设计。锁闭废弃的房间、封闭可能高坠的出口、给冲压机卷扬机安装隔离网、用钢化玻璃替代普通玻璃、减少厕所里的横梁和窗户上横置的铁条等方法可以增加罪犯自杀的困难。二是电子监控。对空间死角(如杂物间)和时间死角(如深夜)实施电子监控能够增加发现自杀的概率。三是剥夺。通过日常或专门检查发现和没收罪犯私藏的工具(如锉刀、绳子)和药品(如化工原料、大量安眠药)。四是巡查。除一般时间巡查外,夜间在监舍内的定期巡查(如半小时一次)尤其重要。五是三联号。三联号始终是保障监管安全的重要方法,应得到彻底的执行。六是点名制。在劳动场所特别是空间范围较广的劳动场所应提高点名的频率(如半小时一次)。

第五章 监狱安全情报应用模式

第一节 情报主导监狱安全警务

情报主导监狱安全警务是情报主导警务在监狱安全工作中的应用。情报主导警务源自欧美各国警察自20世纪90年代所兴起的改革方式,是主动发起警务模式的一种延续,其核心词是以犯罪情报的分析与解读作为决策的依据。情报主导警务模式是信息化的产物,是以信息化时代为社会背景。信息化时代为情报主导警务模式的产生提供了可能性和必然性。情报主导监狱安全警务,狭义上说是指把监狱情报工作置于基础、先导的位置,以构建全方位,多层次的情报信息网和情报信息系统为基础,进行监狱情报的整理,分析研判工作,根据分析研判得出的情报,把握监狱安全动态特点与规律,充分发挥主观能动性,为监狱安全决策提供依据、引导警务工作重点、支援实战,把情报作为监狱安全工作的指南,有针对性地采取预防、控制、打击措施,先发制敌,精确打击狱内各类违规犯罪活动,以实现监狱安全工作的主动性。

一、情报主导监狱安全警务的内涵

情报主导监狱安全就是通过综合性的收集、分析和使用情报与信息,以提高监狱安全工作决策的正确性、并提高警力资源使用的效率,以达到预防和打击监狱内违规犯罪,维护监狱安全稳定的工作模式。它是把与监狱安全工作相关的信息及研判的情报结果作为决策依据,并通过有效的警务战略和工作机制,把领导决策及时转变成基层的具体勤务活动,通过基层的勤务活动来影响和改善监狱安全环境,并依据对监狱安全环境变化情况的研判来调整决策,改进警务机制和勤务方式,进而不断提高警务效能的工作。(如下图)

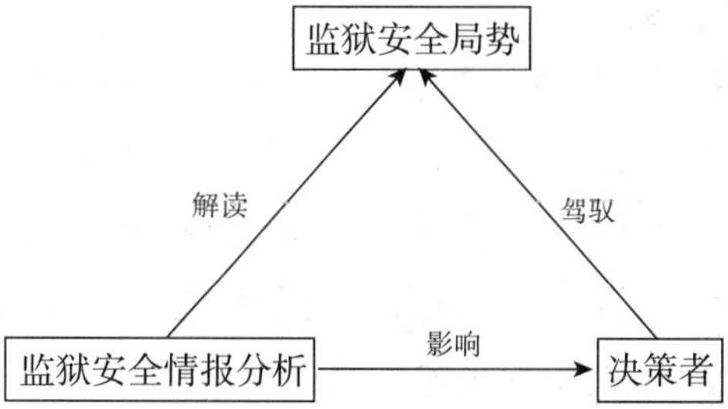

在这一模式中,监狱安全情报分析是一个积极解读监狱安全形势的环节,该环节的具体活动要视部署和实战环境而定。对监狱安全局势的解读必须是一个主动的工作。第二个环节是从监狱安全情报指向决策者,这些决策者包括监狱领导、监狱民警,也可能是监狱之外的决策者。要想情报成品能影响最大化,第一种方式是明确谁是主要的决策者;第二种方式是要在情报分析中为用户提供行动建议,有针对性的发布情报,从而影响决策者;第三种方式是驾驭监狱安全局势。在传统的情报工作中,一旦情报产品发布到情报用户手中,就认为情报流程已经完结。但这不是情报主导警务的做法。情报主导警务的最终状态是:通过预防遏制,或者通过有效的配置刑事司法资源,努力减少犯罪活动,维护监狱安全稳定。

情报主导监狱安全警务是一种主动预防性工作模式,监狱在依法进行的安全管理过程中,通过对信息的搜集、整理和分析,研究监狱安全形势发展变化,认识规律,把握特点,充分发挥主观能动性,有针对性地采取预防、控制和打击措施,先发制敌,精确打击各类影响监狱安全的活动。它通过对已发生的事件、案件信息和各种狱内犯罪活动情报的深入分析研究,发现规律特点,预测可能发生的事件、案件并及时遏制。它区别于传统的监狱安全管理的特点是:

(一)战略上的主动性

在传统的警务模式中,情报往往被神秘化或部门化,并以孤立、零散或静态的形式出现,因而只能起到辅助性的作用。在情报主导监狱安全警务战略中,情报在警务战略中居于核心地位。情报是多种信息渠道的产物,不仅包括各种侦查手段获取,而且更多的是来源于一线警察的日常工作、罪犯以及其他执法和社会部门,因此它是一个综合的"大情报",是对监狱安全局面的全面解读,具有全面、动态和共享的特点。因此,情报成为影响警务决策的关键因素,引领防范、指导打击,在监狱安全警务工作中居于核心地位。

（二）决策上的科学性

监狱领导负有掌控警务资源、决定战略战术的重要职责，其决策正确与否关乎警务工作的成败。监狱安全决策活动，就其本质而言，就是一个对大量情报进行筛选、判断及分析，进而对创造性方案拟订、评价、选择和执行的过程。只有依靠准确、及时及全面的情报作出决策，监狱警务资源才能得以合理配置，警务效能才能得到最大限度的发挥。因此，情报是整个监狱安全警务模式的主导因素。

（三）实战上的预防性

主动预防、精确打击是情报主导监狱安全警务模式的突出成效。情报是监狱掌握和分析安全形势的基本依据，只有掌握情报才能正确地分析形势。所谓情报预防、预警，就是指监狱通过各种途径和方法，搜集相关信息，分析监狱安全发展趋势和演变规律等，使监狱各部门提前了解事态发展的状态，以便及时采取针对性的应对措施，防止不利后果发生的一系列活动。由于情报的预警和引导作用在情报主导监狱安全警务战略中得到充分发挥，增强了警务工作的预见性、针对性和有效性，使预防更加主动，打击更加精确。[1]

二、情报主导监狱安全警务的特征

（一）情报在监狱安全警务中发挥先导作用

在传统的监狱安全警务模式中，情报也是其中一个版块，但其地位与情报主导监狱安全警务模式中的地位完全不同。传统模式中，情报是处于辅助性的地位，且多是静态的、片面的、孤立的，而且情报工作基本围绕已发生的狱内犯罪活动进行。而在情报主导监狱安全警务模式中，情报处于核心地位，是动态的、全面的、共享的，其核心意义是使整个监狱监管工作和队伍建设更科学。

该警务模式要求把情报工作置于基础性、先导性的位置，充分发挥情报在支持监狱安全决策、安全预测预警和引导打击、预防及控制罪犯违规违纪和狱内犯罪活动中的作用，提高监狱精确指挥、精确打击、精确管理和精确防范和控制能力。

（二）以务实高效的战略战术决策为目标

从监狱安全工作中分析提炼情报，以情报影响领导决策，进而转化为具体的资源调配和战略战术行动，以提高情报预警、精确打击及应急处置能力，实现以情报主导

〔1〕 曹凤、彭知辉、陈亮：《公安情报学前沿问题研究》，中国人民公安大学出版社2008年版，第180页。

决策、引领实战及指导防范，牢牢把握监狱安全工作主动权，并最终改变犯罪环境，从而形成动态的良性循环。通过实施情报主导安全警务战略，应努力达到的目标有：

1. 提高精确打击，重点防范能力

提高监狱精确打击的能力。预防和控制狱内违规违纪和犯罪活动是维护监狱安全的基本职责之一，情报主导运作模式能提高监狱打击和防控工作的准确性、及时性和有效性。它能通过信息的收集和分析，提高监狱重点防范的能力。有效维护监狱安全秩序。监狱安全要求必须有针对性地开展重点预防工作。但是在没有有效情报保障的情况下，即使有相关的制度安排，也必然存在漏洞，欠缺实效。而情报主导安全警务的建立能使监狱及时获知重点防范问题、重点防范对象、重点防范时段和部位，并通过情报的有效流转和警务模式的因时、因势调整，加强警务资源统筹管理，全面提高警务资源使用效益，进而科学、有序、高效地开展安全防范工作。同时，面对监狱突发性事件，情报主导安全警务模式也能为提高监狱的应急处置能力提供良好的先决条件。

2. 提高预防预警能力

监狱通过信息的全面搜集和分析研判，准确预测监狱安全形势发展、变化的规律及特点，把握监狱安全走势，牢牢掌握驾驭监狱安全局势的主动权；不断拓展情报工作的渠道、范围和领域，及时发现危害监狱安全、影响监狱安全稳定的苗头和因素，及时发现犯罪活动的线索和轨迹，为打得准、防得牢、控得住提供强有力的情报支持。

3. 提高监狱安全管理能力

情报是现代管理工作科学、有序和高效运行的重要保障。监狱自身各类情报，包括警力配置、警务动作及队伍建设等，客观反映了监狱管理的质量、成效以及管理的重点等，可以帮助各监狱及时发现问题，以便采取相应措施或推进改革，加强和改善监狱管理。各种反馈信息使行刑过程受到全程监督，提高了刑罚执行的公正性和透明度。此外，运用情报还可降低行政成本，提高行政效率，实现对民警的科学考核。

4. 提高监狱安全宏观决策能力

科学的决策来源于充分、准确及全面的情报。通过实施情报主导安全警务战略，有助于掌控监狱安全局势，准确判断现实状况，及时调整目标方向，随时应对环境变化及正确决策工作方略，促进监狱安全中防范、控制和打击一体化的快速发展。

(三)重视情报的分析研判

情报的分析研判是情报主导监狱安全警务模式的核心,是情报充分应用的前提和保障,没有科学的研判,就没有科学的应用。监狱广泛搜集狱内各种信息以及存于社会各方面的相关信息,并对这些信息进行分析研判,从而准确把握监狱安全局势的发展变化规律、特点和趋向,科学预测狱内各类安全事件的发生发展趋势。在情报分析研判过程中,要始终坚持从实战的要求出发,坚持经常性研判与针对性研判相结合、实战研判与预警研判相结合、专门机构研判与一线实战单位研判相结合,着力构建多层级、多形式的情报研判模式。

(四)以信息技术和网络的支撑为基础

情报主导监狱安全警务模式更多的是广泛应用现代科学技术,尤其是计算机信息技术,以全面的、标准化的信息数据库建设为基础,通过警务信息网络、数据库、共享平台和相关业务信息系统建设,形成纵向贯通、横向集成,互联互通,高度共享的警务信息化应用框架。此外,对人的技术要求也相对以往工作提高很多。情报主导安全警务模式要求必须要有强烈的情报意识和较高计算机操作水平的基层民警和专门的信息研判队伍,这也需要专业知识技能的支撑。

三、情报主导监狱安全警务的工作流程

以情报为主导的监狱安全模式是推进监狱防控一体化的重要战略需要,坚持把情报工作置于基础性、先导性位置,依据系统论、信息论、控制论的观点,利用各种资源和措施,综合运用防、控诸手段,形成预警灵敏、指挥集成、配合密切、运转高效、能及时有效实施监狱安全警务的运行机制。监狱安全模式的运行机制包括情报信息的收集、传递、评判与分析、应用等。

(一)监狱安全信息的收集机制

全方位、多渠道地获取信息是实施情报主导监狱安全模式的起点。无论信息技术如何发展,再先进的技术设备,也离不开人的操作。因此,当务之急是尽快建立健全监狱安全信息网络,完善信息的收集机制,努力使基础类信息数据维护及时、线索类信息收集全面。监狱各级机关应当把建立健全信息收集机制放到更加突出的位置,作为一项硬任务来抓,按照"公秘结合、上下联动、全面收集、规范运

作"[1]的要求,进行规划设计、组织实施。一是增强全体民警的情报意识,形成全警收集、主动收集的格局。一方面,对日常工作内容、工作资料等基础类信息数据,要及时全面、分门别类地录入到相应的信息管理系统,要实现信息共享查询,必须源头信息维护及时、丰富准确。另一方面,对监狱各类线索型信息要及时收集、传递。基层民警要善于在日常工作中、社会交往中、新闻媒体和互联网上,收集、发现和捕捉各类信息。二是大力加强耳目力量建设,努力获取深层次、预警性、内幕性情报。秘密力量是获取深层次、预警性、内幕性情报的主要力量,这支队伍的质量如何、能力大小往往在某种程度上反映着监狱的情报工作水平。三是广泛布建多层次的安全信息员,严密掌握监狱罪犯动向。监狱各级机关都应该根据自身工作特点,从掌握情报、及时预警、防止危害的需要出发,按照多层次物建、全方位布局、全天候控制的要求,广泛布建安全信息员。

(二)监狱安全情报信息的传递机制

健全完善情报信息报送机制,实行分级报送、归口管理。当前,不少监狱的下级部门在报送情报信息方面各自为政、分兵把口,至今没有实行情报信息归口管理、统一上报;有的报喜不报忧,个别的甚至瞒报、压报。这些问题的存在,既有水平问题,也有作风问题,更多的是运行机制不规范引起的。监狱应对收集的情报信息,根据内容和紧急程度,实行分级、分层次报送处理。主要分为四级:一级情报信息,主要是指已经或可能发生的严重危及监狱安全、稳定的案件、事件类情报信息。二级情报信息,主要是指可能造成严重后果,在监狱内造成重大影响的案件、事件、事故类信息。三级情报信息,主要是指发生或已经发生的监狱内的违规案件、事件、重要的社情民意、民警队伍发生的一般性违法违纪问题等信息。四级情报信息,主要是指一般性罪犯矛盾、监狱安全动态和罪犯动态等信息。对一、二级情报信息必须立即报告监狱领导机关,并做好连续追踪报告,三级情报信息必须立即报告监狱有关部门,四级情报信息必须上报监狱分监区。无论何等级的情报信息,均应录入相应数据库进行集中管理。

(三)监狱安全情报信息的研判和分析

监狱安全情报信息的分析与研判是综合的逻辑思维过程,是对获取材料的再创作。情报分析研判的结论要求精与准,精准的分析研判结论是情报主导警务的

[1] 黄明:"论情报信息主导警务战略",载《公安研究》2005年第4期。

先决条件。情报分析与研判工作依两条逻辑线索进行:定量分析的线索和定性分析的线索。情报分析的流程相应的应分成六个部分[1]:第一,情报来源分析。情报分析研判人员,应该全部接纳这些由基层送来的原始材料,将它们存入专用的储存器,并对这些"原材料"作出初步的分析与判断,主要是根据其来源初步判断其真实度,确定其在情报群中的地位以及可能存在的潜价值。第二,情报真伪分析。由于监狱情报来源复杂,浅层次的情报较多,也有罪犯群体或个人编造和传送的虚假情报。监狱安全情报与一般技术性情报的差异在于"安全情报"的虚假比重较大,分析人员必须剔除这些虚假情报,排除其对真实情报的干扰。第三,情报的归类分析。情报的归类,是根据要求将相应的情报归并入档,如罪犯资料情报、危险物情报、危险线索情报、突发事件防范情报等。这样的归类方法有利于全面掌控情报分布,发现薄弱环节,集中优势力量,有的放矢地主导警务工作。第四,情报指向分析。情报分析研判人员的个人技能将决定情报分析研判的质量。情报分析研判的目的在于它的最后指向即研判结论。要得到研判的指向,应该把握两个指标:量的指标和度的指标。要考虑情报的度,即情报的地位,依据情报的地位决定情报分析的最后指向。第五,情报转化分析。对情报的转换应该灵活对待,使情报永远保持活力。在监狱安全工作中,由于形势和事件的变化,那些已经"死亡"的情报可能被激活。第六,情报矫正分析。经过分析得出的情报指向不会全部精准。对于失败的研判,要对情报本身和情报的分析研判实行"倒查"。这样的倒查既可以使情报进一步臻于精准,也更有助于提高情报分析研判人员的工作能力。

(四)监狱安全情报的应用机制

应用是监狱安全情报主导警务工作的出发点和落脚点,要坚持"应用至上、效益为本"的原则,从监狱安全需要出发,努力把情报转化为警力、转化为效率、转化为战斗力。要依托打防控主干应用系统强有力的支撑,将信息作为平台延伸到基层一线,充分发挥情报在预测预警和引导打防控一体化等方面的实战功能。预测预警是情报研判工作的主要目的,是情报主导监狱安全工作的直接体现。监狱安全预警机制是一个系统,它有预警系统、防范系统和危机管理处置系统三个分系统构成。[2] 从当前情况看,这项工作无论是探索、实践,还是具体成效,都比较落后,必须花大力气予以加强。要在对破坏监狱安全的犯罪活动规律特点进行深入分析

---

[1] 王清淮:"情报分析与研判:方法与流程",载《中国公安大学学报》2005 年第 5 期。

[2] 邢玫、石希贤、蒲新平:"构建监管安全预警机制的探讨",载《犯罪与改造研究》2006 年第 1 期。

和科学研判的基础上，及时明确防控工作的重点。上级监狱机关和部门发布预警信息后，要指导、督促相关部门及时采取针对性措施，加强打击、防范、管理、控制等工作。下级机关和部门对接收的预警信息，要及时落实控制措施；要顺畅使情报快速进入决策程序的渠道，使本部门的预警信息和研判成果，迅速转化为决策部署和工作指导，以确保情报转化为战斗力。

监狱安全情报的应用方法主要包括：情报预警、情报导防、情报导侦。

第二节　情 报 预 警

预警就是在危机发生之前，根据危机可能发生的征兆。预先向有关部门或社会公众发出警示、警报，以便在思想上、组织上和物质上做好准备，以应对可能到来的危机。监狱安全情报预警是指在监狱常态下，监狱管理者在危机潜伏阶段所进行的一切有效预防、警示工作，其目的是识警防患，超前预控，防患于未然。具体而言，情报预警，即通过大力加强情报体系建设，完善情报信息的收集、汇总、分析和研判工作机制，全面掌握影响监狱安全的深层次、预警性和内幕性的情报，及早发现苗头，及早预测安全形势，及早采取措施，及早解决问题，真正将情报贯穿于保障监狱安全和处置突发事件的各个环节，真正做到敌动我知，准确预警，快速反应，有效处置。

任何危机从潜伏到最终发生，都有一个不断发展变化的过程，这一动态过程取决于危机各要素之间相互作用所产生的互动情势。但无论这一过程是短是长，都会通过相应的、不同程度的征兆表现出来。危机潜伏阶段是危机正在聚集能量而恶性突变尚未发生的状态。作为监狱安全第一道防线的情报工作，若能及时准确地发现危机征兆和苗头，变被动为主动，将危机管理关口前移，即可有效杜绝和控制危机的发生。

一、情报预警的基本特点

(一)前瞻性

情报预警是在监狱安全危机发生前或者危机处于萌芽阶段，敏锐地发现危机表现出来的各种征兆，使监狱决策者提早采取相应的危机管理措施，积极介入危机，将危机遏制在萌芽状态。由此可见，情报预警是监狱安全中一项具有前瞻性的工作。大多数监狱安全危机在发生前都有征兆可循、有端倪可察。通过情报工作可以发现危机潜伏的各种征兆,寻求其本质,从而达到控制监狱安全的效果。

(二)主动性

情报预警是一种主动性预测。根据预测结果对未来的影响可以分为主动预测和被动预测,如果预测值和实际行动之间相互影响,这一类预测则称为主动预测。情报预警的目的在于预测危机走向、防范突然发生危及安全事件。因此,监狱想尽一切办法刺探罪犯内部情况,同时竭力保护己方情报免遭对方获悉。决策者必然会根据来之不易的预测结果,制定相应的安全措施方案对狱内各种危险因素进行防范。因此,监狱安全情报预警属于主动预测。

(三)长期性

监狱安全事件形成通常是一个长期过程,对危机征候的识别和判断也是一个长期积累的过程。情报预警需要情报人员从大量的基础性工作入手,对危机局势进行长期的关注。从情报工作的流程来看,情报预警工作是一个反复循环的过程。从信息的搜集、情报的分析判断、到警报的发出、再到预防行动的实施,情报预警需要不断循环往复地进行。除了不断根据形势的变化对预警工作进行修正外,还要评估行动所达到的效果,为下一阶段的行动提供准备。此外,任何危机都要经历一个从量变到质变的过程,如果能够对各种征兆指标进行实时的监控,并不断与历史数据进行比较,发现各种异常现象或细微变化,那么情报预警工作就能够正确发出危机警报。[1]

(四)综合性

在现实中,各种事物的发展过程不是孤立的,而是相互关联的。当监狱安全事件发生时,与其相关的各种因素往往或多或少以某种逻辑关系相互联系在一起。对监狱安全情报预警工作来说,情报人员对所获情报尤其是一些征候情报要进行仔细分析和综合研究。从历史上来看,对情报分析不够充分或没有进行综合分析是导致情报预警失误的主要原因,甚至是首要原因。因此,情报分析人员必须保证发出的预警是对所有相关信息和假设进行综合分析后做出的。

2001年9月11日,美国遭到了恐怖主义袭击,美国经济和军事实力的象征——世贸中心和五角大楼被袭。让世界人民饱受痛苦的恐怖袭击,这次在美国

〔1〕 孙路、刘波:“情报预警:危机潜伏阶段的有效途径探析”,载《世界经济与政治论坛》2010年第5期。

也同样导致了无辜人们死伤的悲剧,这些人来自世界80多个国家,他们有着不同的文化、宗教和种族背景。这次恐怖袭击使美国对恐怖主义提升到新的层面上高度关注,超越以往任何一次恐怖事件。很多美国人都难以相信恐怖分子怎么可能这么轻易地就给予美国如此重创。实际上,之前有一些有经验的时事观察员早已预计到恐怖分子会在美国国土上有所行动。但不幸的是,美国死亡防控体系的某些环节没有给出准确的预警以阻止事件的发生。比如说,这些接受过飞行训练的可疑人员进入了美国的土地,这本是重要的信息。另外,政府也本该重视一些恐怖组织早先发出的要运用民航客机作为武器的信号。很多原因造成了国家预警体系、情报体系等没能对这些情报做出及时有效的反应以保护国土安全。美国恐怖主义袭击事件全国调查委员会工作报告中指出了许多情报和协作方面的失误,前参议员鲍勃·格兰姆作为“9·11”恐怖袭击事件前后美国议院关于美国情报界共享战略的合作主席,在工作总结中也详细地指出了这些问题。

二、情报预警的基本流程

情报预警是基于监狱日常的情报预警工作,着眼战略全局,全面、系统地预报和控制危机的一整套工作机制。从监狱安全工作实践发展来看,监狱安全情报预警系统一般由三个部分构成,即情报预警监控系统、情报预警评估系统和情报预警预报系统。

(一)情报预警监控系统

情报预警工作是通过对监狱安全构成威胁的重点问题和对象进行的监控来把握监狱安全工作的过程。只有长期地、不间断地监控,才可能抓住各类监狱安全事件征兆,及时发出警告。情报机构平时搜集分析的基本情况是情报预警工作的主要内容。然而,引发监狱安全危机的诱因涉及多个方面,如果面面俱到地进行监控,既盲目又不可行。因此,情报预警监控必须突出重点。

1. 监控的指标

(1)设置情报预警监控指标。预警情报监控指标体系是基于监狱安全情报特征,由多角度、层次式,就世情、国情、社情、狱情、警情、工情等情报内容相互联系的若干指标所构成的统一整体,能够根据研究的目的和要求综合反映监狱安全各个方面情况的评估参数集,从而建立情报研判参考量化标准。监控指标的设置应坚持如下几项基本原则:一是科学性;二是动态性;三是完整性。指标之间必须是相互关联的,以构成一个完整的指标体系,反映危机各要素的交互影响和交互作用。如有的监狱设计了危机预警指标(如下图)。

监狱危机预警指标[1]

序号	影响因素(一级指标)	监测点(二级指标)
1	民警因素	个别教育落实情况
2		危险器物管理情况
3		零星罪犯管理情况
4		犯情处置情况
5		民警信箱运行情况
6	环境因素	伙食满意度
7		重点执法环节运用情况
8		监管设施管理情况
9		违规率(月度)
10	罪犯因素	罪犯综合心理健康水平
11		联号包夹落实情况
12		家庭变故罪犯比例

(2)建立情报预警数据库。建立内容详尽的动态情报数据库是进行监狱安全情报预警监控和情报分析的基本要求,监狱应建立条目细致、检索方便的情报数据库。目前,世界上可用于危机管理情报预警的数据库分为三类:一是关注危机发生模式的数据库;二是关注危机发生诱因和过程的数据库;三是关注预警的数据库。

(3)编制情报预警敌情征兆表。制作敌情征兆表是为了让更多的情报分析人员、情报主管以及情报搜集人员知道搜集哪些信息,帮助情报分析人员研究分析监狱发生安全事件前可能采取的行动。每位信息搜集人员都应该时常参考敌情征兆表,对照查看哪些敌情征兆确实出现,信息搜集在哪些方面存在差距。实际上,敌情征兆表就是一份情报所需信息搜集指导。当不祥征兆预示危机出现时,为确保信息搜集要点更加具体,同时减少情报机构的工作压力,情报机构应编制更为精简和具体的敌情征兆表,便于在特殊危机状态下开展信息搜集工作。比如,有学者设计建立罪犯脱逃预警模型:

[1] 任金昌:“运用层次分析法建构监狱危机预警模型之研究”,载《中国监狱学刊》2010年第6期。

内因表征子项量化计分标准

内因表征子项		特征描述	标准分
思想状况	世界观	唯心主义	-5
	人生观	享乐主义	-8
	价值观	利己主义	-5
精神和心理状况	精神	精神病患者	-15
	人格	反社会型人格	-15
	心情	焦虑、恐慌	-5
捕前职业状况		无固定职业	-5
家庭状况		无依无靠	-15
		关系紧张	-3
		亲人具有反社会心理或判刑的	-5
		家人骄纵	-5
		服刑期间家庭发生变故	-8
在校情况	在校表现	差	-3
	同学情况	同学中有犯罪的	-1
社会情况	社会表现	差	-3
	交友情况	朋友中有犯罪的	-3
罪行情况	刑期	原判刑期	每年-0.5分
	刑种	盗窃犯、暴力犯、涉毒犯	-3
	犯意	故意	-1
	作案方式	合伙作案且有同案犯在逃	-5
	作案手段	残忍	-3
	作案地点	非籍贯所在乡镇	-5
	犯罪史	有前科	-5
公安侦查时表现		不配合	-3
看守所羁押时表现		差	-3
审判时表现		狡辩	-3
改造表现	认罪态度	不认罪	-15
	劳动状况	消极	-3
	纪律情况	经常违规违纪	-3
	学习情况	消极	-3
	行为习惯	懒散	-3
	与民警关系	紧张	-15
	与同犯关系	紧张	-3
其他	发现有余罪		-15
	情感突遭变故		-15
	又犯新罪		-15

假设罪犯脱逃预警线为-15分。即当某罪犯内因表征子项得分达到-15分时,该犯便存在脱逃的危险性,对该犯应采取防逃措施,包括反逃教育和矫治。条件较差的监狱,可采用纸质表格式预警。即将导致脱逃的内因表征各子项和记分标准列表于纸上,每犯一份,逐项调查、测验和记录,统计结果,实施预警。有条件的监狱,可采用微机分析预警,与心理测试相联,利用预警软件,逐项输入,自动生成结果预警。

2. 监控的内容

首先,对监控指标的信息搜集工作。在确定了情报预警监控指标后,可以系统、持续地对监控指标进行数据采集工作。跟踪监控指标的动向是情报预警的基本方法,这种日常的监控和记录可以使情报人员及时注意到被监视指标的发展变化。通过对这些监控指标变动的跟踪,情报人员就可以间接地预判未来可能发生的危机及其发展趋势。其次,确定危机发生的各种征兆,并根据对征兆的分析,得出或验证有关危机发展变化的初始判断。最后,监控危机的发展速度和影响程度,以便规划危机应对的总体原则和应对步骤,力求做到以不变应万变和以变制变的有机统一。

(二)情报预警评估系统

情报预警评估系统主要是对情报监控系统所获情报进行分析与评估,并对未来危机的发展趋势进行跟踪预测,对危机的危害程度以及危机升级的可能性做出预判。情报预警评估系统的一切工作都是在情报预警监控和信息搜集的基础上进行,它是整个危机情报预警系统的中心环节。

情报预警评估是一项十分复杂的工作,要求很高,有时需要在信息占有不充分的情况下迅速做出判断和预测,情报分析人员通常没有更多时间更深入地进行信息搜集和分析,也不可能在掌握了所有证据之后再做出判断。在监狱情报预警评估工作中,针对不同的评估对象,因其在危机中所处的层次、涉及的范围以及本身属性的不同,评估的内容和要求也不同。这种差异性在情报预警评估方法上,也会不同程度地反映出来。就某一特定的评估方法而言,它既具有一般的指导意义,同时又具有鲜明的个性特点。因此,在具体的评估方法与特定的评估对象之间,往往存在相关性更强的情况。在情报预警评估中,情报人员经常使用定性分析,而归纳和演绎又是其中最常用的两种分析方法。

情报预警评估报告至少应该包括三个方面的内容:一是对危机发展进程的分析,全面分析、描述危机产生的诱因、演进过程和变化方式,对危机的现实状况做出判断，对未来态势做出预期；二是对危机危害程度的客观评估，估计可能发生的潜在威胁和损害，研究造成损害的方式和预期后果；三是提出对危机管理的可行性建议，明确应对危机所需要的主客观条件和内外部资源，并对危机管理的可行性策略提出建议。[1]

（三）情报预警预报系统

情报预警预报系统就是根据情报预警分析评估的结论，向监狱管理决策者及相关部门发出危机预警，以唤起他们的注意，并采取相应的应对管理措施。

1. 设置情报预警等级

预警警度就是根据警兆预报警情的轻重。它不仅要求建立科学的预警指标体系，更重要的是确定一个与预警指标体系相适应的合理尺度，并作为预警指标的衡量标准以表明某一警情是否已经出现及其严重程度。通常把警度划分为四个等级即轻警、中警、重警和巨警，也可以划分为3个等级即轻警、中警和重警，还可以采用类似交通管制的信号灯表示不同的警度，如无警（以绿灯表示）、轻警（蓝灯）、中警（浅蓝灯）、重警（黄灯）和巨警（红灯），并根据信号指示采取相应的对策减小警度和防止警度的扩大。其实将警度划分为几个等级并不是确定警度的关键，关键在于确定某个预警指标是否有警，即确定警限。这里认为警限是指某个预警指标有警和无警的临界值以及警情严重程度的等级分界线。

危机预警等级评价表

等级	未发生危机	轻度危机	中度危机	高度危机	重度危机
Y值	$Y \leqslant 20$	$20 < Y \leqslant 40$	$40 < Y \leqslant 60$	$60 < Y \leqslant 80$	$Y > 80$
预警颜色	蓝	绿	黄	橙	红

2. 发布危机预警

（1）发布情报时间。本着高效处置狱情的要求，一般或重要异常情报，应于次日上午上班前发布，重大情报应在2小时内发布。

狱情情报等级按照情报的真实度、紧急度、危险性的不同，确定三个等级：

①重大情报：行为即将发生，危险性大；行为不会马上发生，但危险性大。主要指：罪犯有脱逃、自杀、行凶预谋，罪犯哄监闹狱预谋，查证属实的。

②重要情报：行为已经发生，仍具有潜在危险性；行为不会马上发生，但有一定

〔1〕孙路、刘波："情报预警：危机潜伏阶段的有效途径探析"，载《世界经济与政治论坛》2010年第5期。

潜在危险性。主要指:罪犯有自伤自残行为、严重报复行为,掌握罪犯有脱逃、自杀、行凶苗头,查证属实的。

③一般情报:行为即将发生,且影响监狱秩序的;行为不会马上发生,但有一定潜在危险性。主要指:罪犯私藏违禁品,有余罪、漏罪或其他严重影响监内秩序的行为,查证属实的。

(2)发布情报内容。按照情报类别的不同,情报内容的发布重点应有所区别。违纪性情报,应明确时间、地点、当事人、起因、经过、后果、处置措施及结果;动态性情报,应明确信息来源、情报对罪犯的影响、可能产生的后果及监区采取的处置措施;隐患性情报应明确隐患所处部位、严重程度、可能对监管安全带来的危害及整改建议等。

(3)发布情报审核。情报内容发布前,应由各层级单位值班领导负责审核,监狱狱侦部门对监狱当天发布的异常情报进行审核,及时纠正情报等级,规范文本内容,节假日由监狱督察组进行审核。

(4)发布情报人员。异常情报实行专门情报录入员发布制度。监狱各单位应明确异常情报录入员,录入员一般由管教负责人、管教办公室工作人员、科室内勤担任,其他人员严禁发布情报。录入员主要职责是将经过值班领导审核的异常情报按规定的时间、要求发布在狱情预警平台。

3. 建立预警预报制度

(1)建立监狱情报网络自动分析预警制度

监狱情报预警网对狱情信息自动归类、自动定性、智能监控,对涉及罪犯脱逃、自杀、行凶、自伤自残、心理波动等敏感信息以及相关测试分值高的重点罪犯自动在网络上预警。对罪犯个体实行两个级别、两种颜色预警,即一般危险级,黄色预警;重大危险级,红色预警。对押犯单位实行三个级别、三种颜色预警,即一般危险级,黄色预警;比较危险级,橙色预警;特别危险级,红色预警。

(2)建立重点人员、重要部位监视监控报警制度

监狱在重要部位安装科技含量较高的红外线自动监视监控报警装置,在重点人员劳动、学习、娱乐活动现场安装监控设备,实行移动监控,实时报警。

(3)建立预警专报制度。监狱情报预警中心对处置不及时、不全面、不彻底的异常狱情,通过情报预警网下发由监狱领导签发的督办通知,督促、关注并指导有效处置。

第三节 情报导防

情报导防是情报在预防狱内违规犯罪行为的应用方式，即通过情报的搜集和研判工作，发现罪犯的犯罪迹象，识别狱内预谋犯罪活动，有针对性地发出预警情报，采取有效防范措施进行预防工作；也可以识别当前监狱安全局势和某类安全问题对监狱安全的威胁水平，从而采用相应的防范对策。在监狱安全防控体系建设中，用情报这根针串起千万条防范线，使防范工作更具前瞻性、针对性和实效性，使警力投向投量更加精确。一是全面分析狱情动向、罪犯思想动态和各种不稳定的因素，并对影响监狱安全的狱情、犯情进行归类和量化分析，研究具体的防范对策和打击措施。二是深入排查和分析管理中的重点时段、重点场所、关键部位、重控罪犯、薄弱环节等监狱安全状况，制定控制对策和方法。三是进行安全隐患排查，要排查影响安全稳定工作的各种因素，及时发现和消除监狱存在的各种隐患、漏洞和险情。重点排查各项管理制度是否得到落实，主要包括日常安全检查制度、安全隐患分析制度、出入检查制度、夜间巡查制度、监控监督制度等；排查管理设施是否存在安全隐患，包括监狱的围墙、罪犯宿舍窗户铁护栏、门锁、现代化监控、报警、安检等设备是否坚固和正常运转，以及罪犯思想动态掌握是否准确、民警安全防范的思想防线是否树立、职务状态履行是否到位等。针对这些隐患，制定整改和排除方案，加大防控力度。

一、情报导防的基础：防控对象的分析

所谓“犯罪防控”，就是使犯罪不超出一定范围或使犯罪处于自己的影响之下，即将犯罪状况限制在正常度以内。监狱安全中的防控主要指通过情报分析，把发现的影响监狱安全的人或问题纳入民警的视线，采取一定的措施方法，控制人、物、事件的发展变化，消除影响监狱安全的因素，确保监狱安全稳定。监狱安全防控主要是对狱内犯罪活动的防控，这将要求监狱能对罪犯可能发生的违规犯罪活动及早发现、尽快制止。这就需要监狱运用狱内侦查手段，收集罪犯活动的苗子，并运用各种手段对影响安全的人物、部位、物品和时间进行控制，因此，监狱必须建立完整的情报、控制网络。情报网络是监狱的工作手段，目的则是达到有效的控制。

（一）监狱安全态势情报分析

监狱安全态势研判是针对情报研判工作事件作出的规律总结和研判结论。在

监狱安全态势研判中应包括狱情预测性分析研判、狱情提示性分析研判、狱情动态性分析研判和狱情反思性分析研判四个方面。

1. 狱情预测性分析研判

它是根据一定时期狱情发生发展的规律,有针对性地作出预测。在狱情爆发初期要及时发出危机预警并跟踪狱情变化,有效地避免狱情重大危机事件的发生发展。从源头上及在初始阶段上进行处置往往是效率最高的,可以事半而功倍。

2. 狱情提示性分析研判

它是狱情研判机构对狱情所作的阶段性层级化的研判,主要是将相关情况进行通报,向相关主管部门提示狱情的基本情况,以便引起重视,从而使狱情趋于平衡、平稳。

3. 狱情动态性分析研判

它是根据狱情的规律和特点,对重大事件及其狱情进行动态性的适时跟踪、研究和判断,及时、准确地把握狱情事件的动态性发展,使相关狱情反映出的问题得到妥善处置,并对其反响情况继续加以跟踪、研判。

4. 狱情反思性分析研判

它是对狱情发展过程中的干预措施、引导效果所进行的研判,目的是在狱情事件发生之后或在发展过程中,及时总结狱情处置决策的成效,提升狱情的分析、研判和引导水平。通过分析研判,对不同情况采取针对性对策措施,及时、有效地进行处置,严防各类安全事故的发生。

(二)监狱安全防控重点分析

任何一个犯罪活动实施都要具备一些基本犯罪要素,在监狱安全防范中,如果能准确地分析、判断出这些要素的存在方式和发生危险的可能性,就能截断犯罪活动的发生。在犯罪构成要素中包含有:“何时、何地、何人、何事、何因、何法、何果”七要素。情报分析时,要逐个搜集这七类要素并进行深层次分析,既要注重全面狱情动向和犯情动态的分析,又要突出对个案和苗头性狱情的分析。狱内犯罪情报的分析以发现和控制狱内犯罪的构成要素为主,发现和控制了狱内犯罪要素,狱内犯罪就可以预防和控制。狱内犯罪的构成要素主要有犯罪人、犯罪时间、犯罪空间、犯罪行为、犯罪对象与犯罪工具六个方面。

1. 犯罪人分析

犯罪人包括已实施犯罪的人和潜在的犯罪人。潜在犯罪人是指有可能实施犯罪行为和参与策划犯罪的人。监狱内潜在的犯罪人，主要是狱内具有潜在或现实危险、必须重点防范的罪犯，如具有脱逃、自杀、行凶危险因素的罪犯。从狱内犯罪案件的发生结果分析看，大多数都是少数有危险思想的罪犯造成的。因此，情报分析要从罪犯的性格类型、心理状况、狱内人际关系、改造态度、对奖惩的关注程度等方面去观察、评判。当前要重点分析以下十类罪犯：危害国家安全的重要罪犯；“三涉”（涉黑、涉毒、涉枪）罪犯；不认罪服法、不服管教的罪犯；近期家庭发生变故的罪犯；长期患病和性格孤僻的罪犯；近期发生矛盾、摩擦，对民警处理事件不服的罪犯；消极怠工的罪犯；有共同兴趣、地域观念的“小团伙”罪犯；有余罪、近期又犯罪的罪犯；其他危险因素可能引发“四防”案件的罪犯。

2. 犯罪时间分析

犯罪时间，即作案时间，它是指犯罪人实施犯罪行为的具体时间，是犯罪活动存在的一种形式，是犯罪活动持续性的表现，表示的是作案行为的顺延关系。作案时间表现为具体的日期和钟点。狱内侦查中，作案时间的内部构成包含作案时间点、作案时间段、整体作案时间。从监狱安全防范的视角看，犯罪时间的分析重点掌握以下重点时段，主要是监狱管理力量薄弱的时段，包括：罪犯早上起床到出工前时段；罪犯出工到工场30分钟内的工种安排时段；罪犯午餐前至开工的时段；罪犯收工到晚上学习的时段；罪犯学习到点名就寝的时段；春节、“五一”、中秋、国庆等重大节假日加班，民警开会、集中学习、培训的时段；发生天气骤变、暴风雨、洪水暴发等自然灾害的时段；监狱制定下发监管制度或开展重大活动的时段；罪犯年终评审、季度减刑、假释、保外就医时段。

3. 犯罪空间分析

犯罪空间，是指犯罪事实和犯罪行为存在的具体地点或场所。犯罪空间的主要构成部分就是犯罪现场，犯罪现场是犯罪活动存在的一种形式。犯罪现场包括犯罪人实施主要犯罪行为的地点，也包括与犯罪行为有关的其他处所。作案空间具有三维的属性，具有客观性、特定性和广延性。罪犯在狱内实施犯罪的空间主要包括储藏室、晒衣场、厕所、洗澡房、工场、仓库、民警值班室、围墙、下水道等要害部位。对这些部位的管理，要落实专人专管责任制，进行定期不定期清理和检查，及时消除隐患。

4. 犯罪行为分析

犯罪行为是刑事案件结构要素中最核心的内容，犯罪行为本身即是一个系统，其构成的要素有三个，即犯罪行为的内容、犯罪行为的手段、犯罪行为的过程，三者缺一不可。从纵向看，犯罪行为可分为犯罪意向、犯罪预谋、犯罪实施三个阶段。

(1)犯罪意向

犯罪意向是指犯罪人为达到某种犯罪目的而产生的犯罪动机。监狱中，罪犯的犯罪意向大多是隐蔽的，往往不易被发现，但犯罪意向作为一种心理活动也并不是完全不可知的，它会以一定的外在行为表露出来。狱内侦查部门认识犯罪意向形成的特殊性，就要针对事件的苗头发现迹象，主动做好思想转化工作，通过外因促进内因发生变化，做好防范工作。

(2)犯罪预谋

犯罪预谋是指犯罪人在采取犯罪行动前所制定的犯罪行动计划和谋略。当犯罪的意向形成以后，为了顺利地达到犯罪的目的而又不被他人发觉，就要进行策划准备。它包括犯罪目标、对象、时间、空间、手段、方法等内容。犯罪的预谋过程，是证明犯罪人主观与客观方面要素有机结合的重要内容。这些迹象在案件发生之前有的会被发觉，有的则不易发现。但是犯罪人要犯罪总会留下蛛丝马迹。侦查中要充分使用公秘手段对嫌疑线索进行发现查证，及时发现预谋犯罪案件。

(3)犯罪实施

犯罪人实施犯罪行为包括犯罪行为的方法、手段或途径。同一犯罪行为往往有不同的犯罪方式。如脱逃犯罪行为有翻墙式、挖洞式、冲击大门式、哄骗式等。犯罪方式虽然多种多样，但总有些共同的特征和规律，对于狱内犯罪防控来讲，分析某一类犯罪行为的规律和特征是为了有针对性地实施犯罪防控对策。

5. 犯罪对象分析

犯罪对象是指犯罪人实施犯罪行为所指向的具体的人或物。狱内侦查中，主要分析被害人的情况，特别是狱内袭警犯罪的被害人分析。如脱逃袭警旨在抢夺警服，虽然着警服的民警都会成为袭击的目标，但为了更有把握得逞，案犯对作案目标都作了精心选择，以便找到易于得手的突破口。罪犯袭击的目标主要指向那些思想麻痹、缺乏警惕，或身材矮小、年老多病或刚刚从事监狱工作又缺乏斗争经验的民警。少数民警业务素质不高，管理罪犯的方法简单，手段粗暴，个别民警仍有打骂体罚罪犯的现象；有的民警对罪犯之间的矛盾处理不冷静，不进行细致调查，而主观臆断，导致罪犯内心产生抵触；有的民警带着情绪工作，对罪犯的教育中，不耐心听罪犯的解释，而是毫无顾忌地训斥责骂，容易引起激情袭警。

6. 犯罪工具分析

罪犯实施狱内犯罪活动离不开犯罪工具。在监狱严格的管理下，获取犯罪工具相对较难。狱侦部门要重点分析易燃易爆的物品、硫酸、液化气、火种、电源、现金、编织袋、手套、绝缘物品等可供罪犯利用行凶或作案的工具。对重点物品的管理，要建立劳动用品、劳动工具使用签名登记制度，加强民警的现场监控。由于监狱局势的变化，产生了一些新情况，监狱违禁物品有日益增多的趋势。从查获的违禁物品的案件看，涉及药品、通讯工具、数码产品、现金、酒、餐具、绳索等，其中手机、酒、现金是最突出的焦点。

（三）监狱安全防控隐患分析

监狱安全防控隐患分析制度中，既要“拉网式”搜索，又要突出监管安全“四排查”工作这一重点。

1. 查民警的安全意识

重点是查民警在三大现场管理中的“五要、九不准”落实状况。“五要”是：(1)要坚守岗位，严格履行“三大现场”管理职责；(2)要提高警惕，严格执行各项监管工作制度；(3)要加强巡查，坚持直接管理，维护正常改造、生产秩序；(4)要警容严整，注意维护执法者形象；(5)要依法办事，严格公正地处理罪犯中发生的各种问题。“九不准”是：(1)不准迟到、早退、打瞌睡或擅离工作离位；(2)不准违反法律、法规和监管工作制度，擅自准许罪犯单独劳动和加班劳动；(3)不准从事文体娱乐活动；(4)不准酒后上岗和在岗喝酒；(5)不准从事与“三大现场”管理无关的事项；(6)不准在罪犯的活动范围内任意放置警服、警帽和警用器械；(7)不准在罪犯听力所及的场所议论有关不该让罪犯知道的事项；(8)不准使用罪犯干私活或打扫整理民警值班室、办公室等；(9)不准将监舍、禁闭室、监区大门、危险品仓库、民警值班室、办公室及其他要害部位的钥匙交给罪犯保管。

2. 查罪犯的思想动态

罪犯对违法犯罪历史及对自身犯罪的认识，罪犯对监管环境的反应状况及服刑期间的异常表现等都是排查的重点内容。要把“八种人”（新犯、外省籍犯、长期无会见犯、病犯、家庭变故犯、涉毒涉黑犯、骨干犯、暴力犯）作为罪犯思想动态分析的重中之重，排摸分析其可能存在的脱逃、自杀、行凶报复三大危险。

3. 查监管、生产安全制度是否落实

要重视对“七项制度”的检查，敢于动真碰硬，确保落实到位。“七项制度”指：

(1)民警到岗尽责、直接管理制度;(2)罪犯互监小组和危险分子的包夹制度;(3)点名查人头制度;(4)重点要害部位管理制度;(5)警戒设施巡检制度;(6)个别教育制度;(7)安全生产制度。

4. 查重要部位是否存在安全隐患和漏洞

主要包括:(1)罪犯生活场所,包括罪犯宿舍、壁柜、行李包、储藏室等;(2)罪犯学习场所,包括教室、书包、阅览室、图书室等;(3)罪犯劳动场所,包括工具箱、更衣室、生产用各类仓库等;(4)警戒设施和要害部位,包括围墙、电网、监门、铁栅栏、报警器以及下水道、地沟等。

以上这些方面的内容要作为监狱安全隐患分析必须排查的重点内容。要从分管民警做起,做到每周排查一次,每月开展一次大排查工作。遇有重大节假日、重要时段要突击排查。从而使"四排查"工作做到经常化、制度化。

二、情报导防的网络体系

在建立"防控网络"前首先要解决的是控制什么?也就是说哪些工作应该纳入控制网络,如果样样工作都是重点,那也就无重点可言了。狱内安全事件发生的主要原因是人的不安全行为和物的不安全状态,而事件的发生、发展都是由小到大、由间接到直接而发生变化的,而这种变化、演变的过程又为监管安全工作中开展控制提供了可能。通过情报分析网络,就有可能及时发现安全隐患的苗子,消除引发隐患的原因,将涉及监管安全的隐患及时消灭在萌芽状态。

安全隐患的提前发现,需要监狱开展情报分析工作,分析控制的重点,排查危险犯和安全隐患。监狱民警要增强四个意识,即"与狼共舞"的危险意识、"匹夫有责"的全员意识、"居安思危"的忧患意识、"防患未然"的超前意识。以"主动、整体、长效、预判"为核心,分析排查务必彻底,做到不漏对象、不疏环节、不留死角为标准,开展"最担心的人和事、最薄弱的环节、最大的隐患"的排摸工作,具体工作中强调以"四重点"排查为载体,以控制内容为重点的排查工作,通过排查,在四个重点的范围内,最主要的是具有不安全行为的重点人物、重点物品、重点事件、重点时空、重点问题的控制。从狱内以往发生的各类案件、事故分析来看,犯罪构成要素中的人和物也是关键的要素。因此,监狱重点做好具有不安全行为的重点人员、重点物品为主要内容的控制网络。

明确了控制内容以后,下一步就是如何建立控制网络的问题,在建立防控网络的过程中，必须讲求规范、抓住十个环节：

1. 首先要确定控制的内容，即在排查的基础上，先要列出哪些人员、物品、时间、部位是属于监狱控制的范围，要求是：全面、具体。

2. 要分析控制的内容，即设控的理由，不管是人、物、时间还是空间，一定要明确控制什么，应不应该纳入控制范围内，尤其是对重点人员的控制要明确防：死、逃、伤等情况，千万不能以防突发事件而进行敷衍了事。要求是：准确。

3. 要制定控制的措施。有了对象，有了内容，就要解决控制的方法问题。方法是针对内容而言，要针对不同的内容采取不同的方法，不能千篇一律。要求是：有针对性、有可行性。

4. 明确控制的责任。有了对象，有了内容，有了方法，下一步就是要解决谁去做的问题，即控制的责任。责任分为两大类：一是民警的责任；二是耳目和信息员的责任。根据不同的控制内容和要求，分别有民警、耳目、情况犯进行控制。要求是：责任明确，目的清楚。

5. 控制的落实。控制的落实和控制的责任是有区别的，控制的责任是对每一个控制点的任务明确，而控制的落实是对一个面的网络建立。例如，分监区和监区都要将已纳入控制范围的时间、地点、人、物按照控制责任的要求，逐个到位，这就形成了一个控制的网络，并将控制落实到实处。要求是：不漏、不缺。

6. 控制的检查。控制网络初步建立后，检查是提高和巩固的重要手段。检查的内容分为三类：一是控制内容是否合理；二是看控制网络是否建立；三是看反映情况是否有针对性。这样能不断地发现问题，及时改正问题，改变了以往狱侦工作检查就是看比例、查台账等老做法，使工作充满了活力。要求是：严格标准，严格程序。

7. 控制反馈。控制反馈是将检查的情况进行分析汇总后，向监区、分监区提出建议和意见，以便有针对性地不断提高工作质量。要求是：及时、合理。

8. 控制纠错。就是将安全检查中发现的问题。督促和指导监区、分监区加以改进。同时也及时发现监狱在整体布局和工作中存在的问题，能立即进行调整和改进，使自我纠错形成一个机制，不断提高和完善此项工作。要求是：客观、合理。

9. 控制评估。控制评估就是将此项工作纳入规范化监区考核的范围，每季度进行一次督导，并按规定进行奖罚。从制度上保证了此项工作的顺利进行。要求是：客观公正、持之以恒。

10. 控制的应急处置。控制的应急处置是控制网络的最后一个环节，也是控制网络的最后一道防线。在正常控制的过程中，如发生突发事件，应规范处置过程。应急处置分为三类：一是各控制点上发生问题的处置方案；二是分监区发生突发事件应急方案；三是监区、监狱发生重大事件的应急预案。确保使可能发生问题后的损失降到最低程度，且遇到突发事件有章可循。要求是：人人明确各自的任务，加强日常演练。

三、情报导防的表现形式

监狱安全防控的分类是指从不同的角度，按照不同的标准将犯罪防控划分为不同的类型。依据不同的标准，监狱安全防控可分为以下几类：

（一）普遍防控和重点防控

根据监狱安全防控的对象地位、重要程度和作用不同，可分为普遍防控和重点防控。

1. 普遍防控

普遍防控是将监狱内所有的罪犯作为潜在的犯罪人或被害人而采取的普遍性的防控措施。罪犯相对于社会人员来讲，具有高度的犯罪危险性，是需要严格管理的对象。普遍防控需借用监狱管理中的多种措施，预防全体罪犯可能的犯罪行为。如深入“三大现场”，调查分析狱情，准确掌握狱情动态。强化罪犯等级管理、分类管理和包夹管理等管理措施，防止出现监管死角。建立健全监狱各项监管制度，不断完善监管警戒设施，加强监管技术装备，堵塞监管上的漏洞。针对罪犯的思想进行动态教育，及时解决罪犯在改造中的不稳定思想情绪，教育罪犯树立正确的服刑观，提高其权利保障意识、服刑身份意识和接受改造意识，从源头上预防狱内犯罪现象发生。

（1）思想防控

思想预防是指为维护监狱安全而对监狱民警和在押罪犯进行的防范教育，以提高全员的防范意识。它包括民警和罪犯两方面的教育。首先，监狱领导要端正业务指导思想，在工作部署上体现监管安全第一位的思想，切实加强对监管防范工作的领导，真正形成各级领导都重视的安全防控工作，各部门齐抓共管、尽职尽责的工作格局。其次，要教育广大监狱民警充分认识当前狱情变化的新情况、新特点，增强敌情观念，克服临时应急思想，树立长期作战的观念，强化专政意识和安全防范意识。最后，对罪犯要重点抓好认罪服法教育以及法制教育，道德人生观教育，形势、政策、前途教育，在罪犯思想转化上狠下工夫，以瓦解罪犯犯罪意识，提高犯群的监督意识，从而防止和减少狱内犯罪。

(2)制度防控

制度防控是指为预防监管安全事件的发生，利用各种监狱管理制度，及时了解、掌握敌情、犯情动向，以防控狱内犯罪活动。监狱安全防控制度是建立在公开的狱政管理基础之上，采用各种公开和秘密的手段，掌握罪犯的思想动向，控制其犯罪条件。常用的防范制度包括：民警值班制度、危险犯的包夹控制制度、安全检查制度、狱情分析制度、秘密力量管理制度、安全责任制度等。各种防控制度的严格贯彻执行是预防狱内犯罪的组织保证，因此，必须一丝不苟地坚持，同时辅以监督检查、奖罚激励机制，促使各项制度落到实处，切实发挥其功效。

(3)情景防控

任何犯罪都是在一定的条件下，在一定的空间中发生的。对潜在的犯罪人而言，客观的环境会影响其对具体犯罪目标和犯罪机会的选择，并最终影响其犯罪决意和实施。情景预防就是指使用一些直接的手段、方法和措施，控制和消除各种可诱发犯罪的客观因素，以防止和减少狱内犯罪。一般来说，狱内犯罪的情景防控涉及以下几个方面的内容：其一，犯罪目标的预防。减少潜在犯罪人确认和获取犯罪目标的机会，是情景防控的一个基本内容；其二，犯罪机会的控制。对各种可能造成犯罪行为发生条件的控制；其三，各种具体控制情景的建立。诸如罪犯互监小组、民警监督、巡视制度的建立，对各种具体犯罪行为时空条件的控制，形成一种环境的约束机制。在犯罪情景防控中，确认和排除各种机会性情景因素，构成了犯罪预防的基本工作、活动内容。做好具体的防控工作，减少监狱中的犯罪行为，是一项长期而重要的工作。

(4)技术防控

技术防控是指为预防狱内犯罪的发生，运用现代科学技术原理，通过物质设施，监视和控制罪犯的活动，达到预防狱内犯罪、确保监管安全的目的。因此，技术防控也可称为技术监控，其核心内容是各种监狱控制技术的有效运用。监狱控制技术按其作用，可划分为：常规监控技术、监视技术、监听技术、报警技术、防暴技术、通讯技术、交通技术、探测技术以及电子计算机技术等。监狱控制技术的现代化是监狱安全防控的重要组成部分。要发展与完善狱内犯罪的技术预防，充分发挥监狱控制技术在监狱安全防控中的应有作用,最大限度地提高现有监控技术的使用效益。

2. 重点防控

重点防控是指针对监狱内重点对象实施的防控措施,这些重点对象包括重危犯、违禁品、重点时段、重点部位等。对重危犯由专门民警直接管理,严格落实相关管理制度;对违禁品要不定期开展监管安全大检查和生产安全大检查活动,杜绝违禁品滞留在罪犯生活和学习现场;对重点时段,加强值班、巡逻,提高巡查次数和质量;对重点部位每月进行一次联合大检查,每天明确专人巡查一次,发现问题及时整改。

(1)危险犯的防控

危险犯防控措施也称为主体防范措施,其防控的对象是监狱内可能实施狱内犯罪的人或潜在的犯罪人,其目的是防止个体实施犯罪。长期以来,对危险犯的防控,既是监狱安全防控的重点之一,也是监狱基层民警日常性的基础工作。对危险犯的研究,就是分析狱内犯罪人的特点,把握犯罪规律,制定犯罪防范措施。

(2)违禁品的防控

狱内违禁品是监狱的常见病和多发病,长期以来,一直困扰和影响监狱工作,是影响教育改造罪犯、威胁监管安全、扰乱公正执法、破坏监狱形象的主要因素。违禁品的防控既是监狱有效预防和控制行凶、伤害、脱逃等狱内犯罪发生的重要环节,也是监狱安全防控的日常性基层基础工作。在监狱内实施犯罪,其行为往往要借助犯罪工具,尤其是暴力犯罪行为中。实践表明,对犯罪工具的管理和控制,尤其是对涉及脱逃、暴狱等武器的控制和管理会大大地减少犯罪行为的发生。监狱通过安全检查、清监搜查、会见控制等手段,及时发现违禁品,防止狱内犯罪的发生。

(3)重点时空的防控

犯罪时空是犯罪行为发生的时间和空间特征,任何犯罪行为都必须发现在一定的时空内。重点时空防控主要是基于分析狱内犯罪发生的时间和空间的特点和规律,明确不同时空的防控重点,适时地、有针对性的采取防控和打击措施。实践表明,狱内犯罪的发生在时空上呈现出规律性变化,这一方面是与犯罪情景和被害人活动有关,另一方面是犯罪人理性思考选择的结果。从监狱安全防范的角度而言,应根据不同犯罪类型的发案时空规律采取不同的防控措施,把发案高的时间和空间作为防控的重点对象。

(二)人防、物防和技防

根据监狱安全防控的手段不同,可分为人防、物防和技防。

1. 人防

人防,即人力防控,是监狱安全防范的核心基础。任何防控工作的开展都离不开人的作用。在现代监狱中,虽然物防和技防在监狱管理中的地位越来越凸显,但人具有主观能动性,在人与物的关系中,是物为人用,物防始终是辅助性手段。狱内犯罪的发生,大多是监狱民警行为出现了瑕疵,导致监狱安全的防范机制失灵。因此,人防是监狱安全防控的第一力量。

2. 物防

物防,即实体防控,是监狱安全防控中采用的物质装置和设施来阻碍犯罪顺利实施的防控手段。物防设施是技术防范系统的物质载体和实物基础,它是延迟风险发生和预防犯罪的基础手段,它在监狱安全防控中的延迟作用是其他手段难以代替的。

3. 技防

技防,即技术防控,是利用技术设施防控狱内犯罪的一种手段,如运用光学、声学、化学、电子等先进的科学技术成果,设计预防犯罪的设施,加以装备,预防犯罪。应当明确技防也依赖于物质载体,但它与物防的主要区别在于它的科技含量较高。监狱利用不断发展的互联网技术、电子信息技术、预警报警技术等高科技手段,组建了视频监控系统、监听对讲系统、门禁管理系统、电子巡更技术、周界报警系统、人员定位系统等,可以对监狱遇到的安全威胁进行探测、报警和反应,有效地遏制狱内犯罪活动。

(1)监门关封设施。监狱的主要监门(大门、各监区的门)都应当实行电子控制,平时由监门附近的值班室控制,在特殊情况下,由监狱的监控中心控制。一旦发生犯人暴动、骚乱等情况,值班室或监狱的监控中心都能迅速地关闭所有监门,实行隔离封锁,防止犯人互相联络和情绪恶性膨胀,避免事态的扩大和恶化。

(2)报警设施。我国的监狱通常都比较重视监狱围墙的报警设施,如果有犯人靠近围墙,警报器就会发出响声,提醒看守人员和武装警察采取措施。但是,相比较而言,对监内的报警设施建设得不够。为了更好地保障监管安全,一是要加强固定报警设施建设。监狱应当像银行那样,在犯人可能到达的办公室、办公区、值班室等的隐蔽部位,安装报警按钮,使工作人员在遇到危险情况时,能够迅速按钮报警,请示援助。报警按钮的安装,既要隐蔽,不为犯人所知,又要便于使用,使工作人员能够在从事正常工作或保持正常姿势时,就能按压按钮。二是要加强随身报警装置建设。监狱应当给一线民警都配备一个随身携带的报警装置,使他们在遇到紧急情况时,能够寻求援助。监狱应当有一个警报网络,实现自动化管理,当按了报警按钮或装置时,监控中心就能立即知道出事地点,并能立即通知相邻区域的工作人员和专门解决突发事件的人员去援助。

(3)发电设施。监狱应当有一套备用的发电设备,以便在正常供电中断的情况下,保证监控设备的用电,防止因断电而出现犯人趁机越狱、暴动、骚乱等现象。

(4)通讯设施。应当有一套备用的通讯系统或设备,以便在发生人为破坏事件、事故或自然灾害的情况下,能够在监狱内部互相联系和向外部通报情况,请求援助。应急通讯设施应当定期维修,保证它能安全、高效地运行。

(5)其他设施。发达国家,由于其具有较强的经济实力,大多使用高科技成果装备其监狱管理设施。例如,美国在监狱管理设施的设置上,普遍采用了现代监视、监听、报警、探测、防暴、通讯、信息、微机等先进技术。为防止罪犯实施暴力行为,美国监狱大多利用常规技术使监狱设备具有坚固防损、不易拆卸等特点,不给罪犯提供假借的武器;使用新兴防暴技术装备了既能一下将罪犯击倒又不会使其丧命的飞袋;在紧急情况下逐一连接形成盾牌墙的"瓦萨盾牌";可将罪犯击昏但不致其丧命的软质子弹,等等。再如,英国有的监狱在围墙内20米处筑有第二道篱墙,在两墙之间安置地音报警器,如有人从内部靠近围墙,立即会被发现;门卫在装有防暴玻璃的坚固的掩蔽所内执勤;用现代化电话通讯系统控制着大门开闭,等等。

(6)注意各种技防技术的相互配合。技防技术在监狱的运用是多方面的,注意各种技术的相互配合,可以使监控技术在监管控制罪犯方面发挥更为积极、有效的作用。

其一,在一般监控方面。将监控系统的摄像头、监听器、微光电视的摄像头等安装在监舍、活动区等罪犯学习、劳动、生活的现场,可发现异常情况,掌握可能出现的预谋犯罪和违反监规、监纪的人和事,为加强监管提供可靠的信息资料;通过电话、无线电收发机、对讲机等通讯设备,可加强监狱内部各部门之间、各监狱、有关单位之间以及与上级领导机关的通讯联络,做好日常监管工作。

其二,在重点防范方面。使用监视器、监听器、探测器、夜视仪、微光电视等监控"危顽分子"的活动,对特别重要的部位、最危险的罪犯,可采用报警器及监听器、监视器等综合报警装置;同时可用摄、录像机等记录现场情况,用监视器、监听器、夜视仪等秘密监控嫌疑犯,用防暴器材、对讲机等制止暴乱、围捕犯罪分子等,为揭露和打击罪犯的犯罪提供线索和证据。

其三，在防逃、制逃方面。发挥监听、监视、探测器、报警器、通讯设备的作用，监控有脱逃危险罪犯的活动。对正在进行脱逃犯罪活动的罪犯发出警报，及时制止其犯罪活动，即使罪犯已逃出警戒线也能迅速将其追回；在追逃时，应充分利用现有的通讯、交通工具。各类报警器均可同摄像机、录像机配合使用，以记录罪犯的脱逃犯罪情况、脱逃罪犯的人身形象，以便于追逃工作的迅速开展，也可作为罪犯脱逃犯罪的证据。

（三）罪前防控、罪中防控和罪后防控

根据狱内犯罪发生的阶段，可分为罪前防控、罪中防控和罪后防控。

1. 罪前防控

罪前防控，即犯罪前的防控，是监狱通过研究狱内犯罪现象，探讨犯罪原因，做好犯罪预测，调动多方面的力量，采取多种手段防控狱内犯罪的发生。它是在犯罪发生前采取的预防措施，它最能体现狱内侦查工作方针中"预防为主"的思想。

2. 罪中防控

罪中防控，即犯罪中防控，是监狱通过建立一套突发事件的应急处置体系，在狱内犯罪发生时，能及时采取应急措施，阻止犯罪的发展和蔓延，减少犯罪的危害。

3. 罪后防控

罪后防控，即犯罪后防控，是犯罪防控的特殊性措施，主要指对犯罪人的教育改造，预防再次犯罪。

四、情报导防的具体措施

监狱安全控制体系由五个部分组成，分别是对重控罪犯的控制、对要害部位和重点现场的控制、对违禁品的控制、对预谋案件的控制和对监狱突发事件的应急控制。本书第四章已对要害部位和重点现场控制、违禁品控制做了详细论述，本部分不再展开。

（一）对重控罪犯的控制

1. 民警直接控制与运用罪犯当中的积极力量实施控制

（1）民警对重控罪犯实施直接控制

分监区对每名重控罪犯，都要确定 1 名责任民警具体负责管理和教育转化。对因心理问题确定为重控罪犯的应安排兼职心理咨询民警为责任民警。责任民警因休息、培训等原因不能履行职责时，应安排其他民警代行职责，民警之间要有任务交接并有文字记录。直接接触罪犯的民警要时刻注意重控罪犯的举动，发现异常表现后，马上与责任民警沟通情况，在情况紧急时，则必须即时采取防范措施。凡是有条件获取罪犯有关信息的民警，都要将在工作中获取的罪犯信息及时传递给责任民警，以便其掌握重控罪犯各方面的信息，从而分析罪犯的危险程度，制定相应的控制措施。

(2)运用罪犯当中的积极力量实施控制

在民警对重控罪犯直接控制的过程中，有选择性地运用罪犯当中的积极力量参与对重控罪犯的控制也是一种行之有效的辅助方法。选择现实表现好、责任感较强、有一定的观察和识别能力的几名罪犯安排在重控罪犯周围或与其编排在一个互监小组，实现对重控罪犯的包夹。一般由2~3名积极分子包夹1名重控罪犯。参与包夹的罪犯要时刻与重控罪犯在一起，在时间和空间上不留空当，时刻注意被监控人的言行，随时控制被监控人的活动，每周向民警书面汇报一次被监控人的言行，发现问题马上向民警报告。

2. 防御性控制与进攻性控制

(1)防御性控制

①作案工具和危险物品的控制

分监区对确定的重控罪犯，一般不安排劳动，如安排劳动，必须安排到有利于民警监控、有利于罪犯包夹的劳动场所和不接触危险工具的劳动项目，且不得安排零散劳动。如某监狱罪犯袁某利用监狱心理咨询室一名女民警对其进行心理咨询之机，用水果刀将女民警劫持。这就是罪犯在发现心理咨询室有把水果刀后，产生了劫持民警的想法。在罪犯生活区，民警要把好工具控制的几个环节：一是进入罪犯生活区时的检查；二是进行清监检查。发现有工具或者危险物品及时处理。重控罪犯是这几个环节中的重点检查对象。

②重控罪犯的活动及活动范围的控制

一是重控罪犯到监狱医院就医，应安排两名以上民警监管控制；重控罪犯到市局中心医院就医，应安排两名以上分监区民警(其中一名为分监区领导)和一名狱政科民警进行监管控制。需住院治疗的，监狱民警必须向医院监管部门介绍该犯的改造情况和被确定重控罪犯的原因；重控罪犯到社会医院就医的，应安排两名以上分监区民警(其中一名为分监区领导)和一名狱政科民警进行监管控制，需住院治疗的，监狱要制定专门的监管方案，报市局狱政处审批。此外，重控罪犯就医诊治期间，监管民警必须将其纳入监管视线之内。

二是重控罪犯原则上不安排离监探视，确因改造工作需要办理离监探视的，需经监狱长审核，报市局审批。监狱应安排两名以上分监区民警和一名狱政科领导进行监管控制，离监探视期间，监管民警必须将罪犯纳入监管视线之内。

三是重控罪犯一般不安排团聚、同居。会见安排在带有玻璃隔断的会见室使用电话进行。会见期间，分监区应安排一名民警专门进行现场监管监控，将会见内容录音、详细记录，并于当日向分监区汇报。

四是涉及顽危罪犯调监的，调动前由调出单位向市局请示。市局批准调监的要转递顽危罪犯专档及心理档案；异常罪犯确需调监的，调出单位要向接收单位介绍异常罪犯确定理由，现时表现，转交《异常罪犯确定审批表》和其他相关材料。

五是对重控罪犯严格实行“四固定”即固定其铺位、固定其劳动岗位、固定其在队列中的位置、固定其活动范围。监所总监控室和分监区监控室应备有重控罪犯名册，名册中要有顽危罪犯、异常罪犯以及包夹罪犯所在的分监区、班组和床铺位置。值班民警要熟悉掌握上述情况，重点予以监控。实际工作中，我们发现有的单位在这方面重视不够，有的单位重控罪犯与包夹罪犯间的床铺位置布置不合理，造成包夹罪犯不能占据有利位置对重控罪犯进行监视；有的单位在安排日常工作时忽视对重控罪犯的包夹监控工作，人为拆散包夹力量，或让部分包夹罪犯与重控罪犯从事不同的劳动任务，或把他们放在不同的位置，使罪犯很难做到贴身包夹要求，在很大程度上影响了罪犯包夹工作质量。狱侦部门要对这类现象坚决予以制止。

六是重控罪犯的来往信件，民警必须认真检查，并详细记录。

七是重控罪犯拨打亲情电话时，分监区应安排一名民警专门进行现场监听监控，将通话内容录音并详细记录，于当日向分监区汇报。

(2)进攻性控制是监狱主动出击，与重控罪犯正面交锋，对重控罪犯实施控制的一种强制性手段

重控罪犯违反监规纪律，根据《对破坏监管秩序罪犯惩处的规定》，应受到行政处分的，监狱要严格按规定对罪犯进行处理，并将罪犯送禁闭惩教分监区管理控制。同时，将罪犯情况通报该单位，让他们做好各项准备。重控罪犯经司法鉴定为精神病的，监狱可以按照精神病罪犯要求对罪犯进行管理和诊治。

3. 隐蔽控制与公开控制

对重控罪犯的控制可以采取隐蔽控制与公开控制相结合的方法进行。隐蔽控制,是指运用秘密手段实现对重控罪犯的控制。

对重控罪犯的公开控制,是对于有明显危险举动的罪犯,其危险行为已经公开化,可以采取公开控制的方法。主要做法是将罪犯的危险性向罪犯所在的基层单位的全体罪犯公布,动员全体罪犯对重控罪犯时时处处加以注意,对于制止其危险行为有积极作用的犯人则给予奖励,调动其他罪犯的积极性。这种方法特别适用于有自杀危险的重控罪犯。

4. 个体控制与对群体控制

对于单个重控罪犯的控制,相对来讲容易一些,可以采取上述几种方法。对于群体型危险罪犯则相对困难一些。而群体型危险分子一旦作案,会给监狱的正常秩序和安全带来更大的威胁。因此,监狱必须以更大的努力强化对群体型危险罪犯的控制。

对群体形式出现的危险罪犯,要控制重点人物,分化瓦解,解脱大多数。群体型的危险罪犯当中,一般情况下有为首分子或"核心"人物,为首的危险分子起着策划、发动犯罪行为的作用;危险罪犯当中,也有积极分子,在为首分子的策划、煽动下,积极参与群体犯罪行动。对于为首和积极分子,监狱要在准确排查的基础上,采取措施揭露其危险行为,将他们列为严密防范的对象,必要时,实施严管或者关押禁闭。对于其他的可能参与危险行为的一般罪犯,则以教育为主,对于认清错误,表示悔改的,及时加以解除。

监狱在控制群体型危险罪犯时,还要注意分析可能诱发骚乱、暴乱、聚众越狱的外部因素,并以有效的工作加以消除。

5. 常规控制和特殊控制

(1)常规控制。对重控罪犯要与其他罪犯一样严格实行点名制度、查铺制度、"五固定"制度。点名制度就是监狱民警定时或随时清点罪犯制度。主要是在出工、收工时要求罪犯列队报数点名,罪犯晚睡觉、早起床时要点名,在三大现场集体活动时也要随时点名。点名可以采取公开和秘密相结合的方法。可每半小时巡查一遍服刑人员,若发现少时,立即查找和公开集合点名。查铺制度主要是检查罪犯是否按规定归宿就寝制度。"五固定"制度是指服罪犯睡觉铺位、学习座位、劳动岗位、就餐座位、队列序位要固定,不得随意变动的制度。对重控罪犯还应实行"三包”、“一夹”、“五不准”制度进行监控。“五不准”就是不准单独行动或离开监管区自由活动;不准安排零星分散劳动、外役劳动和临时加班或夜班劳动;不准放在重点要害部位劳动;不准离监探亲;不准随便调动。

(2)特殊控制。特殊控制是指对重控罪犯加戴戒具,实行严管或关押禁闭的控制方法。罪犯如果有脱逃行为,有使用暴力行为或者其他危险行为需要采取防范措施的,监狱民警可以填写戒具使用审批表逐级报批,经监狱主管领导批准后,给罪犯加戴戒具。特殊情况,可以先行加戴,然后补办审批手续。一般情况下,只戴手铐,不戴脚镣。罪犯危险行为已消除的,应立即停止使用戒具。对老、病、残犯、女犯、未成年犯一般不得使用戒具。

对于重控罪犯经审批可送往严管队实行严管。严管队对罪犯实行严格管理、严格训练、严格监督、严格防范,使重控对象无实施危险行为的机会。对于经过严管已消除危险的罪犯,应解除严管送回监区服刑改造。

禁闭是监狱依法对严重违反监规纪律的服刑人员实施的行政处罚措施,同时也是对有一定危险性的罪犯实施的一种强制性防范措施。对于加戴戒具、实行严管仍不能消除危险的罪犯可以关押禁闭进行控制。关押禁闭,应由服刑人员所在分监区填写关押禁闭审批表,报狱政部门、监狱主管领导批准后执行。对于正在实施行凶、破坏等危险行为的罪犯,可先行禁闭然后补办审批手续。关押禁闭的期限一般为 7 ~ 15 天,对于到期仍不能消除危险的,经批准可延长禁闭期限。对于特别危险的罪犯,可在关押禁闭的同时加戴戒具。对被关押禁闭的危险罪犯,应严格管理,同时加强教育。对于认识错误,保证不再实施危险行为的罪犯,可以提前解除禁闭,送原所在监区服刑改造。关押禁闭的危险罪犯,一律停止会见、通信,不准参加劳动。

6. 重控罪犯的转化控制

对于每名重控罪犯,要科学地逐一进行分析,根据其形成原因、错误观念、个人情绪特征等方面因素,制定科学的、分阶段的、分步骤的教育转化方案,实行有计划、有步骤的转化。一是全面加强监区文化建设,用积极健康的活动占领罪犯劳动以外的空余空间。二是运用网络、可视电话、心理教育等手段,加大科学施教的力度。三是创新工作载体,提高重大危险罪犯转化率。在新形势、新任务和新的保障体制下,要坚持以人为本的观念,科学认识罪犯,了解罪犯需求,努力挖掘罪犯积极改造的潜能,不断创新工作载体,充分运用行政的、法律的、经济的手段,激发罪犯改造动力,努力提高转化率。四是利用亲情转化法,以情感人。监狱定期召开家属座谈会,与家属建立定期联系制度、送温暖活动等。五是挂牌攻坚,将市场机制引入教育转化工作。对于排查确定的重控罪犯,根据转化难易定出标价,由全体民警竞争摘牌攻坚转化。六是利用社会资源,开展社会帮教工作。通过民警与社会帮教的结合,形成合力,使重控罪犯的转化更加有的放矢,稳定其改造情绪,促使转化。重控罪犯经教育转化后,同时具备下列条件的可以撤销:原有危险因素已经消除;思想稳定;遵守监规纪律;经过一年以上的观察,没有危险迹象。撤销危险分子由分监区研究,填写《撤销危险分子审批表》,经监狱狱侦科审核,报分管领导批准。

(1)重控罪犯转化的原则

①系统化原则。首先是对重控罪犯的各类原始材料的收集、整理、存档和分析要有步骤、有系统地进行。其次是对重控罪犯的包夹监控、包教育包转化工作要有系统地进行,做到时间上的连贯性和空间上的整体性,纵向的一致性和横向的协调性,民警配备的稳定性等。主要有以下四个方面:一是变单线帮教为网络化帮教。充分利用社会力量共同作用于重点罪犯的改造,突破传统的会见方式,邀请他们的家庭、单位走进来配合开展帮教,建立“帮教联系卡”;二是变承包民警专人教育为“集体会诊”。对一些特殊重点罪犯的“病症”,可主动邀请相关科室、监狱领导给予指导,集体会诊,并建立“个别教育档案”和“心理咨询档案”,跟踪考核,保持教育内容的连续性和持久性,对其做到有理有节,瓦解其犯罪意图;三是实行分监区、监区、监狱三级多层施教;四是对脱逃危险分子和反改造的重点罪犯,通过公开批判,开展“脱逃无出路,改造有前途”教育,未雨绸缪,防患于未然,对重新犯罪受到加刑惩处的罪犯开展巡回专题教育,有力地瓦解效仿者重新犯罪的侥幸心理和企图,打掉他们对监狱、法律、警察的不良心理。

②冷处理原则。遇事不能急躁,处理问题不能偏激,要全面了解事情的整个过程,多找旁证,兼听则明,防止偏差。对方情绪激动时,不要火上浇油,要心平气和地进行冷处理,预防发生“顶牛”或把事件扩大化和僵化,贻误教育良机。

③一分为二原则。任何事物都有正反两个方面,就看你从哪个角度、用什么眼光去看待。重控罪犯并非一无是处,也是有“闪光点”和可供改造的一面的。

④否定之否定原则。运用否定之否定观点,正确对待重控罪犯在改造过程中的反复现象。要善于抓反复,反复抓,抓重点,重点抓,促其从强迫改造到半强迫、半自觉改造,直至自觉改造转变。

(2)对重控罪犯转化的方法

重控罪犯是扰乱监管秩序的潜在威胁,是教育改造罪犯工作的重中之重,难中之难。做好这些人的转化工作,对稳定监管秩序起到十分重要的作用。对重控罪犯进行教育改造,必须结合其特点,采取灵活多样的方式,做到有的放矢,才能收到事半功倍的成效。

①个案分析。个案分析,就是对重控罪犯的犯罪情况,家庭情况、社会关系、成长历史、个性心理特征、抗改历史和改造表现等资料,综合分析,探究其抗改心理、行为变化发展的规律,为下一步对重控罪犯选择怎么样的教育措施提供依据。做好个案分析工作,平时要注意观察,有些资料可以通过接见监听、信件检查、犯属介绍等方面取得。总的要求是材料要尽量齐全、真实,分析要透彻,能够客观、全面地反映出研究对象有个性心理特征和判断出其抗改的行为特征。

②系统干预。罪犯改造心理学证明,罪犯紧张、恐惧、压抑、不满消极心理和由此产生的拘禁性反应往往是诱发罪犯破坏行为的心理因素。因此,最大限度地改善重点罪犯的心理环境,使他们在安全、适应、希望中改造,是减少重点罪犯犯罪的重要条件。

一是解决困境。在对重点罪犯的教育过程中要把解决其思想问题和实际问题结合起来。着重解决他们在改造中产生的家庭、婚姻、财产、疾病等问题,要倾注爱心和热情,让他们感受到政府在关心他们。

二是给予希望。对重点罪犯的教育改造根据其改造不同阶段的心理需求和思想状态,实施有针对性的教育内容,提出不同的改造要求。在矫治方案中呈现阶梯状动态教育管理模式,让他们慢慢地适应、逐渐尝到改造的甜头;突出他们身上的闪光点,调动他们自尊良知,唤起他们对改造的信心和对美好生活的向往。特殊情况可以区别对待,采取特殊的奖励措施。使他们始终在希望中改造。

三是增加活动。呆板、生硬的说教往往解决不了重点罪犯灵魂深处问题。对他们的教育改造,一个显著特点是让其在潜移默化中受到感染、熏陶,使其不良的需求、扭曲的心态得到矫正。达到这一目的的重要手段就是开展各项活动,诸如读书报告会、书画展、歌咏比赛、演讲比赛、业余爱好培训等。在丰富的活动中使其得到启发性、直观性教育,使其灵魂得到净化,消除犯罪念头。

四是树立形象。民警树立良好的自身形象,以人格的力量去感化罪犯。一方面严格执法,尊重罪犯人格,维护其合法权益,严格划分与罪犯之间的界限;另一方面加强自身修养，注意工作方法，认真履行职责，避免说一些“短话”。

③重点施教。严管法，这是改造重控罪犯不可缺少的一种方法。可以分两种情况实施：一是在本监区实施严管，就是教育、要求、约束、控制、规定、处罚一切从严，使之处于严格的管束，严明的要求，严密的监视之中，稍有违规，动辄必究。二是送禁闭室或严管队实施严管。使之同外界隔离，进行全天候的政治学习，纪律约束的养成教育，实施最严格的军事化管制，强化其行为的心理矫治。

随机法，这是改造重控罪犯很重要的一种方法。在其情绪波动很大，情感急需发泄而产生强烈的抗改行为的同时，往往孕育着重大的转机，这就要求监狱民警善于捕捉战机，把握火候，及时进行疏导，能起到较好的教育效果。

二分法，也就是一分为二的方法。坚信重控罪犯有可供改造的一面，不是一团漆黑没有“闪光点”，绝大部分是能改造过来的。在对他们的改造过程中，要把告诫与鼓励，严格要求与感化教育、强迫与说服、打击与挽救结合起来，防止片面性，这是改造重控罪犯比较重要而又往往会被忽视的一种方法。

转移法，就是将重控罪犯的兴趣、情感、精力和环境进行转移，以期达到转化的目的。兴趣转移就是将他们的不良兴趣转移到健康有益的良好兴趣上，充分利用其特长爱好，达到潜移默化的作用。情感转移就是将他们某一抗改诱因或行为的情感转移到别的事物中去，以新的情感替代旧情感。精力转移就是将他们过剩的精力充分利用到文体竞赛活动中去。环境转移就是将那些在一个单位搞的影响太坏、压力太大的重控罪犯转移到另一个单位去改造，通过环境的转移达到改造心境的目的。

帮教法，通过监狱、社会、家庭的有机配合，形成一个立体性的教育模式。充分利用社会感染力和家庭向心力，采取走出去请进来，签订帮教协议等方式，共同做好重控罪犯的教育转化工作。例如，召开帮教座谈会；请地方政府、原单位领导、社会知名人士及刑释人员代表来监进行教育活动；解决重控罪犯刑释后的就业安置等问题及服刑期间家庭生活安排等实际困难。

感化法，对重控罪犯的实际困难，如属正当则应尽力解决，使他们从心理上对民警产生一种信赖感和亲近感，以达到感化的目的。

（二）对预谋案件的控制

1. 狱内预谋线索审查与立案

审查预谋案件线索的来源渠道是秘密力量密报，他犯检举，团伙组织内部动摇分子自首,还是监狱民警发现或公安机关或其他机关转来的,来源是否可靠。若是秘密力量密报,必须弄清秘密力量通过什么手段获取的,是取信于敌后侦悉的,还是在阵地控制和监视中发现的,同时结合以往秘密力量的表现,确定线索材料的可靠性;若是他犯检举的,要审查其获取线索的过程是否合乎情理,是否具备获知敌人阴谋和犯罪意图的条件和可能,是敌人在物色发展检举人时透露的,还是检举人无意发现的;若是团伙内动摇分子自首,必须审查并弄清其自首的原因,分析其所供述情况是否符合客观实际来研究材料的可靠性。在审查过程中,除了线索材料来源的可靠性外,还要审查材料所揭露的嫌疑分子或侦查对象的本身情况,如个人历史、家庭状况、原案性质、刑期长短、改造表现、接触人员等,以便分析研究其有否进行某种阴谋破坏活动的思想基础和现实可能;同时还要审查汇报人与被检举人之间有否利害关系和矛盾冲突,注意审查有无制造假案、嫁祸于人,或编造事实、挟嫌诬告,或转移侦查视线、掩护同伙等情况。另外要审查线索材料自身的可靠性,分析所揭露的犯罪事实是否符合犯罪规律,是否入情入理,材料内容前后有无矛盾,材料所反映的问题与客观事实之间有无矛盾,以此来确定预谋案件线索的真伪。

在预谋犯罪线索审查的基础上,对所发现的重大预谋犯罪线索,经过初步审核嫌疑确实存在应对狱内预谋案件立案。凡列为专案侦查的预谋案件,必须写出立案报告,报经上级批准。对无须使用侦查手段进行侦查的预谋案件,如罪犯在作案现场被当场抓获或罪犯在预谋过程中很快投案自首的预谋案件,不必再写《立案报告》。《立案报告》的内容主要是:预谋案件来源、性质、现场勘查情况、侦查对象的情况、案件的初步分析和侦查部署。

2. 对嫌疑对象的控制

对预谋案件中嫌疑对象的控制以秘密控制为主,通过加强公开管理和秘密控制的手段,把嫌疑对象置于我们严密的监视控制之下,使其犯罪的机会和犯罪的可能性减小。秘密控制的手段主要是通过耳目或其他罪犯的监控实现的。

3. 对预谋犯罪证据的控制

开展隐蔽斗争除查清犯罪嫌疑人的犯罪事实外,还必须获取犯罪证据。因为只有获取犯罪证据才能定罪科刑,打击敌人,惩罚犯罪。预谋案件的罪证一般分为两大类:一是犯罪言辞证据;二是犯罪实物证据。也可称为无形证据和有形证据。“无形证据”,是指预谋犯罪人在进行预谋犯罪活动中,用语言所表示的犯罪行为,如煽动、教唆犯罪;拉拢成员,发展组织;策划犯罪预谋,发表反动演说;研究犯罪计划,商定犯罪方案等。“有形证据”,是指预谋犯罪人在实施犯罪准备活动中留下的犯罪物质痕迹,如书写的犯罪计划方案;伪造的证件公章;准备的作案工具、凶器和毒物,遗留在犯罪现场的物质痕迹等。狱内预谋案件的取证方法,分为秘密获取和公开获取两种。

(1)秘密获取。秘密获取主要是通过秘密力量或秘密技术手段隐蔽获取。如“犯罪言论”的收集方法,一是预先在罪犯密谋策划处所秘密安装侦听器进行录音,同时对密谋现场进行秘密拍照或录像。二是通过复线印证核实,或通过对其他知情人询问,制作笔录。对“犯罪物证”,一是指挥秘密力量以不致引起罪犯怀疑的某种借口获取或秘密获取,密交狱内侦查人员拍照、复制和录像。如文字证据,秘密力量可以帮助“斟酌”之名套取;如作案工具凶器等,可以代为“加工”、“藏匿”之名谋取。二是由秘密力量提供线索,乘犯人出工劳动之机,由侦查人员配合分监区民警进行秘密搜查,并立即拍照获取。

(2)公开获取。如果发现的物证是凶器、毒品和爆炸物等危险品时,一旦发现,则立即搜取,以防危害结果的发生。可以清监为由,公开搜查。搜查前应指挥秘密力量以安全为借口,引诱罪犯将罪证藏匿于箱柜之内,或乘罪犯转移罪证时当场截获,防止罪犯以罪证不在其处为借口推脱罪责。对犯罪人书写保存的文字罪证,如破案条件成熟,亦可以清监为由公开搜查获取,以掩护秘密力量。对罪犯正在制作或转交作案工具和情报书信,如案情已基本上弄清,亦可当场人赃俱获。如果罪犯正聚集密谋策划犯罪行动或接近侵袭目标或准备作案时,有条件的可以密拍密录或当场抓获。在实施秘密取证和公开取证手段时,应当根据案情的发展和侦查的进度等具体情况,适时地指挥秘密力量以各种方法发现或获取罪证,在案情尚未查清、罪犯没有完全暴露的情况下,进行取证时必须做到:抓住取证时机,选准取证目标,编好取证理由,做好取证伪装。以免罪犯察觉狗急跳墙提前行动或销毁罪证。

4. 运用秘密侦查手段,查明事实

预谋案件的主要侦查手段是运用秘密手段查明嫌疑对象的犯罪事实。秘密侦查手段主要包括:秘密力量贴靠、拉出动摇、复线侦查、外围监视、跟踪盯梢、侦听录音、监控录像、秘密拍照、邮检侦视、秘密搜查等。这些秘密手段是战胜隐蔽敌人最有力的“武器”。其中秘密力量侦查则是诸手段中最主要的一种,是进攻敌人的最有力的侦查措施。因此,如何运用好秘密力量深入发现侦查线索,寻找侦查对象,查明犯罪事实，获取犯罪证据，防范和打击敌人的阴谋破坏活动是狱内侦查部门必须解决的重大实际问题。否则，预防和打击狱内犯罪，遏制狱内重大预谋案件的发生将是不可能的。

侦查人员指挥秘密力量同隐蔽敌人所进行的斗争是一场斗智斗勇的战斗，是一场智慧谋略的竞赛。侦查指挥人员必须在专案侦查过程中，细心思考，精心设计，果断指挥，抓住战机，才能立于不败之地，胜利地完成打击敌人，惩罚犯罪，维护监狱安全的任务。

（三）对监狱突发事件的应急控制

监狱突发事件应急控制的核心就是进行有效的控制。控制，就是施控者（监狱机关或监狱机关的指挥者）对控制对象施加的一种主动影响的作用，其目的是保持事物状态的稳定性，或者促使事物由一种状态向另一种状态转换。应急处置的控制，就是为了保证应急处置方案、行动计划、处置目的的实现而采取的控制、协调、指挥等一系列的行政命令的活动。大到战略性的应急处置方案的制定与实施，小到对警察、武警的思想和行为的制约，乃至对肇事者的分化瓦解，政策攻心，都属控制范畴。监狱无论在正常与非正常状态，控制就是主动权，就是前提。越是在非正常状态的突发事件中，控制才能稳定监管场所范围内的工作局面，临危不乱，有序进行。越是应急状态，各职能部门、各个环节，越要按照“应急处置方案”有秩序、有节奏、有目的、和谐一致地顺利进行控制。从而有效地完成应急处置方案所确定的管理目标和处突预案规定的工作任务。

监狱突发事件的控制机制包括事发阶段的控制和事中阶段的控制。事发阶段的控制主要解决如何在突发事件各种征兆相继出现时做好各项保障条件的准备问题，要将事件控制在最小范围内；事中阶段的控制是如何采取正确的决策与行动，及时控制事态的发展，尽力的阻止事件进一步的扩大或尽可能地减少事件带来的损害，降低损失，将灾害降到最低程度。总之，控制机制就是针对监狱突发事件的不同类型，分析其在不同阶段的特点，提出各阶段不同类型突发事件需要抓住的关键点和解决突发事件的办法。通过积极治理，从而最终平息事件并转入恢复阶段。

1. 启动预案

突发事件爆发以后，监狱相关部门应将事件的现状，发展趋势等及时汇报，请领导尽早做出启动预案的决策。一旦决定启动预案，应急管理人员要进行正确而快速的决策,选定被选方案,分析被选方案,执行一个最优的方案。并明确相关部门和人员的责、权、利使之尽快到位。由于事件一旦爆发,时间就显得非常紧急,并且事件带来的危害程度也在不断地加深。所以,需要监狱管理者以最快的速度来进行决策和应对。但决策事关重大,不同的决策将会直接影响到事件控制机制的效果。因此,必须要慎重的对待。监狱应急指挥人员要做到对事件的慎思与快速决策的有效结合。要考虑如何获取更多的时间来获得更多的信息,如何降低损失。在事件爆发时一定要保持清醒冷静的头脑,来选择有效的应变策略和行动方案,来缓解事态的发展。监狱应急预案启动后就要迅速启动应急指挥系统,监狱突发事件的全面爆发会给监狱带来各种伤害。在此情境下,应急指挥系统和全体管理人员要采取正确的决策与行动,及时控制事态。

2. 快速反应、合理处置

突发事件一旦爆发,监狱要在第一时间迅速采取果断有力的处置措施,下达各项应急处理指令,协调有关部门之间的行动,以防其进一步恶化。监狱建立有效控制机制的核心在于如何在短时间内获取大量情报。确保情报的有效性,是突发事件得以优质高效管理的关键所在。

监狱突发事件控制体系主要有:先期处置控制、现场处置控制和善后处置控制。

(1)先期处置控制

当监狱突发事件发生后,根据监狱指挥体系的要求立即组织有关部门的相关人员进入现场,到达指定区域和岗位,并按照既定的预案规定,履行各自职责。其中,现场保护是先期处置控制的一项重要内容。

(2)现场处置控制

控制现场,是现场处置队伍进入现场后,运用各种手段全面接触事件实施主体的具体步骤方法。其目的是通过显示警力的震慑作用,将突发事件控制在原有的范围内,不使其蔓延扩大,并引导事件向缓和、平息方向发展。所以,控制现场,包括强制、非强制的多种多样的具体措施。如何运用,应视事件的性质、类型、规模、特点、发展状况、现场环境和警力状况等,因事施策。从处置事件的实践看,一般采取以下措施:设置警戒线,封锁现场;开展正面宣传教育;显示警力,充分发挥威慑、震慑作用;命令解散或强制驱散;及时解救被劫持、围攻的人员。对于自然灾害,现场救助是监狱突发事件现场处置控制的重要环节。对在突发自然灾害事件现场未受伤害的罪犯,要迅速进行疏散,对有救助能力的罪犯,应在指挥部的组织领导下,积极参加抢险救灾。在事件发生过程中,及时组织医疗救护组对受伤的人员进行就地及时抢救,对特别危重的病人应及时转移治疗。对发生的自然灾害、公共卫生、安全事件要及时进行抢险,包括火灾报警、组织灭火、卫生防护和消毒。同时要抽调专业技术人员进入事发现场,对事件发生的原因和发展过程进行全面调查和各种技术测试、检测,掌握第一手资料,做好现场抢险的各项记录工作。

有些狱内突发事件如暴狱,极易直接造成大量的人员伤亡、财产损失。因此,现场处置始终要把制止严重犯罪活动作为一项重要措施,否则,不仅现场不能控制,以后的调查取证、稳定事态、善后处置都难以推进。至于处置时机和方法的选择,则是处置策略的运用问题。制止犯罪活动的具体措施有:集中优势警力,力求一举成功。在判明情况的基础上,根据需要尽可能调集足够的警力,必要时报告上级增援,可视对象的多少采取楔入、包抄、分割、直接抓获等战术,接触和控制实施犯罪的罪犯。对不听制止,继续进行犯罪活动的,可以按照规定使用警械武器,并及时报告使用情况和处置后果。对实施犯罪后逃跑的,要组织追捕,并报告上级,在有关地区追缉堵截。及时向指挥部汇报,所报信息、数据和情况必须要全面、真实、准确,防止因信息、数据不准确而导致指挥失误和采取措施不力,造成更大和更重的人员伤亡、财产损失以及负面影响。

(3)善后应急处置控制

其一,维持秩序,保障监狱各种正常活动的进行。狱内突发事件引发后,其危害往往很快波及现场以外地区,造成连锁性消极反应。特别是暴狱事件,有时会向更大规模发展,冲破原来的活动形式和范围,造成监狱局部乃至全部秩序的混乱,各项正常活动无法进行。因此,现场处置队伍在有效控制现场后,要分出一部分警力及时转入维持监狱的秩序,这也是控制现场、稳定事态工作的延续。有多种警力参与现场处置工作的要抓好组织分工。一般由普通警察执行维持秩序的任务,防暴警察则执行控制现场的任务。

其二,开展调查,摸清事件的全貌。开展调查是为了全面掌握事件有关的情况,取得证据,以便向上级及有关部门进行报告,为后期的处置提供充分、确凿的证据。调查材料必须深入、细致、全面、客观、如实地反映事件原来面目。因此,调查必须要严格按照通常调查研究要素的规范要求进行。现场调查和外部调查密切结合,互相沟通、印证。对于主要事实或基本事实,要尽量从现场内外获得多方面的材料。调查材料应形成一个能够比较清楚地反映事件始末的系统材料。调查工作应严格按照取证的要求进行。使调查取得的事件材料符合法律的要求。狱内突发事件的构成纷繁复杂,调查时,重在把握其基本内容及其要素。主要从以下几个方面进行:起因,引起事件的直接因素和潜在因素是什么;事件的规模、类型和表现形式;事件的性质;事件的危害;等等。

其三,逐步平息制止事件。平息制止是指狱内突发事件发生后,警方通过积极的控制,使事件现场完全处于警方的控制之下,现场工作向消除危害后果、恢复正常秩序阶段过度。突发事件的平息制止应具备三个条件:首先,事件引发的混乱状态已被消除。现场处置突发事件的主要作用是,通过事实教育劝降、强行驱散和抓获罪犯等措施,迫使罪犯放弃犯罪。其次,事件的犯罪人已被抓获。犯罪人被警方抓获,从而终止危害行为,使事件的主体处于可控制的状态。最后,事件现场完全置于警方控制之下。事件从引发,扩大到平息制止,是一场警方和罪犯争夺现场控制权的较量。警方只有将事件现场全面严密控制起来,才可能把现场处置工作推向善后处理阶段。

第四节　情 报 导 侦

一、情报导侦的解读

情报主导侦查,是现代警务的一个发展趋势,也是现今侦查学研究的一个前沿课题。情报主导侦查是整个狱内侦查工作实现“情报主导警务”变革的重要组成部分。情报导侦实际上是一种侦查理念的转变、侦查模式的转变,它与传统侦查最大的不同就在于侦查工作的主动性、针对性和有效性。情报导侦是狱内侦查工作应对监狱安全形势变化的必然要求,也是监狱安全情报积累到一定程度,狱内犯罪情报工作进入智能化、网络化、实效化阶段的必然结果。所以,创建一个设计科学、标准合理、操作便捷的狱内犯罪侦查破案机制,发挥信息优势,已然成为信息时代侦查破案工作发展的必然趋势。

(一)情报导侦使侦查工作能够做到先发制敌

在情报导侦的模式下,很多案件侦查可以先发制人,在案件没有发生的时候就可以控制全局。狱侦部门可以根据掌握的大量情报,一旦发案,根据现场上收集到的物证痕迹和情报库中的资料进行比对,很快就可以将案件了结,或在案件没有发生时就将其控制在萌芽阶段。

（二）情报导侦增强了侦查打击的精确性和有效性

传统的侦查模式在实际工作中，往往会花费很多的人力、物力和财力，而在情报导侦的模式中，可以省去很多烦琐的步骤和工作。有了情报资料库，如果遇到可疑犯罪嫌疑人，通常只要查一下留在库里的案底，很快就可以查出，马上就能锁定嫌疑，这样就大大提高了侦查的精确性和有效性。

（三）情报导侦降低了侦查成本，提高了侦查资源的利用效率

尽管一开始建立情报资料库会耗费一定的财力，但是在它建立起来之后，可以反复利用，屡破案件，这样则会节省大量的成本，提高效率。

二、情报导侦的原因

（一）情报导侦大环境的影响

情报主导侦查为打击犯罪和预防犯罪服务，是当今世界各国侦查机关普遍使用的、不可缺少的手段之一。在犯罪活动呈现智能化、国际化的形势下，侦查工作将越来越依赖于侦查情报活动的开展。在大量成功的并案侦查或跨地域情报网互相合作共同打击刑事犯罪的行动中，侦查情报工作更显示出其不可替代、日益重要的地位和作用。狱内侦查工作作为侦查工作的一个分支，同样要顺应时代的发展和高度信息化的时代特征，建立自己的情报主导模式。

（二）狱内犯罪活动特点决定了侦查对情报的依赖

狱内犯罪活动具有特殊性：其一，有些狱内犯罪如脱逃犯罪，属于无被害人的案件。由于没有直接的受害人，缺乏发现犯罪的信息来源，就需要使用情报侦查手段来弥补无报案信息的不足，通过侦查人员的主动侦查自行发现犯罪线索，这就需要侦查人员通过公开和秘密的侦查途径主动获取狱内犯罪正在进行或即将进行的情报，从而弥补常规犯罪中被害人提供案件信息的缺失。其二，狱内犯罪的隐蔽性。罪犯在监狱实施的犯罪活动具有极强的隐蔽性，其作案手段比社会一般刑事案件更狡猾、更隐蔽，表现为作案前有预谋、善于伪装，体现出隐蔽性。从已发生案件来看，除故意伤害或故意杀人外，大都为两人以上结伙作案，作案前频繁接触，反复密谋，一拍即合，体现出纠合性。有的还准备多套作案方案，什么情况下采取哪种方案都有明确约定，体现出周详性。狱内犯罪大多经过精心策划，极为隐蔽，具体情况只有当事人掌握，很难找到证人。这就要求狱侦部门获取和挖掘内幕性、深

层次的情报,不仅打击参与犯罪的人员,更要打击幕后的主犯。其三,时效性,狱内犯罪活动多为短时间完成,现场滞留时间短,特别是脱逃案件,发现困难,狱内侦查应该及时获取情报,努力将狱内犯罪活动制止在预谋阶段。其四,智能性和反侦查的特点明显。如果没有情报作为导向,狱侦部门无法在确保监狱安全的前提下"深挖细查"、"打大打深"。

(三)狱内侦查任务决定了情报重要性

狱内侦查工作的任务一是预防控制,二是侦破案件,它是监狱对狱内犯罪进行防控和打击的有力手段。狱内侦查工作,为的是大大降低监狱内的发案率,保障监狱的安全稳定,为监狱监管改造工作创造一个良好的运行环境。目前,我国犯罪率还处于一个较高的水平,监狱押犯中团伙犯、暴力犯、二次以上判刑的罪犯比例逐年增加,罪犯改造难度和监管安全压力不断加大。因此,加强和规范狱内侦查工作,突出狱内侦查工作的重要性,预防和控制狱内犯罪是十分必要的。狱内犯罪是监管改造工作的大敌,它破坏了正常的改造秩序,极大地危害着监狱的安全稳定。狱内侦查工作处于防控、打击狱内犯罪,维护监狱安全稳定的最前沿。而情报信息是狱内侦查工作的生命线。侦查工作的好坏与成败又取决于发现、控制违法犯罪活动与现行案件线索的能力高低。因此,狱内侦查情报的获取,从信息的来源与渠道上提供了监狱发现与控制狱情与案情的源头支撑。危险犯思想动态的变化、预谋案件的各种征象与苗头、重点部位的反常迹象与破坏痕迹等现象,必须依靠狱侦情报网络,利用各种手段提供或反馈方方面面的情报,供基层民警与职能部门分析研判与指挥控制等活动使用。同时由于狱内侦查工作的性质和内容在监管安全中的特殊性,狱侦部门与其他部门的关系是指导、分工、协作关系,在事关监管安全方面,狱侦部门可以对其他部门进行合理的业务指导,不断提高对情报研判的能力。

三、情报导侦的基础

(一)以情报的初始积累为前提

情报导侦必须以占有大量的情报为前提,这样才能产生主动激发的驱动力,使情报处于激发的状态。为此,必须有一个情报的初始积累,达到一定的能使情报处于激发状态的量度。随着狱内侦查活动的不断深入和发展,情报的积累量会不断增大,对决策的影响会逐渐增强。主动激发侦查的动力越强,监狱安全就越向有序发展。情报不断得到反馈和修正,对侦查活动分析预测越接近真实,对决策的影响越有力。整个情报系统反过来就越有活力、越有效率,有序化程度越高,发现新问题解决新问题的能力和品质就越强。[1]

(二)以主动激发侦查为出发点

情报导侦应用模式的主要特点就是变被动侦查为主动侦查。在传统侦查模式下,由于缺乏充分有效的情报,侦查工作整体上处于被动状态,而情报主导侦查的模式下,大量充分有效的情报,使狱内侦查部门能够耳聪目明,能够掌握工作的主动权,掌控和影响侦查工作的进程,使侦查工作整体处于积极主动地位。

(三)以情报侦查为手段

监狱情报工作既有公开的情报,又有秘密的情报;既有人力的情报获取,又有技术的情报获取;既有监狱内部的情报交流,又有与公安、武警、检察机关等的情报交流。情报主导侦查强调侦查情报的共享机制,情报共享不仅要在监狱内部实现,更要在相关职能的公安、武警、检察院、法院等机构之间共享。在共享的基础上,狱内侦查部门要打破门户之见,打破僵化体制,打破孤立局面,主动协调,与其他部门共同维护好监狱安全。

(四)以监狱监管工作为依托

第一,狱侦工作必须与其他监狱管理工作相结合。狱侦部门依靠自身力量不可能获取全部的情报线索,需要监狱其他管教部门予以交流、配合和协作。第二,公开的狱政管理、刑罚执行等监狱管理工作为狱内侦查工作提供了有力的管理环境、工作掩护和群众基础。

(五)以现代通信技术为媒介

计算机技术为建立强大的情报数据库和情报分析提供了条件。而要实现情报共享和合作,还要有远程通信技术的支撑。

四、情报导侦的实施

情报导侦模式的构建,可以将狱内犯罪的各类情报引入狱内侦查的每个环节,为侦查人员提供翔实、准确的情报,帮助他们有的放矢地开展侦查工作,以应对变幻复杂的狱内犯罪。运用这一模式开展狱内侦查工作,既可以减少不必要的重复劳动,节约办案成本,同时也可以提升侦查办案效率和办案质量,促进侦查工作的

〔1〕 于大业、曹雪峰:"情报引导公安边防刑事侦查应用模式设想",载《江西公安专科学校学报》2007年第1期。

发展。要在狱内侦查工作中充分发挥情报主导侦查模式的优势作用，笔者认为，应重点把握以下几个方面的内容：

（一）树立情报导侦的意识

情报导侦模式建立在监狱信息化建设的基础之上。监狱信息化的重要特征是信息资源极大丰富。要构建这一模式，首先必须树立情报在狱内侦查中的核心地位，注重信息情报的收集与利用，通过翔实的情报，有力地证实和揭露狱内犯罪。

1. 培养情报意识

作为情报导侦模式的实施主体，狱侦人员必须树立现代情报意识，掌握发现、获取、整理、分析、综合利用情报的能力，充分发挥情报在拓展线索来源、提高侦破效率、巩固完善证据等方面的作用。特别是侦查指挥人员，要在侦查对抗中准确分析、判断案情，作出有效的侦查决策，关键要学会用辩证、联系、发展的眼光看待、分析和利用各类情报，灵活施计用谋，以达到最佳的办案效果。另外，树立“大狱侦”理念，要求全体民警共同参与狱情犯情收集、研判工作，形成齐抓共管，共保安全局面。要求专职狱侦人员保持高度敏感性和责任心，善于发现深层次狱情信息，对罪犯的各种异常情况保持高度警惕性，及时发现罪犯的预谋行为，力争将狱内犯罪活动制止在预谋阶段。

2. 提高情报分析能力

当前监狱面临的是狱侦专业人才短缺的情况，狱侦民警主要为兼职民警，对狱侦工作了解不够，同时兼职狱侦民警参与值带班工作，很难有精力开展狱侦工作。当前存在兼职狱侦民警对情报分析判断能力、组织、协调和管理能力不强，同时随着狱内、外条件的变化，有很多的狱侦兼职民警不能适应狱侦工作的需要。兼职狱侦民警，特别是从事信息搜集的民警始终处于真假、虚实、错综复杂且千变万化的环境之中，面临随时可能发生的突发事件，在面对各种信息、情报的反馈以及在通过对罪犯的思想行为的了解、分析中捕捉相应的信息，对狱侦民警提出更高的要求。鼓励民警参加中国刑事警察学院刑事侦查专业技能资格短期培训或者狱侦高等学历教育，切实采取多渠道方式，提高狱侦民警的总体业务素质和狱侦民警的工作实践，加强同公安侦查部门的交流与学习，采取走出去、请进来的方式，定期不定期选派狱侦民警到公安侦查部门跟班学习，不断加强狱侦民警的办案能力及对监内隐患的排查、控制能力，不断提高对监狱的狱情研判水平。

3. 建立"由情到案"侦查模式

狱内侦查人员要改变"由供到证"到"由证到供"的侦查观念,切实利用所收集的信息来发现线索、侦破案件,归纳总结,建立"由情到案"的侦查模式,尽量减少和犯罪嫌疑人直接接触的机会,提高初查工作的要求,充分发挥情报的作用。

(二)注重情报分析

要实现情报主导侦查,首先要有足够的情报,要运用各种方式全面获取对狱内侦查有用的情报。从当前狱内侦查的现状和目标来看,重点情报有三类:一是线索类情报,主要包括监区和各部门移送的线索;罪犯举报的线索;上级监狱局交办的线索;在侦查工作中主动发现的线索;其他政法机关转交的线索等。二是基础类情报,主要包括罪犯资料信息、罪犯改造信息、民警情况、社会情况、重大事件等。三是案件类情报,主要包括已办案件资料、协查案件情况等。

建立一套科学分析研判狱情动态机制,确定日常安全排查防控重点。坚持每日狱情报告制度,确保监区、监狱每日狱情畅通处置有效。扎实开展监区监管安全风险评估,深入开展摸排和防控工作,对重点防控对象切实做到"一人一分析"和"一人一对策"。

(三)构建专业的侦查情报管理平台

可以借鉴情报管理的先进经验,设置专门的侦查情报管理机构和管理平台,配备必要的人员和设备,专职负责侦查情报的收集、整理、归类、存储、查询、更新等工作,条件不具备的监狱可以先从专人管理开始。通过各种途径收集来的狱内犯罪信息,一般都是原始的、零散的、表面的东西,甚至有错误的、虚假的、无关的、过时的信息,往往不能直接使用。对情报进行管理,就是对情报进行集中加工处理,按照一定的标准进行分类、整理、归档和保存,同时借助计算机系统建立相关资料库和检索系统,并不定期充实、更新情报资料。

1. 建立狱内侦查情报库。狱侦部门建立涵盖范围广阔的情报库并进行分类。一是个案线索资料库,将各种途径获取的个案线索录入电脑,并按案件性质、所属监狱、罪犯身份等标准进行分类,便于从不同角度进行跟踪监督;二是重控对象资料库,将需重控的罪犯情况分别登录电脑,多次录入的可作为重点监控对象,以便为今后查案提供及时准确的破案线索;三是已办案件资料库,重点录入其案发类型、作案手段、作案时间、作案空间、被害人等,以便提供翔实的实例素材。

2. 侦查情报库分级共享。在监狱内部,基层监区根据以上分类建立相应的情报库。在监狱可以根据摘要的形式建立摘要库,省局在监狱摘要库的基础上设立索引库。

3. 狱侦情报库与相关单位分级共享,畅通获取情报的渠道。狱侦情报库内部实行共享,并与外部相关公安、检察、法院等单位在整体的级别基础上,根据密级实行共享,且尽可能根据和相关部门的联合建立公共资料库。

(四)加强案件线索的信息化管理

对监狱内各类案件线索,狱侦部门要进行信息化管理,对于案件线索来讲,情报信息评估是信息处理过程中十分重要的一个环节,对线索进行信息化管理,可以帮助狱内侦查人员准确的了解线索的可信度、准确度和可用价值,帮助侦查人员制定侦查方向和侦查方案。

1. 实行线索评估制度。对线索进行评估,主要分为两项:一是信息来源可靠性评估;二是信息内容的真实性和有效性评估。引入线索评估机制有利于减少狱内侦查人员浪费不必要的时间,必要时还可以建立线索评估反馈制度,对狱内犯罪涉案线索进行评估分级后,根据初查和立案来反馈和检验线索评估制度。

2. 实行线索系统内部移送制度。情报分析员通过自己的信息网获得线索之后,将该线索进行快速移送,充分实现线索的价值,以便更好地侦破犯罪。

3. 实行立线侦查制度。对于可靠的案件线索,进一步加强立线侦查工作,严厉打击狱内犯罪活动。对监管安全中隐性、潜在危险的线索,开展立线侦查,充分利用耳目这支隐蔽力量进行布控和动态跟踪,坚决查清事实和消除危险因素。对已经公开化的违规和事件,按照程序进行处理。

(五)发挥情报导侦的引导作用

对情报的经营利用是情报主导侦查模式实现的关键,有效的经营和利用,关系侦查工作的成效。情报的经营利用在办案的各个环节都有体现。

1. 受案环节。一是可以通过线索类情报了解掌握某一时期狱内犯罪趋势,有针对性地确定当前的查案重点;二是可以通过对不同情报的经营利用提升某个线索的初查质量。如对反映问题模糊的案件线索,可以利用情报管理平台搜索与此线索相关的其他信息,并加以整合分析,从而使该线索所反映的问题清晰明了,提高可查性和成案率;三是对某些暂不具可查性的线索,则由专门的情报管理人员进行长期经营,有意识地收集与此相关的其他信息资料,由点到面慢慢经营,等时机成熟时再一举突破。

2. 突破环节：一是在突破口的选择上，狱侦人员通过了解掌握的情报，从中选择最有可能和最容易突破的点进行突破，可以取得事半功倍的效果；二是在讯（询）问策略上，侦查人员可以通过情报平台获取有关涉案人或嫌疑人的家庭情况、社会关系、活动规律、个性特征、改造状况等资料，了解狱所内犯罪的各种信息等，做到知己知彼，胸有成竹，有准备、有针对性地询问、讯问，有力地促进案件的突破。

3. 侦查环节：一是有助于制订正确有效的侦查方案，通过情报资料库可以清晰了解待查的犯罪问题，深入掌握涉案人员相关信息，帮助侦查人员制定周密的侦查方案，以各种计划应对可能发生的不同变化；二是有助于完善固定犯罪证据，应对翻供翻证，通过掌握的情报可以选择有效的侦查途径，一环一环地获取证据，完善证据锁链，对翻供或翻证的，可以运用所调查的相关信息，给犯罪嫌疑人或证人施压，促使其主动认罪，确保案件侦查工作的顺利进行；三是传统的狱内犯罪侦查模式是“由供到证”的侦查模式，以突破犯罪嫌疑人的口供作为拿下案件的主要途径，这不利于对犯罪嫌疑人的人权保护。而在“情报主导侦查”的工作机制下，注重前期对犯罪嫌疑人大量信息的搜寻，通过已有的证据分析犯罪嫌疑人涉嫌犯罪的情况。在这种模式下，口供仅仅是对前期信息和证据的一个佐证，案件对口供的依赖大大的减弱，犯罪嫌疑人的权利也能得到更充分的保障。根据讯问情况及案情发展，合理使用技侦等手段，深入获取突破案件所需的信息；四是在犯罪嫌疑人不知晓的情况下，通过某些科技设备直接收集到跟犯罪嫌疑人与犯罪事实有关的真实可靠的声、形、物等证据，是证明犯罪的直接证据，这与常规侦查措施中通过证据逆向间接认识事物有很大区别。因此，充分发挥技术侦查手段的优势，在其他手段、策略的配合下，就可以很快突破案件。

4. 案后总结环节：可通过已办案件资料中收集的类案信息，对案件办理的成败得失进行分析研究，从中吸取教训，促使侦查人员在今后办案中能及时、全面地调查取证和固定证据，防止翻供翻证，提高侦查效率和保证案件质量。

参考文献

1. 崔嵩:《再造公安情报》,中国人民公安大学出版社 2008 年版。
2. 王金仙:《监狱安全防范》,中国政法大学出版社 2011 年版。
3. 于荣中:《监狱安全论》,东南大学出版社 2012 年版。
4. 曹凤、彭志辉、陈亮:《公安学前沿问题研究》,中国人民公安大学出版社 2008 年版。
5. 翟中东:《国际视野下的重新犯罪防治政策》,北京大学出版社 2010 年版。
6. 于凤玲:《刑事侦查情报学》,中国人民公安大学出版社 2004 年版。
7. 马忠红:《情报主导侦查》,中国人民公安大学出版社 2006 年版。
8. 李广仓:《公安情报分析原理》,中国人民公安大学出版社 2007 年版。
9. 徐为霞等:《监狱突发事件应对和处置》,法律出版社 2013 年版。
10. 孙延庆:《狱内侦查学》,中国检察出版社 2011 年版。
11. 严怡民:《情报学概论》,武汉大学出版社 1983 年版。
12. 靖继鹏:《情报学概论》,吉林工业大学(内部发行)1984 年版。
13. 邹志仁:《情报学基础》,南京大学出版社 1987 年版。
14. 王志华:《犯罪情报学教程》,警官教育出版社 1995 年版。
15. 裘树祥:《侦查情报学》,成都科技大学出版社 1998 年版。
16. 倪德源、龚罡:《公安基层情报信息分析》,中国人民公安大学出版社 2002 年版。
17. 孙平:《狱政管理》,中国政法大学出版社 2005 年版。
18. 李永主编:《狱内侦查学》,法律出版社 1989 年版。
19. 张公正主编:《狱内侦查学》,西南财经大学出版社 1994 年版。
20. 于爱荣:《监狱信息化导论》,法律出版社 2009 年版。
21. 甘雨沛、何鹏:《外国刑法学》,北京大学出版社 1993 年版。
22. 于爱荣等:《矫正质量评估》,法律出版社 2008 年版。
23. 段晓英:《罪犯改造心理学》,广西师范大学出版社 2010 年版。
24. 郭建安:《犯罪被害人学》,北京大学出版社 1997 年版。

25. 邵雷:《狱内侦查辅导读本》,法律出版社 2012 年版。
26. 李玫瑾:《犯罪心理研究》,中国人民公安大学出版社 2010 年版。
27. [英]杰瑞·莱特克里菲:《情报主导警务》,崔嵩译,中国人民公安大学出版社 2010 年版。
28. 王洪林:“情报术语定义新探”,载《术语标准化与信息技术》2005 年第 1 期。
29. 黄明:“论情报信息主导警务战略”,载《公安研究》2005 年第 4 期。
30. 王清淮:“情报分析与研判:方法与流程”,载《中国公安大学学报》2005 年第 5 期。
31. 邢玫、石希贤、蒲新平:“构建监管安全预警机制的探讨”,载《犯罪与改造研究》2006 年第 1 期。
32. 彭知辉:“我国情报概念研究述评”,载《情报资料工作》2006 年第 6 期。
33. 徐跃权、刘晓铭:“我国情报概念的特点及其对学科发展的影响”,载《情报科学》2003 年第 4 期。
34. 谢元泰:“‘大情报’概念浅析”,载《情报学刊》1992 年第 6 期。
35. 徐克林:“监狱情报导侦模式的平台建构”,载《中国监狱学科》2012 年第 2 期。
36. 陈琪:“建设社会治安防控体系应重视情报制导警务战略”,载《上海公安高等专科学校学报》2005 年第 5 期。
37. 段晓东:“科学分析狱情之管见”,载《中国监狱学刊》2005 年第 1 期。
38. 曾爱东、童团结:“狱情排查与防控的科学体现”,载《中国监狱学刊》2008 年第 1 期。
39. 林青云、戴楠:“对加强监狱敌犯情分析工作的几点认识”,载《云南监狱通讯》2000 年第 1 期。
40. 王君亭:“刑事情报信息分析模式研究”,载《中国人民公安大学学报》(社会科学版)2007 年第 2 期。
41. 吴远亮:“侦查情报真实性研判的意义和方法”,载《公安研究》2007 年第 5 期。
42. 李亦农:“论犯罪情报的分析”,载《公安研究》2006 年第 7 期。
43. 张蕾华:“侦查人员的情报分析能力研究”,载《云南警官学院学报》2012 年第 5 期。
44. 高庆德、程英:“情报定量分析和定性分析对比研究”,载《现代情报》2008 年第 11 期。
45. 黄兴瑞、孔一、曾赟:“浙江省狱内案件的实证分析”,载《犯罪与改造研究》2005 年第 6 期。
46. 崔华华、林涛:“论军事情报分析中竞争性假设分析法的应用”,载《情报杂志》2006 年第 12 期。
47. 梁陶、王谦:“论假设方法在情报分析中的应用”,载《情报探索》2008 年第 1 期。
48. 杨振旭、李浩然:“浅谈运用连线分析方法打击人口拐卖犯罪”,载《甘肃警察职业学院学报》2012 年第 2 期。
49. 叶杨:“狱内突发事件心理防控研究”,载《犯罪与改造研究》2008 年第 2 期。
50. 周勇:“亚太地区监狱系统危险性罪犯的管理及其借鉴”,载《犯罪与改造研究》2006 年第 12 期。

51. 黄富颖、管唯、钱玉林:"诈精神病的鉴定",载《临床精神医学杂志》2000 年第 1 期。
52. 王丽萍、唐安平:"狱警对疑似精神病服刑人员精神症状的认识",载《中国健康心理学杂志》2013 年第 4 期。
53. 李积程:"关于狱内重大危险罪犯控制管理的思考",载《中国监狱学刊》2006 年第 3 期。
54. 蔡卫国、王少华:"精神病犯集中管理的问题与思考",载《中国监狱学刊》2009 年第 6 期。
55. 张向鲁:"对监狱收押精神病犯问题的调查与思考",载《中国监狱学刊》2009 年第 1 期。
56. 张峰:"涉黑涉毒涉枪罪犯的特征及监管改造对策",载《河南司法警官职业学院学报》2004 年第 2 期。
57. 叶跃安、王平:"关于对监狱'地下航线'情况的调研及防控对策",载《中国监狱学刊》2008 年第 1 期。
58. 戴荣法:"对监管现场防控模式问题的思考",载《贵州警官职业学院学报》2011 年第 6 期。
59. 范俊儒:"狱内罪犯斗殴的特点、原因分析及改造对策",载《犯罪与改造研究》2010 年第 2 期。
60. 方敏晔:"劳教人员自伤自残的行为分析及预防对策",载《犯罪与改造研究》2006 年第 2 期。
61. 杨林:"监狱袭警事件调查分析与对策研究",载《犯罪与改造研究》2006 年第 9 期。
62. 童团结:"狱内袭警的分析与应对",载《犯罪与改造研究》2008 年第 1 期。
63. 李豫黔:"关于构建我国监狱安全稳定长效机制的思考",载《中国监狱学刊》2009 年第 4 期。
64. 吴少广、潘龙研:"《刑法修正案(八)》对监狱工作的影响及对策分析",载《中国司法》2011 年第 11 期。
65. 左登豪:"关于影响监狱安全因素的研究",载《犯罪与改造研究》2002 年第 1 期。
66. 黄永锋:"矫正技术视野下监狱建筑",载《中国司法》2008 年第 7 期。
67. 王晓山:"从监狱安全防范角度探析监狱建筑规划与设计",载《监狱投资与建设》2011 年第 1 期。
68. 靳高风:"2011 年中国犯罪形势与刑事政策分析",载《中国人民公安大学学报》2012 年第 2 期。
69. 孙路、刘波:"情报预警:危机潜伏阶段的有效途径探析",载《世界经济与政治论坛》2010 年第 5 期。
70. 勾学海:"再探情报定义",载《情报学刊》1989 年第 1 期。
71. 任金昌:"运用层次分析法建构监狱危机预警模型之研究",载《中国监狱学刊》2010 年第 6 期。

图书在版编目(CIP)数据

监狱安全情报:狱情分析的理论与实务 / 孙延庆著.
—北京:法律出版社, 2014.3(2016.3 重印)
ISBN 978-7-5118-6125-2

Ⅰ.①监… Ⅱ.①孙… Ⅲ.①监狱—安全管理—情报分析—中国 Ⅳ.①D926.7

中国版本图书馆 CIP 数据核字(2014)第 041027 号

监狱安全情报:狱情分析的理论与实务
孙延庆 著

编辑统筹 法律应用出版分社
策划编辑 李 群
责任编辑 李 群
装帧设计 汪奇峰

出版 法律出版社
总发行 中国法律图书有限公司
经销 新华书店
印刷 三河市龙大印装有限公司
责任印制 翟国磊

开本 720 毫米×960 毫米 1/16
印张 24
字数 380 千
版本 2014 年 3 月第 1 版
印次 2016 年 3 月第 2 次印刷

法律出版社/北京市丰台区莲花池西里 7 号(100073)
电子邮件/info@ lawpress. com. cn
网址/www. lawpress. com. cn
销售热线/010-63939792/9779
咨询电话/010-63939796

中国法律图书有限公司/北京市丰台区莲花池西里 7 号(100073)
全国各地中法图分、子公司电话:
第一法律书店/010-63939781/9782
重庆公司/023-65382816/2908
北京分公司/010-62534456
西安分公司/029-85388843
上海公司/021-62071010/1636
深圳公司/0755-83072995

书号:ISBN 978-7-5118-6125-2
定价:48.00 元